国家出版基金项目
NATIONAL PUBLICATION FOUNDATION

舰船现代化

舰船声隐身技术

主　编　李天宝　王明辛　王学武

哈尔滨工程大学出版社

内容简介

舰船在航行时所发出的噪声对其安全性造成了严重的威胁，随着科技的发展，舰船的声隐身性能被提到了极其重要的地位，这就迫切要求解决噪声与振动的影响控制问题。

本书一方面从噪声与振动控制技术的基本理论着手，按照总装厂内部的实际分工，全面系统地阐述了舰船机械振动学、船体振动学、管系振动学、空气噪声学、水声学等基本原理，并重点地介绍了各种机械设备和管系、螺旋桨、艇体辐射噪声产生的原因及机理；另一方面从工程实际的角度，提出了全面的、丰富的、具体的、科学的减振降噪的施工实用技术及舰船噪声的航行测试方法。本书不仅使读者对现代舰船的声隐身技术有了全面地了解，而且还注重理论及工程应用。

本书可供部队、院校、厂所等从事舰船声隐身技术工作的有关人员使用、参考。

图书在版编目(CIP)数据

舰船声隐身技术/李天宝，王明辛，王学武主编.
—哈尔滨:哈尔滨工程大学出版社，2012.12
ISBN 978-7-5661-0497-7

Ⅰ.①舰… Ⅱ.①李…②王…③王… Ⅲ.①船舶减振-减振降噪 Ⅳ.①U661.44

中国版本图书馆 CIP 数据核字(2012)第 298581 号

出版发行 哈尔滨工程大学出版社
社　　址 哈尔滨市南岗区东大直街 124 号
邮政编码 150001
发行电话 0451-82519328
传　　真 0451-82519699
经　　销 新华书店
印　　刷 哈尔滨市石桥印务有限公司
开　　本 787mm×1 092mm　1/16
印　　张 14.25
字　　数 340 千字
版　　次 2012 年 12 月第 1 版
印　　次 2012 年 12 月第 1 次印刷
定　　价 80.00 元
http://press.hrbeu.edu.cn
E-mail:heupress@hrbeu.edu.cn

前　　言

随着世界各国新型武器的研制和发展,隐身技术得到长足进步,它主要分为以下分支学科:雷达隐身、声隐身、红外隐身、磁场隐身、水压场隐身、尾流场隐身等。舰船隐身是各国海军普遍关注的问题,隐身(stealthy)的含义为:以安静、谨慎和秘密为特征(的行动),意在避免注意。即:躲避探测和攻击。

现代声呐设备探测距离远,定位精度高,发展日趋完善。性能优良的探测声呐(如拖曳声呐等)投入使用并不断更新,使得舰艇暴露的可能性大幅度提高,其生存力和战斗力受到严重威胁。

声隐身技术的应用,可以大大改变舰艇的真实态势,提高舰艇的隐蔽性,达到"保存自己"、"克敌制胜"的目的。舰船声隐身就是通过系统地应用多种技术来控制舰船声场,改变舰船声目标特征,降低对方声呐探测设备的发现概率和距离,降低对方声呐制导的水中兵器攻击能力,同时也提高了本舰对目标的发现、跟踪和打击力,还能够增加我舰发现对方来袭鱼雷的距离,达到提高舰艇综合作战能力,即达到"先敌发现"、"先敌攻击"、"连续攻击"及"攻击有效"的目的。研制声隐身性能优良的舰艇,需要综合利用多学科的基础理论知识和应用技术,首先要控制舰船辐射噪声,需要研究解决总体声学设计技术、低噪声推进器设计技术、机械与结构噪声控制技术、水动力噪声控制技术、多频谱声学覆盖层技术、舰船声特性测试及声源识别技术等多项关键技术;其次要降低舰船声目标强度等反射特征信息,需要研究解决型线优化设计技术、消声瓦设计和应用技术等,以此实现舰艇声隐身的目的。

在声隐身性能要求严格的舰艇建造过程中,也是要以提高各工序的建造技术水平为前提的,如:在艇体建造过程中,就要从每一张外板的线型光顺性,每一道焊缝余高的均匀、光顺程度,每一个小结构焊接的可靠性,各个细节都要完善,各环节都要严格控制。每一台设备基座的加工质量,每一套设备的对中精度,都要达到技术要求。在设备安装过程中,对减振器要进行刚度测量与合理布置、排序,对每一个减振装置都要调整到技术要求所规定的状态,每一个挠性减振接管安装的初始变形都要满足技术要求,每个阀门和管支架都要有符合要求的减振衬垫,并且,要达到任意两刚体间不能造成声短路。减振浮筏和双层隔振装置的安装技术状态都要与配机试验时一致。消声瓦、吸声尖劈、阻尼材料以及管路包覆层的敷设都要严格按要求敷设到位,且不能在后续施工中损坏。

总之,作为舰艇总装厂,在产品建造过程中,也要从减振降噪基础科研、设备设计与制造技术研究、总体设计与减振降噪技术研究成果的实船应用、总体建造工艺研究、设备安装工艺研究等方面入手,认识振动与噪声产生的机理,严格执行安装工艺,保证设备安装技术状态。对装艇设备与系统的振动与噪声情况分别进行系统的检测,并在服役后定期检测,确保舰艇处于良好的运行状态。这样才能使建造的舰艇达到声隐身的效果。

本书从声隐身技术的基本概念到声隐身设计与建造都作了较为实用的介绍,目的是为提高舰艇建造工程技术人员和施工人员在设计与施工中的减振降噪意识和技术水平,以期通过对基本知识和施工要领的学习,使建造水平有所提高。

本书是在业内相关领导和专家的直接关心支持下编撰完成的,在第二代首制产品辐射噪声测量结束并形成明确结论时，总装厂领导就提出军工战线要打一场减振降噪的人民战争，使军品的建造质量上台阶、上水平。在编写过程中，得到了719所的大力支持。希望本书能成为提高军品建造队伍素质的一部好的学习材料。

本书由以下同志编写：

李天宝　王明辛　李树国　王学武　王东光　刘晓一
李启明　芦　颖　刘　伟　白光道　李思恒　高　杰
周　涛　刘晓春　周　冰　李韶伟　王东义　徐　明
陈庆丰　王　瑶　刘洪来　杜继党　明少航　刘　涛
蒋德民　焦东成　齐　朔　康利生

此前，为参加本书的编写，编者进一步参阅了大量声隐身专业技术资料，结合自身的专业实践和思考，认真细致地编写好自己所承担的章节。由于时间仓促，水平尚待提高，文中定有诸多不妥之处，恳请读者不吝批评指正。

编　者
2012年1月

目　　录

第1章　声隐身技术概述

1.1　舰船声隐身技术的发展

1.1.1　声隐身的由来

舰船作为移动的海上钢铁建筑，周围存在着电磁场、声场、红外场、磁场、水压场及尾流场等各种复杂物理场，在海上执行任务时，极易受到敌方空中、海上、水下多方面的探测及攻击。

在众多的舰船自身物理场中，电磁场、红外场、磁场、温度场、水压场及尾流场等非声场在海水中表现出强烈的衰减特性（如电磁波在海水中的能量损失高达1 400 $f^{0.5}$ dB/km，f 以 kHz 计），传播距离仅 100 m 量级，而声场在海水中则表现出良好的传播特性（在海水中的能量损失仅为 20 lg R dB，R 以 m 计），高分贝的舰船辐射噪声甚至可以传播 200 km，因此，在水下利用声波作为目标探测的手段（即声呐）就成了唯一选择。

舰船的声隐身，主要就是为了躲避敌声呐的探测和声响水中兵器的攻击。随着现代声呐的日趋完善，性能优良的先进探测声呐投入使用并不断更新，被动声呐探测距离从二战时的几千米发展到现在的近二百千米，测向精度亦较二战时提高十倍以上，舰艇的暴露率大幅度提高，生存力和战斗力受到严重威胁，因此，近年来各国海军对舰艇（尤其是潜艇）的声隐身性能提出了迫切的要求。

1.1.2　声隐身设计水平的发展现状

以往，在舰船研究设计中存在追求高速性还是安静性的争论，现代战例表明，舰艇的安静性在战斗中发挥至关重要的作用，因此，在现代舰船研究设计中开始突出声隐身性能，并把舰船尤其是潜艇的安静性（如辐射噪声、自噪声指标、目标强度、舱室空气噪声指标等）作为重要的战术技术指标，甚至为了达到安静性指标，可以适当降低其他一些性能指标。

美国 1989 年开工建造、1997 年服役的“海狼”级核潜艇首艇，其安静性比现役“洛杉矶”级核潜艇有飞跃性的提高，多年来获得的降噪技术研究成果在“海狼”上得到全面展现。它的 S6W 反应堆装置经过了严格的降噪设计，它的动力设备均采用了浮筏减振技术，它还使用了泵喷推进器及敷设了 7.2 万块消声瓦，据称该艇的辐射噪声比以前降低了 50 分贝。而俄罗斯同样非常重视减振降噪，据称其“阿库拉”级攻击核潜艇（水下全排水量9 100 吨）巡航辐射噪声亦非常低；俄罗斯 2007 年 4 月 15 日建成出厂的“尤里多尔格鲁基”号核潜艇比前一代在隐身方面还有很大进步。

现阶段，以控制舰船声场（降低辐射噪声和自噪声）和降低舰船声目标特性为研究内容的声隐身技术已进入全面、系统和深入的阶段，研究的内容大致如下：

1. 合理确定舰船噪声指标：首先根据舰船作战使命，确定舰船合理的辐射噪声指标、自噪声指标、舱室空气噪声指标和目标强度，再通过总指标分配，确定舰船系统和单机设备的

噪声振动指标,指标的论证与分配工作已从原来的定性分析阶段发展为定性分析与定量估算相结合的阶段;

2. 通过舰船声学设计得到舰船声场控制的优化方案,建立噪声预报模型和效果的评估模型;

3. 解决舰船声场控制和降低舰船目标特性的关键技术,如低噪声螺旋桨(甚至泵喷推进器)、阻尼技术(解决中高频振动控制)、浮筏技术(解决多机组强振动的隔振)、管路噪声振动的控制、消声瓦技术等。

1.1.3 潜艇声隐身等级的划分及各国大致的发展水平

由于潜艇水下隐蔽性的重要性,世界各国海军都在不遗余力地开展潜艇声隐身工作,现就目前了解到的各国发展情况介绍如下:

1. 美国核潜艇在20世纪60年代初期将噪声最大的推进系统安装在浮筏上,使艇体结构噪声明显降低,其降噪量增加了15~20 dB。多年来噪声总声级下降了40多分贝。20世纪80年代中期"洛杉矶"级攻击型核潜艇的噪声已降低到118分贝,"海狼"级攻击型核潜艇噪声级达到了90~100 dB,已低于三级海况海洋背景噪声(110~120 dB)。

2. 前苏联潜艇的安静性技术发展也较快,成果十分显著,尤其是到了80年代初期,前苏联又加工出了低噪声螺旋桨,使得新型的S、M和"鲨鱼"攻击型核潜艇以及K级常规潜艇的噪声均达到了125~130 dB。前苏联在1975~1985年间使潜艇的噪声降低了30 dB,潜艇的总噪声可低于海洋背景噪声。

3. 英国"特拉法尔加"级潜艇是英国第4代攻击型核潜艇,也是英国海军最新一代攻击型核潜艇,于1979年至1991年间共建造7艘,现全部服役。该级艇是在原"快速"级的基础上改进而成的。艇型基本保持"快速"级的艇型和布置方式,但在武器和电子设备方面有重大改进,并在1998年起改装"战斧"导弹,以提高对舰攻击力。该级艇采用浮筏减振,第一艘仍采用传统的螺旋桨推进,但从第二艘开始采用喷水推进,并敷设消声瓦,从而大大地降低了潜艇噪音,使其隐蔽性更强。

4. 表1-1说明各国潜艇目前的噪声水平。

表1-1 各国潜艇目前的噪声水平

	L_p(水下,3 kn)/dB	L_p(水下,6 kn)/dB	美国(1960)	俄罗斯(1960)	日本	中国
高噪声潜艇	150以上	160以上				
普通潜艇	140~150	150~160				
低噪声潜艇	130~140	140~150				✓
准安静型潜艇	120~130	130~140			✓	
安静型潜艇	110~120	120~130	✓	✓		
极安静型潜艇	110以下	120以下				

基准声压:1 μPa,"✓"表示该国最先进潜艇噪声水平

1.2 作战能力的提高与低噪声建造

第二次世界大战后，国外军事专家在分析未来海战时认为：在潜－潜、潜－舰对抗中，航速不是决定性的因素，起决定作用的是谁能先敌发现、谁先使用武器和武器系统的优劣，即"先敌发现"、"先敌攻击"、"连续攻击"及"攻击有效"。谁能先敌发现又主要取决于噪声的高低、隐蔽性的优劣和声呐设备的性能水平。降低潜艇噪声的益处有以下五个方面：

1. 大大提高潜艇隐蔽性，模拟对抗计算表明，我艇噪声降低 6 dB，则敌方声呐探测我艇的距离可减少一半左右，对敌核潜艇和水面舰艇的作战效能可提高 20%～67%；

2. 大大增加我艇声呐探测距离：如我艇声呐平台区噪声降低 5 dB，探测敌核潜艇的距离可增加 30%～60%；

3. 减小敌水中兵器的命中概率；

4. 提高本艇水声对抗器材的作用效果；

5. 降低舱室空气噪声，可以改善艇员的生活居住条件，从而提高战斗力。

由此可见，潜艇的声隐身性能在作战中是极其重要的。

要实现潜艇的声隐身，就必须要有先进的声学设计，还要有低噪声总体建造工艺作为保障。实践证明，潜艇的声隐身设计目标的实现与建造质量、施工工艺密切相关。法国"凯旋"号核潜艇的建造，几乎在围绕"安静"这一概念上花费了建造总工作量的 80%，才达到"安静"的目标，如消声敷盖层、泵喷推进装置、浮筏安装和大型机械设备的安装等，全都围绕着"安静"的要求来开展工作，同时管道的安装连接、电缆的安装连接等都体现了"安静"这一主题，因此，必须充分注意潜艇建造的质量及采用合理科学的施工工艺。

低噪声总体建造工艺是在潜艇建造中实现各项隐身技术的关键，它是将声学设计理念完全分解成可实现的工程技术手段，并运用于实际建造的潜艇中去。

1.3 声隐身技术研究中常用的名词术语介绍

1.3.1 分贝

在振动噪声测量与分析时，为了研究方便往往将一些量（如声压、质点振速、声强、增益、灵敏度等）取对数，用"分贝"表示。当一个量与同类基准量之比取对数后所得的量称为该量级，如：声压级、质点振速级、声强级、声功率级等。当取以 10 为底的常用对数时，量级的单位是贝尔，贝尔的十分之一是分贝，单位符号是 dB。它是一个相对单位，没有量纲，它的物理意义是表示一个量超过另一个量（基准值）的程度。

表达式（如声压级）：
$$L_p = 20\lg(P/P_0)\ \mathrm{dB} \tag{1-1}$$

L_p：某点的声压级；

P：某点的声压值；

P_0：声压基准值（水声学中为 1 μPa）

分贝的相加与相减：两个分贝数相同的声音叠加，则合成声音等于一个声音的分贝数加上 3 分贝，实际上声能量增加了一倍；一个弱的声音和一个强的声音相比，弱的声音可以忽略。所以在噪声控制中,必须抓住主要矛盾,先要把主要声源的噪声降下来,才能取得明显降噪效果。

1.3.2 声压

通常在介质中,任何一点均存在压力(压强),这种压力叫静压力,如空气中一般就是一个大气压,在水中,深度每增加 10 米,压力就增加一个大气压;在没有扰动的情况下,静压力一般不变,但声波会对介质中的质点施加压缩和伸张的作用,使压力发生微弱的、时大时小的变化,这种变化的超过静压力的逾量压力就是声压,单位是帕(Pa)。

声压级:表示某处的声压值超过基准声压值的程度,用分贝 dB 表示(见前述)。

频程:用来表示两个声音频率之间的间隔或频带宽度,它以上限频率 f_h 和下限频率 f_l 之比的对数来表示,此对数通常以 2 为底。单位倍频程(Octave)数学表达式为:

(倍频程数 *Oct*) $n=\log_2(f_h/f_l)$,则:$f_h/f_l=2^n$ (1-2)

倍频程:两个基频相比为 2 的频程,即:$f_h/f_l=2$

1/3 倍频程:即: $f_h/f_l=2^{1/3}=1.26$

中心频率: $f_{中}=(f_h\times f_l)^{1/2}$ (1-3)

频带声压级:指有限频带内的声压级,频带宽度必须指明,如频带宽度为 1 倍频程时称为倍频带声压级。

声压谱级:是将声压信号通过带宽 1Hz 的理想滤波器得到的声压级,就是带宽等于 1Hz 的频带声压级。

总声级:整个宽频带的带宽声压级称为总声级。

声源级:定义为距声源等效中心 1 米处的声压级。等效声中心就是声源发出声波的位置。

频带声源级:是指定频带宽度内的声源级。

声音频率范围:20 Hz ~ 20 kHz。

基准值:参考距离 1 m(50),参考声压 1 μPa(20)等条件下确定辐射噪声指标。

由于基准值不同,同样的分贝数辐射噪声是不一样的。

1.3.3 声强

定义:单位时间内流经单位面积的声能量(单位面积功率)称为声强,用字母 I 表示。对于平面波来说,声强与声压的关系是:

$$I=P^2/\rho c \tag{1-4}$$

式中 ρ、c 分别为水或空气的密度与对应声速,ρc 被称为介质的特征阻抗。

声强级(声功率)的数学表达式为

$$L_I=10\lg(I/I_0) \tag{1-5}$$

对于平面波来说,$10\lg(I/I_0)=20\lg(P/P_0)$,即声压级与声功率级相等。

声级的叠加:

设几个不同噪声声压级分别为 L_{pi},则它们叠加后总声压级 L_p 为

$$L_p=10\lg\left(\sum_{i=1}^{n}10^{L_{pi}/10}\right) \tag{1-6}$$

1.3.4　噪声测量中的几个名词解释

1. 辐射噪声：是指用噪声测量船布放水听器测量的产品辐射噪声声源级和密度谱级，它直接关系到产品航行的隐蔽性；又可划分为机械噪声、水动力噪声、螺旋桨噪声等；

2. 自噪声：安装在产品上某部位的水听器接收到的水噪声称为自噪声，它直接影响产品声呐的作用距离；

3. 空气噪声：舰船空气中存在的噪声（主要是机械噪声）；

4. 声目标强度：是指产品对声源的反射能力，它只与艇的外部声学特征有关，主要表征抗主动声呐的发现能力。

1.3.5　声隐身建造要求

1. 影响舰船辐射噪声的主要因素：

主要噪声源设备：汽轮发电机组、推进电机、（主机）、辅循环水泵、主凝水泵、主循环水泵、主滑油泵等主要设备。

主要声传递路线：设备减振器、浮筏减振、管路减振。

2. 船舶建造要求：

（1）研究与设计：基础研究、专项科研、总体设计、设备布置、管系风道布置与设计及建造工艺研究；

（2）船体制造：外板必须严格按型线加工，型线放样必须符合图纸要求，确保表面光顺，门窗盖均应安装隔振橡胶垫，其锁紧装置应可靠；

（3）机组的安装：主汽轮齿轮机组、汽轮发电机组、反应堆冷却剂泵和推进电机、桨、轴安装、大功率弹性离合器安装、浮筏减振装置安装、声呐声腔内吸声尖劈安装、声呐导流罩等安装；

（4）管系安装：管系不得强制安装，同时避免管系共振、增加管路系统的阻尼、减少结构噪声传递（如挠性接管与液压弹簧吊架减少弯头、弹性支吊架）和流动噪声；

（5）通风空调管路应按要求安装减振元件，减少弯管和空气流阻，降低空气噪声。电缆支承件与艇体结构、发电机等大设备联结用的主要电缆也要采用弹性支吊架。

详细要求见本书的其他部分。

第 2 章　舰船噪声学基础

日常生活中，振动现象无处不在，有些振动现象是对人类有益的，但对于大多数机械和结构而言，振动往往是有害的。在舰船中，振动的危害尤其突出，它不仅降低了机械设备本身的精度和性能，增加了附加动应力，缩短了构件的寿命，还会产生在空气中、水中传播的辐射噪声，影响舰船的隐蔽性。

本节将主要介绍机械振动原理、船体振动原理、管系振动原理、空气噪声原理及水声原理。

振动系统部分

2.1　振动系统的分类

振动系统主要由广义的激励力、质量元件、弹簧元件和阻尼元件组成。

从不同的角度看，振动系统可有不同的分类，下面进行具体介绍。

1. 按振动系统的自由度数分类：

(1)单自由度系统振动——确定系统在振动过程中任何瞬时几何位置只需要一个独立坐标的振动；

(2)多自由度系统振动——确定系统在振动过程中任何瞬时几何位置需要多个独立坐标的振动；

(3)弹性体振动——确定系统在振动过程中任何瞬时几何位置需要无穷多个独立坐标的振动。

2. 按振动系统所受的激励类型分类：

(1)自由振动——系统受初始干扰或原有外激励取消后产生的振动；

(2)强迫振动——系统在外激励力作用下产生的振动；

(3)自激振动——系统在输入和输出之间具有反馈特性并有能源补充而产生的振动。

3. 按系统的响应(振动规律)分类：

(1)简谐振动——能用时间的正弦或余弦函数表示系统响应的振动；

(2)周期振动——能用时间的周期函数表示系统响应的振动；

(3)瞬态振动——只能用时间的非周期衰减函数表示系统响应的振动；

(4)随机振动——不能用简单函数或函数的组合表达运动规律，而只能用统计方法表示系统响应的振动。

4. 按描述系统的微分方程分类：

(1)线性振动——能用常系数线性微分方程描述的振动；

(2)非线性振动——只能用非线性微分方程描述的振动。

5. 从噪声源与噪声传递的媒质分类：

(1)按声源所属设备的种类，可以分为机床噪声、汽轮机噪声、空压机噪声、通风机噪声、泵噪声等；

(2)从声源形成的机理出发，机械噪声主要分为两大类：一类是机械结构振动性噪声；另一类是流体动力性噪声；

(3)按声波传递的媒质，噪声可以分为空气噪声和结构噪声。

2.2　单自由度系统振动

工程中大量存在单自由度系统的振动问题。许多相当复杂的系统在作振动或动力分析时也往往可简化成单自由度系统的振动问题，即可等效成“质量—弹簧”系统。故研究单自由度系统的振动有很大的实际意义。另一方面，单自由度系统的振动揭示了振动现象的本质，是多自由度系统振动、弹性体振动以及其他各种振动的基础。因此，掌握其振动理论是十分必要的。

定义：

如果一个系统在空间的位置于任何瞬时均可由一个数量 q 单值地予以确定，则此系统称为单自由度系统。此 q 称为系统的广义坐标，或简单地称为坐标。单自由度振动系统最简单的例子是悬挂在无质量的(其质量很轻，可不予考虑)弹簧上并仅作垂向运动的质量，即所谓“质量—弹簧”系统(见图 2－1)。确定此系统在空间位置上只需一个参数——质量 m 的垂向位移 x。

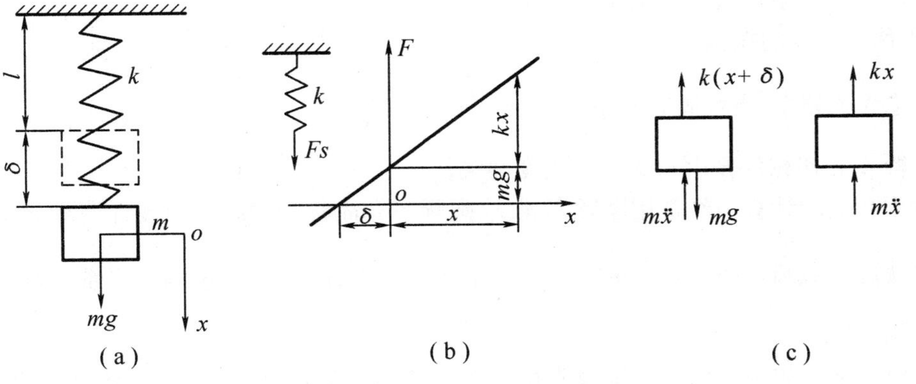

图 2－1　“质量－弹簧”系统示意图

2.2.1　单自由度系统无阻尼自由振动

如上图所示“质量—弹簧”系统，设系统受到一个干扰，使质量偏离其原来的静力平衡位置而有一初始位移或初始速度，则当此干扰去除后质量将在其静力平衡位置附近振动。此时系统除了受常值力作用外，只受到弹簧恢复力作用而不受任何其他外力作用，故这种振动称为自由振动，亦称为自然振动或固有振动。实际上系统在振动时会受到气体、液体等介质的阻尼作用以及材料的内阻尼作用和摩擦力等的作用，在此先不予考虑。

由于我们限于研究线性振动问题，故这里所述的弹簧是“线性弹簧”。弹簧服从虎克定律，即 $F_s = kx$（其中 k 称为弹簧的刚性系数，有时亦简称为弹簧刚度或弹簧常数，x 为弹簧变形量）。

设上图弹簧原来的长度为 l，悬挂质量后伸长了 δ，达到上图所示的静力平衡位置。此时弹簧仅受质量 m 的重力作用。由此不难求得弹簧的静伸长

$$\delta = m_g/k \tag{2-1}$$

设振动时质量 m 偏离其静力平衡位置的垂向位移为 x，即把 x 坐标的原点取在系统的静力平衡处，且设位移 x 向下为正，速度 x' 和加速度 x'' 的方向亦向下为正。对质量 m 取分离体后，按达朗贝尔原理列出自由振动的微分方程式：

$$mg - k(\delta + x) = m\ddot{x} \tag{2-2}$$

即

$$m\ddot{x} + kx = 0 \quad (\text{或}\ \ddot{x} + \frac{k}{m}x = 0) \tag{2-3}$$

从上式可见，重力等常值力的作用只影响系统的静力平衡位置而与系统在其静力平衡位置附近的振动没有任何关系。故对线性系统，只要注意到振动位移 x 的坐标原点取在系统的静力平衡位置，在建立振动微分方程式时可不考虑重力等常值力的作用。因此，今后在建立振动微分方程式时均不计重力等常值力的作用。对所讨论的“质量—弹簧”系统的无阻尼自由振动可认为分离体 m 上只受弹簧恢复力 kx 和惯性力 mx'' 的作用。

令 $\lambda^2 = k/m$，则上式可变为常系数两阶齐次常微分方程：

$$\ddot{x} + \lambda^2 x = 0 \tag{2-4}$$

此方程通解为

$$x(t) = A_1\cos(\lambda t) + A_2\sin(\lambda t)$$

进一步简化为

$$x(t) = A\sin(\lambda t + \beta) \tag{2-5}$$

此解说明无阻尼自由振动是简谐振动。

式中：A 称为振动的振幅；

λ 称为圆频率，亦称固有频率，

$$\lambda = \sqrt{\frac{k}{m}} = \sqrt{\frac{g}{\delta}} \tag{2-6}$$

振幅 A 和初相位 β 由初始干扰幅度确定；

由于在振动计算中经常用圆频率 λ，故圆频率亦简称为频率。只要注意到符号和因次的不同就可避免圆频率与频率的混淆。由于 $\lambda = \sqrt{\frac{g}{\delta}}$，因此可通过测量系统的静变形来计算固有频率。

自由振动的频率是振动系统极为重要的参数，它仅取决于系统固有的性质（弹簧刚度和质量）而与初始条件等无关。故自由振动频率亦称为系统的固有频率或自然频率。

2.2.2 单自由度系统有阻尼强迫振动

上面所述的无阻尼自由振动，主要是想介绍固有频率的概念，下面介绍工业中最常见的、最一般的振动：有阻尼强迫振动。

所谓阻尼，一般是指阻碍系统运动的力，它的方向始终与系统中质点的运动方向相反。在工程中，引起阻尼的因素很多。通常可分为外阻尼和内阻尼两类。外阻尼是指振动系统在周围介质中运动或与系统以外的物体相摩擦所产生的阻尼力。内阻尼是指振动系统内部由于材料的非弹性性质或结构的非弹性变形而产生的阻尼力。

外阻尼力取决于振动的速度。当系统在黏性介质中振动且速度较小时,阻尼力与速度成线性关系。此时阻尼力可写成

$$R = -C\dot{x} \tag{2-7}$$

式中,C 是黏阻系数,它与介质的黏性系数、振动体的大小、形状、表面光洁度等有关,通常用实验的方法确定。

所谓强迫振动,即在“质量”振动的过程中总是受到外界的干扰作用。外界干扰可分为两种,一种是外界直接的干扰力,另一种是基座的运动,如图 2-2 所示。

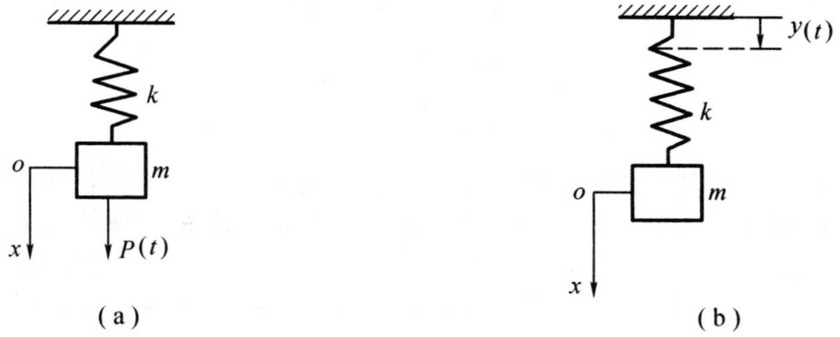

图 2-2　外界干扰示意图

计算强迫振动的基本目的在于寻求系统在外界干扰作用下的动力响应,即它的振动位移、速度、加速度以及由此所确定的构件动应力等的参数。

下面介绍外干扰为干扰力时的有阻尼强迫振动,如图 2-3 所示。

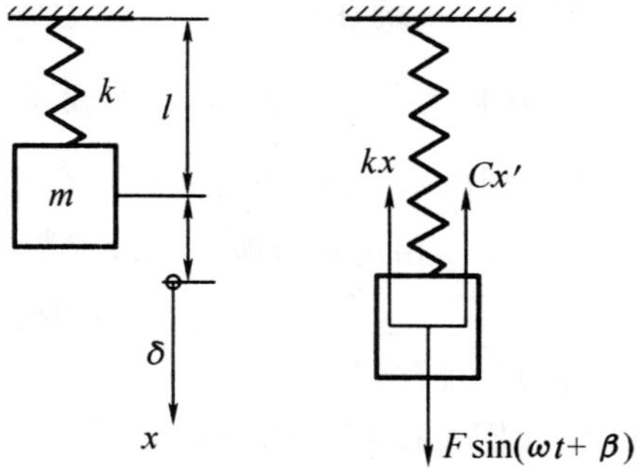

图 2-3　“质量—弹簧”系统有阻尼强迫振动

如上图,设在有黏性阻尼的“质量—弹簧”系统上作用一简谐干扰力 $F\sin(\omega t+\beta)$,则质量 m 的运动微分方程式为

$$m\ddot{x} + C\dot{x} + kx = F\sin(\omega t + \beta) \tag{2-8}$$

或

$$\ddot{x} + 2n\dot{x} + \lambda^2 x = \frac{F}{m}\sin(\omega t + \beta) \tag{2-9}$$

式中

$$2n = \frac{c}{m} \qquad \lambda^2 = \frac{k}{m}$$

此方程式的解由通解和特解两部分组成。对于我们通常所遇到的小阻尼的情况((n

$<\lambda$)，其解为

$$x(t)=e^{-\xi\lambda t}B_1\sin(\lambda_d t+\theta_1)+e^{-\xi\lambda t}B_2\sin(\lambda_d t+\theta_2)+A\sin(\omega t+\beta-\theta)$$

式中 频率比 $$\gamma=\frac{\omega}{\lambda} \tag{2-10}$$

阻尼比 $$\xi=\frac{n}{\lambda} \tag{2-11}$$

有阻尼自由振动频率 $$\lambda_d=\sqrt{\lambda^2-n^2} \tag{2-12}$$

强迫振动参数 $$A=\frac{F}{k}\cdot\frac{1}{\sqrt{(1-\gamma^2)^2+(2\xi\gamma)^2}}=\frac{F}{k}\cdot\alpha \tag{2-13}$$

$$\theta=\tan^{-1}\frac{2\xi\gamma}{1-\gamma^2} \tag{2-14}$$

其他参数如 B_1、θ_1 由初始条件确定，B_2、θ_2 由干扰力参数确定。

由上式可以看出：有阻尼强迫振动的解由三项所组成，第一项称为自由振动项，完全由初始条件决定，第二项称为伴随自由振动项，它由干扰力所引起，但振动频率与干扰力的频率不同而与有阻尼自由振动时的频率相同，第三项是干扰力引起的纯强迫振动项。第一、第二项均属自由振动部分，它们随着时间的增长而趋于零，是一种衰减的或暂态的振动。第三项是频率与干扰力相同的简谐振动，是一种稳态的强迫振动。

有阻尼强迫振动在经过振动起始阶段的一段短暂的时间以后将只剩下稳态的强迫振动。因此，通常所称的强迫振动实际上就是指这一部分。下面，我们进一步来讨论这种强迫振动的特点。

由振动方程解的第三项可见，①有阻尼强迫振动的频率与干扰力的频率相同，它与阻尼的大小或阻尼的存在与否无关；②强迫振动的振幅与初始条件无关，与时间 t 无关，不会由于阻尼而衰减；③强迫振动的振幅 A 是系统在静力 F（干扰力频率 $\omega\to0$ 的情况下）作用下所引起的静位移 $\frac{f}{k}$ 的 α 倍，这里，α 称为动力放大系数，它是振动学中一个重要的概念；④有阻尼强迫振动时位移和干扰力的相位不一致，前者落后一个相角 θ。

下面我们重点讨论动力放大系数 α 和相角 θ 与振动系统参数的关系：

$$\alpha=\frac{1}{\sqrt{(1-\gamma^2)^2+(2\xi\gamma)^2}}\qquad\theta=\tan^{-1}\frac{2\varepsilon\gamma}{1-\gamma^2}$$

由式看出对于不同的阻尼比 ξ，我们可得到不同的 α 曲线（或称作幅频响应曲线、共振曲线）和 θ 曲线（或称作相频特性曲线），如图 2-4、图 2-5 所示。

从 α 幅频响应曲线可以看出：

阻尼比 ξ 越大，动力系数 α 越小。对小阻尼的情况，在共振区域内（通常指 =1 附近），阻尼对 α 的影响极大，而在远离共振区的强迫振动时通常都不考虑阻尼的影响，即假定是无阻尼的。

当阻尼较大时（$\xi>0.7$），$\alpha<1$。此时振幅 A 小于静位移 $\frac{f}{k}$。

当 γ 很小时，即干扰力频率 ω 远小于固有频率 λ 时，$\alpha\approx1$，此时干扰力的作用可视为静力的作用。当 γ 很大时，即 ω 远大于固有频率 λ 时，$\alpha\to0$，系统的位移振幅将趋近于零。

在有阻尼存在时共振振幅不会无限增大，但由于实际的工程结构多数是阻尼相当小的系统，故在共振区域内其振幅还是很大。这往往使系统中的构件不能正常工作，甚至发生破坏。

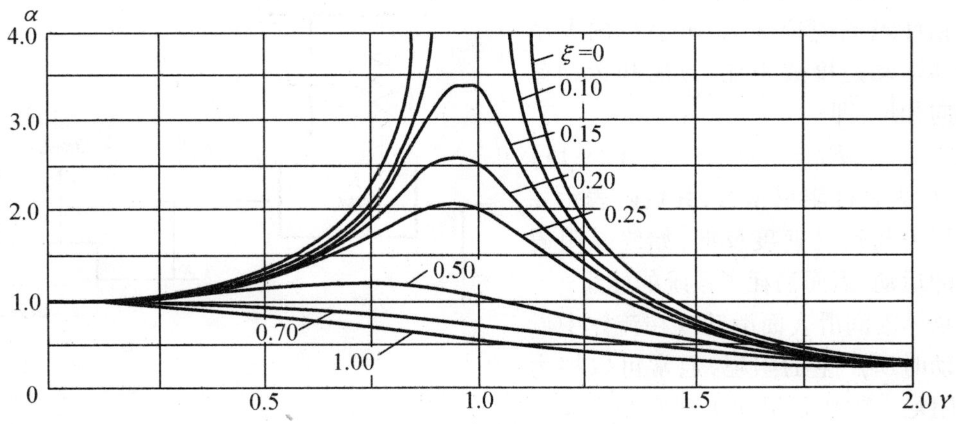

图 2-4　α 共振曲线

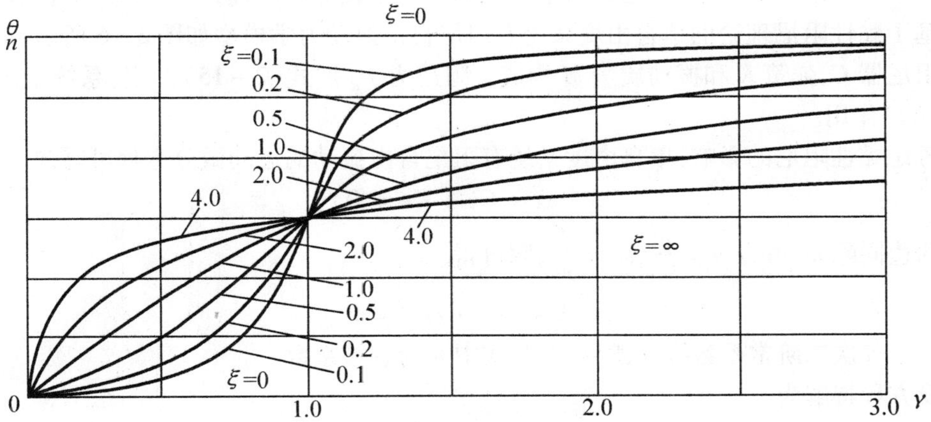

图 2-5　θ 相频曲线

因此,一般都要避免共振。例如,要求 ω 与 λ 相差10%以上或者20%以上。同时,事物是一分为二的,共振亦有可利用的一面。例如,用共振的方法测定系统的固有频率,进行结构的疲劳试验等。有些激振设备也利用共振的方法以获得较大的振动和较好的振动波形。

从 θ 相频响应曲线可以看出:

阻尼不同时相频曲线也是不同的。但在共振($\frac{\omega}{\lambda}\to 1$)时,不管阻尼多大,相位差总是等于90°。有时我们利用这一特性来测定系统的固有频率,这种方法称为相位共振法。

2.2.3　单自由度系统有阻尼自由振动

在无阻尼自由振动中,略去了系统运动中所受到的阻力,认为系统仅受重力和弹性恢复力的作用,系统机械能守恒,振动质量的振幅保持不变。这是一种假设的理想状况,实际存在的振动系统,振动质量的振幅总是随时间增长而衰减,最终趋于静止,系统的总机械能趋于0。这是阻尼作用的结果。实际振动系统不可避免地存在阻尼,本节研究阻尼对振动的影响。单自由度系统有阻尼振动力学模型如图2-6所示。

最常用的阻尼理论是粘性阻尼理论。粘性阻尼理论认为，阻尼力的大小与物体运动速度成正比、方向和运动速度方向相反，即

$$F_d = -C \cdot \dot{x} \tag{2-15}$$

式中，C 为黏性阻尼系数，其负号表示黏性阻尼力与运动速度反向，始终是阻碍系统的运动，因而消耗了系统的能量。

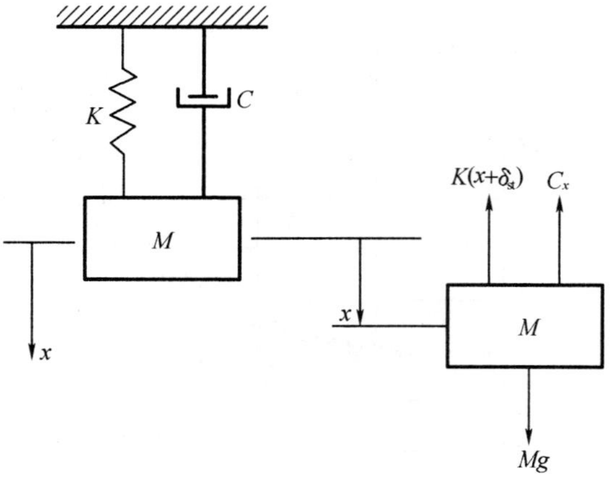

图 2-6 黏性阻尼振动系统

物体沿润滑表面滑动或在流体中低速运动时所产生的阻尼，通常可以视为黏性阻尼。黏性阻尼在工程实践中最常见，又易于数学处理，为了方便起见，本节中讨论有阻尼系统的振动时仅考虑黏性阻尼。其他形式的阻尼，可通过每个周期消耗能量相等的原理，化为等效黏性阻尼。

基于黏性阻尼理论的单自由度系统有阻尼自由振动力学模型如图 2-6 所示，该系统由黏性阻尼器 C、弹簧 K 和振动质量 M 构成。阻尼力 F_d 按式(2-15)确定，系统上无外界激励力 $p(t)$ 作用。

考虑黏性阻尼的影响，单自由度系统有阻尼自由振动的运动微分方程可写成

$$m\ddot{x} + C\dot{x} + Kx = 0 \tag{2-16}$$

上式两边同除 m，并令 $n = \dfrac{c}{2m}, \omega^2 = \dfrac{k}{m}$，则可得

$$\ddot{x} + 2n\dot{x} + \omega_n^2 x = 0 \tag{2-17}$$

它是一个齐次二阶常系数线性微分方程，式中 n 为衰减系数。

设方程特解为

$$x(t) = e^{rt}$$

将其带入式(2-17)，可求得这一微分方程式的特征方程为

$$r^2 + 2nr + \omega_n^2 = 0$$

其解为

$$r_{1,2} = -n \pm \sqrt{n^2 - \omega_n^2} \tag{2-18}$$

r_1, r_2 称为特征根。因此方程(2-17)的通解可写为

$$x = A_1 e^{r_1 t} + A_2 e^{r_2 t} = e^{-nt}\left(A_1 e^{\sqrt{n^2-\omega_n^2}t} + A_2 e^{-\sqrt{n^2-\omega_n^2}t}\right)$$

式中，A_1, A_2 为由初始条件确定的积分常数。

为了分析的方便，引入一个无量纲的参数 ζ，称 ζ 为相对阻尼系数（或阻尼比，或无因次阻尼系数），令

$$\zeta = \frac{n}{\omega_n} \tag{2-19}$$

称为相对阻尼系数或阻尼比。

(1) 当 $\zeta > 1$ 时

r_1, r_2 为两个不相等的负实根，即

$$r_1 = -\omega_n\left(\zeta - \sqrt{\zeta^2 - 1}\right) < 0 \tag{2-20}$$

$$r_2 = -\omega_n(\zeta + \sqrt{\zeta^2 - 1}) < 0 \tag{2-21}$$

运动方程为

$$x(t) = A_1 e^{-\omega_n(\zeta - \sqrt{\zeta^2-1})} + A_2 e^{-\omega_n(\zeta + \sqrt{\zeta^2-1})} \tag{2-22}$$

质量运动的时间历程曲线为指数衰减曲线，$x(t)$将随着 t 的增加而趋近于0，质量 M 最多经过平衡位置一次，不会发生连续的往复运动，即不发生振动。称此种状态为过阻尼状态。

(2)当 $\zeta=1$ 时

此时，特征方程的根为两个相等的实根：

$$r_1 = r_2 = -\zeta\omega_n = -\omega_n \tag{2-23}$$

按微分方程理论，运动方程的解为

$$x(t) = (A_1 + A_2 t)e^{-\zeta\omega_n t} \tag{2-24}$$

设初始条件为 $t=0, x=x_0, \dot{x} = \dot{x} = 0$，则

$$x(t) = [x_0 + (\dot{x}_0 + \omega_n x_0)\cdot t]\cdot e^{-\zeta\omega_n t} \tag{2-25}$$

若振动初始条件使得 $A_2=0$，式(2－25)为单调指数衰减曲线，$x(t)$将随着 t 的增加而趋近于0，始终为正值或负值(取决于初始扰动)，质量 M 没有持续的往复运动发生，即不发生振动。

若振动初始条件使得 $A_2\neq 0$，式(2－25)亦为衰减曲线，质量 M 最多经过平衡位置一次，不会发生持续的往复运动，即不发生振动。称此种状态为临界阻尼状态。

系统处于临界阻尼状态时的阻尼系数，称为临界阻尼系数。记为 C_c，且有

$$C_c = 2M\sqrt{\frac{K}{M}} = 2\sqrt{MK} = 2M\omega_n \tag{2-26a}$$

由式(2－25)可以看到，临界阻尼系数 C_c 仅依赖于系统本身的物理参数。可以用临界阻尼系数定义无因次阻尼系数 ζ，即

$$\zeta = \frac{C}{C_c} \tag{2-26b}$$

(3)当 $\zeta<1$ 时

此时，特征方程式具有两个复数根，构成一对共轭复数，即

$$r_{1,2} = -\zeta\omega_n \pm i\omega_n\sqrt{\zeta^2 - 1} \tag{2-27}$$

或

$$r_{1,2} = -\zeta\omega_n \pm i\omega_d \tag{2-28}$$

$$\omega_d = \omega_n\sqrt{\zeta^2 - 1} \tag{2-29}$$

式中，ω_d 为有阻尼自由振动频率。

此时，有

$$x(t) = e^{-\zeta\omega_n t}(A_1 e^{i\zeta\omega_d t} + A_2 e^{-i\omega_d t}) \tag{2-30}$$

$$x(t) = e^{-\zeta\omega_n t}(A_1'\cos\omega_d t + A_2'\sin\omega_d t) \tag{2-31}$$

式中：A_1'，A_2'为积分常数，由初始条件决定。

设初始条件为 $t=0, x=x_0, \dot{x}=\dot{x}_0$，则由式(2－31)得

$$A_1' = x_0 \quad A_2' = \frac{\dot{x}_0 + \xi\omega_n x_0}{\omega_d} \tag{2-32}$$

故式(2－31)可写为

$$x(t) = e^{-\zeta\omega_n t}\left(x_0\cos\omega_d t + \frac{\dot{x} + \xi\omega_n x_0}{\omega_d}\sin\omega_d t\right) \tag{2-33}$$

式(2-33)又可变换为

$$x(t) = Ae^{-\zeta\omega_n t}\cos(\omega_d t - \theta) \tag{2-34}$$

其中

$$A = \sqrt{x_0^2 + \left(\frac{\dot{x} + + \zeta\omega_n x_0}{\omega_d}\right)^2} \tag{2-25}$$

$$\theta = \arctan\left(\frac{\dot{x} + \zeta\omega_n x_0}{\omega_d x_0}\right) \tag{2-36}$$

此时，质量将在平衡位置附近作持续的往复运动，即系统发生振动。称此种状态为欠阻尼状态。欠阻尼状态时，阻尼系数 C 小于 C_c。有阻尼自由振动，通常指欠阻尼状态系统的运动。

2.2.4 基座运动强迫振动

前面讨论的强迫振动是干扰力作用在物体(质量 m)上所引起的，下面我们讨论外干扰为支座运动的情况，如图 2-7 所示：

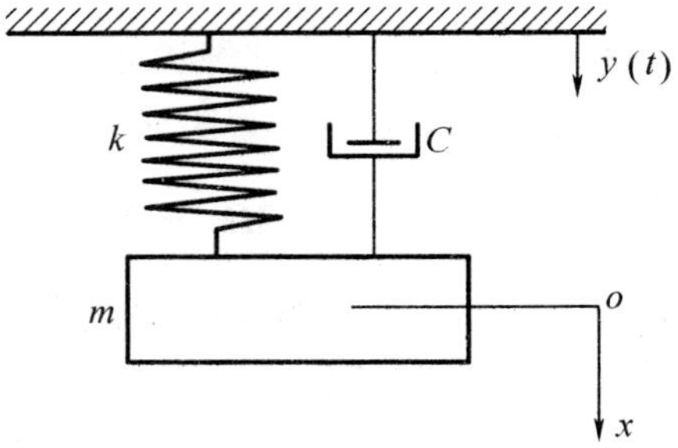

图 2-7 干扰为基座运动的情况

如上图所示，“质量—弹簧”系统在基座作简谐运动下作强迫振动。

图中 x 和 y 分别为质量 m 和基座对同一参考坐标系的垂向位移。取 $y=0$ 时质量 m 的静力平衡位置为 x 的原点，不难导出此系统的运动微分方程式为

$$m\ddot{x} + C(\dot{x} - \dot{y}) + k(x - y) = 0 \tag{2-37}$$

设支座作简谐运动 $y(t) = y_0\sin\omega t$，则上式可化为

$$m\ddot{x} + C + kx = = y_0\sqrt{k^2 - w^2C^2}\sin(\omega t + \beta) \tag{2-38}$$

此方程式的特解(即强迫振动部分)与干扰力的情况相同，为

$$x(t) = A\sin(\omega t - \theta)$$

式中：频率比 $\gamma = \dfrac{\omega}{\lambda}$　　阻尼比 $\xi = \dfrac{n}{\lambda}$

$$A = y_0 \cdot \frac{\sqrt{1 + (2\xi\gamma)^2}}{\sqrt{(1-\gamma^2)^2 + (2\xi\gamma)^2}} \tag{2-39}$$

由此可见，系统质量的振幅 A 和基座的振幅 y_0 的比值，与上面讨论的共振系数 a 对应，

称为位移传递系数 T_D

$$T_D = \frac{\sqrt{1+(2\xi\gamma)^2}}{\sqrt{(1-\gamma^2)^2+(2\xi\gamma)^2}} \tag{2-40}$$

曲线如图 2-8 所示。

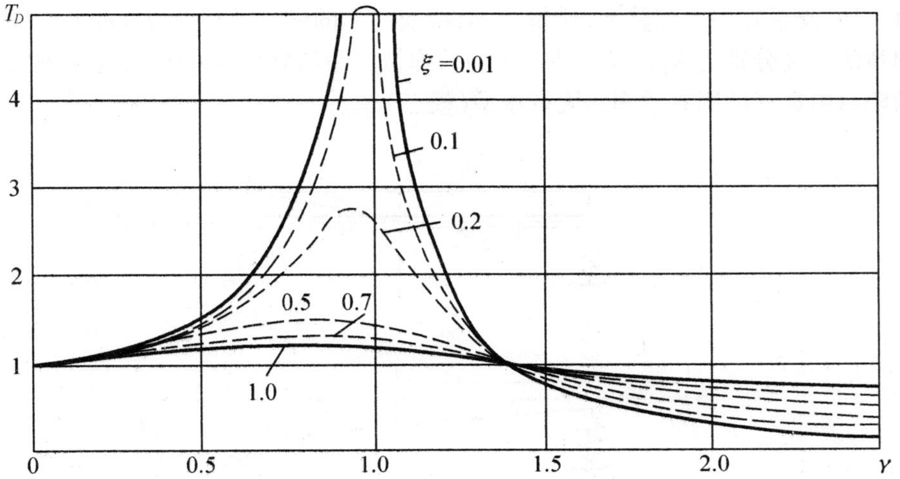

图 2-8　T_D 曲线图

从上图可以看出：

①当 $\gamma \ll 1$ 时，$T_D \approx 1$。系统的绝对位移基本上与基座的位移相同，两者几乎没有相对位移；

②当 $\gamma \approx 1$ 时，T_D 达最大值，系统产生共振；

③当 $\gamma = \sqrt{2}$ 时，$T_D = 1$，并与阻尼比无关；

④当 $\gamma > \sqrt{2}$ 时，$T_D < 1$，γ 越大，T_d 越小，此特点是隔振设计的基础。

2.3　多自由度系统振动

单自由度振动系统是振动系统的最简单形式，而在工程中，大多数的振动系统都属于多自由度振动系统，即系统在空间的位置于任何瞬间都不能由一个广义坐标（变量），而必须用若干个广义坐标（变量）才能确定。如果一个系统需用二个广义坐标才能确定系统瞬时位置，则称该系统为二自由度振动系统，如弹性安装的辅机设备，如果质量分布不均，就可以简化为二自由度振动系统，系统的两个广义坐标可以选为质心处垂向坐标 z 与辅机的纵倾角 θ，如图 2-9 所示。

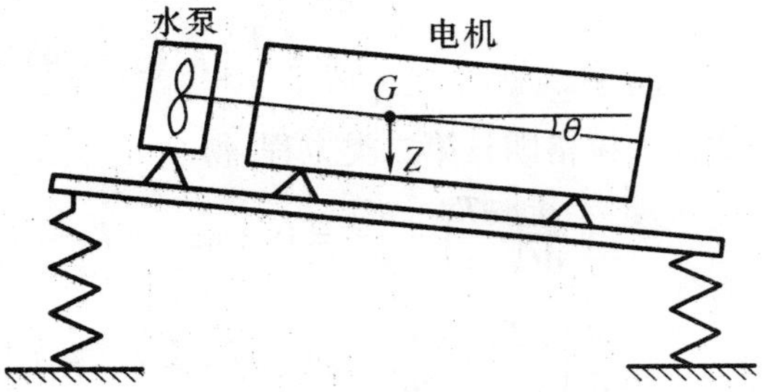

图 2-9　二自由度系统的广义坐标的选取示意图

虽然在工程中的大多数振动系统都

是多自由度振动系统，但其求解是相当复杂的，本节将结合工厂情况，以典型二自由度系统振动为例，简单介绍多自由度系统振动的重要概念：固有频率、固有振型（模态）及主坐标。

2.3.1 二自由度无阻尼自由振动

例 上述偏心安装的辅机模型可简化为如下力学模型如图 2-10，研究的辅机可简化为绝对刚体，支承在两个弹簧上，质量为 m，绕质心 c 的转动惯量为 $J=mr^2$，r 为惯性半径，两个弹簧的刚度分别为 K_1 和 K_2，质心至前后弹簧的距离分别为 l_1 和 l_2，求解该系统在初始干扰微幅自由振动的固有频率和固有振型（模态）。

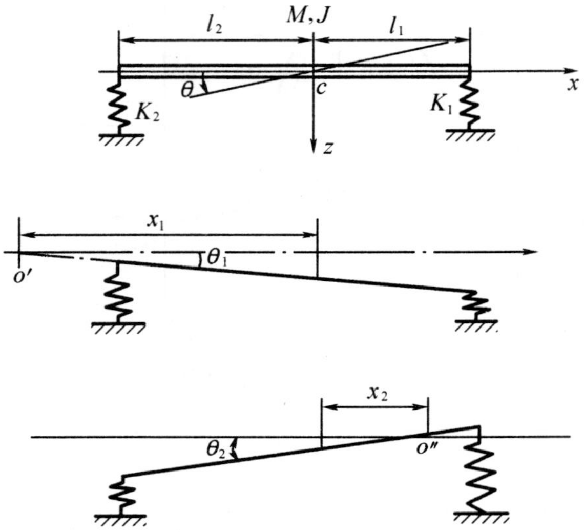

图 2-10 偏心安装的辅机模型的简化力学模型

方法 1 应用拉格朗日第二类方程（推导省略）

$$\frac{\mathrm{d}}{\mathrm{d}t}\left(\frac{\partial T}{\partial \dot{q}_i}\right)+\frac{\partial V}{\partial q_i}=0 \quad (i=1,2,\cdots,n) \tag{2-41}$$

式中 T 为系统动能，V 为系统势能，q_i 为广义坐标。

取刚体质心处垂向位移 z 和刚体的转角 θ 为广义坐标，z 以平衡位置为“0”点，向下为正，θ 逆时针方向为正。于是可写出系统动能 T 和位能 V 分别为

$$T=\frac{1}{2}(m\dot{z}^2+J\dot{\theta}^2)=\frac{1}{2}m(\dot{z}^2+r^2\dot{\theta}^2) \tag{2-42}$$

$$V=\frac{1}{2}[K_1(z-l_1\theta)^2+K_2(z+l_2\theta)^2] \tag{2-43}$$

将上式代入拉格朗日第二类方程，得

$$\frac{\mathrm{d}}{\mathrm{d}t}\left(\frac{\partial T}{\partial \dot{z}}\right)+\frac{\partial V}{\partial z}=0\Rightarrow m\ddot{z}+(K_1+K_2)z+(-K_1l_1+K_2l_2)\theta=0 \tag{2-44}$$

$$\frac{\mathrm{d}}{\mathrm{d}t}\left(\frac{\partial T}{\partial \dot{\theta}}\right)+\frac{\partial V}{\partial \theta}=0\Rightarrow mr^2\ddot{\theta}+(-K_1l_1+K_2l_2)z+(K_1l_1^2+K_2l_2^2)\theta=0 \tag{2-45}$$

写成矩阵形式为

$$\begin{bmatrix} m & 0 \\ 0 & mr^2 \end{bmatrix}\begin{bmatrix} \ddot{z} \\ \ddot{\theta} \end{bmatrix} + \begin{bmatrix} K_1 + K_2 & -K_1l_1 + K_2l_2 \\ -K_1l_1 + K_2l_2 & K_1l_1^2 + K_2l_2^2 \end{bmatrix}\begin{bmatrix} z \\ \theta \end{bmatrix} = 0 \tag{2-46}$$

或

$$\begin{bmatrix} \ddot{z} \\ \ddot{\theta} \end{bmatrix} + \begin{bmatrix} a & b \\ b/r^2 & c \end{bmatrix}\begin{bmatrix} z \\ \theta \end{bmatrix} = 0 \tag{2-47}$$

式中$\begin{bmatrix} m & 0 \\ 0 & mr^2 \end{bmatrix}$称为质量矩阵，$\begin{bmatrix} K_1 + K_2 & -K_1l_1 + K_2l_2 \\ -K_1l_1 + K_2l_2 & K_1l_1^2 + K_2l_2^2 \end{bmatrix}$称为刚度矩阵

$$a = \frac{K_1 + K_2}{m} \quad b = \frac{-K_1l_1 + K_2l_2}{m} \quad c = \frac{K_1l_1^2 + K_2l_2^2}{mr^r}$$

可以看出，同单自由度振动系统自由振动微分方程 $M\ddot{x} + kx = 0$ 相比，二自由度自由振动微分方程可写为 $[M][\ddot{q}] + [K][q] = 0$，与单自由度系统形式相同，只不过是随着自变量及方程的增多，引入了矩阵的形式。

下面来讨论微分方程组的解。

与单自由度振动系统 $m\ddot{x} + kx = 0$ 的解类似，$[M][\ddot{q}] + [K][q] = 0$ 的解可写为 $[q] = [A]\sin(\lambda t + \theta)$（推导省略），将此解代入原方程组可得齐次线性方程组 $\{[K] - \lambda^2[M]\}[A] = 0$，若上式具有非零解，必须 $|[K] - \lambda^2[M]| = 0$，此即系统的频率方程组。对于一个 n 个自由度振动系统，此方程式为的 n 次方程式，它有 n 个正根（$\lambda_1^2, \lambda_2^2, \cdots, \lambda_n^2$ 从小到大排列），由于其仅与系统的物理特性 $[K]$ 和 $[M]$ 有关，故称之为系统的 n 个固有频率，其中最小者称第一固有频率。

对于每一个固有频率 λ_i，代入齐次线性方程组 $\{[K] - \lambda^2[M]\}[A] = 0$，只能解出一组 $(A_1, A_2, \cdots, A_n)$ 的固定比例关系：

$$\frac{A_1}{\rho_1} = \frac{A_2}{\rho_2} = \frac{A_3}{\rho_3} = \cdots = \frac{A_n}{\rho_n} \tag{2-48}$$

但它们的大小无法确定，对应于第 r 固有频率，我们引入向量 $\rho_r = (\rho_1^{(r)}, \rho_2^{(r)}, \cdots, \rho_n^{(r)})^{\mathrm{T}}$ 及缩尺比 $p^{(r)}$，只要缩尺 $p^{(r)}$ 比确定，振幅向量 A_r 就确定了。对应于每一固有频率 λ_r，方程的解为

$$[q_r] = [A_r]\sin(\lambda_r t + \theta_r) = [\rho_r]p^{(r)}\sin(\lambda_r t + \theta_r) \tag{2-49}$$

由于同一固有频率下，系统的自由振动振幅具有固定的比例（形状）$[\rho_r]$，又因其仅与系统的物理特性 $[K]$ 和 $[M]$ 有关，因此称 $[\rho_r]$ 为系统在第 r 固有频率下的固有振型或固有模态，或第 r 固有振型。

由于关系式 $\frac{A_1}{\rho_1} = \frac{A_2}{\rho_2} = \frac{A_3}{\rho_3} = \cdots = \frac{A_n}{\rho_n}$ 及 $[q_r] = [\rho_r]p^{(r)}\sin(\lambda_r t + \theta_r)$，我们可知 $(A_1, A_2, \cdots, A_n)$ 中只有一个是独立的，即在 n 个元素中只要确定了一个，则其他 $n-1$ 个就可以求出了。也可以说，令 $p = p^{(r)}\sin(\lambda_r t + \theta_r)$，若 p 确定，则振动幅值向量就确定了，因此，称 $p = p^{(r)}\sin(\lambda_r t + \theta_r)$ 为第 r 固有振动的主坐标，它与广义坐标的关系为 $[q_r] = [\rho_r]p$，即一个固有频率，对应一个主坐标，对应 n 个广义坐标。

综上所述，n 自由度振动系统的自由振动可以表述为，由 n 个不同固有频率 λ_r 的简谐振动叠加而成的振动，对于每一个频率为 λ_r 的简谐振动，系统各广义坐标 $\lambda_i^{(r)}$ $(i = 1, 2, 3, \cdots, n)$ 之间具有一定的比例，即系统固有振型进行振动。对应于第一固有频率的振动，我们称之为第一固有振动，对应于第 n 固有频率的振动，我们称之为第 n 固有振动。每一个固有

频率 λ_r，对应一个固有振型，对应一个主坐标。主坐标表示的振动称为主振动或模态振动，对应于第 r 主坐标，称为第 r 谐调振动或第 r 模态振动。

下面我们来求解振动微分方程

$$\begin{bmatrix} \ddot{z} \\ \ddot{\theta} \end{bmatrix} + \begin{bmatrix} a & b \\ b/r^2 & c \end{bmatrix} \begin{bmatrix} z \\ \theta \end{bmatrix} = 0 \tag{2-50}$$

此方程的解可写成

$$\begin{bmatrix} z \\ \theta \end{bmatrix} = \begin{bmatrix} A_1 \\ A_2 \end{bmatrix} \sin(\lambda t + \varphi) \tag{2-51}$$

代入原方程后可得

$$\begin{bmatrix} a-\lambda^2 & b \\ b/r^2 & c-\lambda^2 \end{bmatrix} \begin{bmatrix} A_1 \\ A_2 \end{bmatrix} = 0 \tag{2-52}$$

于是得到频率方程

$$\begin{bmatrix} a-\lambda^2 & b \\ b/r^2 & c-\lambda^2 \end{bmatrix} = 0 \tag{2-53}$$

解之，可得第一固有频率 λ_1 和第二固有频率 λ_2

$$\lambda_{1,2}^2 = \frac{1}{2}(c+a) \mp \sqrt{\frac{1}{4}(c-a)^2 + \frac{b^2}{r^2}} \tag{2-54}$$

分别代入方程(2-30)，

对应于第一固有频率 λ_1，可得第一固有振型

$$\frac{A_1^{(1)}}{A_2^{(1)}} = \frac{b}{\lambda_1^2 - a} = \frac{b}{\frac{1}{2}(c-a) - \sqrt{\frac{1}{4}(c-a)^2 + \frac{b^2}{r^2}}} \tag{2-55}$$

对应于第二固有频率 λ_2，可得第二固有振型

$$\frac{A_1^{(2)}}{A_2^{(2)}} = \frac{b}{\lambda_2^2 - a} = \frac{b}{\frac{1}{2}(c-a) - \sqrt{\frac{1}{4}(c-a)^2 + \frac{b^2}{r^2}}} \tag{2-56}$$

现再用具体的数字对本例题作进一步的说明。设已知 $m=440$ mg，$r^2=1.2\ \text{m}^2$，$l_1=1.2$ m，$l_2=1.5$ m，$K_1=24\ 000$ N/m，$K_2=36\ 000$ N/m，则将这些数据代入前面所得之结果，可得

第一固有频率 $\lambda_1 = 10.5\ 1/\text{s}$

第二固有频率 $\lambda_2 = 15.6\ 1/\text{s}$

第 1 固有振型 $\dfrac{A_1^{(1)}}{A_2^{(1)}} = \dfrac{z^{(1)}}{\theta^{(1)}} = -2.23$ m

这表明此刚体绕其轴线上 $X_1=-2.23$ m 的 O' 点转动。

第 2 固有振型 $\dfrac{A_1^{(2)}}{A_2^{(2)}} = \dfrac{z^{(2)}}{\theta^{(2)}} = 0.79$ m

这表明此刚体绕其轴线上 $X_1=0.79$ m 的 O'' 点转动。

从图 2-9 可形象地看到这两个固有振型以及与之相应的主坐标，即绕 O' 点、O'' 点的 θ_1，θ_2。

2.3.2 多自由度振动系统强迫振动

设系统受干扰力 $Q_i(i=0,1,\cdots,n)$，Q_i 是对应于广义坐标 q_i 的广义力，则无阻尼强迫

振动微分方程矩阵为

$$[M]\ddot{q}+[K][q]=[Q] \tag{2-57}$$

如果作用在系统上的广义力 Q 为简谐力

$$Q_i(t)=Q_{i0}\sin(\omega t)\quad (i=0,1,\cdots,n) \tag{2-58}$$

则系统强迫振动的稳态解为

$$p_i(t)=\frac{p_{i0}}{\lambda_i^2}\cdot\frac{1}{1-\frac{\omega^2}{\lambda_i^2}}\sin(\omega t)\quad (i=0,1,\cdots,n) \tag{2-59}$$

由上式可见，与一个自由度系统相同，多自由度系统稳态强迫振动的频率与干扰力的频率 ω 相同，但 n 个自由度系统的固有频率有 n 个，$\lambda_i(i=0,1,\cdots,n)$。当干扰力频率 ω 与任一固有频率 λ_i 相等时系统将发生共振。

2.4　单自由度减振器隔振原理

船上有各种振源，主机、辅机等各种往复式或旋转式的动力机械都是振源。它们在运转时所产生的干扰力会引起船体结构的振动，为减小这种干扰，通常在振源与船体之间装上一种称为减振器的隔振装置。减振器是由弹性元件和阻尼元件所组成。适当地选择减振器的弹簧常数 K 和阻尼系数 C，可使传至船体的干扰力大为减小。这种隔振是把振源的干扰力隔离，称为第一类隔振，或简称为隔力。

为了把某些经不起振动的精密仪器等从振动的环境中隔离开来，不使其受环境振动的影响，在这些仪器和固定它们的船体结构之间也需要装隔振装置。这种装置称为第二类隔振，或简称为隔幅。

对于第一类隔振，设振源产生的干扰力为 $p_0\sin\omega t$，则质量 m 的稳态振动为

$$x(t)=\frac{p_0}{K}\alpha\sin(\omega t-\theta) \tag{2-60}$$

因此通过减振器弹簧传给船体的力 F_K 与通过减振器阻尼传给船体的力 F_C 分别为

$$F_K=Kx(t)=p_0\cdot\alpha\sin(\omega t-\theta) \tag{2-61}$$

$$F_C=Cx(t)=2c\gamma\cdot p_0\alpha\cos(\omega t-\theta) \tag{2-62}$$

此两力合力的幅值为

$$F_{\max}=\sqrt{(F_K)^2+(F_C)^2}=p_0\alpha\sqrt{1+(2\xi\gamma)^2} \tag{2-63}$$

力传递系数 T_F 为

$$T_F=F_{\max}/P_0=\alpha\sqrt{1+(2\xi\gamma)^2}=\frac{\sqrt{1+(2\xi\gamma)^2}}{\sqrt{(1-\gamma^2)^2+(2\xi\gamma)^2}} \tag{2-64}$$

对于第二类隔振，上面已经得出

位移传递系数

$$T_d=\frac{\sqrt{1+(2\xi\gamma)^2}}{\sqrt{(1-\gamma^2)^2+(2\xi\gamma)^2}} \tag{2-65}$$

由此可见，第一类隔振与第二类隔振在传递系数表达上是相同的。

隔振的效果通常用隔振效率 η 表示

$$\eta=(1-T_F)\times100\%\quad 或\quad \eta=(1-T_d)\times100\% \tag{2-66}$$

由于实际的减振器的阻尼比并不大，故可近似的取 $\xi=0$ 时的 T_F 和 T_d，此时

$$T_F=T_d=\frac{1}{\gamma^2-1}=\frac{1}{\frac{\omega^2}{\lambda^2}-1}=\frac{1}{\frac{4\pi^2}{g}f^2\delta-1} \tag{2-67}$$

式中 $f=\frac{\omega}{2\pi}$（设备转速 周/秒）；

$\delta=\frac{mg}{K}$（减振系统静变形 mm）。

根据此式，可绘出便于隔振设计用的 f、δ 与隔振效率 η 的关系图谱，见图 2－11 所示。

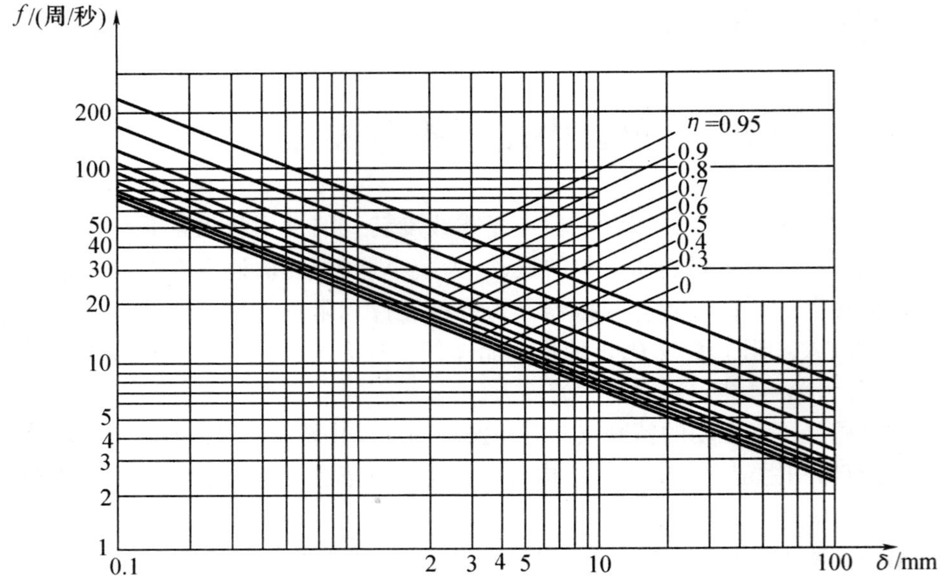

图 2－11 f、δ 与隔振效率 η 的关系图谱

为便于理解隔振的设计方法，现举例如下：

例 有一柴发机组，质量 m 为 1 500 kg，正常运转时产生 50 周/秒的垂向干扰力，力幅 P_0 为10 300 N，今欲将此力隔掉 95%，在机器四脚上装了相同的弹簧减振器，试求出减振器弹簧常数 K。

解 因 $f=50$ 周/秒 $\eta=95\%$，查上图得 $\delta=2.1$ mm

由于 $\delta=\frac{mg}{4K}$，

故 $K=\frac{mg}{4\delta}=\frac{1\,500\times9.8}{4\times2.1\times10^{-3}}=1.75\times10^6$（N/m）

2.5 两自由度减振器（双层隔振）原理

舰船上存在许多振动很高的设备如柴油发电机组，减速齿轮箱，空压机，通风机等。对这些设备必须使用双层弹性隔振才能达到振动防护级的要求。

相对于单层第一类隔振，双层第一类隔振的力学模型见图 2－12，图中 m_2 为中间质量，K_1，C_1 为上层隔振器的刚度和阻尼，K_2，C_2 为下层隔振器的刚度和阻尼。

图 2－12 中系统的固有频率为

$$\omega^2=\frac{k_1+k_2}{2m_1}+\frac{k_2}{2m_2}\pm\sqrt{\left(\frac{k_1+k_2}{2m_1}+\frac{k_2}{2m_2}\right)^2-\frac{k_1k_2}{m_1m_2}} \tag{2-68}$$

力的传递率 T_F 为

$$T_F=\sqrt{\frac{(a^2-4\xi\xi_2 a\bar{\omega}_1^2)^2+\bar{\omega}_1^2(2\xi a^2+2\xi_2 a)^2}{A^2+B^2}} \tag{2-69}$$

式中　$A=\bar{\omega}_1^4-\bar{\omega}_1^2(a^2+4\xi_1\xi_2 a+u+1)+a^2$　(2－70)

$$B=\bar{\omega}_1^3(2\xi_2 a+2\xi_1 u+2\xi_1)-\bar{\omega}_1(2\xi_1 a^2+2\xi_2 a) \tag{2-71}$$

$$u=\frac{m_1}{m_2}$$

$$\bar{\omega}_1=\frac{\omega}{\omega_1}$$

$$a=\frac{\omega_2}{\omega_1}$$

$$\omega_1^2=\frac{k_1}{m_1}$$

$$\omega_2^2=\frac{k_2}{m_2}$$

$$\xi_1=\frac{c_1}{2\sqrt{k_1m_2}}$$

$$\xi_2=\frac{c_2}{2\sqrt{k_2m_2}}$$

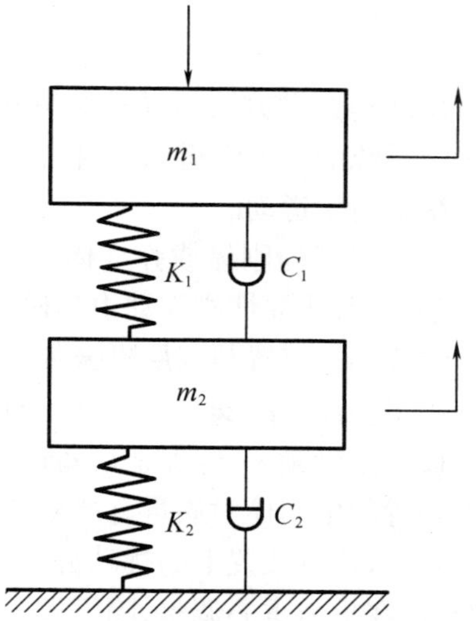

图 2－12　双层第一类隔振的力学模型

双层隔振的力学模型与动力吸振器的力学模型有相似之处。但在双层隔振问题中，是已知 m_1，通过设计 k_1，C_1，m_2，k_2 和 C_2 来减少 I_2 的振动。在动力吸振器中，已知 m_2，k_2 和 C_2，通过设计 m_1，k_1，C_1 来减少 m_2 的振动。

对双层隔振来说，其中间质量块的质量决定了系统固有频率及中频范围内的振动衰减效果。一般来说，中间质量块应大于设备质量的 60%。可用作中间质量块的材料有：钢筋水泥混凝土；聚合物；具有铅块的钢结构。

在设计中间质量块时，应避免与噪声源激励频率有关的固有模态以下的频率发生共振。中间质量块的输入机械阻抗与上层隔振器的输出阻抗失配及中间质量块的损耗因数都必须尽可能通过结构措施来提高。

2.6　浮筏减振原理

浮筏隔振是舰船机械设备振动隔离的重要技术手段，已在水面舰船特别是潜艇上大量使用并取得非常理想的效果。浮筏隔振装置通常由筏上设备、筏架、隔振器、挠性接管等组成。图 2－13 为潜艇上常见的浮筏装置模型。

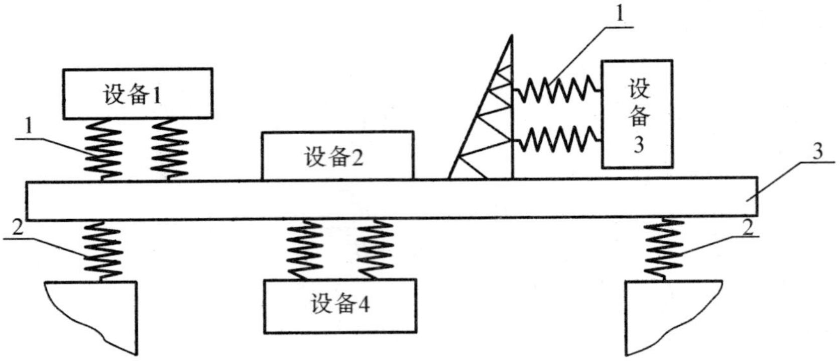

图 2－13 潜艇上典型的设备浮筏

用结构力学方法对浮筏装置建模时，通常将筏上设备作为惯性质量，筏架视为弹性构架参与系统的动力学运动，隔振器视为无质量的弹性阻尼元件，主要以弹性和阻尼特性参与系统动力学运动。

当筏架视为刚体或弹性体，隔振器视为线性或非线性时，可对浮筏装置建立线性刚体动力学模型，非线性刚体动力学模型，线性弹性体动力学模型，非线性弹性体动力学模型。

浮筏隔振装置与双层隔振装置相比，其主要特征为：浮筏装置的中间筏架为弹性结构，是作为多型设备的安装平台并实现公共隔振。对其刚度和质量的要求是错开筏架固有频率和设备激励频率，并保证设备的安装刚度要求及隔振器与筏架的阻抗失配要求，而双层隔振装置的中间体对质量有严格的要求，即不低于设备质量的 60%。从而确保隔振装置的隔振效果；浮筏装置上的扰动源特性复杂，多扰动源组合布置相比双层隔振装置上单扰动源布置，在重力重心调整，隔振器选型布置，静态变形和动态变形限位方面技术难度更大；浮筏装置上设备的激励力呈多方向性，激励频谱也多样化，而双层隔振装置激励力方向较单一，激励频谱简单。

2.7 动力吸振器原理

动力吸振器是一个附加于主振系上的由质量和弹簧组成的振动系统，它将主振系统上的振动转移到附加的系统上，从而降低了主振系统的振动，当其固有频率与主振系的振动频率相等时，主振系便不发生振动。

由于动力吸振器具有良好的消振效果，自本世纪初发明以来，已得到了广泛应用。但传统动力消振器的缺点在于其固有频率固定不变，不能在使用过程中加以调节，更不能随主振系振动频率的变化对它进行控制，因而它只适用于消除基频基本不变的振动。对于更为常见的频率经常改变的振动系统，使用传统动力吸振器不仅收不到良好的消振效果，反而会招致更大的危害。

如由振动源、弹性梁所构成的基本系统（m_1，k_1），在激励频率等于其固有频率 $\tilde{\omega}_{n1}=\sqrt{\dfrac{k_1}{m_1}}$ 时，会发生共振。为消除基本系统的共振状态，在该系统上再附加一质量、弹簧系统

(m_2, k_2)而形成一新的两自由度系统(见图 2-14),因附加系统(m_2, k_2)具有消除基本系统(m_1, k_1)共振的作用,故称为动力消振器。新系统简化的力学模型如图 2-15 所示。

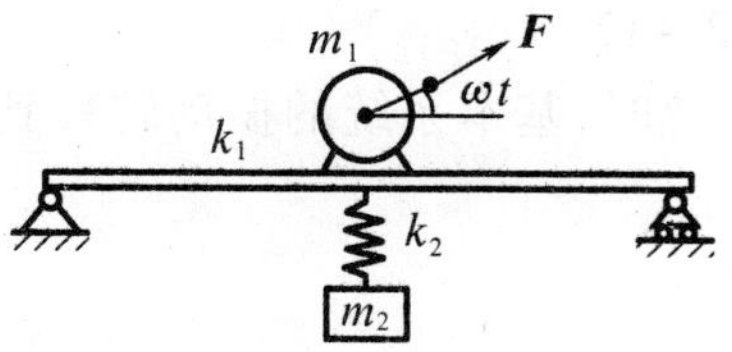

图 2-14　两自由度系统

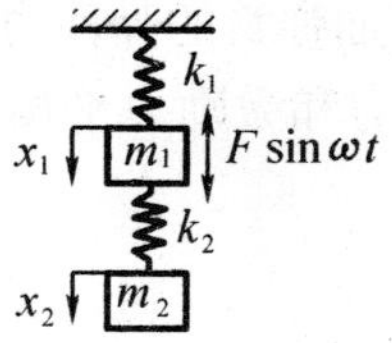

图 2-15　简化力学模型

系统的振动微分方程为

$$\begin{cases} m_1\ddot{x}_1 + k_1x_1 + k_2(x_1 - x_2) = F\sin\omega t \\ m_2\ddot{x}_2 + k_2(x_2 - x_1) = 0 \end{cases} \tag{2-72}$$

其稳态解为

$$\begin{cases} x_1(t) = B_1\sin\omega t \\ x_2(t) = B_2\sin\omega t \end{cases} \tag{2-73}$$

将式(2-73)代入式(2-72),得振幅 B_1,B_2 的无量纲形式为

$$\begin{cases} \dfrac{B_1}{\delta_{st}} = \dfrac{1 - \dfrac{\omega^2}{\tilde{\omega}_{n2}^2}}{\left(1 - \dfrac{\omega^2}{\tilde{\omega}_{n2}^2}\right)\left(1 + \dfrac{k_2}{k_1} - \dfrac{\omega^2}{\tilde{\omega}_{n2}^2}\right) - \dfrac{k_2}{k_1}} \\ \dfrac{B_2}{\delta_{st}} = \dfrac{1}{\left(1 - \dfrac{\omega^2}{\tilde{\omega}}\right)\left(1 + \dfrac{k_2}{k_1} - \dfrac{\omega^2}{\tilde{\omega}_{n2}^2}\right) - \dfrac{k_2}{k_1}} \end{cases} \tag{2-74}$$

其中,$\delta_{st} = \dfrac{F}{k_1}$为基本系统在力 F 作用下的静变形;

$\tilde{\omega}_{n1} = \sqrt{\dfrac{k_1}{m_1}}$为基本系统的固有频率;

$\tilde{\omega}_{n2} = \sqrt{\dfrac{k_2}{m_2}}$为附加系统的固有频率。

由式(2-74)知,当 $\omega \approx \tilde{\omega}_{n2} = \sqrt{\dfrac{k_2}{m_2}}$时,$B_1 = 0$,即激励频率等于附加系统固有频率时,受激励的 m_1 静止不动。这样消振器起到消除基本系统振动的作用。此时动力吸振器的振幅为

$$B_2 = -\frac{k_1}{k_2}\delta_{st} = -\frac{F}{k_2}$$

m_2 的运动为

$$x_2(t) = -\frac{F}{k_2}\sin\omega t$$

图 2-16 为质量比 $\mu=\frac{m_2}{m_1}=\frac{k_2}{k_1}=\frac{1}{5}$ 时，按式（2-74）绘制的 m_1 的幅频特性曲线。

动力吸振器的消振作用在力学上可以这样来解释：作用于基本系统 m_1 上的力有激励力 $F\sin\omega t$ 及附加弹簧的弹性力 $k_2x_2=-F\sin\omega t$，如图 2-17 所示。

因为弹性力和激励力平衡，从而控制了的运动。此时，基本系统的振动转移到了附加系统。

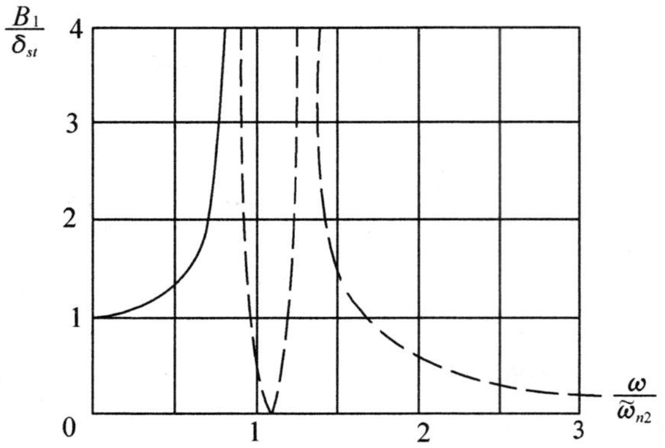

图 2-16　m_1 的幅频特性曲线

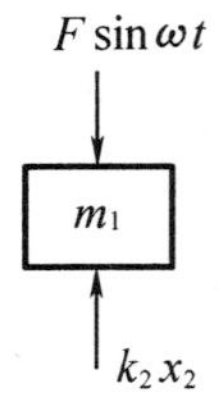

图 2-17　动力吸振器的力学模型

2.8　主动减振装置减振原理

上面几节介绍了单自由度减振器、双自由度减振装置，它们都属于机械振动被动控制措施，即不需要外界能源，单独采用减震器或质量块进行机械减振。被动减振装置结构简单，经济性与可靠性好，在许多场合下减振效果不错，但随着人们对振动环境、对产品与结构振动特性越来越高的要求，被动控制的局限性就暴露出来了，已经难以满足高要求减振降噪的要求。因此，人们除在振动被动控制的研究领域内继续探讨更为有效的减振方案外，又进一步寻求新的振动控制方法，比如说研究主动减振系统或主被动减振系统（见图 2-18）。

主动减振又称有源减振，即有目的地人为产生次级声波或振动，去削减主系统（或叠加场）的声或振动。主动控制技术由于具有低频效果好、适应性强等潜在的优越性，成了一条重要的新途径。下面简单介绍空气噪声的有源控制原理、主辅机主动隔振原理、主辅机主动及半主动吸振原理及舰船主动消振原理。

2.8.1　有源空气噪声控制

有源空气噪声控制主要是基于声场的空间与时间相干性而发明的，其基本结构如图 2-19，其中，初始空气噪声拾取传感器用来采集原有的噪声信息，检测传感器用来监视声场控制后的效果，并将其反馈给信号传感器，信号传感器是本系统的核心部件，它根据两个传感器的输出信号，随时改变自己的工作状态和输出参数，控制次级声源的的输出信号，使初始声源与次级声源相互作用的结果满足一定的要求。这种系统，又称为闭环控制系统。

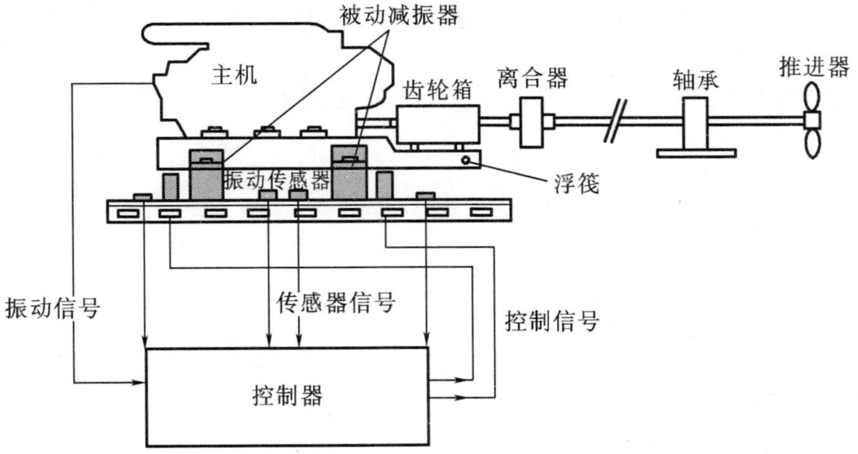

图 2-18　主被动减振系统

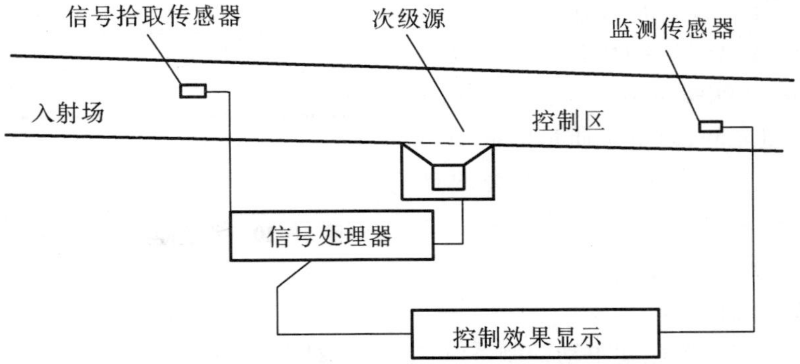

图 2-19　空气噪声有源控制系统基本结构图

设入射声波(初始声信号)为

$$P_p = A\cos(\omega t - kx)$$

则其平均入射声能密度为

$$E_p = \frac{\overline{P}_p^2}{2\rho c^2} = \frac{A^2}{4\rho c^2}$$

现人为地加上一个满足上述相干条件的声波(次级声信号)

$$P_s = \beta A\cos(\omega t - kx + \alpha)$$

则叠加后的总的声场能量密度为

$$E_{ps} = \frac{\overline{(P_p + P_s)^2}}{2\rho c^2} = \frac{A^2(1 + 2\beta\cos\alpha + \beta^2)}{4\rho c^2}$$

于是空间任一点的次级声波作用前后的声级差为

$$\Delta L_p = 10\lg\frac{E_p}{E_s} = 10\lg(1 + 2\beta\cos\alpha + \beta^2)$$

显然，当β接近于1（振幅相等），α接近π（相位相反）时，对初级声而言，就可以在一定的空间区域得到很大的声衰减。例如当$|\beta-1|<0.1$，$|\alpha-\pi|<0.1$ rad 时，就有$\Delta L_p>$ 17 dB。

由于相位的控制在低频比较容易达到较高的精度，所以空气噪声的有源降噪主要在低频范围内有效。

2.8.2 主辅动力装置主动振动控制

如图2-20所示，某研究机构在实验室建立了一个柴油机动力装置双层隔振模拟试验台架，采用质量块（上层）加激振器模拟柴油机振动，为便于研究，上下层质量设计外形规则，质量均匀，上下层质量之间采用4支EA-15型隔振器相对于横向和纵向坐标轴对称布置，下层质量与地基之间采用8支EA-60型隔振器，两两串联，成4组对称布置。主动隔振系统采用电动式激振器作用于上层质量模拟柴油机振动（初级振源），主动控制力（次级振源）作用于下层质量或上下层质量之间，以下层质量的振动参数作为本系统减振效果指标。在研究两自由度垂向耦合振动时，将激振器置于上层质量中心，在研究多自由度耦合振动时，将激振器置于偏离中心位置。

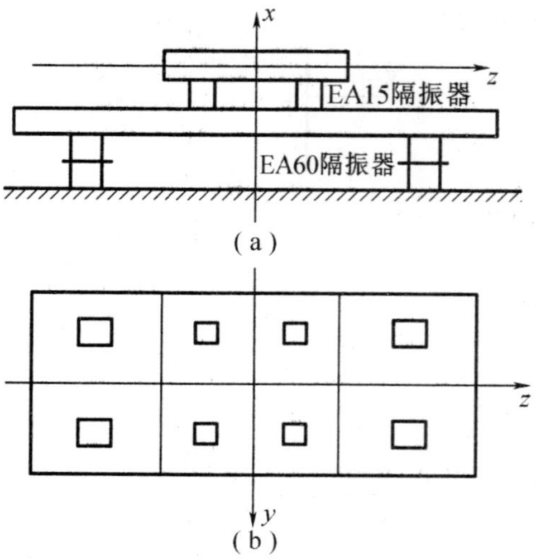

图2-20 双层隔振主动控制试验台架图

两自由度垂向耦合振动主动控制系统如图2-21所示。

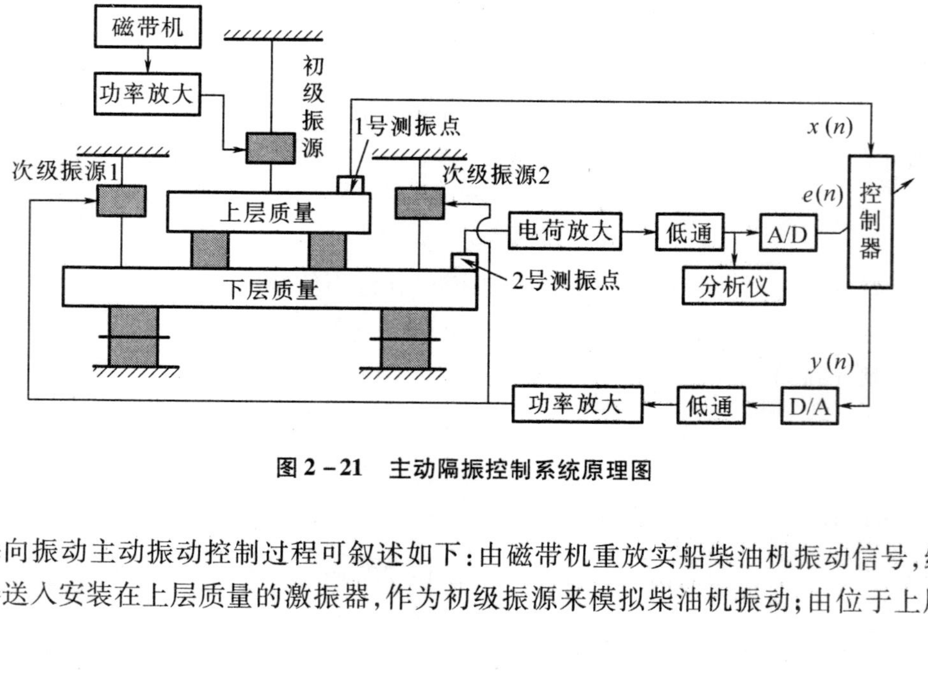

图2-21 主动隔振控制系统原理图

垂向振动主动振动控制过程可叙述如下：由磁带机重放实船柴油机振动信号，经功率放大器送入安装在上层质量的激振器，作为初级振源来模拟柴油机振动；由位于上层质量的 1 号测点测得上层的振动响应作为主动控制器 的参考输入 $x(n)$；在未实施控制前，先由位于下层质量的 2 号测点测量并记录下层质量的响应，以了解被动隔振的情况。在实施主动控制时，以 2 号测点的加速度响应作为误差信号 $e(n)$ 反馈至控制器；控制器的输出同时驱动 2 个作动器(次级振源)对下层质量进行控制。

图 2－22 是以某船在航行状态下柴油机转速为1 000 r/min时的振动型号作为初级振源信号输入时，双层隔振系统隔振系统下层质量控制前后的加速度幅值谱对比图。由图可见 1 号测点的加速度响应约下降了 4 dB，2 号测点处的加速度响应约下降了 13 dB，控后两个测点的振动信号均小于控前 1 号测点的振动，可见实施主动控制后双层隔振系统的 2 处测点的加速度响应均得到较好的控制。

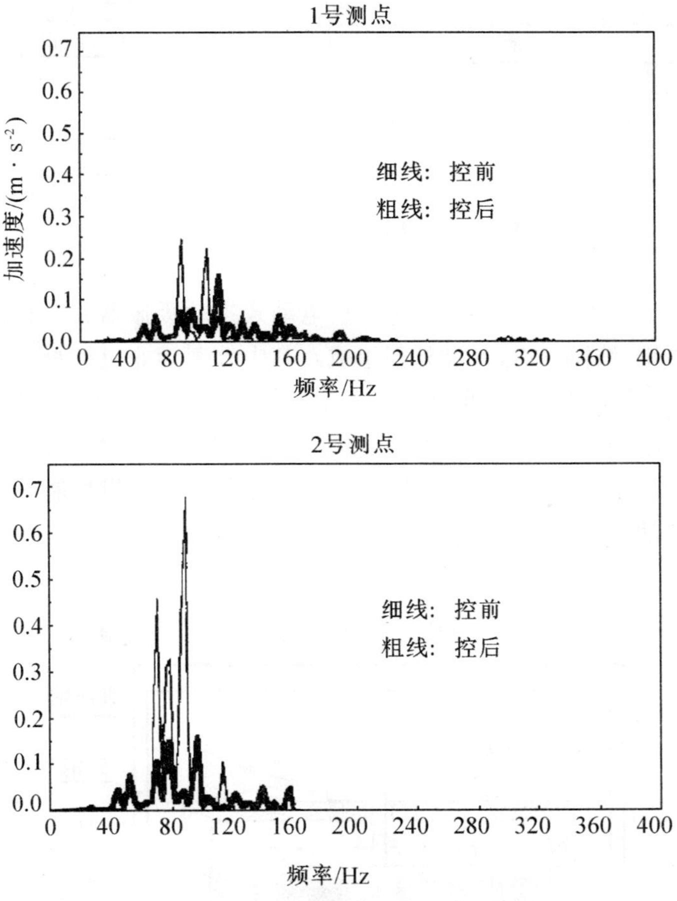

图 2－22　主动控制系统效果曲线

2.8.3　主辅动力装置主动及半主动吸振控制

如图 2－23 所示，主动吸振的研究与上面介绍的主动振动台架研究相似，主动吸振系统亦采用电动式激振器作用于上层质量模拟柴油机振动(初级振源)，主动控制力(次级振源)作用于下层质量或上下层质量之间，以下层质量的振动参数作为本系统减振效果指标。不同的是主动吸振采用的方式是在被动式双层隔振系统下层质量上对称安装2个主动吸振器,通过控制运动质量和调节子系统工作频率,跟踪初级振源信号,产生惯性力作为次级振源,从而达到抑制下层质量振动的目的。实验表明,下层质量减振效果达10~15 dB。

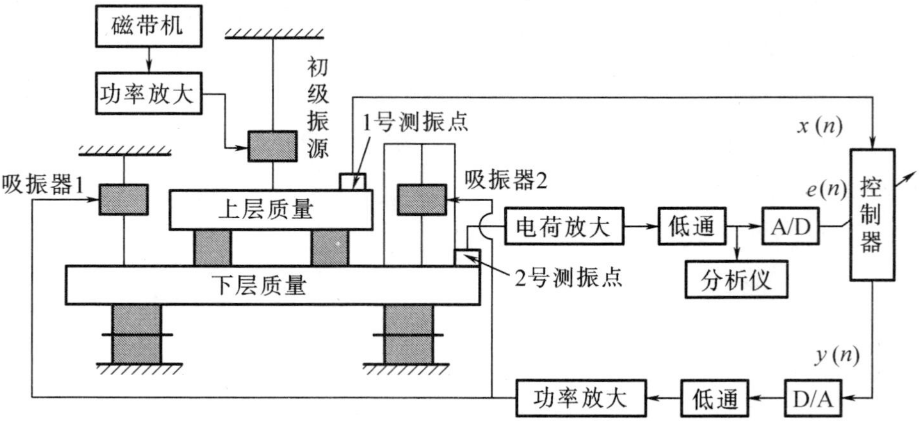

图 2-23 主动吸振控制系统原理图

图2-24所示的是主动吸振器的一种——电动式主动吸振器,其由顶杆、固定架、悬挂弹簧、直线轴承、磁钢、线圈、磁极环和外壳组成。其中外壳为非磁性材料,磁钢为导磁性材料,磁极环为为永磁性材料。线圈顶杆与固定架一体与减振对象固接,外壳、磁钢及磁极环一体构成吸振的运动质量;固定架与运动质量之间有弹簧连接。当其弹簧刚度仅可手动调节以跟踪初级振动频率时,就成为半主动吸振器,当完全没有外界控制时,主动式吸振器就变成被动式恒频率动力吸振器,原理见2.7节。

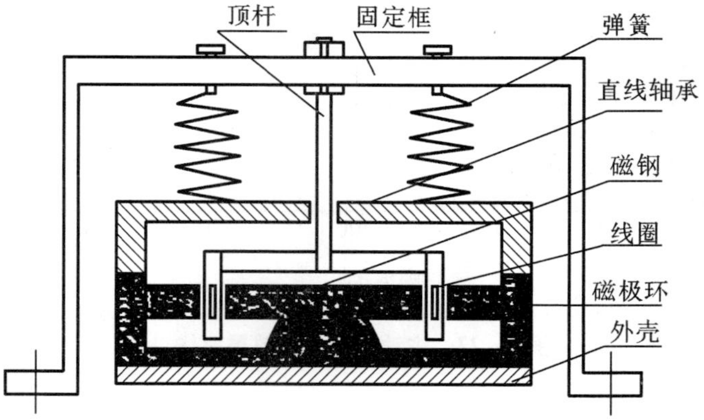

图 2-24 电动式主动吸振器结构图

2.8.4 自谐调主动消振控制

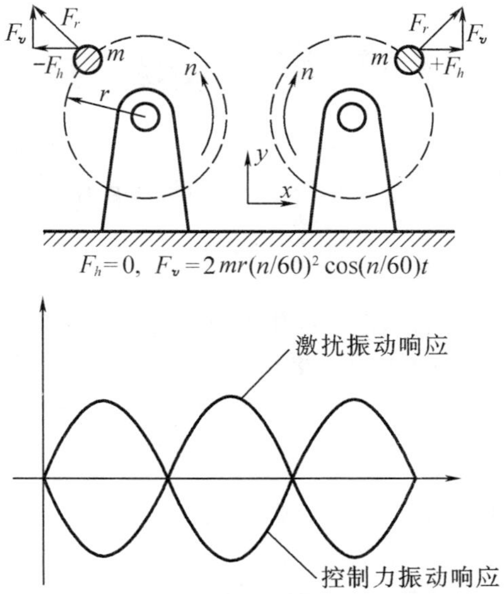

图 2－25　主动消振作动器原理图

如图 2－25 所示，主动消振器由电机驱动 2 个具有相同质量的偏心块同步反向旋转，2 个旋转偏心块的离心力在水平方向上互相抵消，而在垂直方向上叠加，这样就在垂直方向上产生幅值和相位可调且简谐变化的控制力，如果控制力引起的结构（或质量块）振动与动力装置周期性不平衡力（矩）引起的结构（或质量块）振动在垂直方向上某一频率振动大小相等，方向相反，即达到了主动消振的目的。

主动式动力消振器系统主要由传感器、同步装置和执行机构组成。传感器用来检测消振器偏心块与工作机械主轴的速度、相位以及振动响应，作为同步装置的输入信号，同步装置对输入信号作相应处理，控制驱动电机加速或减速，执行机构便可产生具有最优幅值和相位的控制力。

实验表明，采用适当的作动器和控制算法，消振效果可达 17.66 dB。

2.9 阻尼减振降噪原理

2.9.1 阻尼材料减振降噪的基本原理

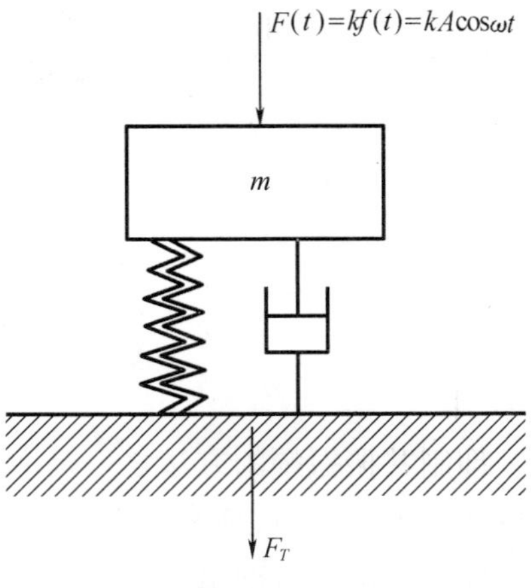

图 2－26　单层积极隔振系统

阻尼是指阻碍物体的相对运动，并把运动能量转变为热能的一种作用。阻尼可使沿振动传递的振动能量衰减，还可减弱共振频率附近的振动。阻尼减振技术是通过提高材料或结构的损耗因数，将振动能量转化为其他形式的能量而达到减振的目的。

阻尼减振原理就是依靠增加阻尼力抑制振动系统的响应。下面以单自由度振动系统的阻尼与振动响应间的关系来阐明阻尼减振原理。相应的力学模型如图 2－26 所示。

其运动方程为

$$m\ddot{x}(t)+C\dot{x}(t)+Kx(t)=F(t) \quad (2-75)$$

对该式进行拉氏变换，便可导出振动系统的传递函数

$$|G(s)|=\frac{1}{ms^2+cs+k} \quad (2-76)$$

若令 $s=i\omega$，由式（2－76）可导出系统的频响特性 $G(i\omega)$。其中幅频特性为

$$G(i\omega) = \frac{1}{[(k - m\omega^2)^2 + c^2\omega^2]^{1/2}} \tag{2-77}$$

如果激振力是简谐力，即 $F(t) = F_0\cos\omega t$，那么可写出位移振幅 x_0 的解析式

$$x_0 = \frac{F_0}{[(k - m^2)^2 + c^2\omega^2]^{1/2}} \tag{2-78}$$

系统受大小等于 F_0 的常值力作用时的静态位移为

$$x_{st} = \frac{F_0}{k} \tag{2-79}$$

单位简谐力产生的振幅与单位常值力产生的静位移之比称为系统的动力放大系数、比较式(2-78)和式(2-79)，得单自由度系统动力放大系数的解析式

$$A(g) = \frac{x_0}{x_{st}} = \frac{1}{[(1 - g)^2 + 4\xi^2 g^2]^{1/2}} \tag{2-80}$$

式中 $g = \dfrac{\omega}{\omega_n}$——频率比；

$\xi = \dfrac{c}{2\sqrt{mk}}$——阻尼比。

以阻尼比 ξ 作参数，按式(2-80)绘制的动力放大系数曲线如图 2-27 所示。该图表明，如果振动系统的阻尼比 ξ 较小，当激振力频率接近振动系统的固有频率时，系统发生共振，动力放大系数急剧上升。

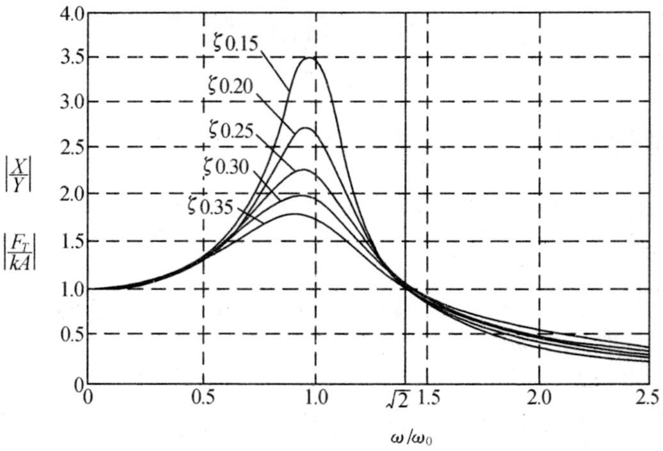

图 2-27 传递率曲线

抑制共振振幅的方法之一是增加振动系统的阻尼。设系统原有阻尼 c，为抑制共振振幅增加阻尼 c_1，通常称之为附加阻尼，如图 2-28 所示。

如果系统原有的阻尼比为 ξ，那么，增加阻尼 c_1 后的阻尼比为

$$\xi' = \left(1 + \frac{c_1}{c}\right)\xi$$

上式表明，如果附加阻尼 c_1 比原先的阻尼 c 大得多，阻尼比 ξ' 将远大于 ξ，动力放大系数将显著减小，从而达到减振的目的。

抑制随即振动要求降低随即激励全部频带(尤其是低频段)上的幅频特性。不难看出,动力放大系数 $A(g)$ 实际上单自由度振动系统位移 x 对激振力 $F(t)$ 的幅频特性。增加系统的阻尼,动力放大系数在全部频带上都被压低了。因此,增加振动系统的阻尼也能抑制它的随即振动。以上结论虽然是根据单自由度振动系统的力学模型导出的,但是对多自由度振动系统和弹性振动系统做类似的分析,也能得到上述结论。因而阻尼减振技术也能应用于多自由度振动系统和弹性振动系统。

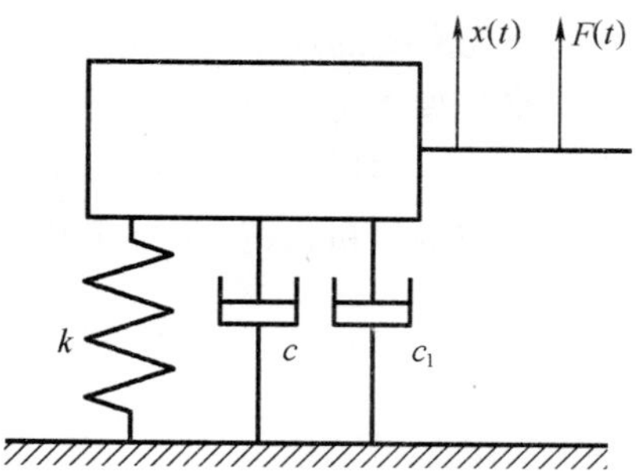

图 2-28 附加阻尼的单自由度振动系统

采取阻尼措施之所以能够降低噪声,主要是由于阻尼能减弱金属板弯曲振动的强度。减噪过程是:当金属发生弯曲振动时,其振动能量迅速传给紧密涂贴在薄板上的阻尼材料,引起阻尼材料内部的摩擦和互相错动。由于阻尼材料的内损耗、内摩擦大,使金属板振动能量有相当一部分转化为热能而损耗散掉,从而减弱薄板的弯曲振动;而且阻尼可缩短薄板被激振的振动时间,比如不加阻尼材料的金属薄板受撞击后,要振动 2 s 才停止;而涂上阻尼材料的金属薄板受同样大小的撞击力,其振动的时间要缩短很多,也可能只有 0.1 s 就停止。金属薄板上涂贴阻尼材料而缩短激振后的振动时间,从而也就降低金属板辐射噪声的能量,达到控制噪声的目的。

阻尼技术在舰船上的应用形式分为三类:第一类是以离散型阻尼器件的形式,参与设备、管路等系统的隔振和抗冲击装置;第二类是以附加阻尼结构的形式参与船体结构梁、板、壳中的结构噪声耗散;第三类为结构型阻尼材料。

目前,减振手段应用最广泛的是自由阻尼和约束阻尼。自由阻尼是将一层自由黏弹性阻尼材料直接涂敷在需要减振的构件上,当板弯曲振动时,阻尼薄层反复交替拉压,并由内阻尼将能量辐射为热。自由阻尼层主要用于吸收弯曲变形能。

约束阻尼是在需要减振的构件上先粘贴一层黏弹性阻尼层,并在阻尼层上再粘贴一层弹性材料作为约束层。这样在金属板弯曲时,每层中既有弯曲和拉伸,又有剪切,由于振动能量被黏弹性层的剪切运动所消耗,故约束黏弹性层主要起剪切作用。约束阻尼一方面能使阻尼层产生较大的剪切形变,这种剪切形变所消耗的能量大于拉伸和压缩形变所消耗的能量;另一方面,约束层相当于提高了阻尼材料的弹性模量 E_0。因而比自由阻尼层耗散更多的振动能量,并且振动所引起的剪切形变越大,阻尼性能越好。因此,这种方式更为有效。

2.9.2 消声瓦减振降噪的基本原理

消声瓦技术是提高潜艇安静性、降低声目标强度、降低辐射噪声、提高潜艇生命力的关键性技术。艇体外表面敷设消声瓦的主要作用是吸收对方主动声呐发射的探测声波,而且可以抑制艇壳振动,隔离艇内噪声向外辐射。敷设消声瓦可以大大提高潜艇的隐蔽性,改善声呐的作用环境,提高其作用距离。

消声瓦的主要工作原理:消声瓦是以黏弹性材料为基底在其中加入声学结构的吸声阻尼层。消声瓦的工作原理是将黏弹体内传播的拉伸—压缩声波在空气腔的自由表面上变换为切变波,与在水中传播的声波相比,这种波型的传播速度低、吸声性能强。这些特点使消声瓦在厚度不大时取得良好的声学效果。

消声瓦性能的优劣，主要取决于消声瓦材料的吸声、隔声以及振动阻尼性能的总和。

消声瓦主要的声学特性是：透射系数 γ，它是由透过消声瓦的声波振幅与入射到消声瓦上的声波振幅之比来确定的；反射系数 β—消声瓦的反射波振幅与入射波振幅之比，以及敷设消声瓦的结构损耗系数 η。消声瓦的声能量吸收系数 α 由能量守恒条件来确定。声学特性 γ 和 β 与隔声量（ΔR）和抗声呐效果（ΔL）的关系可用下式表示：

$$\Delta R = 10\lg \frac{1}{|r|} \tag{2-81}$$

$$\Delta L = 10\lg \frac{1}{|\beta|} \tag{2-82}$$

消声瓦的吸声和振动阻尼效果是借助消声瓦在不同的振动形状下产生的剪切变形时黏弹性材料内的能量消耗来完成的。基底材料的高损耗性能是消声瓦的基础，考虑到吸声要与水波阻抗相匹配和粘接工艺一般选用改性后的橡胶和聚氨酯作为基底材料。但是仅仅依靠基底材料的损耗是远远不够的，更重要的是在材料中形成各种形状和尺寸的空腔作为声学结构。由于空腔的作用产生共振吸收，当频率处在空腔的共振频率附近时，入射声波激起空腔的共振，这时空腔面的振幅最大，带动基材产生大的形变，特别是剪切形变吸收很大的能量。最佳声学效果所对应的频率是由空气腔的容积确定的，频带宽度是由消声瓦材料的耗散性能确定的，而瓦本身的效果值是由具有不同容积的数量确定的。每一个空气腔的容积愈大，则单元振动子的频率愈低。综上，消声瓦的振动阻尼及吸声能力可借助提高消声瓦的结构损耗如改变空腔尺寸和形状，以及改变橡胶的弹性——耗散性实现。同时，为了减小消声瓦的反射和增大消声瓦吸声部分的输入导纳与水介质的匹配，最好应用具有机械损耗系数值不高的材料。

消声瓦隔声效果可通过增大材料与水的波阻抗比值来实现，如应用软的橡胶材料来实现，但是随着静水压力的增大，使消声瓦空腔容积更快减小，相应地，也使效果下降。

从降低声反射的角度，一方面要求消声瓦与海水介质阻抗匹配，使得入射声波无反射地全部透过消声瓦，另一方面要求透过消声瓦的声波在瓦内全部吸收掉，不会再从后界面反射出来。所以消声瓦的隔声与吸声要求在原则上是相矛盾的，因此必须在一个结构内既保证瓦和水的波阻抗差别很大（对隔声而言），又要保证它们的匹配（对吸声而言）。在实际情况下，由于材料特性和厚度的限制，这两个要求不可能都满足，只能寻求某种程度的最佳。

2.9.3 阻尼隔声复合板减振降噪的基本原理

阻尼隔声复合板为多层复合结构，内层具有一定的孔型、孔径的谐振吸声腔，通过声学阻抗的特殊设计，该板在低频高水压下具有优异的隔声性能，兼具有阻尼、吸声、耐水、耐油、耐老化、质量轻等特点，对降低潜艇的自身噪音和声目标强度起到了重要作用。

阻尼隔声材料复合板是一种集减振、隔声、吸声于一体的多功能声学材料，关于阻尼隔声材料的降噪机理，可简单描述为阻尼减振、去耦隔声两大因素：声波穿过多层阻尼隔声材料时，会伴有大量波形转换，加之阻尼作用，大大增强了声能的损耗；同时由于阻尼隔声材料声阻抗与水介质、钢介质相差悬殊，造成严重的阻抗不匹配，使得艇体内声波及壳体振动声辐射的声波无法透过阻尼隔声材料，产生去耦隔声作用，使耐压壳体的振动及声辐射无法向水中传递，从而抑制了艇体内振动噪声向艇体外辐射；此外，利用材料的阻尼性能，进一步抑制艇体的振动及声辐射。因此，高性能阻尼隔声材料具有插入损失大、去耦截止频率低、频带宽，性能随温度、压力等环境因素变化小、体积小等特点。

降低材料密度（或声速），可以显著提高材料的插入损失，同时，提高材料的损耗因子，对高频隔声性能影响不大，对低频隔声性能影响较大。该阻尼隔声材料采用不同尺寸、不同的孔型，对插入损失影响很大，变截面孔优于均匀孔，适当增加孔的尺寸，可以提高低频隔声性能；增加层数，即增加界面数，可以显著提高插入损失。

艇体结构振动向水中辐射噪声，既与弯曲振动有关，又与纵向振动有关，传统的阻尼材料仅对抑制弯曲振动有效，对于降低纵向振动则效果很小。而阻尼隔声材料利用“声阻抗失配”和降低等效声速度，并设计隔声材料的杨氏模量损耗因数最佳值双重原理，从而“阻断”噪声进入水中的船舶途径，防止艇体的噪声和振动向外辐射，形成辐射噪声。

机械振动部分

2.10　汽轮机振动

2.10.1　汽轮机组振动分类

按机组振动频谱划分，可分为普通强迫振动、电磁激励、拍振、撞击振动、随机振动、轴瓦自激励振动、参数振动、气流激振、摩擦涡动等共 11 种，分类见表 2－1：

表 2－1　汽轮发电机组振动分类

性质	振动类别	振动频率/Hz	振　源	相应振动波形
强迫振动	普通强迫振动	$f=\frac{n}{60}$，n 为转速（r/min）	1. 转子不平衡离心力 2. 固定式联轴器的转子不同心、不平直和轴径不圆 3. 不对称电磁力	近似正弦波
	高次谐波共振	$f=\frac{kn}{60}(k=1,2,3,\cdots)$	1. 普通强迫振动源的非基波分量 2. 转轴存在弯曲或横向裂纹	正弦波
	分谐波共振	$f=\frac{n}{60k}$		
	电磁激励	$f=\frac{np}{60}$（p 为转子磁极对数）		近似正弦波
	拍振	$f=\frac{n_1-n_2}{60}$	振动频率相近的两种振动的叠加	包络线是正弦线
	撞击振动	$f=\frac{nt}{60}$ t 为主轴上产生振动的齿轮齿数	齿牙冲击力	近似为脉冲波
	随机振动	连续频谱	流体冲击力和部件冲击力	随机波

表 2-1(续)

性质	振动类别		振动频率/Hz	振　源	相应振动波形
自激励振动	轴瓦自激振动	半速涡动	$f=\frac{n}{120}$	油膜力	暂态:随机波 稳态:正弦波
		油膜振荡	$f=\frac{n_c}{60}$,n_c 为第一临界速度		
	参数振动		$f=\frac{np}{60}$	交变的挠曲引起的惯性力	近似正弦波
	气流激振		$f=\frac{n_c}{60}$	气流不稳定力	正弦波
	摩擦涡动		无简单关系	不稳定干摩擦	谐波

2.10.2　稳定普通强迫振动

强迫振动是指在周期变化的外力激励下发生的振动,其重要特征是振动频率等于外来激振力的频率或是激振力频率的整数倍,或是激振力频率的整数分之一。

普通强迫振动就是振动频率与转子工作频率相等的振动。为便于诊断,又把普通强迫振动分为稳定普通强迫振动和不稳定普通强迫振动。振幅和相位不随时间和运行工况变化而变化的振动,都称为稳定普通强迫振动。引起稳定普通强迫振动的激振力有以下三种:

1. 转子不平衡离心力

当转子工作转速低于0.4~0.5倍转子第一临界转速时,这种转子质量不平衡引起的激振力可用下式表示:

$$F_0=\frac{mr\omega^2}{K_d} \tag{2-83}$$

式中　m——不平衡质量;

r——质量离回转中心的距离;

K_d——轴承座刚度。

对于刚性转子,激振力与转速的平方成正比;对于挠性转子,受到的不平衡力是离心力与挠曲产生的力之和。从下面两点,可以断定转子存在不平衡力:

(1)当转子在相应临界转速出现显著振动时,转子存在相应阶不平衡力;

(2)工作转速下存在较大的基频振动,而且轴承座动刚度足够,轴系中心较好,轴径不圆度也合乎要求,可以确定转子存在不平衡。

2. 联轴器故障和转子不对中引起的激振力

联轴器分为活动式、半挠式和固定式三种,就其产生振动的特征来分,可分为活动式和固定式两种。

(1)转子同心度和不平度偏差对机组振动的影响

联轴器不同心,在旋转状态下会直接引起激振力,以力偶形式加在相邻的两个轴承上。

(2)联轴器端面瓢偏

联轴器端面瓢偏时,无论中心如何找正,螺栓连接后,轴颈上存在较大的晃动值,在旋转状态下将产生激振力。

(3)联轴器连接螺栓紧力差别

联轴器连接螺栓紧力有差别,就会像端面瓢一样产生激振力。

这三种缺陷,只要用千分表测量轴颈处晃动值都能发现。

3. 轴颈不圆度过大引起的激振力

制造、安装和检修,对轴颈的要求都很严格,不圆度一般很小,振动的影响也很小,所以振动故障诊断中可以忽略这种激振力。当轴颈发生不规则摩擦而出现明显的不圆度或波纹度时应予以考虑。

2.10.3　不稳定普通强迫振动

不稳定普通强迫振动是指在某一转速下,基频振动和相位随时间或机组工况的变化而变化的一种振动。这种振动故障最难得出诊断结果,因为其振动原因非常复杂。不稳定不平衡力是引起不稳定普通强迫振动的最主要的一种激振力,这种力主要是由转动部件位移,包括轴系高度变化引起轴承力改变、转轴裂纹、转轴临时热弯曲等原因引起的。不稳定不平衡主要分为随机变化的不稳定不平衡和随时间变化的不稳定不平衡。

1. 随机变化的不稳定不平衡

随机变化的不稳定不平衡产生的原因非常复杂,振动故障可能发生在机组启停或带负荷过程中,引起这种故障的原因主要有如下几种:

(1)转子上(内)存在活动部件

转子上存在活动部件主要有两种情况:一种是平衡槽内的平衡块出现自由移动,发电机转子端线圈的绝缘垫块活动等;另一种是转子内腔中空隙部分有异物。在低速时,这些活动部件如果在转子残余不平衡同一位置上时,呈现的振动最大;存在相反位置时则振动最小。在高速时,由于离心力的作用,这些活动部件位置固定,因而机组正常运行中振动稳定。

如果转子内腔中存在液体,还将使转子产生某种热弯曲。

(2)转子存在残余热应力

机组停机前未出现异常振动,开机时出现振动异常,而且这种振动在第一阶临界转速时更为强烈。这种现象一般是转子在停机后产生了热弯曲。要消除这种故障,只要机组运行二三小时后,异常振动便自行消失。

(3)汽缸进水引起转子永久性弯曲

停机后转子存在热弯曲引起的振动与转子存在残余热应力引起的振动基本相同,不同的是转子经长期运行,振动幅值和相位不会发生明显变化。在盘车状态下,如果挠度表指示大,连续盘车数小时,挠度表指示仍不能还原,就可断定转子发生了永久性弯曲。

(4)动静摩擦

动静摩擦有摩擦抖动、摩擦涡动。前者在低转速下发生,故影响不大;后者在高转速下发生,可能在很短时间内便脱离接触。

但是,如果转轴发生摩擦,局部产生热变形,转子发生弯曲,它将产生以 $1x$(x 为轴频)为主的较明显的振动变化。

要排除这种振动,在振动允许的情况下适当地继续运行,观察振动变化。如果振动逐渐减小,说明热弯曲已经消失;如果振动不减或逐渐增大,应考虑可能产生了永久弯曲。

(5)动叶片飞脱

动叶片飞脱出现的振动是突发性的。如果能排除动静摩擦、汽缸进水、联轴器套装处失去紧力等原因,并且在停机过临界时轴承振动水平明显高于正常值,就可断定是叶片飞脱。

(6)转轴与水接触

疏水不畅、汽缸进水和水封漏水,运行中汽轮机转轴与水接触,使轴局部遭到冷却,发生轴弯曲。运行中转子接触水发生轴弯曲,比其他热弯曲来得快得多,在一两分钟内可使机组由正常振动达到 100 μm 以上,同样,在这样短的时间内也可使振动消失。有时抽汽管或疏水管的积水连续不断的泄到转轴上,使转子热弯曲几个小时甚至一天,尤其是带水封的汽轮机热弯曲可以维持几百个小时。

2. 随时间变化的不稳定不平衡

(1)扩展式不平衡

振动随汽轮机运行时间的增大而增大,增大速度开始很缓慢,经二三个月后才能看出变化,然后振动速度逐渐加快。在振动变化过程中,一两天内,其振幅和相位变化仍是稳定的。采用调整平衡的方法,只能使振动得到暂时的改善,平衡量的计算误差很大。

产生这种振动故障的原因是:组合式转子轴向连接紧力不足或转轴存在横向裂纹。其故障特点除随运行时间增长振动增大外,还有其振动分量以工频为主。如果裂纹进一步发展,也会产生半频、倍频。当裂纹进一步发展,对汽轮机转子,则随着有功负荷的增加,振动增加;对发电机转子,则随着励磁电流的增加而增加。

转子裂纹引起振动大小除与裂纹深度有关外,还与裂纹的轴向位置有关。因此,有的转子裂纹初期不易发现,必须在升降速中测取 $x/2$,$1x$,$2x$ 分量,并与前次测量的数据进行比较,以便早期发现。

(2)旋转性不平衡

旋转性不平衡引起的振幅和相位会发生周期性变化,振幅变化一个周期,相位正好变化 360°,其变化周期与机组形式和故障性质有关。

产生这种振动的原因是转子上存在一个随时间缓慢变化的不平衡量。当这个不平衡量与转子原始不平衡量在同一位置时,振动最大。当这个不平衡量与原始不平衡量相差 180°时,振动最小。

引起旋转性不平衡的原因有:滑环与碳刷、整流子与碳刷、轴颈与轴瓦的摩擦,它们都将使转子产生一定的热弯曲,其弯曲方向将周期性的变化。

2.10.4 轴瓦油膜自激振动

一个弹性系统,通过本身的运动不断的向振动系统内传递能量,没有外界激励,完全靠本身的运动来激励振动,这种振动就称自激振动。气隙振动和油膜振动是典型的自激振动。轴瓦自激振动常常发生在机组启动升速过程中,特别是在超速时,若转子超过某一转速,轴瓦就发生失稳,这个转速叫失稳转速。轴瓦失稳后,转子发生涡动,使轴瓦振动增大,并且可能波及轴系的各个轴瓦。因为轴瓦失稳与诸多因素有关,因此有时它又可能发生在机组带负荷过程中。

轴瓦的自激振动通常分为两个阶段,即半速涡动和油膜振荡。转子在 2 倍第一临界转速下运转,这时的自激振动频率近似为转子工作转速频率的一半。由于没有发生共振,轴承振动一般不大,振幅为 40 ~ 100 μm。转子工作转速高于 2 倍第一阶临界转速时所发生的自激振动,称为油膜振荡。这时振动的频率与转子第一阶临界转速时的频率接近而发生共振,转子出现强烈振动,最大振幅可达 600 ~ 700 μm。如不及时处理,将导致严重事故。

轴瓦在不同载荷下的失稳转速有很大差别。对于轻载轴瓦,半速涡动发生在转子第一阶临界转速前,转子转速达到 2 倍一阶临界转速时,就发生油膜振荡;对于中载轴瓦,半速涡动发生在转子第一阶临界转速之后,油膜振荡则在转速高于 2 倍一阶临界转速时才能发生;对于重载轴瓦,在油膜振荡之前没有发生半速涡动,当转速高于 2 倍转子第一阶临界转速较多时,才发生油膜振荡。

轴瓦自激振动的机理如图 2 - 29 所示。

一根转轴在圆筒形轴瓦中转动,如果转子不受外扰,转轴中心与轴瓦中心重合,这时就没有涡动发生。如果转轴受到一个外扰,转轴中心偏离轴瓦中心,油从大间隙流进小间隙,油压逐渐升高,通过小间隙后,油压逐渐降低。在油的高压区,产生了一个指向转轴中心的力,这个力被分解为两个分力:一个分力用于平衡轴承支反力,另一个分力就是使轴产生涡动的力。在转轴中心受到三个力,即离心力,弹性恢复力和外阻尼力,弹性恢复力与离心力平衡。如果失稳分力大于各种阻尼力时,转轴就在轴瓦中涡动。

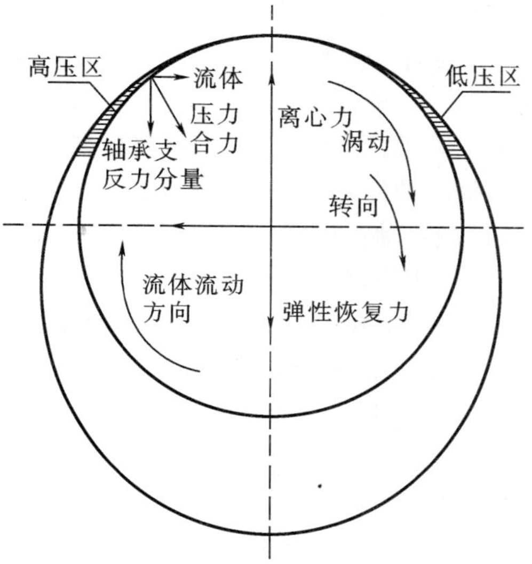

图 2 - 29　轴瓦自激振动的机理图

轴瓦自激振动的原因是轴承稳定性差,并且在某种程度上也和轴颈扰动过大有关。

引起轴颈扰动过大的原因有转子热弯曲、转子永久性弯曲、转子对中不佳等。

影响轴瓦稳定性的因素有以下几点:

1. 轴瓦顶隙过大:运行实践表明,由于运行中发生轴瓦与轴颈干摩擦或检修中更换不合适的轴瓦,导致过大的轴瓦顶隙,它会降低轴瓦的稳定性,特别是存在较大的外扰时,就会发生油膜自激振动。实践证明,在这种情况下,缩小顶隙是消除油膜振动的有效措施;

2. 轴瓦的形式:目前使用的瓦有圆筒形瓦、椭圆瓦和三油楔瓦,椭圆瓦的稳定性比圆筒形瓦和三油楔瓦的稳定性都好;

3. 润滑油黏度:影响润滑油黏度的因素有油质、油温和油的牌号,随着油的黏度增高,轴瓦的稳定性降低。油中含水和油的劣化,都会使油的黏性改变,这对轴瓦不利;

4. 轴承的比压:提高轴承的比压,可以提高轴瓦的稳定性,但应该注意高的比压会使钨金温度升高和加速轴瓦的磨损;

5. 轴瓦长径比:减小轴瓦长径比可提高轴瓦稳定性,在一定的轴瓦直径下,减小轴瓦长度,既可提高轴承比压,又可增加下瓦油膜承载系数,增大偏心率,从而提高稳定性;

6. 轴承座标高的变化:在冷态下,尽管轴承座标高不变,但在热态下,由于受热不同,轴承座标高变化很大。轴承座标高降低的轴瓦,其比压减小,稳定性降低,可能出现轴承失稳。但不是标高低的轴承都会失稳，只有在轴承处于失稳边缘时，轴承座标高降低才会出现失稳。

在诊断轴瓦是否发生自激振动时，应首先查明轴颈是否扰动过大，当轴颈振动过大时，应查明轴颈振动过大的原因。如果轴颈振动不大，而且也排除了影响轴瓦稳定性的一些直观因素，例如润滑油的黏度、轴瓦顶间隙均正常，在这种情况下才有必要进一步查明轴瓦稳定性差的其他原因。一个轴瓦发生自激振动，特别是发生严重的油膜振荡，很快会波及其他轴瓦，因此首先要查明是那个轴瓦失稳。轴瓦失稳具有以下特征：

(1)振动频率：如果发生油膜振荡，其振荡频率接近一阶临界转速的频率；如果仅出现半速涡动，则只从轴瓦振动频率还不能确定振动源；

(2)低频振动呈现的次序：因为轴瓦发生自激振动会波及其他轴瓦，因此采用振动的全面检测。若能识别出哪个轴瓦首先出现低频分量，就能判明自激振动的振源；

(3)振幅与振源的关系：对于垂直振动，越接近振源，振动越大；对于水平振动则不一定。

要消除轴瓦的自激振动，就要提高轴瓦的稳定性和消除外扰，而首先是提高轴瓦的稳定性。提高轴瓦稳定性的措施有：

(1)减小轴瓦顶隙，适当加大侧隙；

(2)使用稳定性好的轴瓦；

(3)对于上瓦中间部分开有较宽油沟的轴瓦，减小顶隙、增加稳定性的效果不明显，因此应将上瓦乌金带加宽，增加上瓦的油膜力，提高轴瓦偏心率；

(4)减小轴瓦长径比；

(5)提高轴承进油温度，降低油的黏度；

(6)调整轴承座标高。

2.11 电机振动

潜艇在执行任务过程中或远航中，一般采用中低速航行，而中低航速下潜艇的辐射噪声主要是机械噪声，因此降低机械噪声尤为重要。电动机是舰艇最常用的动力设备，主要用于通风机、泵类、电动阀门等机械设备，分析其振动原因并采取必要的措施能适当降低机械噪声。

电动机根据安装的方式可分为立式安装和卧式安装，根据电机安装场合和振动噪声的要求选择其安装方式，主要安装形式参见图 2 - 30。

根据检测，当实测声压级超出设备正常范围时，应查找原因。一般电机振动超标主要从以下几个方面来查找原因：

(1)检查电机及所属设备安装的正确性；

(2)检查设备是否需要对中及其对中的正确性；

(3)启动电机，检查电机运转是否正常；

(4)若以上 3 项检查均无异常则需要检查电机转子动平衡是否满足要求。

动平衡精度要求如下：

①三相异步电动机平衡精度应达到 G2.5 级，振动大的原因是转子、冷却风扇等动平衡精度不达标，此时应进行动平衡复核，使其满足 G2.5 级的精度；

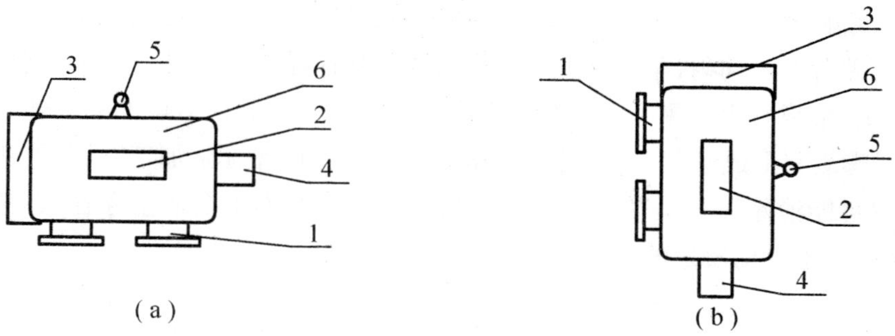

图 2 - 30　电动机安装方式示意图

(a)1—电机安装基座;2—电机接线盒;3—风扇保护罩;4—电机轴端;5—电机吊环;6—电机外壳

(b)1—电机安装基座;2—电机接线盒;3—风扇保护罩;4—电机轴端;5—电机吊环;6—电机外壳

②主发、主变、励磁机、应急推进电机、空压机电机等设备振动超标时,转子动平衡精度应不大于表 2 - 2 所示。

表 2 - 2　转子动平衡精度

序号	电机名称	不平衡度 g. mm
1	主发电机转子	2.00
2	主变流机交、直流转子	1.50
3	柴油发电机转子	1.60
4	推进电机转子	1.50
5	主发励磁机转子	0.50
6	主变流机励磁机转子	0.40
7	高压空气压缩机电机转子	0.50

2.12　螺旋桨及轴系振动

2.12.1　螺旋桨激振力

螺旋桨引起的激振力是极其复杂的,它与螺旋桨的形状参数、船体(包括附属体)后体线形和航速有关。

螺旋桨引起的激振力可分为两类:一类是轴频激振力,即螺旋桨的激振频率等于桨轴转速的一阶激振力,它是由螺旋桨的机械不平衡引起的;另一类则是激振频率等于桨轴转速 n 乘以桨叶数 z 或桨叶数倍数的高阶激振力,称为叶频激振力或倍叶频激振力,它是螺旋桨在不均匀流场中工作引起的。

2.12.1.1　机械不平衡引起的激振力

机械不平衡引起的激振力又分为机械静力不平衡、机械动力不平衡及水动力不平衡。

(1)机械静力不平衡

产生机械静力不平衡的原因主要是在螺旋桨制造方面的原因,如加工不准确,材料不均匀,工艺公差分布不均匀,桨叶形状不同等,都会引起各桨叶质量不等,而使螺旋桨重心不在回转轴上,形成静力不平衡。当螺旋桨转动时,产生一个频率等于桨轴转速的周期性离心力 F,对螺旋桨形成弯曲力矩,引起船体振动。目前在螺旋桨加工时,都要进行静力平衡校正,以尽可能消除静力不平衡。校正时允许有一定的不平衡质量存在,并按下式来控制其允许保留的不平衡质量的大小:

$$m_i = \frac{18m_p g}{\pi^2 RN^2} \tag{2-84}$$

式中 m_i——允许保留的不平衡质量的最大值;

m_p——螺旋桨质量;

g——重力加速度;

R——螺旋桨半径;

N——螺旋桨转速。

(2)机械动力不平衡

螺旋桨的重心虽在回转轴上,但由于各桨叶在轴线方向略有错开,而使各桨叶重心不在同一盘面内,转动时各叶离心力形成轴频不平衡力矩,使桨轴产生弯曲振动,并传递给船体。为了确保不使这种振动过大,需进行动平衡校验。动平衡校验也允许保留一定的力矩,该力矩按下式控制其允许保留力矩的大小:

$$M \leqslant 0.01 m_p g l_1 \tag{2-85}$$

其中 M 为允许保留的不平衡力矩,l_1 为桨叶 0.7R 处轴向投影长度。

(3)水动力不平衡

由于螺旋桨制造的误差,各桨叶的几何要素不相同,就会产生水动力不平衡的情况。此时作用在每一桨叶上的推力 T 和阻力 R 不同,产生总推力不与桨轴线重合而略有偏心,这样就将形成一个频率等于桨轴转速且使桨轴弯曲的力矩。同时阻力合力也不等于零,也将形成一个频率等于螺旋桨转速,且作用于桨轴的一阶周期激振力。它们都通过轴系和轴承传给船体引起船体的横振动和扭转振动,如图 2-31 所示。

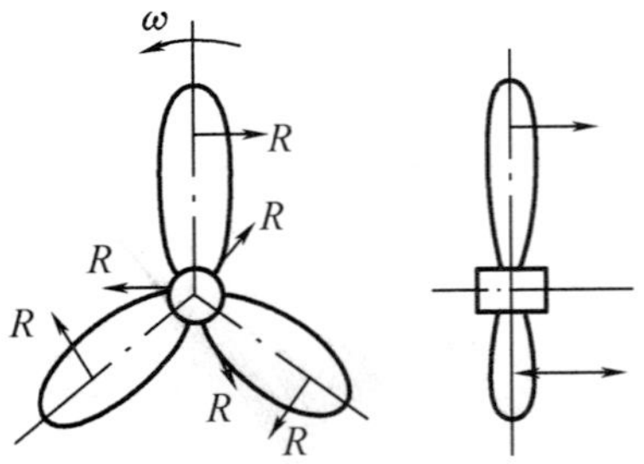

图 2-31 水动力不平衡示意图

在影响螺旋桨水动力不平衡的诸多因素中,螺距的影响最大,为了防止过大的激振力和激振力矩,螺旋桨的螺距允许误差应符合表 2-3 的要求。其中 A,B,C 三级是根据船舶航速划分的:A 级为航速大于 18 节海船及其他特殊要求的船舶;B 级为航速在 8~18 节的海船及大于 18 节的内河船舶;C 级为不属于 A 级和 B 级的一般船舶。

表 2－3　螺距容许误差

名　　称	偏离图纸上名义值的容许误差		
	A 级	B 级	C 级
叶片距离	±1.0%	±1.5%	±3.0%
总平均螺距	±0.75%	±1.0%	±2.5%

2.12.1.2　流场的不均匀引起的叶频振动

叶频激振力与螺旋桨的制造质量无关，这种力可分为两类：一是螺旋桨转动时经水传至船体表面的脉动水压力，称为螺旋桨脉动压力，其沿船体表面的积分值成为表面力；二是螺旋桨在船后工作时，由于伴流在周向分布的不均匀性，使作用在桨叶上的流体力发生变化而引起的激振力，因它通过桨轴作用于船体，故称轴承力。

（1）表面力

螺旋桨脉动压力产生的主要原因是：一是螺旋桨在水中工作时，水流流过桨叶的流场发生了变化，使得螺旋桨叶面的压力比叶背的压力高，这个压力差又使水流在叶梢处形成螺旋涡系，如图 2－32（a）所示，涡旋扰动着周围流场，使螺旋桨附近水中各点的压力呈周期性时大时小的变化，这样便对压力场内的艉部底板及舵叶等其他结构产生周期性脉动压力，而涡旋强度与螺旋桨的载荷（推力和扭矩）有关，所以这一部分脉动压力常称为载荷效应；二是螺旋桨桨叶具有厚度，如图 2－32（b）所示，在流场中运动时，流场中某一点 P 处的压力将随着桨叶接近和远离该点发生周期性变化，从而使该流场中各点受到脉动压力，这种效应称为叶厚效应。

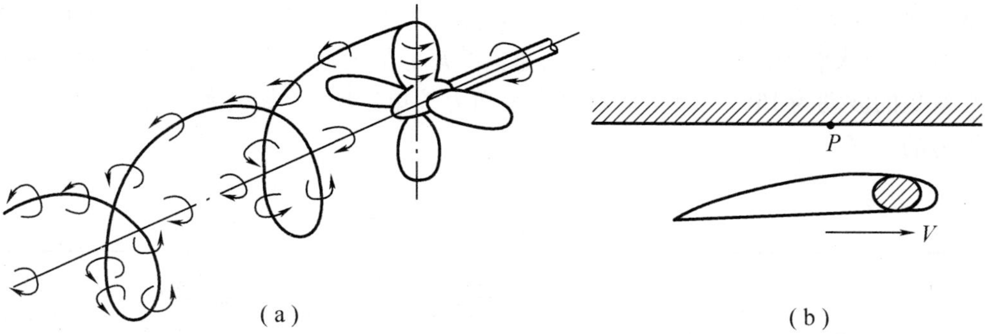

（a）　　　　（b）

图 2－32　螺旋桨脉动压力产生的示意图

影响脉动压力大小的主要因素是螺旋桨叶梢与艉壳板的间隙大小及螺旋桨的叶数，如图 2－33 所示。增大梢隙，脉动压力会明显减小，但增大到一定程度时，脉动压力值的变化很小；增加螺旋桨的叶数，脉动压力也会下降。

（2）轴承力

由于船后流场的不均匀性，螺旋桨工作时，通过桨叶的水流速度的大小和方向不同，因此在任何瞬间各叶的攻角不同，桨叶上产生的推力和旋转阻力也不相等，由于推力合力的中心不通过桨轴，因此将产生周期性的脉动推力和水平垂直弯矩。由于旋转阻力合力也不等于零，将产生分力和扭矩。故轴承力有三个脉动分力和三个脉动力矩，统称六个分力，即

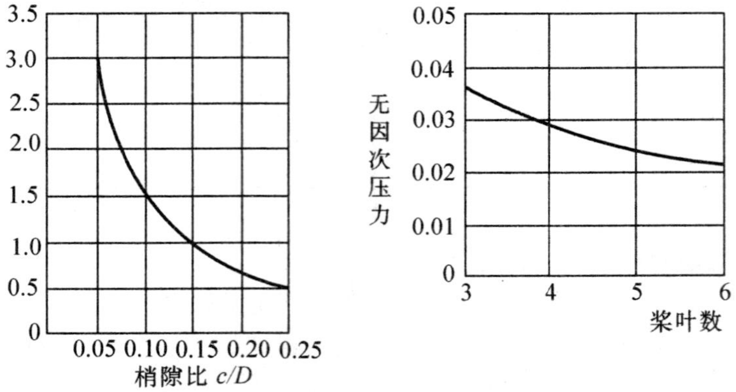

图 2－33 影响脉动压力大小的因素

推力 P_x、垂向弯矩 M_y、转矩 M_x、水平力 P_y、垂直力 P_z。

这些周期性变化的推力、转矩及侧向力和弯矩，会分别引起轴系、船体和上层建筑的纵向振动、轴系和动力装置的扭转振动以及轴系和船体的横向振动。

在均匀流场中，若螺旋桨各叶片的几何特征完全相同，则其除了产生恒定的推力和转矩外，其他分力均等于零，因此不再产生轴承力。轴承力只在不均匀的流场中存在，伴流越不均匀，轴承力就越大。

因为叶片每转过一个大小等于两片叶片夹角时，螺旋桨便重复一次受力情况，所以表面力和轴承力的频率等于叶数与桨轴转速的乘积，即叶频。

为了说明表面力轴承力的大致数值，列出表 2－4 以便比较。由此表可以看出，单桨船的轴承力比双桨船普遍较大。推力最大波动出现在四叶桨船上，达平均推力的 16% ~ 23%，弯矩的最大波动出现在五叶桨船上，垂向弯矩的最大波动为平均扭矩的 40% ~60%，而水平弯矩的波动为 15% ~25%。双桨船表面力较单桨船大，最大者出现在三桨船上，达平均推力的 11% ~16%。

表 2－4 表面轴承力数值

桨叶数	脉动表面力 F	脉动轴承力					
		推力 P_x	垂直力 P_z	水平力 P_r	转矩 M_x	垂向弯矩 M_y	水平弯矩 M_z
	平均推力百分数/%				平均扭矩的百分数/%		
7/11 ~ 15	8 ~ 10/—	——	——	——	——	——	
四叶	4/11	16 ~ 23/4 ~ 7	1 ~ 3/1	1 ~ 3/1	13 ~ 17/4 ~ 5	6 ~ 8/2 ~ 3	2 ~ 5/1
五叶	3.5/7	4 ~ 6/1 ~ 2	5 ~ 8/1 ~ 2	2 ~ 7/1 ~ 2	3 ~ 5/1	40 ~ 60/12 ~ 18	15 ~ 25/6 ~ 7

(3)伴流和空泡对叶频激振力的影响

由于水的黏性、船体的兴波作用运动等原因,使船体周围的一部分水流伴随着船体一起运动,这部分水流称为伴流,在船的尾部形成不均匀的三向伴流场。当螺旋桨在船后不均匀伴流中工作时,随着转速加大,螺旋桨还可能产生空泡。空泡是桨叶表面上的水分子压力降低到该温度下水的气化压力(饱和蒸汽压力)以下时,水中逸出的蒸汽和其他气体而形成的气泡。空泡包括:梢涡空泡——由叶尖绕流形成的漩涡产生的;泡状空泡——叶背负压低于饱和蒸汽压力时产生的;片状空泡——在桨外半径部分导边附近产生,成膜片状,攻角增大时易产生;云雾空泡——桨叶在不均匀流场中处于非定常工况下工作时所特有的空泡。

空泡对轴承力影响不大,但对表面力的影响却非常大。定常空泡(主要指梢片空泡)对表面力的影响,可按脉动的空泡层引起叶片厚度变化这样一种叶厚效应来处理。对于非定常的变空泡,螺旋桨在不均匀流场中周期地进入高低伴流区,空泡时而产生,时而溃灭,且溃灭的时间很短,使脉动压力力幅变化很大,其幅值可较无空泡时成倍或几十倍增加。且由于非定常部分所诱导的压力远大于其他因素诱导的压力,特别在空泡体积变化最剧烈时所诱导的高幅值压力波,在水中以声速向四方传播,因此基本上是"同时"到达船体表面各个点,与船体表面脉动压力趋于同相位,自然表面力值要急剧增加。这时脉动压力的分布也发生变化,在纵向,峰值向后移动,空泡数目越小,峰值越在盘面之后。这是由于脉动片空泡越来越长,并在桨后溃灭所致;在横向呈明显的不对称,压力峰偏向桨叶离开高伴流的一边,这是由于空泡在离开高伴流区时迅速崩溃所致。

2.13　泵(液体)的振动

泵是一种输送液体机械(包括某些输送气体的机械),它把原动机的机械能或其他能源的能量传递给液体,使液体的能量(位能、压力能或动能)增加。

2.13.1　泵的分类

按作用原理可以分为三大类:

1. 叶片式泵:是借助于叶轮叶片和液体间的相互作用而工作的流体机械,如各种离心泵、轴流泵;

2. 容积式泵:依靠包容液体的密封工作空间容积的周期性变化,把能量周期性地传递给液体,使液体的压力增加直到将液体强行排出,如活塞泵、柱塞泵、隔膜泵、齿轮泵、螺杆泵、罗茨泵;

3. 其他类型泵:除了以上两大类流体机械外,还有一些具有不同作用原理的流体机械,如射流泵、水锤泵等。

2.13.2　叶片式泵振动产生的原因

1. 叶片制作、安装偏差引起的振动

由于微小的质量偏差或安装间隙的不均匀,在叶片旋转运动时会产生不平衡离心惯性力从而引起振动。振动机理详见转动机械部分。

2. 径向力引起的振动

单蜗壳泵当工况偏离设计点时,在整个叶轮外圆上的压力分布呈不对称状态,使叶轮受到径向力的作用。流量偏离设计点越远,径向力越大。径向力使叶轮轴弯曲,当弯曲挠度超过旋转密封与固定件之间的间隙时就会发生摩擦,产生振动。

径向力

$$F_R = K_R H D_2 B_2 \gamma \quad (\mathrm{N}) \tag{2-86}$$

式中 K_R——径向力系数;

H——相应流量下的扬程,m;

D_2——叶轮外径,m;

B_2——包含叶轮盖板在内的叶轮出口宽度,m。

2.13.3 曲柄泵的振动原因

1. 曲柄机构的不平衡惯性力能够引起曲柄泵的振动,振动机理详见往复类机械设备部分。曲柄泵传动示意图见图 2-34。

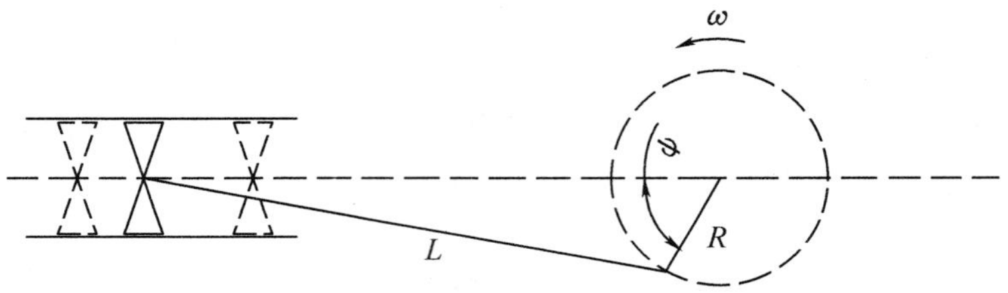

图 2-34 曲柄泵传动示意图

活塞加速度的计算公式如下:

$$a = \frac{\mathrm{d}u}{\mathrm{d}t} \approx -R\omega^2(\cos\psi + \lambda\cos 2\psi) \tag{2-87}$$

式中 R——曲柄半径,m;

ψ——曲柄转角;

L——连杆长度,m;

ω——曲柄角速度。

2. 泵体流量的脉动也可引起曲柄泵的振动,瞬时流量的脉动引起吸入和排出管路内液体流速的脉动并产生加速度和惯性力。

瞬时流量管内液体加速度的公式为:

$$a = \frac{\mathrm{d}c}{\mathrm{d}t} \approx R\omega^2(D/d)\psi^2 \tag{2-88}$$

式中,d 为管内径,m。

2.13.4 螺杆泵振动的原因

1. 转子及其装配件的不平衡引起振动;

2. 液体作用螺杆的轴向冲击力引起振动。

三螺杆上的轴向力是液体作用于螺杆各部分力的轴向分力之和。

主杆轴向力为

$$F_{A1}=2.529pd_j^2 \quad (\mathrm{N}) \tag{2-89}$$

从杆轴向力为

$$F_{A2}=0.4193pd_j^2 \quad (\mathrm{N}) \tag{2-90}$$

2.14　风机振动及空气噪声

2.14.1　风机分类

离心式和轴流式风机在各类风机的应用中占了绝大多数。根据它们产生的压力大小，风机可分为：

1. 通风机：其排气压力低于 0.147×10^5 Pa，压力的当量水柱高为 1.5 m；

2. 鼓风机：其排气压力低于 $(0.147\sim2.43)\times10^5$ Pa，压力的当量水柱高为 1.5 m ~ 1.875 m；

3. 压缩机：其排气压力高于 2.43×10^5 Pa，压力的当量水柱高于 1.875 m。

实际中尤为广泛使用的是通风机。

2.14.2　风机振动及空气噪声

风机振动的主要原因是叶片制作、安装偏差引起的振动。由于质量偏差或安装间隙的不均匀，在叶片旋转运动时会产生不平衡离心惯性力从而引起振动。振动机理详见转动机械部分。

风机气动声源主要为宽带声和离散噪声。宽带噪声也称涡流噪声，它是叶轮在旋转过程中，叶轮叶片与气体相互作用、耦合所辐射的宽频带噪声，包括来流湍流噪声、湍流附面层噪声、尾缘涡流脱落噪声和叶尖涡流噪声。

离散噪声大多数情况下也称旋转噪声，是旋转的叶片周期性地打击空气质点或临近部位（如蜗舌）引起空气的压力脉动所产生的离散频率噪声。

气固耦合噪声产生的因素很多，但噪声发作机理始终与气体的绕流、流动分离和旋涡所引起的压力脉动密切相关。

2.15　机械振动的检测及控制

2.15.1　机械振动的检测

为了获取机械动态优化设计的数据，评价机械承受振动和冲击的能力，分析机械系统各参数对振动的影响，以及在使用控制振动、利用振动的措施中，除了理论分析外，直接进行振动的测量和试验是一个重要的、必不可少的手段。

振动测试主要包括以下基本内容：

（1）振动量的测量：测量振动体在选定点上位移、速度、加速度的大小；振动体的时间历程、频率、相位、频谱、激振力等；

(2)系统特征参数的测试：系统的刚度、阻尼、固有频率、振型、动态响应特性等；

(3)机械、结构或部件的动力强度试验：对机械进行模拟环境条件的振动或冲击试验，以检验产品的耐振寿命、性能的稳定性以及设计、制造、安装的合理性等；

(4)运行机械的振动监测：对机械在线监测，随时测取振动信息，诊断故障，及时作出保证机械正常运行的措施。

2.15.1.1 振动测量方法分类

按传感器与振动体的连接状态分为接触式与非接触式；按测量方法的力学原理分为相对式与惯性式；按振动信号的转换方式分为电测法、光测法和机械测振法。

电测法：将被测的振动量转换成电量或电参数，再用电量测试仪器进行测定。特点是灵敏度高，频率范围和动态性范围宽，便于分析和遥测，但易受电磁场干扰。

光测法：利用光杠杆原理、读数显微镜、光波干涉原理、激光多普勒效应等进行测量。特点是测量精度高，速度快，不受电磁场干扰，适用于对质量小及不易安装传感器的构件作非接触测量。在精密测量和传感器、测振仪器标定中用的较多。

机械测振法：利用杠杆放大原理将振动量放大后直接记录下来。特点是抗干扰能力强，频率范围和动态性范围窄，测振时会给振动体加一定的负载，影响测量结果。主要用于低频大振幅振动及扭振的测量。

1. 周期振动的测量

(1)振幅的测量

①测试仪测振幅：把振动信号输入测试仪，直接读出位移、速度或加速度的幅值。

②电压表测振幅：把振动信号输入电压表，根据电压值和测量系统的电压灵敏度的大小，计算出振幅。

③光学法测振幅：用激光作光源的干涉仪，或用全息摄影技术测振幅。

④信号波形测振幅：把已记录或显示的振动波形的幅值，乘以相应的灵敏度(对测量系统标定得到)计算出振幅。

⑤百分表测振幅：用百分表或千分表固定在不动的参考点上作直接测量，测出位移振幅的峰值。

⑥视觉滞留作用测振幅：用读数显微镜观测振动体的标志线，因人眼视觉的滞留作用，标志线形成标志带，从而直接读出位移振幅的峰值，或直接观测振动体上的楔形标志，因物体停留在两最大位移位置的时间最长，从而可观测出稳定的正弦振动位移的峰值。

(2)频率的测量

①用振动波形与时标对比测频：在记录振动量的时间历程时，输入一个适当的时标，用时标与之进行比较，即可确定振动频率。此方法误差较大，但可测随时间变化的频率，也可测两个以上随时间变化的频率。

②用数字频率计测频：将振动信号输入数字频率计，可直接读出频率值。此法使用方便，振动波形也不限于正弦波，但要求被测频率比较稳定。

③用李萨如图形测频：将被测振动信号和信号发生器的信号，分别输入阴极射线示波器的 X 轴和 Y 轴上，逐渐调节信号发生器的频率，当出现李萨如图形时，即可根据图形和发生器的频率确定振动频率。

④闪光测频：用闪光灯照射振动体，由小到大地移动时，则闪光频率就等于或近似于振

动频率。以后多次出现这种状态时,闪光频率的最小公倍数,即为振动频率。

⑤用频谱分析仪测频:周期振动信号输入频谱分析仪,可直接测量出信号中所包括的各次谐波的频率。

(3)相位差的测量

稳定的周期性振动的相位可以用双线示波器、闪光灯、伏特表相位指示仪、相位计等仪器,将振动信号与基准信号比较来确定,也可在记录纸上比较振动信号和基准信号的时间历程来测定。对于非周期性的振动,则需用相位计和记录仪、传递函数分析仪等记录其相位变化。

(4)激振力的测量

激振力可用压电式或电阻式测力传感器测量,也可通过测量振动体的加速度并加以换算间接测定。对已标定的激振器,可通过测量使用时的电参数或机械参数间接测定其激振力。

(5)电测法:如图2-35所示

振动体的振动量经发电型传感器转换为电流或电势的信号,再经前置放大器、微积分电路,即可进入显示、记录和分析仪器;振动量经电参数型传感器转换为电阻、电感或电容信号,再经调制器、解调器及微积分电路,即可进入显示、记录和分析仪器。为了对各振动量(位移、速度、加速度)都能测量,测量仪内大多包含有微分和积分电路。

在测量复杂振动时,应采用真实均方根检测仪表,即具有平方律线路的检测指示表。同时,周期振动测量还常要求峰值检测指示。

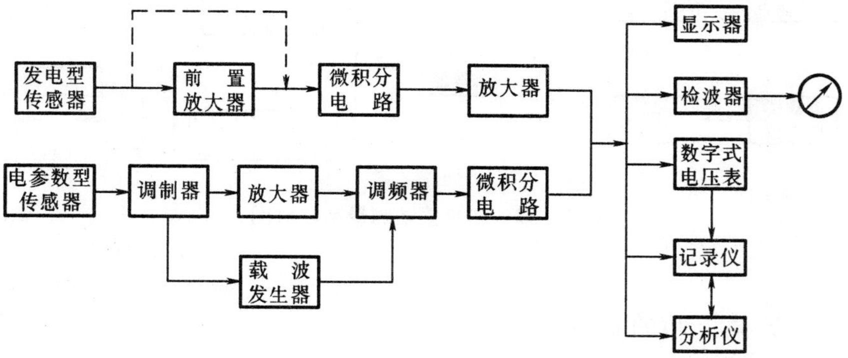

图2-35　电测法示意图

2. 冲击的测量

对冲击的测试量主要有:冲击的时间历程,冲击峰值,冲击持续时间,冲击傅里叶谐谱和冲击响应谱。

理论上冲击过程含有从零到无穷大的频谱分量,要求测量系统具有较宽的频率范围,才能少失真地反映冲击的波形和参数。由于冲击作用的急剧变化,可能使测量系统出现明显的非线性和过载情况,因此,要求冲击测量系统具有较高的动态线性范围,指示仪表具有较高的峰值因素。冲击测量系统框图见图2-36。

3. 随机振动的测量

主要是测量其均方根值或均方值、功率谱密度,同时也观察其瞬时加速度峰值的最大

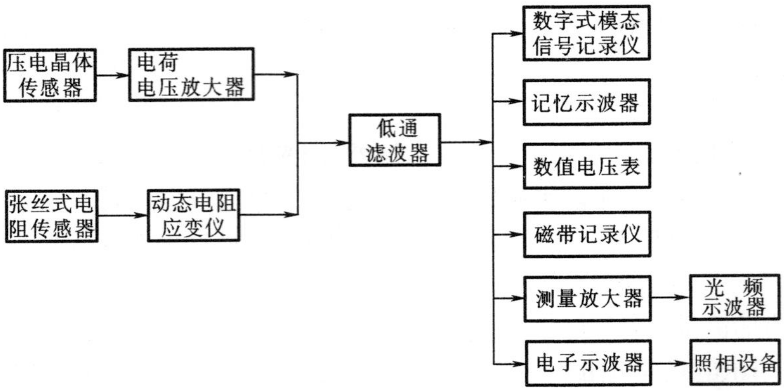

图 2-36 冲击测量系统框图

值。有时则要求测量其平均值、自相关函数、互相关函数及幅值分布概率密度,传递函数和相干函数等。随机振动测量系统框图见图 2-37。

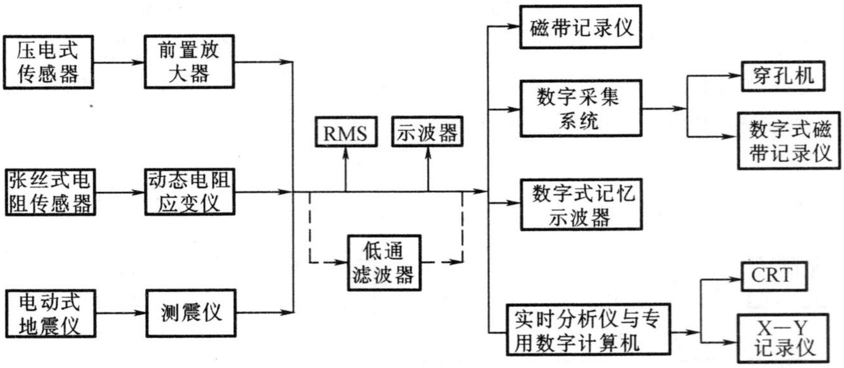

图 2-37 随机振动测量系统框图

2.15.2 机械振动的控制

对机械振动控制一般包括以下几个方面:

(1)减小机械运动件的不平衡量,及其他对机械的各项干扰、控制振动的起源;

(2)采用振动隔离技术,切断振动波的传递路径,控制振动的传播;

(3)采用阻振、减振措施,消耗或转移振动的能量;引进外部能量来抑制振动能量;以及改进设计,提高机械的抗振能力,控制振动的响应。

概括起来,机械振动控制主要包括机械振动本身的控制和机械振动传播的控制,前者是机械系统的设计问题,后者则是隔振措施的问题。

2.15.2.1 机械振动机理

1. 转动机械

机械中作旋转运动的零部件产生的不平衡离心惯性力是转动机械振动的主要原因,下面主要介绍其机理。离心惯性力示意图如图 2-38 所示。

任意形状的刚性回转体，绕定轴 Z 以角速度 ω 旋转，其上各质点的离心惯性力向任一坐标原点 O 简化，得此惯性力系的主矢 R_0 及主矩 M_0，用矢量表示为：

$$R_0 = \sum F_i = \sum m_i \omega r_i = M\omega^2 r_c$$

$$M_0 = \sum P_i \times F_i \qquad (2-91)$$

$$|M_0| = \omega^2 \sqrt{J_{xz}^2 + J_{yz}^2}$$

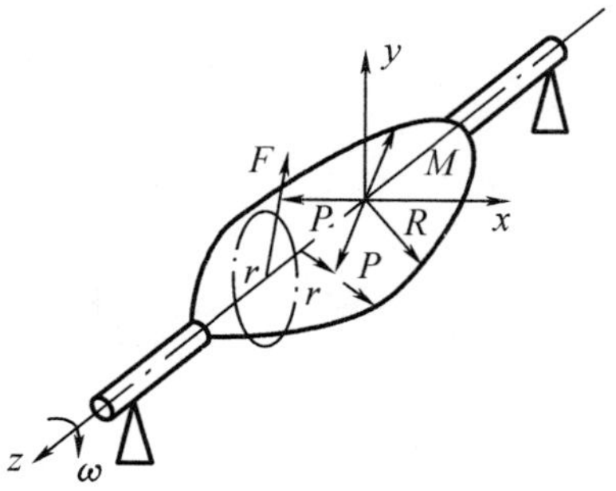

图 2-38　离心惯性力简化示意图

式中　m_i——第 i 个微小质点的质量；

r_i——第 i 个微小质点到 Z 轴的距离；

F_i——第 i 个微小质点产生的离心惯性力；

M——刚性回转体总质量；

r_c——刚性回转体的质心 c 点到 Z 轴的距离矢量；

P_i——第 i 个微小质点到原点 O 的距离矢量；

J_{xz}——刚性回转体对 y 轴的离心惯性积；

J_{yz}——刚性回转体对 x 轴的离心惯性积。

主矢 R_0 的大小与选择原点 O 的位置无关，而主矩 M_0 的大小却与原点 O 的位置有关。刚性回转体旋转时，R_0 和 M_0 的方向也随之旋转，将产生交变动反力，这样回转体是不平衡的，所以刚性回转体要想得到平衡，必须使惯性力系向任一点简化得到的主矢与主矩都为零，即

(1) $R_0=0$，即 $r_c=0$，则回转体的旋转轴 Z 必须通过质心 c；

(2) $M_0=0$，即 $J_{xz}=0$，$J_{yz}=0$，则 Z 轴是回转体的主惯性轴之一。

因此，回转体平衡的充分必要条件是，Z 轴是回转体的中心主惯轴之一。为满足这个条件，需要重新调整回转体的质量分布，即在其局部加重、去重或调整校正质量，使回转体的中心主惯轴与旋转轴一致。

根据回转体惯性力系简化结果的不同，刚性回转体可能存在四种不平衡状态：

(1) 静不平衡：$R_0 \neq 0$，即 $r_c \neq 0$，R_0 通过质心 c；$M_0=0$，即 $J_{xz}=0$，$J_{yz}=0$。转轴 z 与中心主惯轴平行；

(2) 准静不平衡：$R_0 \neq 0$，即 $r_c \neq 0$，R_0 不通过质心 c；$M_0=0$，即 $J_{xz}=0$，$J_{yz}=0$。转轴 z 与中心主惯轴相交于上点；

(3) 偶不平衡：$R_0=0$，即 $r_c=0$，R_0 不通过质心 c；$M_0 \neq 0$，即 $J_{xz} \neq 0$，$J_{yz} \neq 0$。转轴 z 与中心主惯轴相交于质点 c；

(4) 动不平衡：$R_0 \neq 0$，即 $r_c \neq 0$，R_0 不通过质心 c；$M_0 \neq 0$，即 $J_{xz} \neq 0$，$J_{yz} \neq 0$。转轴 z 与中心主惯轴既不相交，又不平行。

为达到机械平衡，需要对其进行静平衡、动平衡校正。

静平衡校正：使用单面校正去掉静不平衡量。首先要找出静不平衡量的大小和方向。通常把待校正的回转体装在平衡芯轴上，或将其直接装在静平衡架上。通过回转体在静平衡架上的摆动，找出回转体静不平衡量的大小和方向后，用去重、加重或调整校正质量的方法，使不平衡量小于或等于许用不平衡量。图 2-39 为平行导轨静平衡架示意图。

动平衡校正：根据静力等效原理，将刚性回转体上的不平衡离心惯性力向校正面上简

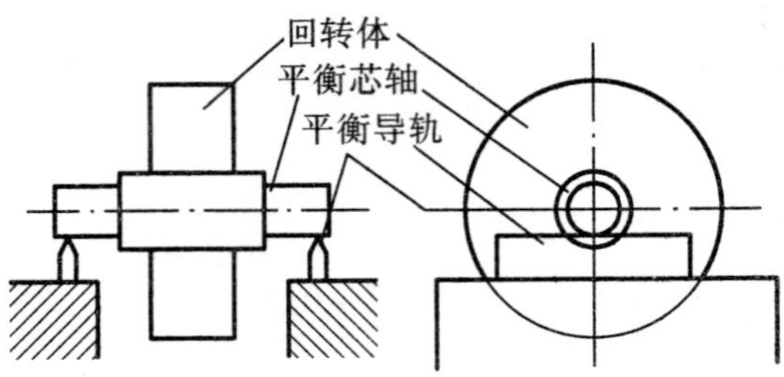

图 2-39 平行导轨静平衡架示意图

化，针对每个校正面上的合力或合力偶，对回转体进行去重或加重，就能校正整个回转体的动不平衡。

2. 往复类机械设备

往复类机械设备运动部件的往复惯性力是引起机械振动的主要原因之一，详细介绍如下：

曲柄滑块机构的惯性力包括三部分：曲柄旋转运动产生的离心惯性力；滑块往复运动产生的往复惯性力以及连杆平面运动产生的惯性力。

通常按静力等效条件，把曲柄滑块机构简化为力学模型如图 2-40 所示。

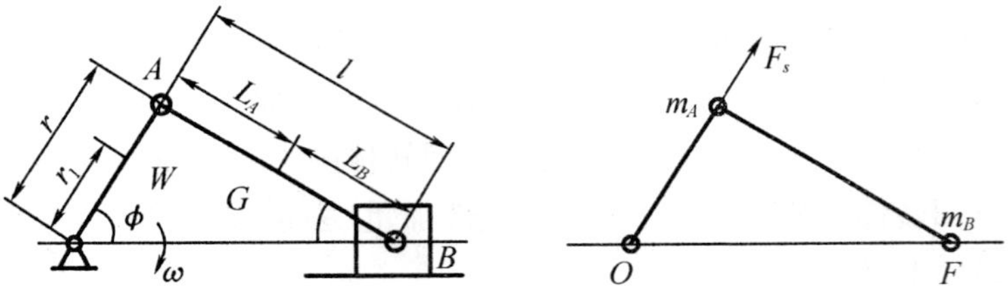

图 2-40 曲柄滑块简化力学模型

曲柄滑块机构的不平衡惯性力表达式为：

回转惯性力：
$$F_S = m_A r\omega^2 \tag{2-92}$$

一次往复惯性力：
$$F_{1x} = m_B r\omega^2 \cos\omega t \tag{2-93}$$

二次往复惯性力：
$$F_{2x} = m_B r\omega^2 \cos 2\omega t \tag{2-94}$$

当量质量
$$m_A = \left(\frac{r_1}{r}\right)m_r + \left(\frac{l_B}{l}\right)m_l \tag{2-95}$$

$$m_B = m_p + \left(\frac{l_A}{l}\right)m_l$$

式中 ω——曲柄回转角速度；

r——曲柄半径；

r_1——曲柄重心距转轴 O 的距离；

l——连杆长度；

l_A——连杆重心距曲柄销 A 的距离；

l_B——连杆重心距滑块 B 的距离；

m_r——曲柄质量；

m_l——连杆的质量；

m_p——滑块的质量。

曲柄滑块机构惯性力的平衡方法：在曲柄滑块机构中，需要平衡由回转质量 m_A 产生的离心惯性力 F_S，以及由往复质量 m_B 产生的往复惯性力 F_x。

由回转质量 m_A 产生的离心惯性力 F_S，只需在曲柄销的反面离轴心 r_b 处加一质量 m_B；使 $m_B r_b = m_A r$，则 m_B 和 m_A 产生的离心惯性力大小相等，方向相反，互相抵消，即得到平衡，如图 2－41 所示。

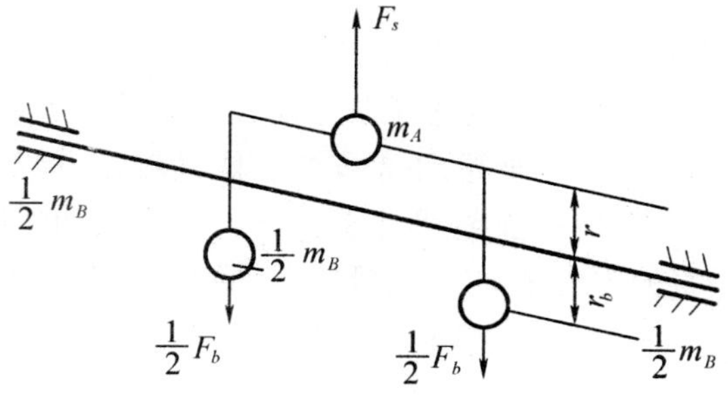

图 2－41　回转惯性力的平衡原理图

由往复质量 m_B 产生的往复惯性力 Fx 常用的平衡方法有：半平衡法、单轴平衡法、双轴平衡法、调整质心平衡法。

2.15.2.2　舰船设计中机械振动控制方法

目前在舰船的技术设计中对机械振动控制一般采用的方法有：

(1)对振动较大的机械设备采用集中布置统一处理，或将其安装在单层隔振、双层隔振和浮筏隔振装置上，以降低传递到基座的振动；

(2)在机械设备基座和壳体上贴敷阻尼材料；

(3)通海管路、通风管路、柴油机排气管路上设计管路消声器；

(4)在通风机、主通风管外表面贴敷阻尼材料；

(5)振动设备与管路连接处设计减振接管。

2.16　机械振动的度量方法

2.16.1　设备的振动级

每台设备的振动级，是根据实船安装环境下机脚的平均振动加速度级或振动速度来表示的。振动加速度级 L_a(dB, $a = 10^{-6}$ m/s²)可按下式换算成振动速度级 L_v(dB, $a = 10^{-6}$ m/s²)：

$$L_v = L_a + 44\text{dB} - 20\lg f \tag{2-96}$$

式中　f——振动频率或 $1/n$ 倍频带中心频率。

工程中常用振动加速度级来评价机械设备机脚处的结构噪声。因为在中高频率时，振动位移或速度值比较小，加速度值较大，同时加速度传感器易于安装布置且测量精度高，因此，测量加速度可以保证有效的信噪比和足够高的精度。

2.16.2 设备的振动烈度

振动烈度是表示机械设备振动强烈程度的量。工程上一般采用多个测点振动速度的有效值来表征振动烈度。振动烈度的数学定义如下：

$$V_s = \sqrt{\left(\frac{\sum V_x}{N_x}\right)^2 + \left(\frac{\sum V_y}{N_y}\right)^2 + \left(\frac{\sum V_z}{N_z}\right)^2} \tag{2-97}$$

式中 V_s——振动烈度，mm/s；

V_x,V_y,V_z——三个互相垂直方向上的振动速度有效值，mm/s；

N_x,N_y,N_z——三个互相垂直方向上的测点数。

振动烈度测点布置原则为：测点应选择在能代表机器整体运动的刚性较强的部位，如机器表面、前后端顶部、轴承盖和机座等，不得安装在刚性较差、局部振动大的部位；小型设备一般选择3～5个测点，中大型设备6～8个测点。每一个振动烈度测量三个互相垂直的方向：与机器安装表面垂直的方向用 z 标记；延机器轴线方向用 x 标记；垂直 xz 平面方向用 y 标记。

2.17 机械噪声源

各厂矿企业都有各种机械噪声，如冲床的冲压声，车床的切削声，齿轮变速箱的噪声以及金属的撞击声等。当机器的零部体受到诸如撞击力、摩擦力、交变机械力或电磁力等作用时，这些部件就会形成一个振动系统，并向空间辐射噪声。这些机器的振动部分，如外壳，轴杆，机架等，都可看成是机械性噪声源。机械部件振动强度与交变作用力的大小成正比，还与交变力的交变频率有关。当作用力的频率趋近于机械的固有频率时，则振动增强；若等于机械固有频率时，机械部件产生共振，振动强度最大。共振时，部件的振动强度与其内摩擦阻尼特性有关，内阻大的振动就小，内阻小则振动就大。物体振动会产生辐射噪声，振动体易于辐射较高频率的噪声，一般来说，当振动物体的表面积尺寸大于声波波长时，才能有效地辐射高于这一频率的声波，特别是尺寸较小的机组不易辐射低频率噪声，只有大面积的机组才既易于辐射低频振动，又易辐射低频噪声。例如，较大尺寸的纸盆喇嘛其发生频带就宽(向低频范围扩展，音质就好)。减小机器不必要的幅板，也是控制机械噪声的基本方法之一。

机械噪声来源于机械部件之间的交变力。这些力的传递和作用一般分为三类，即撞击力，周期性作用和摩擦力。实际上机械部件之间往往同时具有三种力的作用，只不过是其中某一种力的作用较强或较弱罢了。除对这三种力作用而产生的噪声需要分析外，还需要对其他振动噪声源进行分析研究。

2.17.1 撞击噪声

利用冲击力做功的机械会产生较强的撞击噪声，如冲床，锻锤，气锤和凿岩机等机械在工作时,每一个工作循环会产生一个由撞击引起的脉冲噪声,称之为撞击噪声。锻锤的撞击噪声最强,现以锻锤为例分析撞击噪声。

锻锤工作时,其机械能力分为四部分,一部分做功,一部分克服各种阻力转化为热能,一部分通过地基以固体声的形式向四周地面传播,一部分则转化为使机件产生弹性形变的振动能。这种振动能的一部分以声波形式向四周空间辐射,形成撞击噪声,其发声机制有以下四种:

(1)撞击瞬间,由于物体间的高速流动空气所引起的喷射噪声。

(2)撞击瞬间,在锤头,锤模,铁钻碰撞面上产生突然变形,以至在该面附近激发强的压力脉冲噪声。

(3)撞击瞬间,由于部件表面的变形,在这些部件表面的侧向产生突然的膨胀,形成向外辐射的压力脉冲噪声。

(4)撞击后引起的受撞部件结构共振所激发的结构噪声。

在以上四种发声机制中,以结构噪声影响最强,其辐射噪声维持时间最长,可达到100 ms。撞击激励频率与撞击的物理过程有关,较硬的光滑物体相撞,则作用时间短,作用力大,激励的频带宽,激发物体本征振动方式就多,呈宽频带撞击噪声;较软的不光滑的物体相撞,则作用时间长,作用力小,激励的频带窄,激发的振动方式少,如冷锻就比热锻辐射较强的撞击噪声,且具有较多的频率的成分(向高频范围发展)。另外三种机制产生的撞击噪声,是在撞击瞬间产生的一次压力脉冲,其强度很高,在锻锤附件操作的工人人耳位置的脉冲声级高达155 dB(A),但其维持时间很短,最长不过几毫秒。

其他类似的机械撞击,如冲床冲压声、凿岩机中活塞与扦杆的撞击、金属互相碰撞声等,都是以结构在撞击后的鸣响为主。所以,降低结构噪声是控制撞击噪声的主要措施。

2.17.2 周期作用力激发的噪声

旋转机械的作用力主要是周期性的。最简单的周期力是由转动轴、飞轮等转动系统的静、动态不平衡所引起的偏心力。这种作用力正比于转动系统的质量和静、动态的合成偏心距,也正比于转动角速度的平方。当转动系统转速达到其临界转速时,则该系统自身便产生极大振动,并将振动力传递到与其相连的其他机械部分,激起强烈的机械振动和噪声。周期力的作用会由于机件缝隙的存在、结构刚度不够或磨损严重而增大,这样,又进一步增强撞击和摩擦而激发更强的机械振动和噪声。

若机械转速不高,则周期力的变动频率也不高,但这种低频率的周期力能激发较高频率的振动。当受振动的零部件其固有振动频率等于周期力频率的整数倍时,则会使零部件产生强烈的共振,从而产生强烈噪声。当周期性作用力的频率高到一定程度,而且受力零部件表面积又足够大时,则受迫振动噪声突出。这种受迫振动噪声一般以结构噪声为主。

2.17.3 摩擦噪声

物体在一定压力作用下互相接触并作相对运动时,则物体之间产生摩擦,摩擦力以反运动方向在接触面上作用于运动物体。摩擦能激发物体振动并发出声音,如车床切削工件产生的"轧轧"声,齿轮干啮合时的啸叫声,汽车的刹车声等,均称之为摩擦噪声。摩擦噪声绝大部分是摩擦引起摩擦物体的张弛振动所激发的噪声,尤其当振动频率与物体固有振动频率吻合时，物体共振产生强烈的摩擦噪声。

摩擦噪声产生的过程见图2－39。重复以上过程，物体连续跳跃转移，从而产生张弛振动，这就是由摩擦引起的振动。摩擦引起的张弛振动强度与摩擦力有关，摩擦力大则振动幅值大。但张弛振动频率与摩擦力大小无关。当张弛振动频率等于物体固有频率时，产生共振，便形成强烈的振动和噪声。

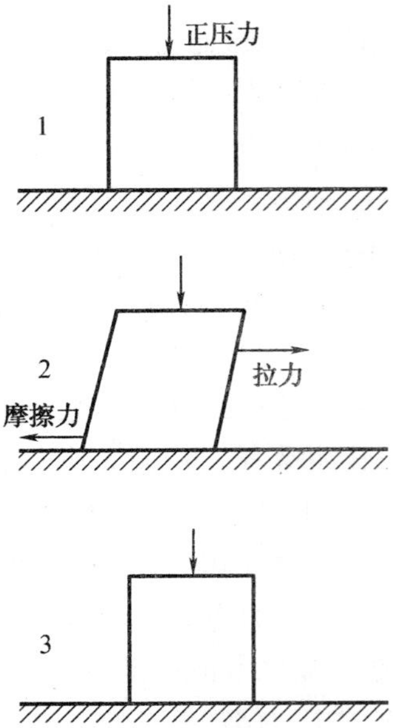

图2－39 摩擦噪声产生的过程

1—弹性物体被压力压在支撑物体上；
2—在水平拉力的作用下，物体形变逐渐增加；
3—物体以跳跃形式转移到新的位置上，弹性变形消失

车刀切削金属时，也会产生类似的“轧轧”声，这是车刀受到加工件横向摩擦力与车屑纵向摩擦力作用而引起振动的结果。这种振动是有害的，不仅使加工面质量变坏，而且使车刀磨损增大。调节进刀速度和深度，或改进车刀形状，能避免这种现象。克服摩擦噪声的基本方法是减小摩擦力，一般施加润滑剂能减小摩擦噪声，如齿轮、轴承等不可在缺油状态下工作，否则噪声就高。

2.17.4 结构振动辐射的结构噪声

机械噪声是由于机械振动系统的受迫振动和固有振动引起的，其中起主要作用的是固有振动。这种噪声以振动系统的一个或多个固有振动频率为主要组成部分。振动系统的固有频率与其结构性质有关，故简称这种噪声为结构噪声。上述三种机械力所引起的噪声中，以结构噪声最为突出。

任何机械部件均有其固有振动方式，不同的振动方式有相应的不同振动频率。而机件只由较低阶次的振动方式决定其振动特点，也就是在相同的力的作用下，低阶次的振动幅值大，对机械和人的影响才大。振动的方式、频率与部件材料的物理性质、部件的结构形式和振动的边界条件有关。可用数学方法计算出简单构件的各种振动方式的频率，简单又规则的物体，如弦、棒、膜、板等。

材料的弹性模量愈大，材料愈粗厚，则固有频率越高；棒越长，板面积愈大，则固有频率越低。为减少弹性材料的固有振动方式，应当提高材料劲度，对于板状材料，可采取加筋或压波纹筋的办法，提高劲度。

2.17.5 转动系统的振动

简单的转动系统，如图2－40所示的一根两端固定在轴承中的转动轴，中间承载这一个固定在轴上的飞轮，当飞轮的质量远远大于轴的质量时，则认为飞轮质量 m 即可以代表转

动系统质量。

这个转动系统的的临界转速为：

$$n_{临界} = \frac{60}{2\pi}\sqrt{\frac{g}{d}}$$

式中　$g = 9.8\ m/s^2$；

d——测量得到的静态偏心距。

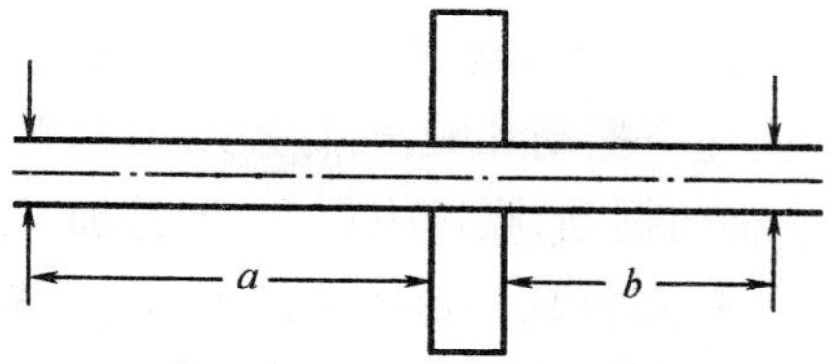

图 2-40　转动轴

较复杂的转动系统，如承载多个飞轮的轴或变截面轴等，则具有较多的临界转速，其中第一临界转速最低。第一阶临界转速可以表示为：

$$n_1 = \frac{1}{\sqrt{\left(\frac{1}{n_{轴}}\right)^2 + \left(\frac{1}{n_{轴1}}\right)^2 + \left(\frac{1}{n_{轴2}}\right)^2 + \cdots + \left(\frac{1}{n_{轴1}}\right)^2}}$$

为避免转动系统产生共振，要求转动系统的工作转速低于第一临界转速 20%，即满足

$$n_{工作} < 0.8n_1$$

在较低的工作转速，如为第一临界转速的 1/2、1/3、1/4 时，也能激发转动系统产生共振。因此，建议转动系统的连续工作转动速度应在大于 0.5 而小于 0.8 的临界转速内选择。对于旋转机械，如风机、砂轮机等，切记不要任意提高转速，防止因为共振而激发强烈噪声，共振严重的可能损坏机器，甚至出现工伤事故。

机械噪声是能够控制的，其主要途径是避开或是减小撞击力、周期力和摩擦力，如用液压代替锻压，用焊接代替铆接，提高加工工艺和安装精度，使齿轮和轴承保持良好润滑条件等。为了减小机械部件的振动，可在接近力源的地方切断振动传递的途径，如以弹性连接代替刚性连接；或采用高阻尼材料吸收机械部件的振动能。在机械设计上尽可能减少附件，并注意提高机件的劲度，以减少噪声辐射。

2.17.6　齿轮噪声

啮合的齿轮对或齿轮组，由于互撞和摩擦激起齿轮体的振动，而辐射齿轮噪声。齿轮系统包括齿轮、轮轴、齿轮架和齿轮箱，它们在传动过程中，各部分都以其各自固有频率振动。图 2-41 是一对啮合运转的齿轮的典型噪声谱。

图中三个峰值 f_1，f_2，f_3 分别表示齿轮受迫振动、齿轮箱体固有振动和齿轮体固有振动频率。当齿轮达到一定转速，其受迫振动频率与齿轮箱体、齿轮架或齿轮体的固有频率重合，则产生共振，辐射噪声将急剧增强。齿轮在负载工作时发出的噪声级，要比空转时大 3~4 dB，但负载的大小对噪声的高低影响并不大。齿轮噪声的大小与其转速有关。

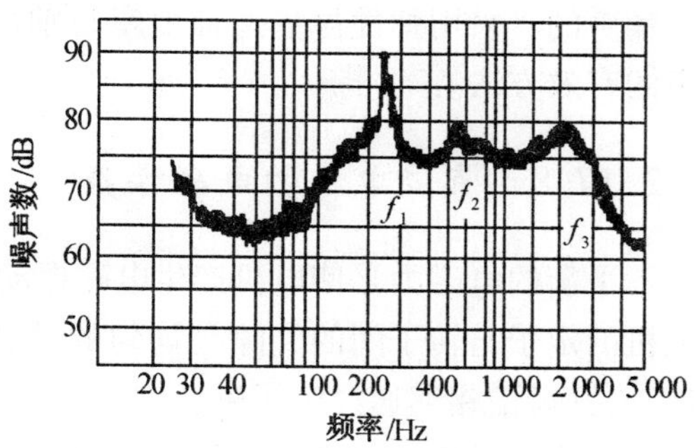

图 2-41　典型齿轮噪声频谱

要降低齿轮噪声，在设计齿轮时就应该考虑。齿轮的设计参数、齿轮的加工精度及粗糙度、齿轮材料以及齿轮箱内滑油粘度等都是影响齿轮噪声的因素。一般是：

(1)平行轴传动比直角或交叉轴传动噪声小。

(2)齿轮传动时力的传递不均匀,则高速传动时振动和噪声大;而斜齿轮受力与传力均匀,高速下振动和噪声都较小,但是斜齿轮传动能引起轴线方向的振动;人字齿轮能避免或减小轴向振动,噪声也最低,但是加工复杂。

(3)在负载一定的条件下,齿轮周节越小,则噪声越低,此时相应齿轮的齿就小。为提到齿的强度,可加大齿的节距和齿的宽度。

(4)轮齿的压力角小,则噪声低,但负载强度也随之降低。一般情况下应两者兼顾,以20°压力角为好。

(5)为降低噪声,要选择合适的齿间隙(侧隙)。间隙过小,易产生咆哮声;间隙过大,则轮齿互撞,噪声亦增加。

(6)通过修齿,纠正制造误差,避免轮齿互撞和减小摩擦,也有利于降低噪声。

(7)降低轮齿表面的粗糙度,也能减小齿轮的摩擦噪声。

(8)选择适当的润滑剂和润滑油的黏度。一般是润滑油的黏度大,则齿轮运转平稳,噪声小。但润滑油的黏度也不可太大,否则会引起齿轮传动的功率损失。

(9)制造齿轮要选择合适的材料,如用锰铜合金、铸铁、塑料或木材制的齿轮,其结构振动噪声就较小。

(10)齿轮设计达不到降低噪声的要求时,可将主要发声部位隔绝起来。

2.17.7 轴承噪声

轴承噪声主要是由轴承内相对运动元件之间的摩擦和振动引起的,也有的是转动部分的不平衡或相对运动元件之间的撞击所引起的。滑动轴承,一般只要是润滑得足够好,如使用液压润滑系统,则噪声很小。滚动轴承在大负载下,其滚动元件在滚道上是滚动与滑动同时并存的。若滚动元件与滚道的表面出现坑洼,则摩擦与振动同时增加,并激发轴承内外环、轴承座以至于转动轴等主要部件产生结构振动并发出噪声。

实验表明,影响轴承振动和发声的主要因素是内外环境滚道和滚动元件表面的几何精度。按其影响的程度可用以下几个指标表示:粗糙度、波纹度、不圆度和径摆。

轴承噪声除受几何精度影响外,还有相当一部分轴承噪声是由于安装不正确、缺少润滑、维修不当造成的。所以,提高安装精度,尽可能使用粘度大的润滑油,是会减少振动并降低噪声的。采用弹性衬垫把轴承座与轴承外圆环隔开,以减弱振动的传递,这也是减小噪声的有效方法。

2.17.8 直流电机的电磁噪声

不平衡的电磁力是使电机产生电磁振动并辐射电磁噪声的根源。如图 2 - 42 所示,直流电机的定子与转子间的气隙是均匀的,同时定子磁极弧长为转子槽数的整数倍,则当转子运动,其齿槽相继通过定子磁极时,虽然气隙磁场作用于磁极的总拉力不变,但是拉力的作用中心将前后移动,相对定子磁极来说,产生一个前后运动的振荡力,它可能激发定子磁极产生切向振动。

如果磁极弧长不是转子槽距的整倍数,上述作用于磁极的前后振荡力将减小,如采用适当的配合,甚至能消除这种不平衡力。但是,作用于磁极的总拉力将在转子运转过程中不断变化,使磁极受到另一种径向不平衡力的作用,并可能激发磁极的径向振动。因此,任何情况下运转的电机,其磁极振动总是存在的,或是径向的,或是切向的,也可能兼而有之。

不平衡电磁力的振动频率为 $NR/60$(Hz),其中 N 为转子槽数,R 为转子每分钟转数。振动力的大小与气隙磁通密度的平方成正比。

一种方法是采用变化的气隙间隙,使气隙由磁极中央向两个边缘逐渐增大,使气隙磁通密度在间断位置逐渐减少,因而能减低脉动磁力。一般磁极中央与磁极边缘气隙的比例取1:3或1:5,如图2-43所示。

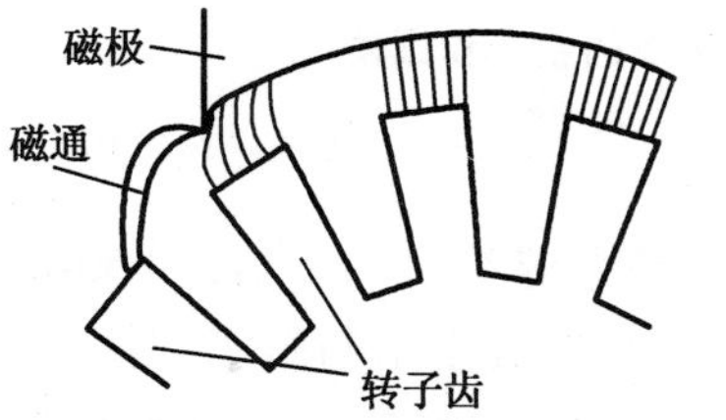

图2-42　直流电机定子磁极与转子相互作用示意图

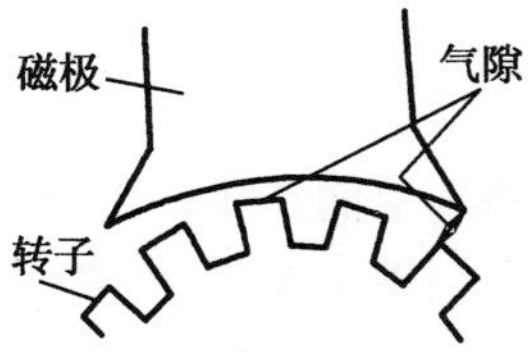

图2-43　渐变的气隙用示意图

另一种方法是采用斜槽转子,其减少噪声的原理与渐变气隙的方法相似,能使磁极边的磁拉力的突然变化减小。如果同时使用两个方法,降低电磁噪声的作用更为明显。

直流电机的电磁噪声与电机的功率有较大的关系,电机噪声包括电磁噪声、风扇噪声、电刷噪声、轴承噪声等,而大功率低噪声的直流电机,以电磁噪声最为突出。

2.17.9　交流电机的电磁噪声

同步交流电机的电磁噪声特点与直流电机的相同。异步交流电机的电磁噪声,是由于定子与转子各次谐波相互作用而产生的,故称为槽噪声,它的大小取决与定子、转子的配合情况。

由于电机电子、转子的谐波次数不同,所以互相作用合成的磁力波的次数也不同。从实验得知,当两个谐波相互作用产生的力波次数愈低时,它的磁力幅值也越大,从而激发的振动和噪声也越强。一般一、二、三次力波的影响最严重,相比之下更高阶次的力波作用可以忽略不计,如图2-44所示。转子时实心轴状体,一般除在一次力波作用下可能产生振动以外,其他力波对他的影响不大。只有定子铁心在力波作用下振动而产生变形。定子铁心的截面呈环状,在各种力波作用下的振动或变形情况。

在一次力波作用下,定子振动但不变形;在二次、三次及高次力波作用下,则定子铁心产生弹性变形。当力波的极对数比较大时,则在同一频率同一力的作用下,由于力的分散,振幅就要小的多,电磁噪声也相对减小。

当一、二、三次较低价次的力波振动频率与定子轭座或电机外壳的固有振动频率一致时,则产生共振强烈的噪声。

定子、转子各次谐波相互作用合成磁力波的频率,决定电磁振动或电磁噪声的频率,并主要取决于转子槽数。

交流电机除由谐波引起的槽数声外,还有以下两种噪声:①由基波磁通引起的定子铁

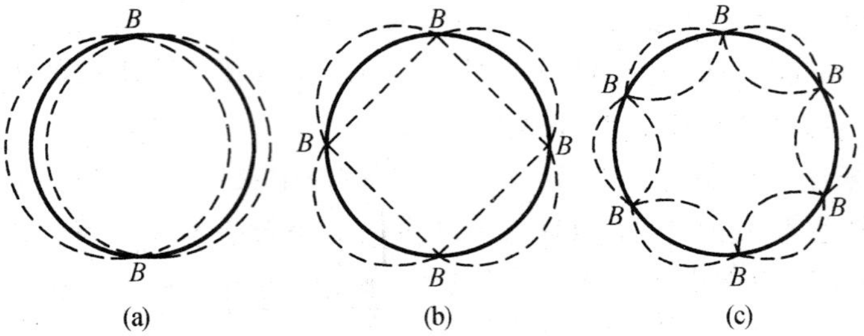

图 2-44　定子铁心在各种力波作用下的变形和振动

(a)一次力波;(b)二次力波;(c)三次力波

心的磁致伸缩现象而产生的磁噪声。这种噪声的频率是电源频率的2倍,如50*Hz*电源,由基波磁通激发的噪声频率为100 Hz。②磁极气隙不均匀,造成定子与转子间的磁场引力不平衡,这种不平衡力就是单边磁拉力,它也能引起电磁噪声,但是这种电磁噪声频率较低,影响较小。

降低电磁噪声的方法,一般是改进电机结构设计:①选择适当的槽配合。②采用斜槽转子可削弱齿谐波。③采用闭口齿槽,可消除或减少由于开口槽引起的高次谐波。④降低气隙磁密可减小由基波磁通和定子、转子各高次谐波的磁势幅值,以减小径向作用力。⑤增大定子、转子气隙可改善磁场的均匀性,从而减小单边磁拉力的作用。⑥提高加工精度,可使气隙均匀。此外,由于电机的电磁噪声主要是由定子铁心的振动激发电机外部构件而造成的,所以,适当增加机壳的厚度,改变壳体或端盖的形状,如多加几条凸棱筋等,使其结构的固有振动减小、频率提高;或选用内阻较大的铸铁做机壳和端盖,均可降低电磁噪声的辐射能力。

2.17.10　变压器的电磁噪声

变压器在运行中发出的'嗡嗡'声,是由于铁心在磁通作用下产生磁致伸缩性振动引起的,这种'嗡嗡'声称为电磁噪声。

变压器电磁噪声的基频为供电频率的2倍,如50 Hz电力变压器,则其电磁噪声的基频为100 Hz。除基频外,还有高次谐波的噪声成分,体积较大的变压器,其最响的谐波频率较低,而体积较小的变压器,其最响的谐波频率较高。

变压器电磁噪声的大小与变压器的功率有关,功率较大,磁噪声越高,变压器噪声正比于变压器铁心的磁通密度。

变压器的电磁噪声,主要是由于铁心振动耦合到变压器外壳,使外壳振动形成的。这种磁噪声是由变压器向外辐射的,特别是产生共振时,所辐射的噪声更强。变压器若固定在易于辐射噪声的支撑物(如板状材料)上时,也能激发支撑物振动并发出结构噪声。

降低变压器的噪声,最理想的方法是选用磁致伸缩较小的铁磁料做铁心。但实际上,既要具有小的磁致伸缩性,又要具有足够高的磁导率、低损耗的电磁性能以及良好延展性的磁铁材料,目前还处在实验阶段。若从没计上减小铁心磁通密度,也能降低噪声,但必须以增加变压器体积和减小效率作为代价。

要降低变压器噪声可以用隔声罩将变压器罩起来,隔绝空气声的传播;或者加隔振器避免变压器铁心与外壳或外壳与变压器支撑体的刚性连接，以隔绝固体声的传递。以上两种方法同时使用，降噪效果更好。

船体振动部分

2.18　弹性体振动

本书已在 2.2 节、2.3 节介绍了刚体单自由度、多自由度振动系统的特性，这两节是学习弹性体振动的基础，而本节又是学习 2.18 节船体结构振动的基础。

所谓弹性体，主要是指杆、板、壳等具有分布质量的工程结构物，描述结构物振动时的各点瞬时位置，需要无限多个广义坐标，因此弹性体振动又称为无限自由度振动系统。本章将根据工厂实际情况，以弹性体的最简单形式——等截面均匀直杆为例，讨论弹性体振动的规律以及与多自由度振动的区别。

2.18.1　直杆振动

直杆振动可能有多种形式，如纵向振动、扭转振动、剪切振动及横向弯曲振动，并且可能有纵向－弯曲、弯曲－扭转等耦合的振动。因船体振动主要以横向弯曲振动为主，因此本节将重点讨论直杆横振动的自由振动及强迫振动，简要介绍其他形式的杆振动。

例：设等直梁长为 l，单位长度质量为 m，弯曲刚度为 EI，梁上单位长度上垂向干扰力为 $F(x,t)$，求此梁在杆端自由、杆端固定、杆端简支条件下的垂向自由振动固有频率及固有振型，以及强迫振动情况。

解　先推导振动微分方程：

如图 2－45，取梁的中和轴为 Ox 轴，并将原点取在梁的左端，设梁上各点的垂向位移为 $w(x)$，在梁上 x 处取长为 dx 微段，考察其力和力矩平衡关系。

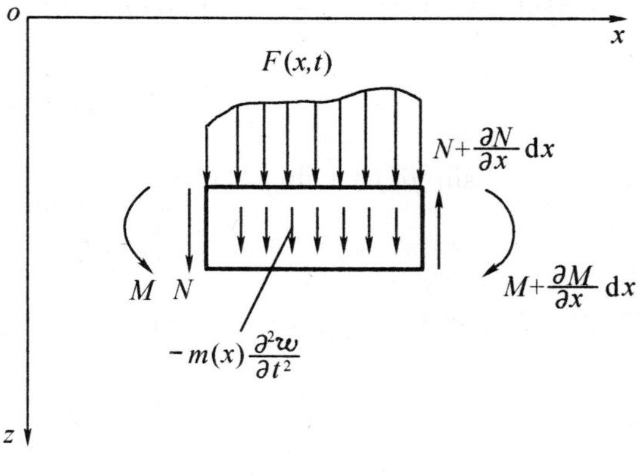

图 2－45　等直梁力学分析

如图所示，微段上的外力 $F(x,t)$，惯性力为 $-m\dfrac{\partial^2\omega(x,t)}{\partial t^2}$，则应用达朗贝尔原理，微段上垂向力的平衡方程为 $\dfrac{\partial N}{\partial x}=F(x,t)-m\dfrac{\partial^2 w}{\partial t^2}$，微段上的力矩平衡方程为 $N=\dfrac{\partial M}{\partial x}$（已略去高阶小量），又因为弯矩与曲率之间的关系式 $M=EI\dfrac{\partial^2 w}{\partial x^2}$，则可推出梁强迫振动的微分方程式为

$$EI\frac{\partial^4 w}{\partial x^4}+m\frac{\partial^2 w}{\partial t^2}=F(x,t) \tag{2-98}$$

自由振动微分方程为
$$EI\frac{\partial^4 w}{\partial x^4}+m\frac{\partial^2 w}{\partial t^2}=0 \tag{2-99}$$

(1)自由振动

现讨论无阻尼自由振动的情况,即讨论方程 $EI\frac{\partial^4 w}{\partial x^4}+m\frac{\partial^2 w}{\partial t^2}=0$ 的解。

根据多自由度自由振动解的情况,设此方程的解为
$$\omega(x,t)=\varphi(x)p(t) \tag{2-100}$$

代入微分方程得
$$\frac{EI\frac{\mathrm{d}^4\omega(x)}{\mathrm{d}x^4}}{m\varphi(x)}=\frac{-\frac{\mathrm{d}^2p(t)}{\mathrm{d}t^2}}{p(t)} \tag{2-101}$$

如果要使等式两边对任意 x 和 t 都满足,此比例两边必须为一常值,且当此常值为正时(用 λ^2 表示),才有振动形式的解,故此等式可变成方程组: $\ddot{p}(t)+\lambda^2p(t)=0$ 及 $\varphi^{(4)}(x)\mu^4\varphi(x)=0$(其中 $\mu^4=\frac{m\lambda^2}{EI}$),这两个方程分别是主坐标 $p(t)$ 和固有振型 $\varphi(x)$ 的方程式,方程 $\ddot{p}(t)+\lambda^2p(t)=0$,在形式上是单自由度系统的自由振动方程,其解为 $p(t)=p\sin(\lambda t+\beta)$,$\lambda$ 为振动的固有频率。方程 $\varphi^{(4)}(x)-\mu^4\varphi(x)=0$ 的解为
$$\varphi(x)=A\sin(\mu x)+B\cos(\mu x)+C\mathrm{sh}(\mu x)+D\mathrm{ch}(\mu x) \tag{2-102}$$
A,B,C,D 为四个积分常数,由边界条件确定。

下面将以简支直杆为例,求解固有频率和固有振型,然后直接给出其他情况下的梁的固有振型。

根据简支梁的边界条件 $\varphi(0)=0\ \varphi(l)=0\ddot{\varphi}(0)=0\ddot{\varphi}(l)=0$,将这些边界条件代入 $\varphi(x)=A\sin(\mu x)+B\cos(\mu x)+C\mathrm{sh}(\mu x)+D\mathrm{ch}(\mu x)$,可得 4 个齐次线性方程:
$$\begin{gathered}B+D=0\\ -B+D=0\Rightarrow B=D=0\\ \sin(\mu l)A+\mathrm{sh}(\mu l)C=0\Rightarrow\begin{vmatrix}\sin(\mu l) & \mathrm{sh}(\mu l)\\ -\sin(\mu l) & \mathrm{sh}(\mu l)\end{vmatrix}=0\Rightarrow\sin(\mu l)=0\\ -\sin(\mu l)+\mathrm{sh}(\mu l)C=0\end{gathered} \tag{2-103}$$

于是,对于第 j 次主振动,$\mu_j l=j\pi(j=1,2,\cdots)$,又因为 $\mu^4=\frac{m\lambda^2}{EI}$,故简支梁的固有频率为
$$\lambda_j=\mu_j^2\sqrt{\frac{EI}{m}}=\left(\frac{j\pi}{l}\right)^2\sqrt{\frac{EI}{m}}\quad(j=1,2,\cdots) \tag{2-104}$$

将任意第 j 固有频率代入原方程可得 $C=0$,于是最后可求得第 j 谐调的振型为:
$$j(x)=A_j\sin\frac{j\pi}{l}\quad(j=1,2,\cdots) \tag{2-105}$$

式中 A_j 需初始条件才能确定。

下面为简支梁的前 3 谐调的固有振型图(图 2-46):

图 2-47 均匀等直梁前 3 谐调固有振型

节点定理:

在梁的各谐调固有振型上,总是存在着若干在主振动时静止不动的点,称之为节点(边界支点除外)。对简支梁,基谐调振型为 1 个半波,节点数为 0;第二谐调振型的节点数为 1,节点位于中间;第三谐调的节点数为 2,节点位置从中间向两侧移动;总之,第 j 谐调固有振

型的节点数是 $j-1$，并且相邻两固有振型的各节点位置不会重合而是互相交错排列的，这就是固有振型的节点定理。

除简支梁外，其他简单边界条件的均匀等直梁都可求得精确解。同时，给出它们前 3 谐调固有振型(图 2-47)。

(2)强迫振动

将具有分布参数的连续系统按其固有振型离散化，把求解均匀梁振动响应的问题转化为一个个与固有振型有关的主坐标系统来处理，求得主坐标的动力响应，然后将一个个主振动的响应线性叠加，从而求得弹性系统的响应。这种方法的应用，必须首先求得弹性系统的固有频率和固有振型，然后再能按固有振型分析，而主坐标实际上只代表各振型的响应幅值，而其所以能离散成一个个单自由度系统来处理，关键在于各主振动是相互独立的，这种

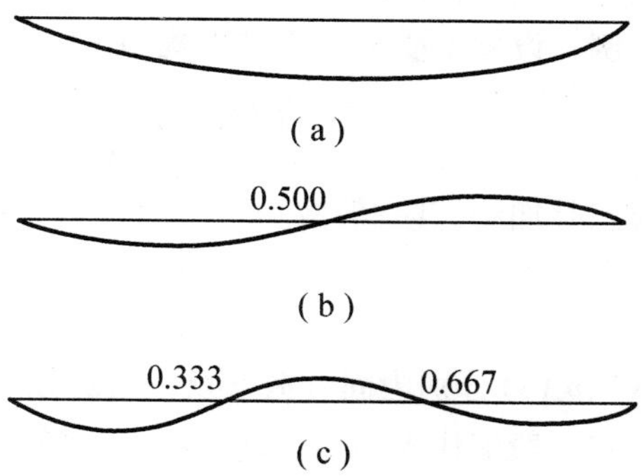

图 2-46　简支梁的前 3 谐调的固有振型图

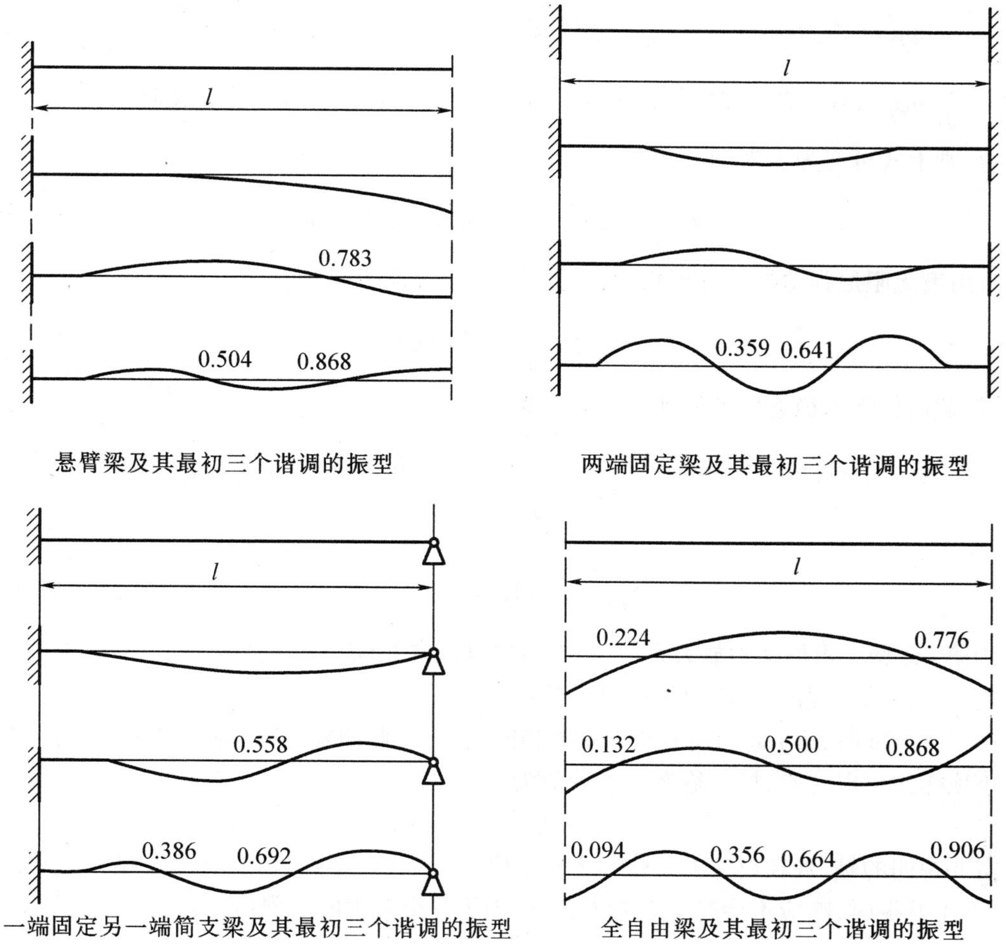

图 2-47　各种边界条件的固有振型图

方法称为主坐标法,或称为主振动叠加法。下面举例说明。

例 设杆上受分布简谐干扰力 $F(x,t)=F(x)\sin(\omega t)$ 作用,则强迫振动方程为

$$EI\frac{\partial^4 w}{\partial x^4}+m\frac{\partial^2 w}{\partial t^2}=F(x)\sin(\omega t) \tag{2-106}$$

按模态叠加法,其一般解为

$$\omega(x,t)=\sum_{s=1}^{\infty}\varphi_s(x)p_s(t) \tag{2-107}$$

$\varphi_s(x)$、$p_s(t)$ 分别为固有振型及待求的强迫振动的主坐标。

将一般解代入强迫振动方程,再将等式两边乘以 $\varphi_j(x)$,然后对 x 从 0 到 l 积分,得

$$\int_0^l EI\varphi_j(x)\sum_{j=1}^{\infty}\varphi_j^{(4)}(x)p_j(t)\,\mathrm{d}x+\int_0^l m\varphi_j(x)\sum_{j=1}^{\infty}\varphi_j(x)\ddot{p}_j(t)\,\mathrm{d}x=\int_0^l F(x)\sin(\omega t)\varphi_j(x)\,\mathrm{d}x \tag{2-108}$$

由于 $\varphi^{(4)}(x)-\mu^4\varphi(x)=0,\mu^4=\frac{m\lambda^2}{EI}$ 及固有振型正交条件(独立条件)$\int_0^l\varphi_j\varphi_i\,\mathrm{d}x=0$ (i、j 互不相同),可得

$$p_j(t)\lambda_j^2\int_0^l m\varphi_j^2(x)\,\mathrm{d}x+\ddot{p}_j(t)\int_0^l m\varphi_j^2(x)\,\mathrm{d}x=\sin(\omega t)\int_0^l F(x)\varphi_j(x)\,\mathrm{d}x \tag{2-109}$$

令 $M_j=\int_0^l m\varphi_j^2(x)\,\mathrm{d}x,K_j=M_j\lambda_j^2,F_j=\int_0^l F(x)\varphi_j(x)\,\mathrm{d}x$,左式分别称为广义质量、广义刚度、广义力,则上式可变为主坐标振动方程:

$$\ddot{p}_j(t)+\lambda_j^2 p_j(t)=\frac{F_j}{M_j}\sin\omega t=f_j\sin\omega t \tag{2-110}$$

与单自由度无阻尼强迫振动方程相同,其强迫振动稳态特解为

$$p_j(t)=\frac{f_j}{\lambda_j^2-\omega^2}\sin\omega t \tag{2-111}$$

因此,等截面杆强迫稳态振动的动挠度曲线为

$$\begin{aligned}\omega(x,t)&=\sin\omega t\sum_{j=1}^{\infty}\frac{f_j\lambda_j^2}{1-\frac{\omega^2}{\lambda_j^2}}\varphi_j(x)=\sin\omega t\sum_{j=1}^{\infty}f_j\lambda_j^2\varphi_j(x)\alpha_j\\&=\sin\omega t\sum_{j=1}^{\infty}\frac{F_j}{K_j}\varphi_j(x)\alpha_j\end{aligned} \tag{2-112}$$

α_j 称为第 j 谐调无阻尼动力放大系数,与单自由度形式相同。

关于上述动挠度曲线,需要说明以下几点:

①当 $\lambda_j=\omega$ 时,第 j 谐调动力放大系数趋向无穷大,此即发生第 j 谐调共振,此时其余各项与该项相比可以忽略,杆的稳态振动近似为

$$\omega(x,t)\approx f_j\lambda_j^2\varphi_j(x)\alpha_j\sin\omega t$$

需要说明的是,现在讨论的是杆的无阻尼强迫振动,在实际过程中,由于结构阻尼的存在,当发生共振时,响应不会趋于无穷大,而是趋于一个较大的有限值,为

$$\omega(x,t)\approx -f_j\lambda_j^2\varphi_j(x)\cdot\frac{1}{2\xi_j}\cos\omega t$$(ξ_j 为第 j 谐调无因次阻尼比)

②如果第 j 谐调的广义干扰力 $f_j(t)=0$,那么,即使当 $\lambda_j=\omega$ 时,仍然不会发生第 j 协调

共振，这与单自由度系统的共振有很大的不同，这是因为 $f_j(t)=0$ 时，即 $F_j=\int_0^l F(x)\varphi_j(x)\mathrm{d}x=0$ 说明外荷重对第 j 谐调不作功。

③在不发生共振的情况下，由于外界的干扰力频率总是有限的，而且随着谐调数的增加，广义刚度 $K_j=M_j\lambda_j^2$ 将相应提高，高谐调振动位移较小，故动挠度计算时通常只取最初几个（最多 5 个）谐调的位移。

下面简要讨论弹性基础和轴向力、剪切和剖面转动惯量对梁的横振动的影响。

弹性基础和轴向力对梁的横振动的影响，比如船舶受到变化的浮力作用，在研究船体总振动时，就可以简化为弹性基础和对船体横振动的影响。当弹性基础作用时，梁的自由振动固有振型与无弹性基础梁的固有振型是相同的，但固有频率较无弹性基础时要高，但一般情况下，固有频率提高小于 3%。当轴向力作用时，轴向压力使固有频率减小，轴向拉力使固有频率提高。

对于横剖面高度与长度之比较大的梁（即高而短的梁），以及在计算高谐调的梁振动时，必须考虑剪切和剖面转动惯量的影响，这个问题对船体振动十分重要。计算表面，剪切变形对频率的影响是转动惯量影响的 3 倍，当谐调数增加时，剪切变形和转动惯量的影响也增大，从物理意义上讲，剪切的作用使系统的刚度下降，而振动惯量使系统的有效质量增加，这两方面影响均使固有频率降低。

例　已知某船由螺旋桨所产生的简谐干扰力频率为 $n=200$ 转/分，干扰力幅值 F_0 为 14.7 千牛顿，干扰力作用点为 $x=c$ 点，试用主振形叠加法计算 $x=d$ 处的强迫振动振幅（只计算前 5 谐调），已知数据见下表。

原始数据	谐调序数				
	$j=1$	$j=2$	$j=3$	$j=4$	$j=5$
固有频率 n_j/(r/min)	72	152	282	447	631
广义刚度 K_j/kN	2.34×10^5	1.13×10^5	2.40×10^5	5.45×10^5	
主振形在干扰力处的幅值 $\varphi_j(c)$/mm	0.56	−0.35	0.13	0.03	−0.17
主振形在计算剖面处的幅值 $\varphi_j(d)$/mm	0.94	−0.99	0.96	−1.04	1.01

解　干扰力曲线为 $F(x,t)=F_c\sin\omega t=F_o\sin\omega t$

则稳态强迫振动挠曲线知
$$\omega(x,t)=\sin\omega t\sum_{j=1}^{\infty}\frac{F_j}{K_j}\varphi_j(x)\alpha_j,$$

式中
$$F_j=\int_0^l F(x)\varphi_j(x)\mathrm{d}x=F_0\varphi_j(c)$$

故 $x=d$ 点处挠度曲线为
$$\omega(d,t)=\sin\omega t\sum_{j=1}^{5}\frac{F_0}{K_j}\varphi_j(c)\varphi_j(d)\alpha_j$$

故可计算得前 3 及前 5 谐调贡献的艉部振幅分别为

$$\omega(d)\approx\sum_{j=1}^{3}\frac{F_0}{K_j}\varphi_j(c)\varphi_j(d)=-0.1\ \mathrm{mm}$$

$$\omega(d)\approx\sum_{j=1}^{5}\frac{F_0}{K_j}\varphi_j(c)\varphi_j(d)=-0.1\ \mathrm{mm}$$

由上可知,因干扰力频率低于第3谐调,故取前3谐调主振动叠加的结果,精度已经足够。

(3)直杆的纵向振动、剪切振动、扭转振动

直杆的纵向振动也可称为杆的轴向振动,其固有频率及振型的推导从略,现直接给出结论:直杆纵向振动的固有频率与杆的材料介质的声纵波传播速度 a($a=\sqrt{\frac{E}{\rho}}$)成正比,与杆的长度成反比,而与其横剖面尺寸无关。比如,两端自由的直杆各谐调固有频率表达式为 $\lambda_j=\frac{j\pi}{l}\sqrt{\frac{E}{\rho}}$,而各谐调固有振型的表达式为 $\varphi_j(x)=c_j\cos\frac{j\pi x}{l}$。可以看出长度为150$m$的等截面船舶,其第一阶纵向固有频率为 $\lambda_1=\frac{\pi}{l}\sqrt{\frac{E}{\rho}}=\frac{3.14}{150}\sqrt{\frac{1.96\times10^{11}}{7.85\times10^{3}}}=105(1/\text{sec})$,约合为16.7 Hz,而一般推进器转速最大值为250转/分(4.2 Hz),所以说,船舶纵向一阶振动频率一般较推进器频率高,不容易发生共振。

杆的单纯扭转振动方程与纵向振动方程类似,此处其固有频率及振型的推导亦从略,现直接给出结论:杆的扭转振动的固有频率与杆的材料介质的扭转波传播速度 b($b=\sqrt{\frac{kG}{\rho}}$)成正比,与杆的长度成反比,但 k 与其横剖面形状、尺寸有关。

高而短的梁的单纯剪切振动方程与纵向振动方程类似,此处其固有频率及振型的推导亦从略,现直接给出结论:高而短的梁的剪切振动的固有频率与杆的材料介质的剪切波传播速度 c($c=\sqrt{\frac{kG}{\rho}}$)成正比,与杆的长度成反比,但 k 与其横剖面形状、尺寸有关。

2.18.2 板的横振动

板的横振动研究,对与研究螺旋桨干扰力作用下的潜艇外板激励振动,有十分重要的意义。下面讨论简单的矩形板横振动一般规律。

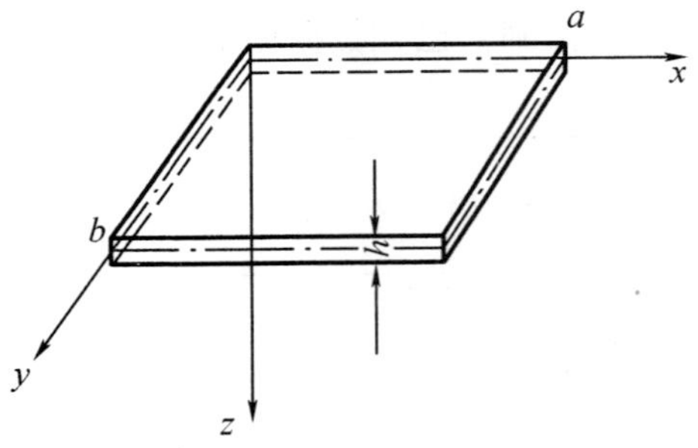

图2-48 矩形平板示意图

由船舶结构力学可知,矩形平板(如图2-48)在横向载荷 $F(x,y$ 作用下的弯曲微分方程式为

$$D\left(\frac{\partial^4 w}{\partial x^4}+\frac{\partial^4 w}{\partial x^2\partial y^2}+\frac{\partial^4 w}{\partial y^4}\right)=F(x,y) \qquad (2-113)$$

式中 w——板的中面挠度,$w=w(x,y)$;

$D=\frac{Eh^3}{12(1-\nu^2)}$——板的筒形弯曲刚度;

ν——泊桑比;

h——板的厚度。

对于板的横向弯曲振动,$F=F(x,y,t)$,$w=w(x,y,t)$,再根据达朗贝尔原理计入平板横振动时产生的分布惯性力 $-\rho h\frac{\partial^2 w}{\partial t^2}$,于是可得到平板横振动微分方程:

$$D\left(\frac{\partial^4 w}{\partial x^4}+\frac{\partial^4 w}{\partial x^2 \partial y^2}+\frac{\partial^4 w}{\partial y^4}\right)+\rho h\frac{\partial^2 w}{\partial t^2}=F(x,y,t) \tag{2-114}$$

常见的矩形板的简单边界条件有简支、刚性固定与全自由三种，下面以四周简支的矩形板的横振动为例，介绍自由振动固有频率及固有振型的情况。

四周简支的矩形板的边界条件为

$$在\ x=0\ 或\ x=a\ 处,w=0\ 或\frac{\partial^2 w}{\partial x^2}=0$$

$$在\ y=0\ 或\ y=a\ 处,w=0\ 或\frac{\partial^2 w}{\partial y^2}=0$$

令 $F(x,y,t)=0$，则上述振动微分方程则为自由振动方程。对于简支板，其解可写为

$$w(x,y,t)=\sum_j\sum_s A_{js}\sin\frac{j\pi x}{a}\sin\frac{s\pi x}{b}\sin(\lambda_{js}t+\beta_{js}) \tag{2-115}$$

将此解代入板的振动方程，不难求得

$$\lambda_{js}=\pi^2\left(\frac{j^2}{a^2}+\frac{s^2}{b^2}\right)\sqrt{\frac{D}{\rho h}}\quad (j,s=1,2,3,\cdots) \tag{2-116}$$

相应的固有振型为

$$\varphi_{js}(x,y)=A_{js}\sin\frac{j\pi x}{a}\sin\frac{s\pi x}{b}\quad (j,s=1,2,3,\cdots) \tag{2-117}$$

此式表明，板在作主振动时，板上有若干条在任意时刻 t 其挠度恒为零的线——节线。j 和 s 分别是 x 方向与 y 方向的半波数，而 $(j-1)$ 和 $(s-1)$ 分别为 x 轴及 y 轴相平行的节线数。图 2-49 给出最初四个谐调的矩形板振型节线图，图中虚线为振动的节线。

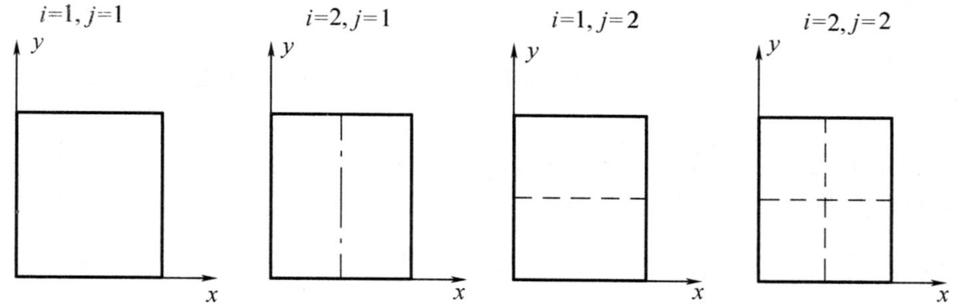

图 2-49　最初四个谐调的矩形板振型节线图

上述简支板自由振动理想状态，而船舶实际结构和理想状态相差很大，主要表现在以下几点：

(1)板的边界条件及其影响。对于实船板固有频率的计算来说，其边界条件的确定是比较麻烦的。板的变形对于其周界可能呈对称变形，也可能呈反对称变形。对称变形时，其有关边界可视为刚性固定的；但是在反对称时，板的边界固定情况和边界上骨材的扭转有关。研究表面，绝大部分板的固有频率测量值，介于四周简支和按四周刚性固定的计算值之间，并且大多偏于四周简支的计算值；

(2)中面力对平板振动的影响。若板在振动时中面内始终有拉(压)力作用，那么，像梁的复杂弯曲一样，中面拉力使板的固有频率提高；而中面压力则使固有频率降低。影响船舶板中面应力的因素有：船舶的总纵弯曲应力、板架的弯曲板的初始挠度以及由焊接而引

起的板的初始应力数值。而焊接的影响则是随机的；

(3)附连液体对矩形板振动频率的影响。若板的一面或两面和水或其他液体等接触，当板振动时，邻接于板的一部分流体亦随板作相应的运动。因而，振动系统的质量相应的增加，这部分流体的质量称为附连液体质量。附连液体质量使板的固有频率降低。

2.18.3 板的弯曲强迫振动

以上所讨论的是以板的小挠度弯曲为基础的平板线性振动，而当振幅较大时，如接近共振区时振幅较大，实践表明线性理论所得结果与实际情况相差很远，会遇到几何非线性问题，必须用非线性理论求解。因非线性求解相对复杂，此处不再推导，下面是采用狭条梁分析的矩形板在简支条件下的振幅响应图（图 2－50），我们从此图中可以更清楚的看清非线性强迫振动的某些特点。图中的粗实线是对某一具体载荷 $f\sin\omega t$ 作出的曲线。

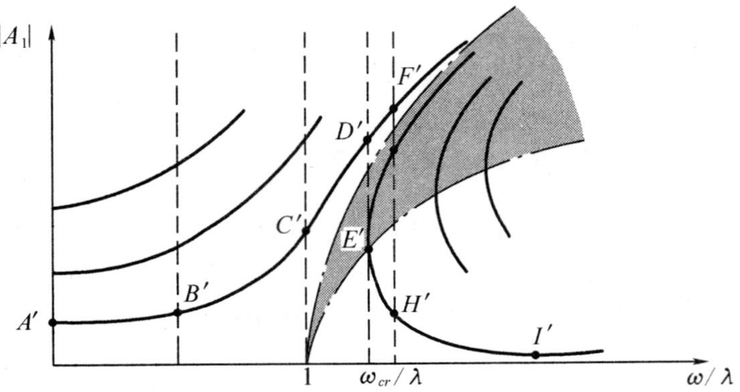

图 2－50 狭条梁分析的矩形板在简支条件下的振幅响应图

从图中可以看出：粗实线表示当干扰力幅值一定时，从零开始逐渐提高激励频率 ω，则振幅响应的幅值 $|A_1|$ 由 A' 点逐渐增加到 B' 点、C' 点、D' 点、E' 点、F' 点，即使在线性系统的共振点 $\dfrac{\omega}{\lambda}=1$（即 C' 点），其振幅亦为有限值，而 D' 点相应的频率为临界频率 ω_{cr}，若激励频率大于（或等于）该临界频率后，例如在 F' 点，一旦有某种外来扰动时系统的振幅将从 F' 点的值忽然跌落到曲线的右边分支上的 H' 点，而相位则从 0°到 180°，如再增加干扰力频率，系统的振幅则按右边分支自 H' 点向 I' 点的幅值递减；相反的，如果干扰力频率从高于 ω_{cr} 的值逐渐减小，则稳定幅值的幅值 $|A_1|$ 将从点 I' 向点 H' 和 E' 点，按右边的粗实线来增加幅值，如到达 E' 点后继续减小干扰力频率，则系统振幅从 E' 点处跳跃到 D' 点，相位从 180°到 0°，然后再按沿 $D'C'B'A'$ 的途径来减小幅值。这种现象称为非线性振动的跳跃现象。应当指出，右边分支上的幅值高于 E' 的上右分支 $E'G'$ 是不稳定部分，实际上是观察不到的。图中其他细实线表示不同的载荷 f 的振幅响应曲线。图中点划线表示对不同载荷的曲线族上 E' 点的连线，右边分支在点划线以上的部分是不稳定的（不能实现的），因此，图上打阴影的区域为不稳定区域。而图中介于两根粗实线之间的虚线表示 $f=0$ 时，即为非线性自由振动的情况，此时

$$\frac{3}{4}\delta A_1^2=\frac{\omega^2}{\lambda^2}-1 \qquad (2-118)$$

式中　ω——非线性自由振动频率；$\lambda^2 = \frac{D}{\rho h}\frac{\pi^4}{b^4}l + \frac{\sigma_s}{\sigma_k}$；

$\sigma_k = \frac{E\pi^2 h^2}{12b^2}$——两端简支狭条梁的欧拉应力；$\delta = \frac{D}{\rho\lambda^2}\frac{\pi^4}{b^4}\frac{3}{h^3}$。可以看出，非线性自由振动频率不是固有的，而是随振幅而变。

2.19　船体振动

船体振动学主要研究以下几个方面的内容：引起船体振动的原因（动干扰力）、船体结构的动力响应（动位移）、船体振动的容许标准以及防振减振方法，它们与船体结构力学所研究的外力、内力和许用应力一一对应，因此，船体振动学及船体结构力学也被分别称为“船体结构动力学”和“船体结构静力学”。船体的振动研究是以船体结构静力学为基础的。

船体是一种复杂的弹性体结构，它的振动情况相当复杂，船体周围的舷外水对船体振动也产生种种影响，这就使船体的振动更加复杂。

通常，将船体振动分为总振动和局部振动两大类。前者像分析船体总纵强度那样，将整个船舶视为一根两端全自由的变截面梁或杆；而局部振动则是以船舶某一部分结构的振动作为其研究对象。显然，这两类振动是同时存在而相互关联的，人为地分割仅是为了研究的方便。

2.19.1　船体总振动

由于船体总振动是将船体作为杆来研究的，因此，杆的一切可能的振动形式在船体振动时都可能发生，也就是说，船体可能发生以下几种不同形态的总振动：

垂向振动——船体在纵中剖面方向即铅垂方向上的弯曲振动；

水平振动——船体沿水线面即水平方向上的弯曲振动；

扭转振动——船体绕其纵向轴线的扭转振动；

纵向振动——船体沿其纵轴的纵向振动。

应当指出，这四种形式的船体总振动，只有当船舶每个剖面的质心与形心（刚度中心或弯曲中心）的连线是同一水平线时，才可能各自单独出现（如图 2－51）。实际船舶是不符合这个条件的，但船舶是左右对称的，质量中心和刚度中心均在纵中剖面内，故在纵向振动时，并不伴有水平振动和扭转振动只伴有垂向弯曲振动，故船体垂向弯曲振动是与纵向振动是互相耦合的；同理，水平振动与扭转振动也是互相耦合的。但由于船舶纵向振动一般比较小，因此，垂向振动与纵向振动可以认为是互相独立的，而水平振动与扭转振动之间，只要两者之间固有频率相差一定的数值，其耦合作用也较小，也可以认为是相互独立的。

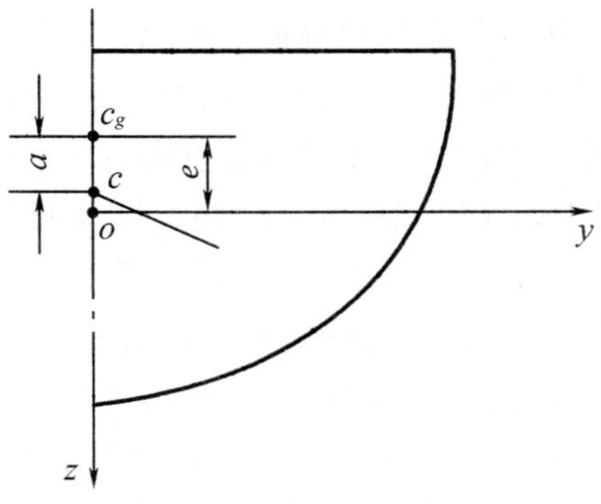

图 2－51　船舶剖面的质心与形心示意图

垂向弯曲振动是最常见的一种船体振动，水平振动、扭转振动比较少见，但是，对于一些扭转刚度比较低的船只,如大开口船、内河船、双桨船或双体船,扭转振动有时比较突出。通常纵向振动固有频率很高,等效刚度很大,故其振幅极微,但随着船舶的日益大型化以及轴功率的提高,这个问题也日益严重。

各种形式的船体总振动,理论上都有无穷多个谐调的主振动,因而有无穷多个固有频率和固有振型。但是,由于船用设备或海浪激励频率频率较低,因此,只有最初几个谐调的固有振动频率可能与接近,才有实际意义。

船体总振动前五、六个谐调的固有振型表示如图 2－52 所示。图中点划线表示平衡位置,它与振动线的交点为振动的节点。区别船体振动的各谐调的重要标志是其节点数。对于弯曲振动而言,图中的振形表示实际位移的幅度比例;而对扭转振动,则是各剖面转动角的比例。对于纵向振动,则表示各剖面的纵向位移比例。图中 1～6 按顺序表示扭转振动与纵向振动的第一主振形至第六主振形,而图 2～6 则表示垂向振动与水平振动的第一主振形至第 5 主振形。船体总振动中往往按其节点数称为二节点振动、……六节点振动。

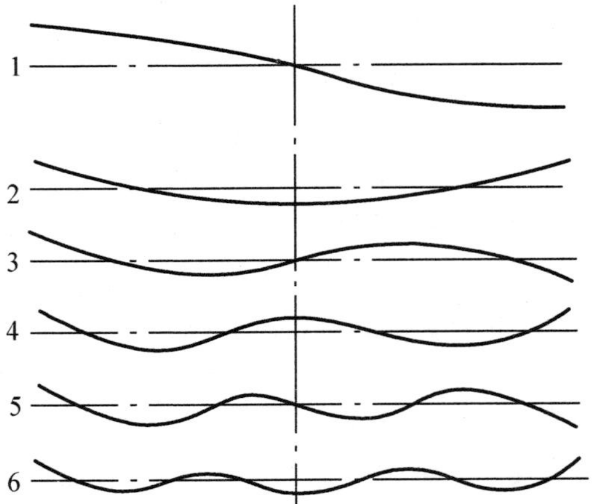

图 2－52 船体总振动前五、六个谐调的固有振型

引起船舶强迫振动的主要原因是主机或其他辅机的不平衡力(或力矩)、螺旋桨的激振力等周期性或近似周期性的干扰力。假如干扰力(矩)是简谐的,则船体的强迫振动则是按同一频率的谐振动。当船舶所受的垂向干扰力频率与船舶垂向振动的某固有频率相等时,或者当船舶所受的水平干扰力(力矩)与船舶水平振动或扭转振动的某固有频率相等时,船舶将发生共振。但应指出,如果干扰力作用在某个主振动的节点上,或者干扰力矩作用在振形的峰谷点处,便也不可能引起该谐调的振动。

图 2－53 是某船舶受到幅值不变的垂向干扰力作用时由实船测得的艏艉两个测点的幅频关系。

由图可见,第一谐调共振时响应曲线陡然升高,而且峰值很大,随之谐调数的增高,共振峰越来越平坦,峰值越来越小。这是因为共振振幅主要取决于振动时的阻尼(阻尼控制),所以低频峰值高而高频峰值低说明这种船体总振动的阻尼与其振动频率有关,频率越高,阻尼越大。因为低谐调的共振振幅特别大,因此尤其应该避免低谐调的共振,方法是将干扰力的频率与船体的低阶固有频率错开,一般,对第一谐调船体弯曲振动来说,只要将干扰力频率错开 2%～3%,强迫振动的振幅可减小为原来的 1/4～1/5。但是,在船体高频振动时(高于第三或第四谐调),阻尼值迅速上升,共振峰平坦,此时要降低共振振幅,用错开频率的方法效果很差,只有设法减小干扰力的幅值才能有效的使振动减小。

实际船体的自由振动频率计算相当复杂,其强迫振动的共振振幅又与船体阻尼关系密切。船舶振动阻尼分为结构内阻尼和外阻尼两种。在非共振区,不计阻尼的计算是可以的,但共振区的响应计算必须考虑阻尼。通常,外阻尼是由水摩擦、振动引起的压力波及表面波消耗能量所引起的,它比内阻尼要小得多,而且也很难与船体内阻尼区分开来研究。

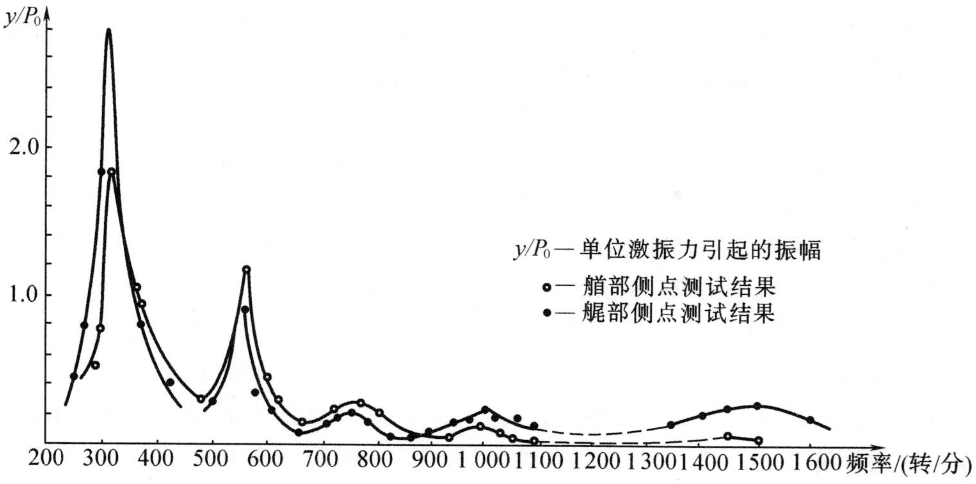

图2－53　艏艉两个测点的幅频关系

内阻尼是指船体的结构阻尼，它由船体材料的内部迟滞阻尼和结构间的摩擦阻尼所形成，同时也包括了船上所装货物的阻尼，结构阻尼取决于船体材料与结构组成方式。

对于强迫振动的动力放大系数，实践表明，共振（$\frac{w}{\lambda_i}=1$）时的动力放大系数 α 只与振动频率有关，而与振动类型（弯曲或扭转等）或振动方向（垂向或水平）无关。在线性微幅振动范围内，也不随实际振幅的变化而变。图2－54是我国对一些船舶实船测试的动力放大曲线，供参考。

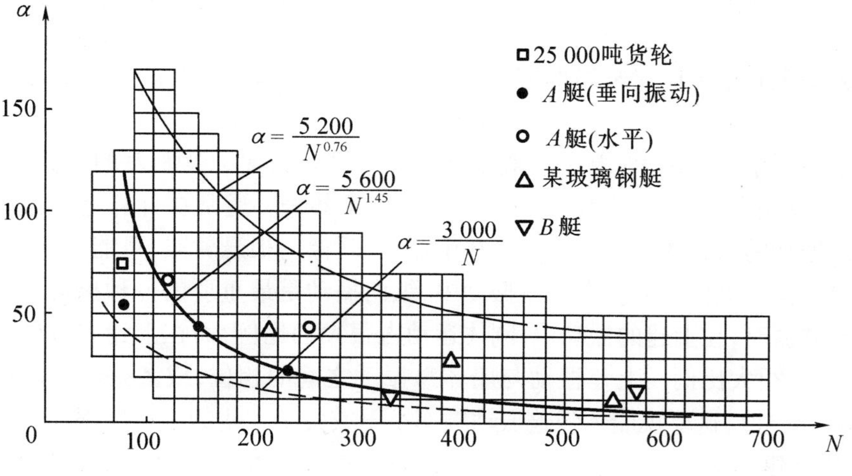

图2－54　实船测试的动力放大曲线

2.19.2　舷外水对船体振动的影响

舷外水对船体振动的影响是船体振动一个特殊而又重要的问题，它的影响可以分为三个方面，即重力的影响、阻尼的影响和惯性的影响。

重力的影响归纳为漂浮于水中船舶的任意剖面上的浮力的变化。这种影响在水平振动和扭转振动时是不存在的，但垂向振动时，浮力的变化给船体以分布的反作用力，使船舶就像置于连续弹性基础梁上一样，能使船舶总振动固有频率提高不超过3%，影响较小，因此，在总振动分析中不予考虑舷外水的重力影响。

舷外水的阻尼影响可以分为两类：一类是船体与流体摩擦所引起的阻尼；另一类是表面波和流体内部压力波的能量损耗。这些阻尼力不易求得，而且难以与船体结构内阻尼分开研究。因此通常不考虑舷外水的阻尼影响，而将它与船舶阻尼并在一起考虑。

舷外水的惯性影响，反映在参与船体振动的等效质量的改变。这相当于有一部分舷外水与船舶一起振动，这部分水的质量称为附连水质量。附连水质量很大，它与船舶本身的质量是同一量级的。因此，这是一个必须考虑的重要问题。船舶线形复杂，其附连水质量计算还和吃水、航道情况有关，在此不再赘述，下面仅介绍规则柱体附连水质量计算方法。

例 应用流体力学公式，计算外形直径为10米的无限长柱体在无限理想流体中进行垂向或水平总振动时单位长度上的附连水质量。

解 由流体力学计算公式可知，圆柱体单位长度上的附连水质量为

$$m_a=\rho \cdot \pi \cdot r^2 (r\text{为柱体半径},\rho\text{为水质量密度})$$

因此 $m_a=\rho \cdot \pi \cdot r^2=1.0\times 10^3\times 3.14\times 5^2=7.85\times 10^3(\text{kg})$

2.19.3 船体局部振动

船体振动除了总振动外，还可能伴随着各种局部结构的振动，这部分局部结构的范围可以很小，例如一根桅杆，一个板格，也可以很大，例如整个机舱，整个上层建筑或者船舶的尾部。关键的问题是如何确定这部分结构的范围和它的边界条件以使在计算这部分结构的振动时可以从船体总振动中分离出来，即可以不考虑船体总振动与局部振动的耦合作用。

下面先简单介绍上层建筑局部振动或者船舶尾部局部振动及船体－主机耦合局部振动的情况。

(1)上建振动 大型船常常采用艉上层建筑形式。为保证驾驶室的能见度，其高度很大，因而其固有频率相当低，容易与低频干扰力发生共振。通常在计算上建振动时不考虑它与船体总振动的耦合作用。上建直立在甲板上，就像一根悬臂梁，可能发生垂直方向、水平方向及沿船体的纵向振动。在这些振动中，纵向振动是最重要的一种振动。当船体垂向共振或纵向共振时，在上建的振动中，刚体运动占很大的比例，而在上建本身处于共振状态时，弹性变形占很大比例。上建振动与船体总振动之间的相位，或者是基本同相或者是基本反相(小阻尼时)，这要视船体强迫振动频率小于或大于上建的固有频率而定。由于从轴系到船体及上建的振动往往有放大作用，上建纵向振动可达到相当大的数值，有时可达0.1 g。

(2)艉部振动 除了艉部范围内各种更小的局部结构的振动外，它所包括的范围很广，主要是指以艉部剧烈振动为表现形式的一种总振动的强迫振动，即扇形振动。当作用于艉端的螺旋桨干扰力频率较高时，对于固有频率低于该干扰力频率的最初几个谐调的船体总振动，它们在艉部的振动相位相同，因此各主振动叠加后艉部的振幅相当大。而在其他地方，由于各主振动的振动位移不完全是相位相同的，所以叠加后相互间具有抵消的作用，振

幅较小。此外，阻尼的作用也使这种艉部振动随之向艏部传递而减小。图 2－55 是当干扰力频率等于第五谐调固有频率时，最初五个谐调的强迫振动合成结果，这就是一种扇形振动。此外，如果大型船舶尾部伸出端很长，而刚性又忽然变小，这使艉部与船体其他部分的耦合较松，因而艉部伸出端相对船体发生像悬臂梁一样的振动。

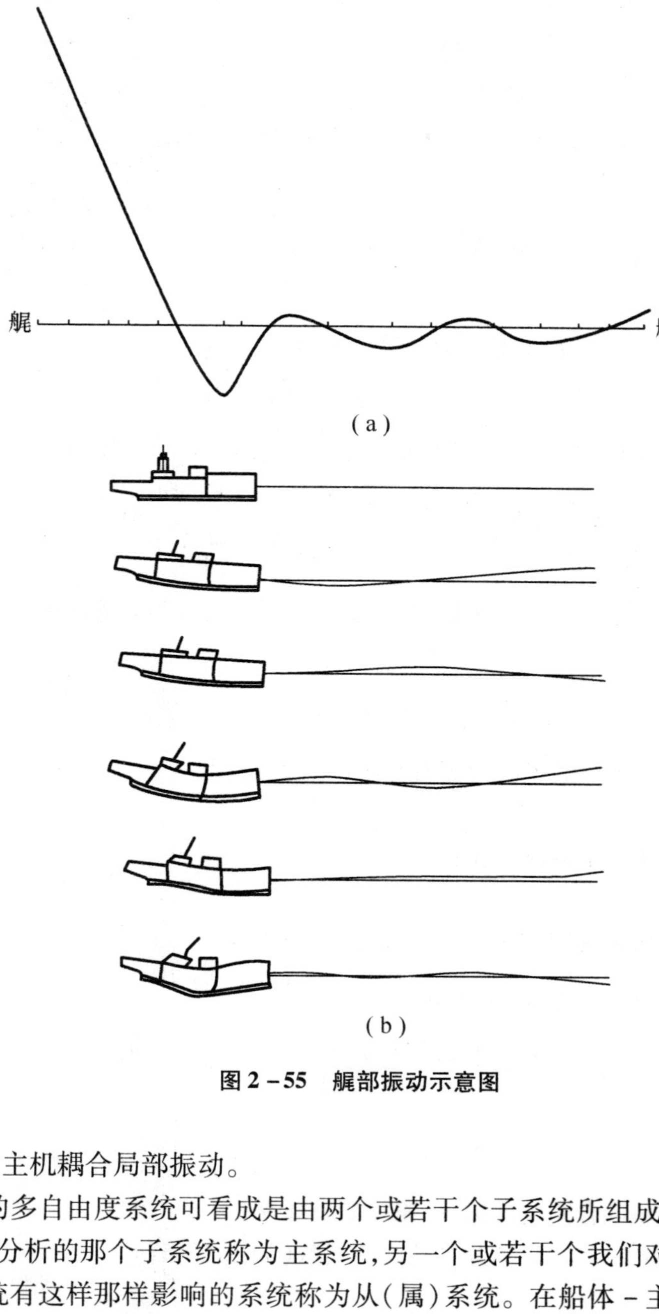

图 2－55 艉部振动示意图

(3)船体－主机耦合局部振动。

任何复杂的多自由度系统可看成是由两个或若干个子系统所组成。通常，我们把关心的，要进行仔细分析的那个子系统称为主系统，另一个或若干个我们对其振动并不十分感兴趣但对主系统有这样那样影响的系统称为从(属)系统。在船体－主机构成的复杂振动系统中，我们可以把船体和主机看成是这一系统的两个子系统。通过基座、轴承、减振器等使两者发生关系，引起耦合。在研究船体振动时，将船体振动作为主系统，而在研究主机振动时，将船体作为弹性基础，主机作为主系统。一般来说，各子系统的振动是耦合的，只有用主坐标来描述各子系统时，它们才是彼此独立的。

下面我们将主机－船体耦合系统抽象成双质量弹簧系统，来考察两个单自由度系统的耦合振动。

如图2－56，M_1，K_1 代表船体板架的等效质量和等效刚度，而 M_2，K_2 分别代表主机质量和减振器刚度，不难建立此系统的无阻尼自由振动微分方程

$$\begin{bmatrix} M_1 & 0 \\ 0 & M_2 \end{bmatrix}\begin{bmatrix} \ddot{x}_1 \\ \ddot{x}_2 \end{bmatrix} + \begin{bmatrix} K_1+K_2 & -K_2 \\ -K_2 & K_2 \end{bmatrix}\begin{bmatrix} x_1 \\ x_2 \end{bmatrix} = 0 \tag{2-119}$$

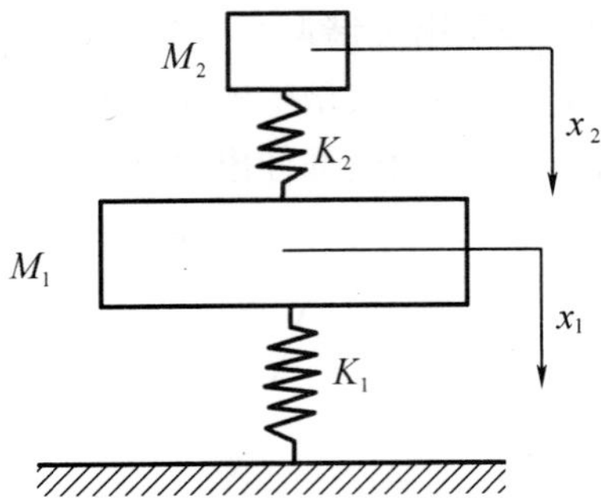

图2－56　两个单自由度系统的振动示意图

此方程的解可写成

$$\begin{bmatrix} x_1 \\ x_2 \end{bmatrix} = \begin{bmatrix} A_1 \\ A_2 \end{bmatrix}\sin(\lambda t+\theta) \tag{2-120}$$

代入原方程后可得

$$\begin{bmatrix} K_1+K_2-M_1\lambda^2 & -K_2 \\ -K_2 & K_2-M_2\lambda^2 \end{bmatrix}\begin{bmatrix} A_1 \\ A_2 \end{bmatrix} = 0 \tag{2-121}$$

此为 A_1、A_2 的线形齐次代数方程组，令其系数行列式等于0，即得到主从系统频率方程

$$\Delta(\lambda^2) = \begin{bmatrix} K_1+K_2-M_1\lambda^2 & -K_2 \\ -K_2 & K_2-M_2\lambda^2 \end{bmatrix} = 0 \tag{2-122}$$

令 $\lambda_{01}=\sqrt{\dfrac{K_1}{M_1}}$、$\lambda_{02}=\sqrt{\dfrac{K_2}{M_2}}$，它们分别是主、从系统独立存在时的固有频率，则频率方程可写成

$$z^2-[1+(1+a)\varepsilon]z+\varepsilon=0 \tag{2-123}$$

式中　$z=\dfrac{\lambda^2}{\lambda_{01}^2}$——主从系统的无因次固有频率（平方值）；

$a=\dfrac{M_2}{M_1}$——主从系统的质量比；

$\xi=\dfrac{\lambda_{02}^2}{\lambda_{01}^2}$——主从系统的频率错开系数，定义域为$(0,\infty)$；

解得主从系统的两个无因次固有频率为

$$z_{1,2}=\frac{1+(1+a)\mp\sqrt{(1+(1+a)\xi)^2-4\xi}}{2} \tag{2-124}$$

式中 $z_1=\dfrac{\lambda_1^2}{\lambda_{01}^2}$，$z_2=\dfrac{\lambda_2^2}{\lambda_{01}^2}$。

λ_1，λ_2 分别为主从耦合系统的第一、第二固有频率。

当质量比 a 给定时，z_1，z_2 是错开系数 ξ 的函数（如图2－57）。

当 $\xi=\dfrac{\lambda_{02}^2}{\lambda_{01}^2}\to 0$，$z_1=0$　$z_2=1$

当 $\xi=\dfrac{\lambda_{02}^2}{\lambda_{01}^2}\to\infty$，$z_1=\dfrac{1}{1+a}$　$z_2=\infty$

可以看出，频率方程为双曲线方程，其两根渐近线方程式为

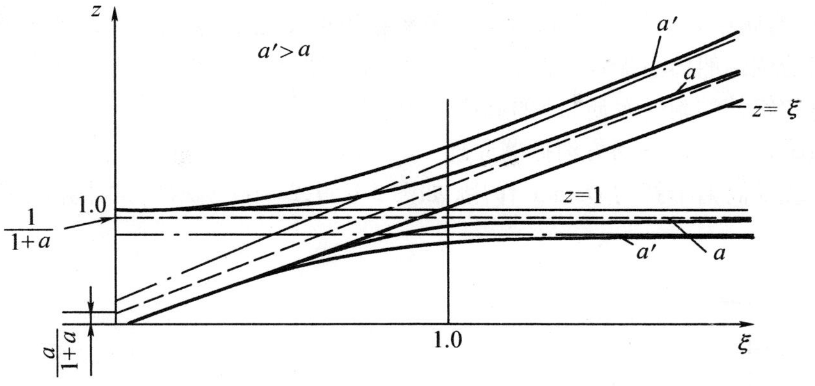

图 2-57　z_1、z_2 与错开系数 ξ 的关系图

$z=\dfrac{1}{1+a}$和 $z=\dfrac{a}{1+a}+(1+a)\xi$，即图中的两条虚线。

图中直线 $z=1$ 表示不与从系统耦合时的主系统固有频率，即 $\lambda^2=\lambda_{01}^2$。直线 $z=\xi$ 表示从系统单独存在时的固有频率，即 $\lambda^2=\lambda_{02}^2$。

由图可知：

(1)主系统与 2-52 从系统单独存在时的固有频率 λ_{01}，λ_{02}必然落在它们耦合后的两个固有频率 λ_1，λ_2 之间(如图 2-58)，即主从系统耦合后的第一固有频率，比任何一个子系统的固有频率低，而耦合后的第二固有频率，比任何一个子系统的固有频率高；

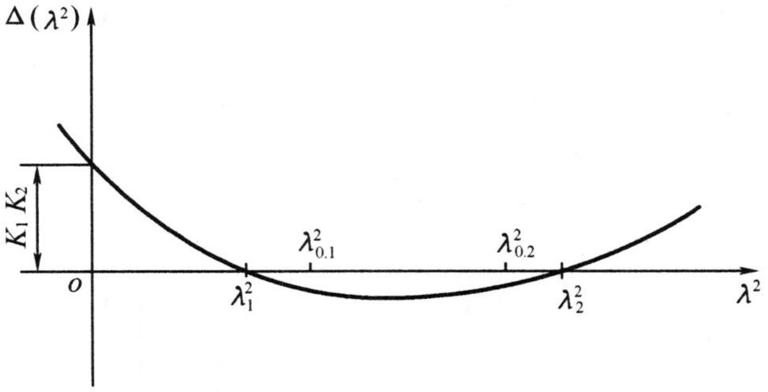

图 2-58　主、从系统固有频率关系图

(2)当两个子系统的固有频率 λ_{01}，λ_{02}错开很大时，即系数 ξ 远离 1 而→∞ 或→0，则主从系统耦合很松；

(3)当两个子系统的固有频率 λ_{01}，λ_{02}相等时，即系数 $\xi=1$，则主从系统耦合最紧；

(4)质量比 a 越大，则耦合系统的固有频率与子系统的固有频率相差越大。

下面我们总结船体局部振动与总体振动的耦合关系。我们称大质量 M_1 的振动为总振动，小质量 M_2 的振动为局部振动，则由上面的分析可知，当局部质量 M_2 远小于总体振动的质量 M_1，或者局部振动的固有频率与总体振动的固有频率错开较大时，可不考虑两者的耦合。这就是在计算船体总振动的最初几个固有频率时往往可不考虑船体局部振动的影响的依据。因为大多数船体局部结构的固有频率比船体总振动的最初几个固有频率高得多，而它们的等效质量则比船体总体振动的等效质量小得多。但如果局部结构的等效质量相当大，且其固有频率与所求的总振动固有频率接近时则必须考虑两者的耦合振动，这就是在计算较高谐调的船体总振动的固有频率时要考虑船底板架等具有相当大的等效质量（包括舱内荷重和舷外的附连水质量）的局部结构的影响的原因。

主从系统强迫振动—动力消振器原理

设主系统受简谐干扰力 $Q\sin\omega t$ 作用（如图 2－59，2－60 所示），试计算从系统对强迫振动的影响。

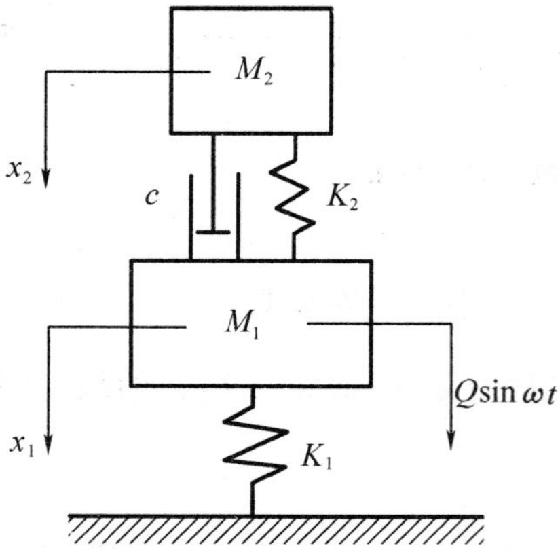

图 2－59 动力消振器示意图

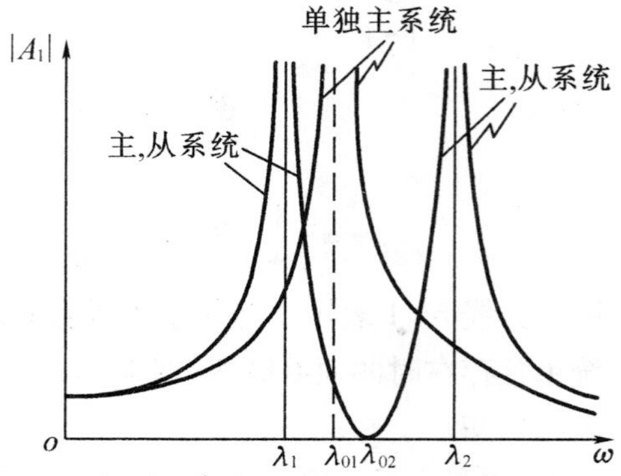

图 2－60 $|A_1|-\omega$ 曲线

首先讨论无阻尼的情况，图示两自由度系统强迫振动方程为

$$\begin{bmatrix} M_1 & 0 \\ 0 & M_2 \end{bmatrix}\begin{bmatrix} \ddot{x}_1 \\ \ddot{x}_2 \end{bmatrix} + \begin{bmatrix} K_1+K_2 & -K_2 \\ -K_2 & K_2 \end{bmatrix}\begin{bmatrix} x_1 \\ x_2 \end{bmatrix} = \begin{bmatrix} Q\sin\omega t \\ 0 \end{bmatrix} \tag{2-125}$$

其稳态特解为

$$\begin{bmatrix} x_1 \\ x_2 \end{bmatrix} = \begin{bmatrix} A_1 \\ A_2 \end{bmatrix}\sin\omega t \tag{2-126}$$

代入原方程后可得

$$\begin{bmatrix} K_1+K_2-M_1\lambda^2 & -K_2 \\ -K_2 & K_2-M_2\lambda^2 \end{bmatrix}\begin{bmatrix} A_1 \\ A_2 \end{bmatrix} = \begin{bmatrix} Q \\ 0 \end{bmatrix} \tag{2-127}$$

解之得

$$\begin{bmatrix} A_1 \\ A_2 \end{bmatrix} = \begin{bmatrix} \dfrac{Q}{\Delta M_1}(\lambda_{02}^2-\omega^2) \\ \dfrac{Q}{\Delta M_1}\lambda_{02}^2 \end{bmatrix}$$

式中 $\Delta=\omega^4-[\lambda_{01}^2+(1+a)\lambda_{02}^2]\omega^2+\lambda_{01}^2\lambda_{02}^2$

由此可得，主系统振幅 $|A_1|$ 的频响曲线，如上图 2－60 所示。

由图可见，当 ω 等于主系统的固有频率 λ_1 或 λ_2 时，$|A_1|\to\infty$，即发生共振；当 ω 等于从系统的固有频率 λ_{02} 时，有一反共振点，该处 $|A_1|=0$。动力消振器就是按照这个原理设计的。

如果主系统在简谐力作用下振动很大（例如 $\omega=\lambda_{01}$ 发生共振时），则在主系统上加一从系统(消振器),并使其固有频率 $\lambda_{02}=\omega$,就可使主系统的振幅大为减小,甚至等于零。

主系统振动的消失是由于弹簧 K_2 的反力在任一瞬时均与作用在主系统 M_1 上的干扰力 $Q\sin\omega t$ 是大小相等、方向相反的缘故。

2.20 潜艇结构振动与声辐射

由于潜艇结构形式及受力状态较水面舰船不同,其振动除具有水面舰船的一般特性外,还有其独特的一面。对潜艇的主要工作状态－水下低速来讲,潜艇振动主要是在深水的作用下、在机械振动激励下的耐压圆柱壳稳态强迫振动,以及螺旋桨压力脉动激励下的非耐压壳体强迫振动。

潜艇航行于水下,当其结构振动时,其周围介质(海水)因结构振动作用产生压缩和伸张,引起介质中声波的传播。与此同时,结构受到介质中声场的反作用力,从而影响其振动。在介质中,结构的振动与声场压力之间产生相互作用称为结构振动与声的耦合。在声学中,把这个作用力与振动速度之比定义为声辐射阻抗。因为水的体弹性模量比空气大得多,所以结构在水中振动时产生的反作用力也要大的多,因此在水中结构与声的耦合作用大得多,绝对不能忽略,而水下结构振动与声的一些结论经简化,就可以得到空气中结构与声的结果。这种机械振动产生的声音又称为结构声。结构声是声源中重要的一类。结构与声的耦合,以及声的发生和传播规律的研究,对结构的减振与消声提供了重要的理论根据和有效的指导方法。

(1)潜艇结构振动能量传递

潜艇机械设备的振动通过减振器、基座、管系等支撑结构传递到潜艇耐压壳体上,振动能量通过以下两个途径传至外场水介质产生噪声:其一,振动通过耐压壳体和轻外壳之间的实肋板、支撑结构等连接件传递至轻外壳,引起轻外壳振动并向外辐射噪声;其二,耐压壳振动产生的噪声通过舷间水介质和轻外壳的的耦合辐射到外场,研究表明,潜艇内外壳体的振动－声耦合,低频段以声耦合为主,高频段以振动耦合为主,这就是某些国家在耐压壳内、外表面、非耐压壳体内、外表面分别敷设不同的隔声、去耦材料的原因。

(2)潜艇振动频率及振动形式

潜艇艇体首阶横向总振动固有频率 f_1 在横向约为 1～3 Hz,纵向约为 10～12 Hz,当外力频率低于该阶固有频率时,艇体结构可视为刚体,潜艇作空间刚体运动;当外力频率高于 f_1,而低于舱壁间舱段首阶固有频率 f_2(f_2 在横向约为 15～20 Hz),艇体结构可视为浮力和质量沿艇长分布不均匀的变截面梁,潜艇作弹性体振动;当频率高于 f_2,而低于环频率 f_r(f_r 约为250～300 Hz),艇体结构可试为薄壳,即整个截面参与振动;当频率高于环频率 f_r,艇体结构可简化为由舱壁、肋骨加强的与液体接触的平薄板。

刚体运动、梁及板的振动在2.17节已作介绍,下面详细介绍潜艇环频率及圆柱薄壳的振动规律。

(3)圆柱壳的水下平面振动及声辐射

假设一无限长圆柱壳,以壳的中心轴为 z 轴,半径方向为 r,圆柱壳半径为 a,壳厚为 h,如图2－61,对于一般的潜艇,$\dfrac{h}{a}\ll 1$,壳的中面位移分别为 u,v,w,外力分量分别为 f_z,f_φ,f_r,分别表示沿轴向 z,圆周方向 φ 和半径方向 r 的物理量。若圆柱壳外部存在声负载(如螺旋

桨脉动压力或敌主动声呐波)，则假设作用于柱面的声压力为 $p(r,\varphi,z,t)\Big|_{r=a}$。

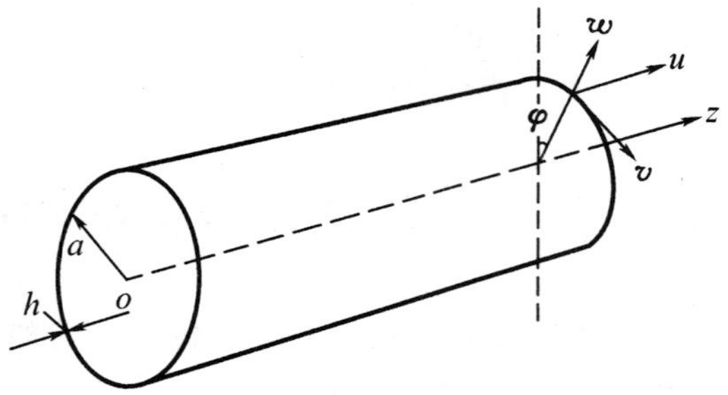

图 2-61

求解的一般过程为：

1. 对圆柱壳进行应力、应变分析，推导振动微分方程；

2. 在单频力的作用下，通过傅里叶转换，假设方程的通解；

3. 将通解代入微分方程，求得固有频率方程；

4. 求解每个固有频率，系统的固有振型；

5. 根据初始条件，求解稳态强迫振动的全解；

6. 求解圆柱表面声压分布。

解

1. 圆柱壳振动微分方程为(推导省略)

$$\left\{\frac{\partial^2}{\partial z^2}+\frac{1-\sigma}{2a^2}\frac{\partial^2}{\partial\varphi^2}-\frac{1}{c_p}\frac{\partial^2}{\partial t^2}+\frac{1-\sigma}{2a^2}\frac{\partial^2}{\partial\varphi^2}+\beta^2\frac{1-\sigma}{2a^2}\frac{\partial^2}{\partial\varphi^2}\right\}u+\frac{1+\sigma}{2a}\frac{\partial^2 v}{\partial z\partial\varphi}+$$
$$\left\{\frac{\sigma}{a}\frac{\partial}{\partial z}-\beta^2 a\frac{\partial^3}{\partial z^3}+\beta^2\frac{1-\sigma}{2a}\frac{\partial^3}{\partial z\partial\varphi^2}\right\}w=\frac{-1}{c_p^2\rho_p h}f_z$$

$$\frac{1+\sigma}{2a}\frac{\partial^2 u}{\partial z\partial\varphi}+\left\{\frac{1-\sigma}{2}\frac{\partial^2}{\partial z^2}+\frac{1}{a^2}\frac{\partial}{\partial\varphi}-\frac{1}{c_p}\frac{\partial^2}{\partial t^2}+\beta^2\frac{3(1-\sigma)}{2}\frac{\partial^3}{\partial z^2}\right\}v+$$
$$\left\{\frac{1}{a^2}\frac{\partial}{\partial\varphi}-\beta^2 a\frac{\partial^3}{\partial z^3}+\beta^2\frac{1-\sigma}{2a}\frac{\partial^3}{\partial z^2\partial\varphi}\right\}w=\frac{-1}{c_p^2\rho_p h}f_\varphi$$

$$\left\{\frac{\sigma}{a}\frac{\partial}{\partial z}-\beta^2 a\frac{\partial^3}{\partial z^3}+\beta^2\frac{1-\sigma}{2a}\frac{\partial^3}{\partial z\partial\varphi^2}\right\}u+\left\{\frac{1}{a^2}\frac{\partial}{\partial\varphi}-\beta^2\frac{3-\sigma}{2}\frac{\partial^3}{\partial z^2\partial\varphi}\right\}v+$$
$$\left\{\frac{1}{a^2}+(\beta a)^2\nabla^4+\frac{\beta^2}{a^2}\left(1+2\frac{\partial^2}{\partial\varphi^2}\right)+\frac{1}{c_p^2}\frac{\partial^2}{\partial t^2}\right\}w=\frac{-(1-\sigma^2)}{Eh}(p_a-f_r)$$

式中 $\nabla^4 w=\left(\frac{\partial^4}{\partial z^4}+\frac{2}{a^2}\frac{\partial^4}{\partial z^2\partial\varphi^2}+\frac{1}{a^4}\frac{\partial^4}{\partial\varphi^4}\right)w$

2. 在单频力的作用下，假设方程的通解

柱壳平面形变是薄圆柱壳的最简单振动形式。此时，柱壳中沿轴向位移为零，同时沿圆周方向位移 v 和半径方向的位移 w 都与轴向坐标 z 无关，即柱壳做径向和周向二维振动。

考虑到圆柱壳周向 φ 以 2π 为周期，因此，设柱壳自由振动时微分方程的第 n 阶的解为周向振动模态与主坐标的乘积：

$$u(\varphi,t)=0$$
$$v(\varphi,t)=\sin(n\varphi)\cdot V_n e^{j\omega t}$$
$$w(\varphi,t)=\cos(n\varphi)\cdot W_n e^{j\omega t}$$

3. 将通解代入微分方程，求得固有频率方程

将上式代入振动微分方程，并略去所有力项，可得到自由振动方程

$$(\Omega^2-n^2)V_n-nW_n=0$$

$$nV_n-(\Omega^2-1-\beta^2 n^4)W_n=0$$

式中　$\Omega=\dfrac{\omega}{\omega_c}$称为无量纲频率；

$\omega_c=\dfrac{c_p}{a}$称为柱壳振动角环频率；

$c_p=\sqrt{\dfrac{E}{\rho_p(1-\sigma^2)}}$称为板中平面振动波相速度；

$\beta^2=\dfrac{h^2}{12a^2}$称为圆柱壳的厚度因子；

E,σ 分别为弹性模量及泊桑比。

V_n 和 W_n 不全为零的条件是系数行列式为零，简化后可得频率方程

$$\Omega^4-(1+n^2+\beta^2n^4)\Omega^2+\beta^2n^6=0$$

解之得

$$\Omega_n^2=\frac{1}{2}[1+n^2+\beta^2n^4\mp\sqrt{(1+n^2+\beta^2n^4)^2-4\beta^2n^6}]$$

可见，Ω_n^2 有正负两组固有频率，对应负号为 $\Omega_n^{(1)}$，对应正号为 $\Omega_n^{(2)}$；同一 n 值时，$\Omega_n^{(1)}<\Omega_n^{(2)}$。

4. 求解每个固有频率，系统的固有振型

下面分析固有频率及振形的情况：

（1）当 $n=0$ 时，$\Omega_0^2=0$ 或 1，实际上 $\Omega_0^2\neq 0$，故 $\Omega_0^2=1$，此时固有频率 $\omega=\Omega\cdot\dfrac{c_p}{a}=\dfrac{c_p}{a}=\omega_c$，$f=\dfrac{\omega_c}{2\pi}=f_c$ 称为圆柱壳的环频率。

此时，圆柱壳的振动情况 $v(\varphi,t)=0$，即不会有切向位移；径向振动位移为 $\omega(\varphi,t)=W_0(\mathrm{e}^{\mathrm{j}\omega t}+\mathrm{e}^{-\mathrm{j}\omega t})=W_0'\cos\omega_0 t$，即圆柱壳均匀径向振动，亦称为“呼吸式”振动，见图 2－62。

当 $n\neq 0$ 时，无量纲频率是随 n 和 β 变化的。对于特定的潜艇圆柱耐压壳，β 是一定的，则根据 $\Omega_n^2(n)$ 可汇出两支 $\Omega_n(n)$ 曲线，由

$$\begin{aligned}\Omega_n^2&=\frac{1}{2}\left[(1+n^2+\beta^2n^4)\mp(1+n^2+\beta^2n^4)\sqrt{1-\frac{4\beta^2n^6}{(1+n^2+\beta^2n^4)^2}}\right]\\&\approx\frac{1}{2}\left[(1+n^2+\beta^2n^4)\mp(1+n^2+\beta^2n^4)\left(1-\frac{2\beta^2n^6}{(1+n^2+\beta^2n^4)^2}\right)\right]\\&=\frac{1}{2}(1+n^2+\beta^2n^4)\left[1\mp\left(1-\frac{2\beta^2n^6}{(1+n^2+\beta^2n^4)^2}\right)\right]\end{aligned}$$

可得

$$\Omega_n^{(1)}=\frac{\beta n^3}{\sqrt{1+n^2+\beta^2n^4}}$$

$$\Omega_n^{(2)}=\sqrt{1+n^2+\beta^2n^4}\left(1-\frac{\beta^2n^6}{2(1+n^2+\beta^2n^4)^2}\right)\approx\sqrt{1+n^2+\beta^2n^4}$$

$\Delta=\dfrac{\beta^2n^6}{2(1+n^2+\beta^2n^4)^2}$称为 $\Omega_n^{(2)}$ 近似的相对误差。

对于一般潜艇 $\beta^2=\dfrac{h^2}{12a^2}<10^{-5}\ll 1$，对于圆柱壳的前几阶固有频率，当 $n<10$ 时，固有频率可

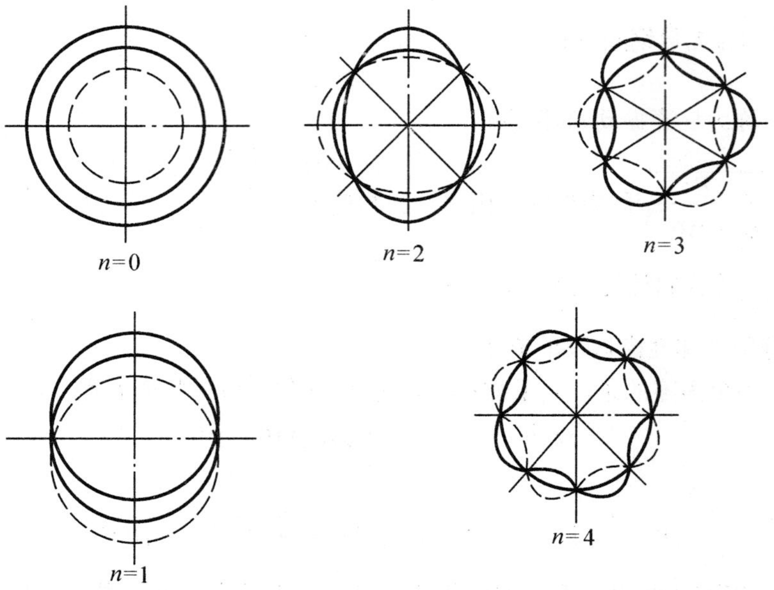

图 2 - 62　圆柱壳前几阶固有振型

简化为

$$\Omega_n^{(1)} = \frac{\beta n^3}{\sqrt{1+n^2}} \qquad \Omega_n^{(2)} \approx \sqrt{1+n^2} \qquad \Delta = \frac{\beta^2 n^6}{2(1+n^2)^2}$$

(2)当 $n=1$ 时,$\Omega_n^{(1)} \approx 0$,$\Omega_n^{(2)} = \sqrt{2}$,$\Delta < 10^{-5}$代入圆柱壳自由振动方程,得 $V_1 = W_1$,于是振动位移表达式为

$$V_1 = C_1 \sin\varphi \cdot \cos\omega_1 t$$

$$W_1 = C_1 \sin\varphi \cdot \cos\omega_1 t$$

由此可见,$n=1$ 时,圆柱壳振动模式为摆动运动,左右心两条母线为节线。

(3) 当 n 为任意值时,图 2 - 63 汇出了圆柱薄壳平面自由振动固有频率

无量纲数 Ω_n 随 n 变化的两支曲线,横坐标实际只取 n 的整数,图中(a)(b)两图只是横坐标刻度不同。可以看出,一般情况下,Ω_n 随 n 和 β 不是简单的变化关系。但是当阶数很大时,可以从双对数坐标(a)中看出曲线呈线性关系;当 n 增大时,两支曲线愈来越来越进,这表明高频区域固有频率越来越密。利用图给出的 $\Omega_n^{(1),(2)}$,便可以给出圆柱壳不同模态 n 的固有频率 $\omega_n^{(1)}$,$\omega_n^{(2)}$。

对于各个固有模态的振型(见图 2 - 62),可以看出:它们在圆柱壳面上圆周方向形成驻波分布,圆周上的节点之间弧长为$\frac{\pi a}{n}$,所以在圆柱面上,有 $2n$ 条沿母线方向分布的节线。

5. 根据初始条件,求解稳态强迫振动的全解

当激励力作用在柱壳的法线方向,并沿 $\varphi = 0°$对称时,可设 $f_r(\varphi,t)$ 为余弦傅里叶级数 $f_r(\varphi,t) = \sum_{n=0}^{\infty} F_n \cos(n\varphi) e^{j\omega t}$,则此时圆柱壳被激起平面振动,设其强迫振动稳态解为

$$u(\varphi,t) = 0$$

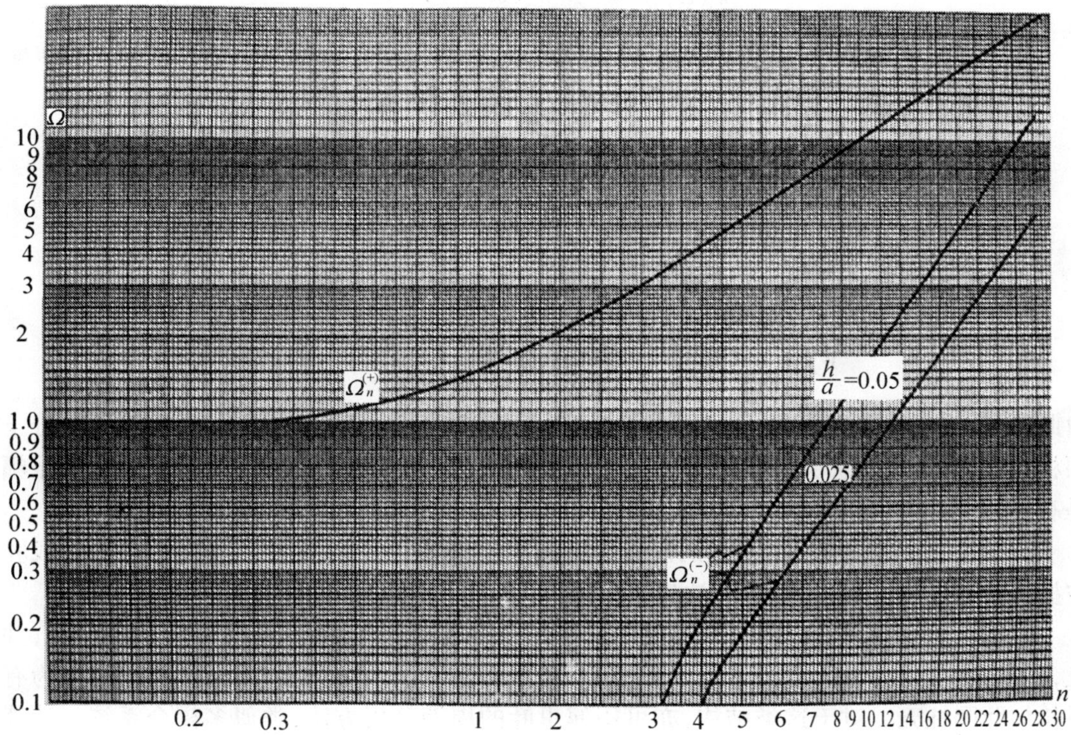

(a)

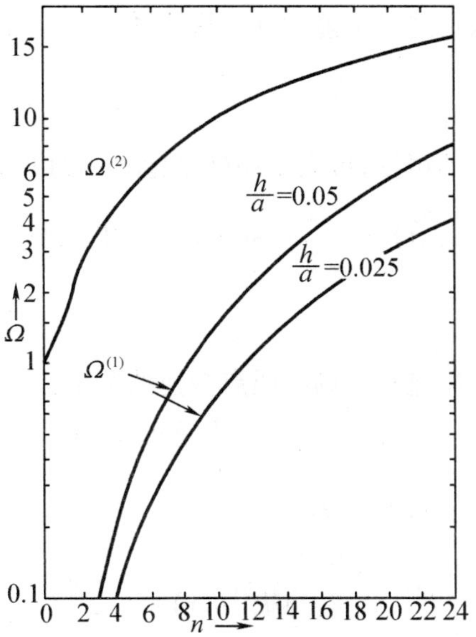

(b)

图 2-63

$$v(\varphi,t) = \sum_{n=0}^{\infty} V_n \sin(n\varphi) \cdot e^{j\omega t} \quad (n = 0,1,2,3,\cdots)$$

$$W(\varphi,t) = \sum_{n=0}^{\infty} W_n \cos(n\varphi) \cdot e^{j\omega t}$$

将上述假设参数代入圆柱壳振动微分方程,可得到位移方程

$$(\Omega^2 - n^2) V_n - nW_n = 0$$

$$nV_n - (\Omega^2 - 1 - \beta^2 n^4) W_n = \frac{a^2(1-\sigma^2)}{Eh} \cdot F_n$$

解之可得

$$V_n = -\frac{a^2(1-\sigma^2)}{Eh} \frac{nF_n}{[\Omega^2 - (\Omega_n^{(1)})^2][\Omega^2 - (\Omega_n^{(2)})^2]}$$

$$W_n = -\frac{a^2(1-\sigma^2)}{Eh} \frac{(\Omega^2 - n^2) F_n}{[\Omega^2 - (\Omega_n^{(1)})^2][\Omega^2 - (\Omega_n^{(2)})^2]}$$

由此可见,当激励力频率 Ω^2 等于任意一阶、任意一支固有频率 $\Omega_n^{(1)}$, $\Omega_n^{(2)}$ 时,位移幅值分子项将趋于零,振动位移会趋于无穷大。事实上考虑到结构的内阻尼的作用,振动位移振幅是有限的。

当圆柱壳为有限长时,在壳的两端面会产生反射,使得在柱壳中沿母线方向也形成驻波振动(节线),沿节线分布函数决定于圆柱壳长度及两端的边界条件。

工程中,为了增加潜艇耐压壳的稳定性,往往沿子线方向设计周期性的加强肋骨,并且,在纵向上存在隔壁,打断了声传播的连续性,因此,在分析结构振动时,常将其简化为有限长加肋圆柱壳。对于这类结构,亦可用傅里叶的周期分析方法,类似多耦合系统。计算表明,对某某号固有模态的传播时,每经过一个肋都会增加一个指数因子 e^{μ_n}, μ_n 是传播的特征数,即每经过一个肋骨,传递量可能增加一次衰减和一次相位变化,而在肋之间的振动分布是相似的。

6. 圆柱壳振动和声耦合

圆柱壳在水中振动产生的声场,可满足用柱坐标表示的波动方程,其声压场可表示为

$$p(r,\varphi,t) = \sum_{n=0}^{\infty} P_n \sin(n\varphi) \cdot H_n^{(2)}(kr) e^{j\omega t}$$

其中 $k = \frac{W}{c}$。

又由于法线方向上柱壳振速和声场中质点振速的关系:

$$(jW)^2 W(\varphi,t) = -\frac{1}{\rho} \frac{\partial p(r,\varphi,t)}{\partial r}\bigg|_{r=a}$$

于是可得幅值 P_n 与 W_n 之间的关系:

$$P_n = \frac{\rho W^2}{k} \frac{1}{\left.\frac{dH_n^{(2)}(kr)}{d(kr)}\right|_{r=a}} \cdot W_n$$

于是,得到柱壳平面振动产生的辐射场声压:

$$p(r,\varphi,t) = \frac{\rho W^2}{k} \sum_{n=0}^{\infty} W_n \cos(n\varphi) \frac{1}{\left.\frac{dH_n^{(2)}(kr)}{d(kr)}\right|_{r=a}} \cdot e^{j\omega t}$$

2.21　船体水动力噪声

船体水动力噪声主要是指不规则的和起伏的海流流过船体而产生的声辐射。在舰船中低速工作的情况下，水动力噪声并不重要，容易被机械噪声和螺旋桨噪声所掩盖。但在特殊情况下，如在结构部件或空腔被激励成线谱噪声时，才会成为主要噪声源。本节将简单介绍船舶线形、船舶附体、船体开孔及船体粗糙度对于流噪声贡献。

2.21.1　船舶线型对水动力噪声的影响

潜艇主要以水下航行状态为主，其线形对流体噪声的影响较水面舰船大的多。采取的降噪措施，其一是在保证艇的总体作战能力和良好操纵性的前提下，尽可能提高艇的丰满度，使艇的长宽比适当，尽量保证在 7 ~ 8 之间，并且要求采用水滴形、过渡水滴形或拉长的水滴形，减小水下阻力和附面湍流的产生；其二是尽量保证线型的完整性，减少表面突出体和开孔的数量，并对其位置和结构进行合理的布置；其三是降低艇体外表压力脉动，增加外板的机械阻抗，避免产生外板共振。

2.21.2　船舶附体对水动力噪声的影响

船体操纵面众多，如舵、稳定翼或潜艇的围壳等。在航速较慢时，在附体后面产生两个对称的漩涡，当航速增大至一定程度时则在附体后方形成两列交错排列、转动方向相反、周期性的漩涡，即卡门涡街，从而产生高频激振，导致附体振动、螺旋桨唱音等。

2.21.3　船体开孔对水动力噪声的影响

船体开孔板是一种常见的工程结构形式，如潜艇流水孔、通海口格子板等，当水流流过此类开孔板时，由于孔对流场的作用，使得流场产生不稳定起伏，这种不稳定起伏引起流体的自激励或自持振荡，造成结构负载，同时辐射噪声。

对于实际工程中最常见的带空腔与不带空腔的两种情况（如图 2－64），孔的形状多为圆形、椭圆形和矩形，空腔的形状也有圆柱体、长方体等。实验表明，当流体在孔的上游边脱离壁面时，边界层过渡为自由切变层，此时由于阻力突然消失，流线下滑并产生加速运

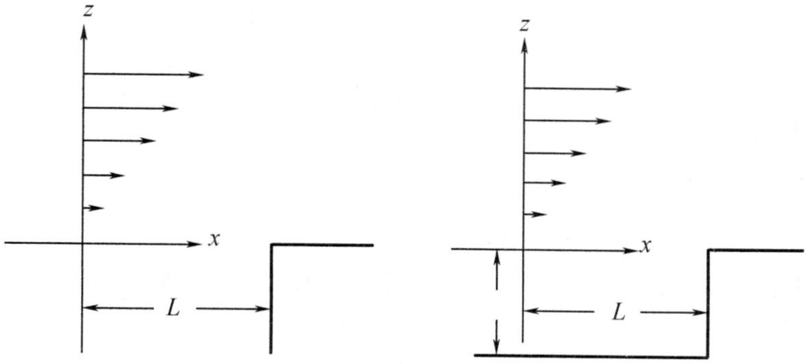

图 2－64　船体开孔带空腔及不带空腔的情况示意图

动。在运动过程中，切变层产生波动。当切变层冲击到下游边时，流体介质分成两部分，一部分进入空腔形成腔内漩涡，另一部分在随边脱出，形成脱出涡，在腔体较深时，腔内只形成一个漩涡，当腔体较浅时，则可能有两个或多个漩涡，在随边脱出漩涡的同时，流体介质交替的压入或吸出，即在孔的两边产生质量交换，相当于一个活塞式声源。

由于多种原因，船体开孔不可避免，其减振降噪补救措施主要有：加强开孔尾迹局部结构；关闭水下航行时不常使用的孔；进行一孔多用等。

2.22 舰船振动评价及控制标准

舰艇是弹性体，在航行过程中因受到各种激励的作用，始终会有振动这样一种物理现象伴随，轻微的振动应是允许的。为了评价与控制舰艇的振动性能，需要有一种使设计、建造、检验和使用方都能接受的一个比较统一的标准，对舰艇振动响应的水平进行评定。这个标准称为振动衡准。

船体振动衡准基本上是以下列两个方面为参考基准而制定的：

(1)以人体舒适性限界为参考基准。

(2)以船体结构强度限界为参考标准。

舰船设计规范中对结构的许用振动应力规定、疲劳强度规定实际上就是一种振动衡准，是以船体结构强度限界为参考基准的振动衡准。

用于评价船体振动响应水平的物理量，称为振动衡准的特征参数。船体振动衡准中所使用的特征参数一般是位移、速度、加速度和应力。船体振动衡准特征参数的表达及值主要有两种方法：

(1)使用单个简谐激振频率的单峰峰值。

(2)使用单个简谐激振频率的均方根值，又称有效值。

所谓单峰峰值，是将船体振动响应时间历程进行谐波分析后所获得的各简谐波分量的最大值。如简谐波的分量为 $x(t)=A\sin\omega t$，则其对应的单峰峰值为

位移 $$X=A$$

速度 $$\dot{X}=A\omega$$

加速度 $$\ddot{X}=A\omega^2$$

其相应的均方根值为：

位移均方根值 $$X_{rms}=\sqrt{\frac{1}{T}\int_0^T x^2(t)\mathrm{d}t}=\frac{A}{\sqrt{2}}$$

速度均方根值 $$\dot{X}_{rms}=\frac{A}{\sqrt{2}}\omega$$

速度均方根值 $$\ddot{X}_{rms}=\frac{A}{\sqrt{2}}\omega^2$$

船舶振动评价基准一般以多个特征参数联合图形的形式示出，即一幅图中除传统的宗、横坐标线外，还有斜向坐标线，且坐标刻度采用对数坐标规则。

在海军舰艇装备部门和检验机关的组织下，有关科研院对各类军用舰艇、沿海和远洋船舶、内河船舶进行了大量的实测、分析和研究，在次基础上，并结合我国船舶建造、设计的

实际情况，制定了 GJB 1045. 3—90《舰艇船体振动评价基准潜艇》，参照图 2 – 65。

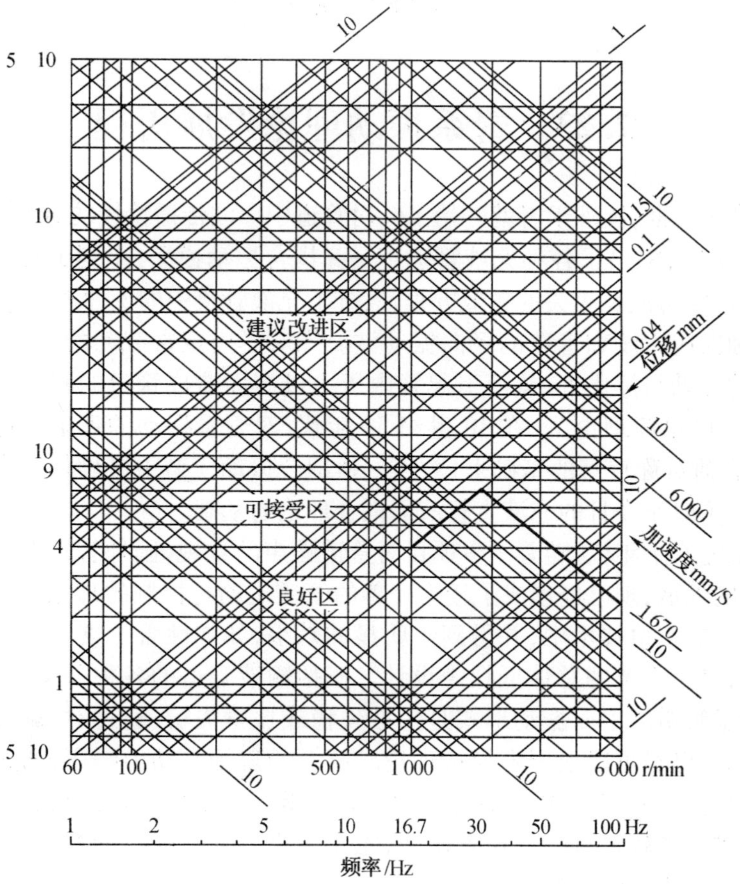

图 2 – 65　潜艇振动评价基准(峰值，GJB/1045. 3 – 90)

对于潜艇，评价的参照点是艇体耐压壳体首、尾端的强结构点、潜艇振动评价基准限制线较为复杂，由三条直线构成，可称为“两点三线谱”。低频段为等速度限制线，中间频段为等位移限制线，高频段为等加速度限制线。振动评价基准的覆盖范围为 1 Hz ~ 100 Hz。

对舰艇船体振动性能进行评价的步骤如下：

(1) 测取舰艇振动响应时间历程曲线。

(2) 对振动响应时间历程曲线进行谐波分析，求取谐波响应分量的峰值及频率。

(3) 将所求得的谐波响应分量的峰值，按其所对应的频率查找在图中的位置。

(4) 如谐波响应分量的峰值落在良好区，则表示船体结构振动性能良好；如谐波响应分量的峰值落在可以接受区，则表示船体结构振动性能一般，在规定的范围内是可以接受的；如谐波响应分量的峰值落在建议改正区，则表示船体结构振动性能差。

造船实践证明，如若谐波响应分量的峰值落在可以接受区，虽然按衡准是可以接受的，但舰员均会从自身感受认为该船体振动剧烈。

管系振动与噪声

2.23 管系振动理论发展历程

早在19世纪后期,国外学者就开始了针对管道中声波传播特性的研究。通过对各种耦合机制影响的研究,提出了各种充液管道声—弹耦合振动模型,得到了充液管道的轴向和径向振动的相速度与波长相关的频散方程,区分了充液管道中的3种波:管内流体的轴向压力波,管壁的轴向应力波和管壁的径向振动波。针对管内定常流动的突然变化,如阀门的快速开关,泵的启动与停止等,从而引起管内压力过高而造成管道的破坏,据此,国外学者提出了最著名的"水锤理论"。在20世纪50年代,对管系振动的理论又进一步得到了完善,在研究充液轴对称直管的基础上,对声—弹耦合振动模型中又增加了弯曲刚度和转动惯量,从而奠定了时至今日的充液直管液固耦合理论的基础。

在20世纪七八十年代,随着军事项目对管道噪声的重视,国外管道振动噪声与控制理论得到了快速的发展,现已经形成了较为完善的管道振动与控制的理论体系。这些理论也直接应用于国外的军事技术中,并得到了明显的效果,如弹性管子支吊架、管路阻尼、管口消声器的使用;管路系统的总体低噪声设计。概括输液管道的各种分叉行为,得出管道的支承情况决定了管道的主要振动形式是发散失稳或振颤失稳;通过对泵噪声机理的研究,并结合理论模型,已经可以根据声模拟理论求解泵的流场水动力噪声;通过对阀门噪声方面的研究,已经可以利用声模拟理论进行声压计算等。目前国外已经对管道系统中软管对流噪声的影响进行了较长时间的探索研究,主要研究在管系的振动控制中加入挠性接管、软管或进行阻尼包敷的消声效果。

管路系统振动噪声控制技术研究的理论意义与工程应用价值被国内专家普遍认识以前,国内高校针对管道振动与声传播、管道噪声功率流测试理论方面做了一些研究工作,由于当时缺乏明确的应用背景,基本上处于理论探索阶段,没有形成理论体系。

"九五"期间国内开始立项开展管道噪声控制技术研究,并在"十五"期间建成了管道噪声试验设施,开展了管道系统总体布置与声学特性测试技术研究,形成了管道噪声试验研究体系,理清了管道振动及声传播计算技术的框架,找到了管系动力特征计算与管系元器件的实测阻抗数据结合方法,从而为用管道系统振动噪声控制技术与控制器件的全面研究奠定了基础。

在管道低噪声控制技术的应用方面,目前已经研制了减振降噪型管支架、通海管口消声器、管道阻尼、挠性接管、低噪声泵等低噪声元器件。现在国内相关单位正在进行大口径高压挠性接管、大口径海水管路消声器等低噪声元器件的研发工作。但是由于整体工业基础的差异,减振材料与制作工艺技术的差异,我国管系噪声控制技术与国外还存在一定的差距。

2.24 管路系统噪声特征分析

管路系统噪声特征主要分为两个部分，一是管路系统自身产生的噪声特征，二是管路系统的噪声传递特征。

管路系统自身产生的噪声特征：

管路系统由辅机设备（泵、风机等）、调节附件（阀、节流元件）、管道（直管段、弯头、三通等）、振动控制器件（挠性接管、消声器、脉动压力衰减器、弹性穿舱结构与柔性支撑等）和声学材料等组成。管内流体在经过这些环节时，由于内径与流向的突然变化，都会产生管系流体噪声，并通过管壁和流体传递声辐射。

在管路系统中，泵与阀是主要的噪声激励源，我们以叶片式循环泵为例，在泵运行的过程中，除了泵自身的机械摩擦噪声外，还有就是泵内的流体噪声，当泵内的叶片在高速旋转时，由于泵内流体受离心力的作用，自然向远离旋转轴的方向运动，在泵的出口液体被离心力甩向泵外，在这一过程中，泵的旋转轴附近的空间中，由于液体飞离，压力骤减，形成低压或负压区，大量气泡从液体中逸出，在泵的中心位置形成“空化”现象。在泵的出口处，由于遇到大量的液体涌入，压力增大，大量气泡又迅速发生破裂，溶入到泵内液体中，从而产生了较大的叶片与流体的摩擦声和气泡产生与消除的流体噪声，在气泡产生与消除这一过程中，由于气泡破裂的速度特别快，从而形成局部区域范围内的“爆炸”，严重的时候这种“爆炸”会直接冲击叶片，在叶片表面形成冲击腐蚀，使泵的叶片表面粗糙度增加，流体阻力加大，泵的工作效率降低，噪声增加。

我们以常见的普通直通截止阀（见上图2-66）为例，流体从阀门一端进入，受阀门内部结构的影响，方向发生偏转，经过阀芯以后，受流体压力作用经过较为复杂的弯曲路径流向阀门出口，在流体流经阀门的过程中，流体的流动方向经过多次扭转，并在阀芯部位形成一个较大的湍流，在阻碍流体的同时产生了很大的流体噪声，而流体阻力的增加，使得管路系统的流体总设计压头必然增加，噪声水平也相应增加。

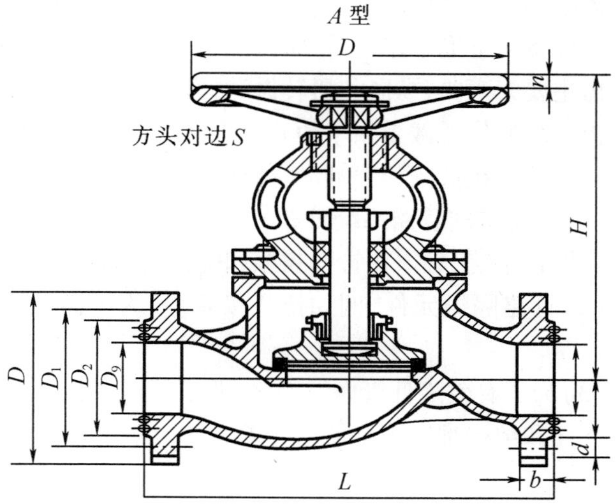

图2-66 普通截止阀结构示意图

管路系统中的噪声激励源除了泵与阀之外，其他连接部件如弯头、三通、法兰和接头等也是噪声源之一。这些噪声源的产生原因相对简单，也比较类似，基本是流体摩擦噪声，另外对于不同的部件有相对不同的噪声机理。一是法兰、接头、节流装置等部件的内径与管子的内径存在差异，从而使流体在流经部件时产生一定的节流和湍流。二是三通、弯头等部件，当流体流经这些部件时，流体方向发生改变，对管壁或部件形成冲击波,在管道内则形成多种噪声激励波,在管路连接处又形成多种耦合,加之管道内的脉动流体压力激发管道振动。在流动的不连续处,由于流动状态的改变会在下游处产生湍流,而湍流会直接产生流体脉动压力引起水动力噪声和管路振动。

管壁在管内介质流脉动压力下也会出现振动,同时在液压、疏水等管路系统中还可能出现自激振荡引起管路振动,因流体激励引起的振动则一般具有宽频带特征。液压管壁的振动级可按下式估算:

$$L = L_p + 25\lg f + 5\lg r - 10(1 + 16h/r) - 6 \quad (\text{dB}) \tag{2-128}$$

式中 L_p——管道内工作介质中的声压级;

f——1/3 倍频带中心频率;

r——管道内径;

h——管壁厚度。

2.25 管路系统的噪声传递特征

管路系统中泵、附件、节流装置等产生的振动和噪声,沿管壁和管内流体介质传播,再通过管路支撑、弹性支吊架传递到艇体上或由通海口辐射噪声。目前在管路系统的传递噪声中,其频谱包含高、中、低频,其主要的抑制方法是选择合适的支承形式和连接方式,但是对于沿液体通道传播的振动能量流,尤其是低频和中频成分,由于没有可行的有效控制手段,效果尚不明显。

另外系统动力源设备会引起管壁的振动。管路振动通过马脚、穿舱和贯穿船体等形式向船体结构中传输振动能量。设备动力源引起的管壁振动呈现设备的振动频谱特征,当泵和其他设备无空泡工作时,管路振动主要发生在1 000 Hz以下中低频范围内,此时沿管壁结构传播主要为弯曲、纵向和扭转振动,而沿管内介质振动传播的形式为纵向波,也即管内声的传播。纵波传播截止频率为 $f_{cp} = 0.568C/R$,(C 为管内声速,R 为管内径)。

目前减小在低频和中频沿管路传递的振动能量还比较困难,原因在于:

(1)三维空间管路系统分布复杂、器件数量多、管壁振动和管内流噪声相互耦合,形成多源强耦合系统,必须在管壁隔振和降低管内流噪声两方面共同采取措施才能达到效果;

(2)管路隔振元件,例如挠性接管等,为了满足可靠性要求,刚度不能太小,隔振效果有限;

(3)为了有效降低管内流噪声,要求消声器在低中频段有较大的声阻抗,普通消声器的外形尺寸和结构难以满足使用要求。

2.26 管路光洁度对管路摩擦噪声的影响

管路流体摩擦噪声是由在金属管内表面附近的湍流附面层中的湍流作用在金属表面的压力构成的。金属管内表面流动着黏滞的流体,为层流附面层,之内是湍流附面层,管路中心区域是自由层流区。管路噪声功率谱中平坦与倾斜部分间的过渡频率为:

$$f_0 = \frac{u_0}{\delta} \tag{2-129}$$

其中 u_0 是自由流的流速，δ 是附面层的厚度。

附面层的厚度可以用排挤厚度 δ^* 更精确地表示出来，实际的附面层可以用等效的速度为零（即该层附着在壁上）厚度为 δ^* 的层来代替，近似地有 $\delta = 5\delta^*$。

表面粗糙性的影响，Skudryzk 和 Haddle 研究过粗糙表面的流噪声，他们在旋转圆柱体的外层固定了不同大小的砂砾，以获得不同的表面粗糙度，结果发现频率在 24 kHz，当表面粗糙的高度满足一定的关系时，则由粗糙性所产生的噪声和完全光滑表面的流噪声相等，故从流噪声角度考虑的管路内表面“光滑”并不要求光学上光滑，而只要求粗糙高度不超过管内层流附面层的高度，并且不影响湍流就可以了。

2.27　液压泵与管路系统的噪声

各种液压系统不仅应用于工矿企业中，亦广泛应用于现代建筑物中的采暖空调、给水排水等系统中，其噪声影响面较大，形成主要噪声源。

2.27.1　液压泵噪声

液压泵是液体传输系统中的动力源，它能产生两类噪声：一类是液体动力性噪声，另一类是机械噪声。

液体动力性噪声：液压泵工作时，连续出现动力压强脉冲，从而激发泵体和管路系统的阀门、管道等部件振动，由此而辐射噪声。动力压强脉冲可分解成两个分量，直流压强分量和压强高次谐波分量。压强的直流分量迫使液体不断通过泵体注入管路；压强的谐波分量则作用于泵体壁面，并通过液体传递到管路系统中。

泵的机械噪声：由于泵体内传递压力的不平衡运动，形成部件间的冲撞力和摩擦力，从而引起结构振动和发声。这种噪声不仅与泵的种类和结构有关，还与零件的加工精度、泵体安装条件和维护保养等有关。一般磨损严重的泵体往往要比刚调试好的泵噪声高 10 dB。

为消除和减弱泵的噪声，可选用高内阻材料制作泵体，如用铜锰合金代替铸钢制造的泵体，其噪声可降低 10 ~ 15 dB。一般液压泵以螺旋泵噪声最小，离心泵和活塞泵次之，齿轮泵噪声较大。

2.27.2　阀门噪声

带有节流或限压作用的阀门，是液体传输管道中影响最大的噪声源。如图 2－67 所示，当管道内流体流速足够高时，若阀门部分关闭，则在阀门入口处形成大面积扼流，在扼流区域液体流速提高而内部静压降低，当流速大于或等于介质的临界速度时，静压低于或等于介质的蒸发压力，则在流体中形成气泡。气泡随液体流动，在阀门扼流区下游流速渐渐降低，静压升高，气泡相继被挤破，引起流体中无规则压力波

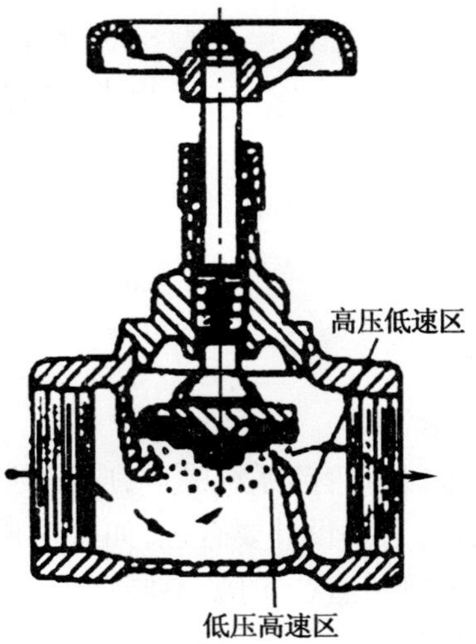

图 2－67　节流阀门空化噪声的形成

动，这种特殊的湍化现象称为空化，由此产生的噪声叫空化噪声。

在流量大、压力高的管路中，几乎所有的节流阀门均能产生空化噪声，空化噪声顺流向下可沿管道传播很远。这种无规则噪声频谱呈宽带，它能激发阀门或管道中可动部件的固有振动，并通过这些部件作用于其他相邻部件传至管道表面，由此产生的噪声类似金属相撞产生的有调声音。空化噪声的升功率与流速的七次方或八次方成正比。为了降低阀门噪声，可以采用多级串接阀门，逐级降低流速。

2.27.3 管路噪声

液压系统的泵体噪声和阀门噪声主要沿管体传播，并透过管道壁面辐射出去。管道愈长愈粗，这种辐射也愈强。

液体流经管道时，由于湍流和摩擦激发的压强扰动也会产生噪声。决定流体流动状态的重要参数是雷诺数 Re。当 $Re<1\ 200$ 时，液体流呈层流状态；当 $Re>2\ 400$ 时，则 呈湍流状态。实际上，绝大多数管路中的液体流均处于 $Re>2\ 400$ 的湍流状态。这种含有大量不规则的微小漩涡的湍流，可以说是自身就处于‘吵’的状态。当湍流液体流经关单中具有不规则形状或不光滑的内表面时，尤其流经节流或降压阀门、截面突变的管道或急骤拐弯的弯头时，湍流与这些阻碍流体通过的部分相互作用产生涡流噪声。

若管路设计不当，也能产生空化噪声。设计管路时，要注意产生空化噪声的临界流速，它与温度、管路的几何形状、液体的物理性质和液体压力等因素有关。

其实，在静压和流速变化不大的情况下，湍流不能引起足够大的压强脉动，所以在截面没有变化的直管中，无论 Re 值如何大，产生的涡流噪声是很小的。如图 2－68 所示，部分开启的球阀、弯头、直管在同一流速下产生的噪声谱。

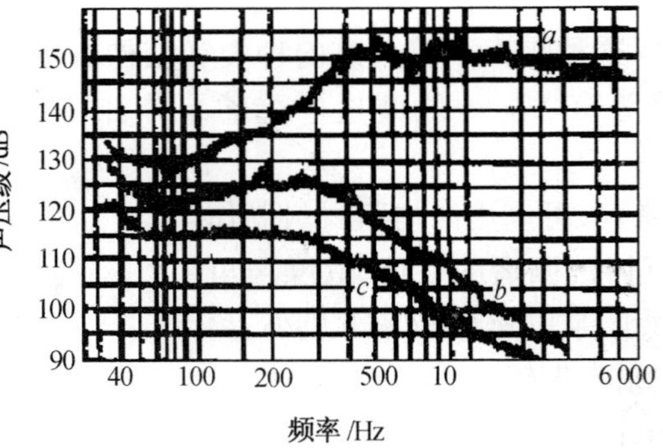

图 2－68 同一流速下几种管路元件的噪声特性

a—部分开启的球阀；b—1 吋管弯头；c—1 吋直管

要降低管路系统噪声，应该尽量选用或设计低噪声阀门、低噪声泵。为避免流体动力性噪声，管路设计要合理，如管内液体流速不可过高，避免直拐弯和截面突变，弯头半径最好大于管道直径 5 倍，不同管径的管道连接应逐渐过渡等。为避免结构振动的传递，可在泵的进出口、阀门前后各处加一段弹性管。为降低管道壁面的振动，也可用各种各样的管道夹子。夹子内紧衬毛毡、橡胶等高内阻材料，在管道振动较强烈的地方，最好能分段将管道钳住。

对泵体和管道的支撑结构，应注意采取隔振措施。大面积的管道振动，辐射噪声较强，较为可行的办法是在整个管道外壁捆扎或铺设一层软材料，如玻璃丝、矿渣棉，外面再包一层铁板，实质上这是一个减振隔声套。这个减振隔声套的吸声材料层不应填压得过密，以免失去隔振的性能，厚度不得小于 5 cm，外壳可用 1 mm 以下的薄铁板或铝板。要注意：不可使管道避免与外壳相接触。用这种措施一般能将管道噪声降低 10 ~ 15 dB。由泵和阀门产生的液体动力性噪声，可用消声器予以降低，具体效果见图 2 – 69。

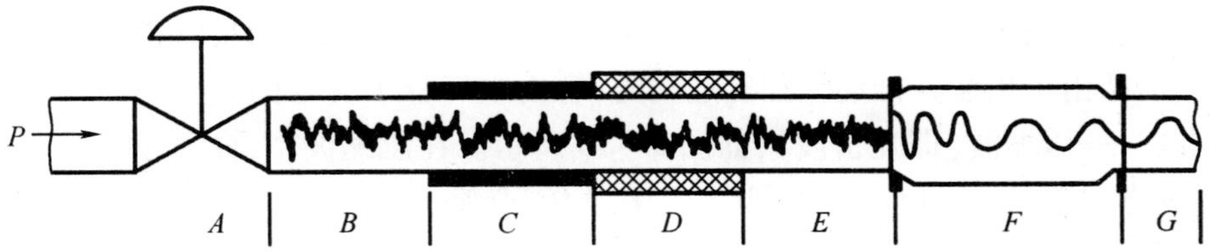

图 2 – 69　液体传输系统中各种措施的降噪作用

A—管道辐射的声压级；*B*，*E*—未经处理的管道 110 dB；*C*—钳管隔声 102 dB

D—隔声套管处理 95 dB；*F*—消声器 85 dB；*G*—下游管道未处理 85 dB

空 气 噪 声

2.28　舰船空气噪声概念

声音是一种物理的扰动或弹性介质的振动。这种扰动或振动通过该介质以及它周围的其他弹性介质以波动的形式而传播。

若按声音传播的介质来划分，可以分为空气声、水声和固体声（或称为结构声）。船舶工程和日常生活中大量遇到的是空气声。

当介质从其平衡位置被扰动而发出声时，可以测定介质中某些物理量来感受到声。例如，对于空气声而言，通常感受到的物理量是声压。也可以说，空气声就是空气中压力的波动运动，即压力在大气压上下一定的增量作波动。声压的单位是 Pa。一般在海平面处的大气压是 1.013 Pa。但声压增量是很小的。正常谈话时，离讲话者一米距离处的声压是在大气压上下以 0.1 Pa 作波动。

按照声压随时间变化的规律，可以分为纯谐声、一般声和噪声。纯谐声是最简单的声。表征它的一个重要性质是它的频率，即分秒钟内声压在大气压上下波动次数。其单位和振动学中频率一样取为赫兹（Hz）。一般的声，是由若干具不同频率和强度的简单声所组成；噪声则是由许多不同频率和不同强度的声的随机的组合。它是一种使人厌恶的声音。

声音的感觉仅在对耳朵作用着一定频率范围（当然也必须具有足够大小的压强）的声压振动时才发生。通常遇到的一些声按其频率范围可分为次声、可听声和超声等。低于 20 Hz的为次声，风暴、波浪及一般的船体总振动等均属于次声；可听声是人耳可以听见的声，频率范围为 20 ~ 2×10^4 Hz。而其中最易感受到的是 1 000 ~ 4 000 Hz；在频率范围为

$2\times10^4 \sim 5\times10^8$ Hz时为超声。通常声学和噪声的研究指的是可听声。

在研究声音其传播时，必须引进"波"的概念。"波"的原始意义表示彼此相随的峰和谷的交替运动，例如水波。但是声波和水波是不同的两类波，水波是发生在水表面的"表面波"与"横波"（所谓横波，即质点运动方向和波的传播方向垂直的一种波）。声波则与此不同。

当某弹性体（如音叉）振动时，就会扰动周围空气。由于空气介质存在弹性和惯性，因而扰动从一个点传播到另一个点，引起从振动源开始并向外扩展的交替出现的压缩层和稀疏层，而传到听者的耳朵时就产生声的感觉。这种空气声即是一种压缩波（或称疏密波）。对于空气的扰动，也可以用其他方式产生。例如，有一个含有空气的长管道，其一端有可动的活塞，当活塞由机械装置推动作往复运动时，管内空气分子交替的相互挤压与稀疏，也形成空气声波——压缩波（即疏密波），如图2-70所示。在压缩波中，介质发生纵向振动，即在波的行进方向上，质点向前或向后运动。在压缩区，质点向波的前进方向移动；而在稀疏区，则质点和波行进方向相反。但无论那一种，质点均在纵方向运动。所以，这种波是一种纵波。应该注意，不论是纯谐声或其他各种复杂的声，压缩波的这个特点仍然成立。

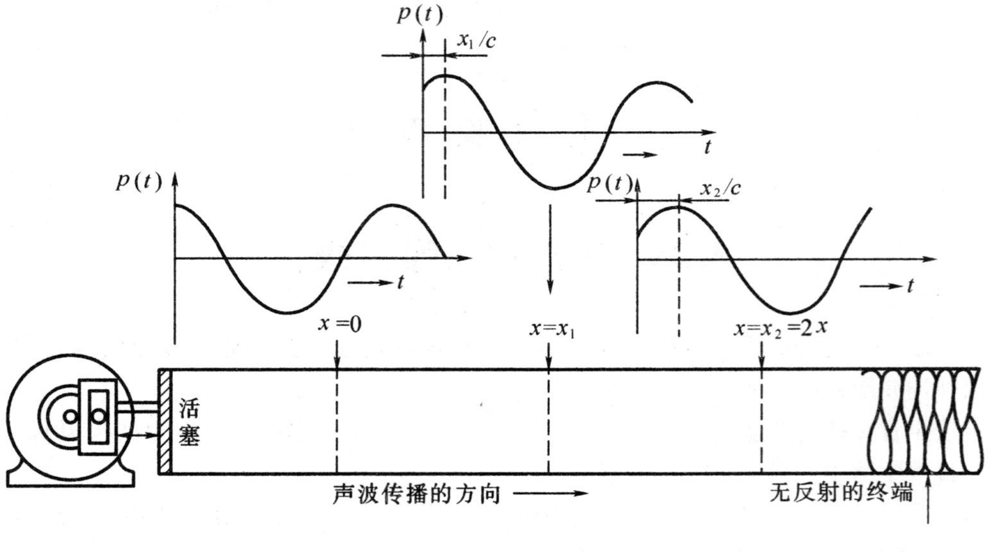

图2-70 活塞方式产生的声波示意图

声除了以波动形式在空气中以空气声传播外，弹性体振动也将沿着弹性体本身来传播，这就是固体声。固体声波随弹性体振动形式的不同而有不同的波。例如，杆的纵向振动是一种纵向的固体声波；但是，因纯剪切使介质各部分变形而体积不变的波为剪切波；杆或板的弯曲振动在固体中之传播则为弯曲波。弯曲波是一种纵横波。

下面介绍空气声波及其特征量，假设上述管道无限长，或者有一个无反射终止端，并且不考虑管道侧壁作用，则这种波的所有性质可以由管道中离开活塞的距离 x 及活塞的运动所决定。这种波称为一维平面自由行进波。"一维"表示参数由单个距离 x 来规定；"平面"表示在同一时刻由相位相同的各点所组成的面（叫作波阵面）是平面；"自由行进"表示没有从其他物体来的反射或因传播介质的改变而产生的对波行进的干涉。若活塞位置与时间的函数关系是简谐的，则空气声波也是简谐的，那么，管道就包含了一个平面简谐声波，其频率等于活塞在每秒钟内前后移动的次数,而波的强度则由活塞位移的大小而定。若取声压为其表征的物理量,并设时刻 $t=0$ 时 $x=0$ 的平面上具有最大声压 P_{max},则可将平面简谐声的压力波动表示为

$$p(x,t)=p_{max}\cos k(x-ct) \tag{2-130}$$

其中 k 与 c 常数。此式即一维平面简谐声波的声压表达式。

除平面波外,还有一类重要行进波即球面波。设有一个膨胀球,作径向的膨胀和收缩,就会产生球面波。它亦是一维的,随着声源(扰动源)的变化,可以形成更复杂的波。

正如前面所指出的,对空气声最感兴趣的是声压。这种声压的波动在空气介质中以声速传播。取式(2-140)的平面简谐行波为例,$t=0$ 时在 x 平面上的瞬时声压为 $p(x,0)=p_{max}\cos kx$,而在 $t=t_1$ 时,x 平面上的声压为 $p(x,t_1)=p_{max}\cos k(x-ct_1)$,可见它只是把声压扰动从 x 向到一个距离 ct_1,而形状不变。故其中 c 即为单位时间里声波移动的距离——声速。

声速取决于介质种类、介质温度以及波的种类(例如空气中的压缩波以及其他介质中的弯曲波、扭转波和剪切波)。对于空气压缩波,其声速公式为

$$c=20.05\sqrt{273.2+T_c} \quad \text{m/s} \tag{2-131}$$

其中 T_C 是空气介质的摄氏温度。因此,在 15 ℃时空气中的声速约为 340 m/s。

对于上述的简谐声,不难看出,它的圆频率为

$$\omega=kc \tag{2-132}$$

它的频率为

$$f=\frac{\omega}{2\pi} \tag{2-133}$$

而 f 的倒数即为周期

$$T=\frac{1}{f} \tag{2-134}$$

与它相对应的另一种空间的周期为波长。若在任意 x 处,使声压 $p(x+\lambda)=p(x)$,则此距离 λ 即为波长。容易看到

$$\lambda=\frac{2\pi}{k} \quad 或 \quad k=\frac{2\pi}{\lambda} \tag{2-135}$$

因此,波长、声速、频率和周期之间满足以下关系式

$$\lambda=\frac{c}{f}=cT \tag{2-136}$$

因此,常温下空气中可听声频率在 20 Hz ~20 000 Hz 之间,其对应的声波波长则在 1.7 cm ~17 m 之间。

常用的表征空气声波能量的物理量还有声功率和声强度。声功率 W 是单位时间内由声源发射的总声能,其单位是瓦特(W)。声强度 I 是在特定的方向上单位时间内通过单位面积传输的声能,声强的单位是 W/m^2。

简单的声源在所有方向上均匀地发射声功率。例如一维球形波,整个功率穿过环绕声源的球形表面。若周围介质无功率损耗,则离声源越远,封闭的球面面积越大,而单位面积的功率就越小。总功率 W 与声强度 I 及环绕面积 F 之间关系为

$$W=I\cdot F \tag{2-137}$$

若声源有方向性，则功率有以下关系式

$$W = \int_F I_F \mathrm{d}F \tag{2-138}$$

其中，I_F 是通过微面积 dF 的声强，F 声源外的围闭面积。

应该指出，一般的声压和与它相叠加的平衡状态大气压值相比是很小的。因此，同一空间的两个声波的作用，可以将每个声波的作用线性相加而得，这是声波的叠加原理。

由于声波是一种波动，因此波的绕射、反射、干涉等现象在声学中也都存在。

设有强度及其他参数相同而方向相反的两个简谐行波 $p_{\max}\cos k(x-ct)$ 与 $p_{\max}\cos k(x+ct)$，如果两波叠加后，可得

$$\begin{aligned} p(x,t) &= p_{\max}\cos k(x-ct) + p_{\max}\cos k(x+ct) \\ &= 2p_{\max}\cos(kx)\cos(kct) \end{aligned} \tag{2-139}$$

这表明原来沿行进波方向各点的声压分布是随时间而变的，但合成后不再行进。此时，各点声压的幅值分布为 $2p_{\max}\cos(kx)$。因此，在某些点上，声压总是为零；而在另一些点上合成声压总是最大。并且，这种状况不随时间而变化，这个现象称为驻波。它与行波是完全不同的。驻波现象发生在规则围壁的情况中，当入射波与反射波方位重合而方向相反时即出现此情况。在一间矩形房间里会存在三种驻波。在声域空间的各个自由驻波称为振动的标准模态或简称为共振。驻波现象最明显的是当噪声源是简谐波或者仅有若干离散频率成分时，对复杂的声波则并不显著。

2.29 舰船空气噪声源

舰船噪声按其产生的方式不同进行划分，主要有以下几类：机械（或机械空气）噪声、电磁噪声、流体动力噪声。它们的定义分别为：

①机械噪声：由固体振动扰动周围空气而产生的空气噪声；

②电磁噪声：电流与磁场相互作用引起振动而产生的空气噪声；

③流体动力噪声：既包括流体动力引起的机械噪声，又包括流体运动（流体排出或吸入、压力脉动、漩涡破裂和空泡等）的噪声。

在船上，不同的装置和场合，分别或同时出现上噪声。下面简单介绍舰船的主要噪声源：螺旋桨及推进系统的噪声，机械噪声及结构噪声。

（1）螺旋桨噪声

螺旋桨是船舶的一个主要噪声源，它可以引起船体振动而导致噪声，也可以直接产生噪声。

螺旋桨引起船体振动所产生的噪声，按频率观念常常划分为叶频和轴频。但是，如按噪声的产生原因又可分为涡流噪声和旋转噪声。涡流噪声不光是水流对螺旋桨的冲击，还由于桨叶叶梢和螺旋桨毂的涡流破裂而引起的。它具有连续谱，但最大的声能是在某窄频带内的。而旋转噪声是由于螺旋桨周期地击水所引起，它的频谱是不连续的，它能使船体形成 100 Hz 以内的低频噪声和振动。如将叶频视为基音调，则对四叶桨而言，只有在 250 r/min以上，才能听到叶频声。总之，涡流噪声和螺旋桨噪声一般是通过船体的振动传递而导致轧轧声，当然也有直接发生可听声的。

螺旋桨直接产生的噪声有空泡噪声和谐鸣声。空泡螺旋桨的空泡噪声是螺旋桨水下

噪声的主要成分。气泡在爆破时产生的冲击波冲击船体和螺旋桨，此时会出现像用大铁锤打击船底似的巨响。它的频率成分实际上不随转速而变的，并主要取决于桨叶结构和尺寸。空泡引起的桨叶振动噪声，具有明显的音调特性，其频率一般在 400 ~ 1 000 Hz之前，而强度可能达到 100 dB。

螺旋桨的谐鸣声是在一定转速下叶片随边产生漩涡，漩涡的频率与桨叶固有频率相近而发出清脆的谐鸣声（又称为“唱音”）

在螺旋桨一定的转速范围内，漩涡频率介于螺旋桨叶片的第一和第二谐周固有频率之间时，这个唱音达到极大值。它的频率变化很小，基本上是一个确定频率的噪声，若改变转速，会使该噪声减小。有时谐鸣是由两种或三种音调组成。这种谐鸣声往往有较大的声级和较高的频率，在水中能传相当大的距离，使舰艇暴露。

（2）机械噪声

当螺旋桨不发生空泡时，机械噪声基本上决定了船舶的噪声级。机械工作的噪声，是由整个主机或个别零部件的弹性振动而引起的机械噪声以及由于液体动力所引起的机械噪声。其中主要的是由主机和辅机产生的在低频和中频段（可到几百赫）内的噪声。

船上的各种机械设备如内燃机、涡轮机、排气管、减齿轮、压气机、泵、阀和通风设备等都是机械噪声源。

因为机舱内是主机、涡轮发电机、变速传动装置，高速柴油发动机等许多噪声机器集中的地方，而且噪声频率很高，特别难受。因此，有时将机舱视为一个声源。它与螺旋桨噪声组成船舶最大的噪声源。

（3）结构噪声

由各种原因引起的船体或其局部结构的振动，只要其频率范围在声频范围内，均引起结构噪声。

当破冰船航行在冰区，船首螺旋桨工作时，水流里的冰块被螺旋桨搅起沉重地打到船上，除了引起船体振动外，也产生强烈的金属响声，舱内往往会出现几乎不间断的轰响，犹如激烈的雷鸣声。

波浪对船体的拍击，除引起船体振动外，也引起结构与其他部件的噪声。这些噪声的频率从几十到几千赫兹，但这种噪声的声级随着频率增加而减少，所以，只有在低频段内才有意义。

船体总振动的固有频率，除高谐调外，一般都在听不见的次声范围，但船体的周期性变形使壳板、木质盖板与其他附件之间产生摩擦，使船体发出各种轧轧声以及一些部件的碰击声。

次声波是频率为 0.0001 ~20 Hz 的弹性波，船舶舱室中次声的研究是一个崭新的方向，特别是随着民用工业和国防工业的迅速发展，船上大功率、高性能设备的广泛运用使得人工次声波源逐渐增多，又由于次声频率低，波长较长，具有很强的穿透力，传播过程被介质吸收很少，难以阻隔和控制，故逐渐成为舱室噪声的主要成分，其对人体的影响也逐渐突出。此外，由于高能量次声可以在水中和空气中有效的长距离传播，很容易被声探测装置探测到，从而对船（潜艇）的生存和战斗力产生严重影响。

2.30 舰船空气噪声计量

舱室空气噪声采用A声级值作为指标限值。在空气噪声中,人耳听觉对声信号强弱刺激的反应不是成线性关系,而是主观感觉到的声音强度与客观物理刺激量的对数成正比关系。为了使声音的客观物理量与人耳听觉的主观感受近似取得一致,就必须在测量仪器中,对不同频率的客观声压级人为的给予适当的增减,这种修正的方法称为频率计权,实现这种频率计权的电网络称为计权网络,经过计权网络测得的声级称为计权声级。根据不同的用途,国际上规定了A,B,C,D四种计权声级。

由于A声级测量的结果与人耳对声音的响度感觉近似,即用A声级分贝数的大小对空气噪声排列次序时,与人们主观上响不响的感觉近乎是一致的,因此A声级是目前评价空气噪声的主要指标,已被广泛采用。

舰船空气噪声对人的危害

噪声在多方面给人以不良的作用,其危害主要表现在如下几个方面:

(1)听觉能力的破坏。常年工作在机舱的人,首先是3 000 Hz ~6 000 Hz频率范围内的听力被破坏,其次是低频声听起来也困难,最严重的连听日常讲话的声音都困难;

(2)对人体各部位生理机能的刺激。主要是刺激自律神经,造成烦恼及焦虑不安,且短时间内很难恢复;

(3)工作效率下降,使事故的可能性增加。

为保护噪声区的工作人员,某些国家规定了噪声暴露界限,如表2-5所示,仅供参考。

表2-5 某些国家规定的噪声暴露界限

声级/dBA	90	92	95	97	100	102	105	110	115
允许时间/h	8	6	4	3	2	1.5	1	0.5	0.25

2.31 空气噪声传播特性

1. 自由场概念

所谓自由场是一种声波可以无条件地自由传播的均匀的各向同性的介质场。它可以是很大的大厅,或者是一个墙、地板、天花板等装有良好的吸声材料的无回响的房间。自由场中空气声的传播规律是最基本的声学规律。

悬浮于自由场的无方向性的声源,在各方向上均匀的散射声波,故是以球面波的形式散布声波。此时,在离开声源一个相当距离处的声强度为

$$I=\frac{W}{S}=\frac{W}{4\pi r^2}\qquad (\mathrm{W/m^2})\tag{2-140}$$

式中,W为声源强度,$S=4\pi r^2$离开声源距离为r的球表面积。

由于声强与声压的平方成正比,故声压与距离成反比例。假设距离声源r_1,r_2处的声压分别为p_1,p_2,则

$$P_2 = P_1 \frac{r_1}{r_2} \quad 或 \quad L_{P_2} = L_{P_1} \cdot 20\lg\left(\frac{r_2}{r_1}\right)$$

若 $r_2 = 2r_1$，则 $L_{P_2} - L_{P_1} = 6$ dB。这表示在自由场中，离开声源的距离增加一倍，声压级减小 6 dB，有时依此来定义自由场。

2. 近场及远场的概念

在紧靠声源的邻近域内，空气分子的速度并不一定在波的行进方向上，而在任一点都有某个切向分速度。这样，即使在半径相同的各点上，声压往往有明显的差异，这个邻域称为近场。近场中声强度并不简单的和均方声压有关，因而声强与距离成反比的规律不再成立，这称为近场效应。离声源较远的自由场称为远场，远场的声压特性符合自由场特性。

3. 声绕射与反射概念

当声的波长比声在传播途中遇到的障碍物尺寸大很多时，声波会绕过障碍物而传播，称为绕射；反之，若声波长比障碍物尺寸小很多时，则声波不能通过障碍物，障碍像镜子反射光波一样将声波反射回去，称为声波的反射。在此障碍物后，像光的影子一样形成“声影区”，即这种波长的声波不能到达区域。

4. 混响场与半混响场概念

声源若与接受者处于同一封闭空间内，则声波传播复杂的多。在用刚性的隔壁、地板和天花板围成的房间内，声源发出的声波可经多次反射而无吸收。在这类房间内的某一点处，声音是由声源直接发射过来的再加上所有各个不同方向反射出来的各种分量的声波的反复交混组成的。如果此室中声源停止发声，由于声波的多次反射或散射仍可使声音持续一段时间，这个现象叫“混响”，这种房间叫“混响室”，混响时间的长短随频率而变。

实际的房间常介于自由场与混响场之间，即射到表面的声波，部分反射和部分吸收。反射分量的作用犹如形成另一个声源与原有声源混响。而房间围壁吸收的声能则转化为吸收表面的热而耗散掉，这种情况称为“半混响场”。混响区的性质在很大程度上由房间壁的吸声性质决定，如果吸声性能好，则房间接近于自由场；反之，如吸声性能差，则房间声场接近于混响场。

5. 房间的总吸收和房间常数

表征房间声场的性质，常用房间的总吸收和房间常数这两个参数，它们是用材料的吸声性能来定义的。

某表面的吸声系数 α 指声波落到该表面上时由表面吸收的声能和入射到表面的总声能之比。舰船常用舱室材料的吸声系数见表 2－6 所示。

表 2－6 船舶常用材料的吸声系数

材　料	125 Hz	250 Hz	500 Hz	1 000 Hz	2 000 Hz	4 000 Hz
木材	0.15	0.11	0.10	0.07	0.06	0.07
玻璃普通窗	0.35	0.25	0.18	0.12	0.07	0.04
胶合板	0.28	0.22	0.17	0.09	0.10	0.11
某些玻璃纤维	0.48	0.82	0.97	0.99	0.90	0.86

声吸收系数 α 与对应表面表面积的 S 的乘积，表示该面积的总吸收。而整个房间的平

均吸收 $\bar{\alpha}$ 系数则表示为

$$\bar{\alpha} = \frac{\sum \alpha_i S_i}{\sum S_i} = \frac{A}{S} \tag{2-141}$$

式中 $A = \sum \alpha_i S_i$ 称为房间总吸收；

$S = \sum S_i$ 称为房间总表面积。

对于一个房间，常常引进房间常数 R 来表征房间对噪声的吸收性能：

$$R = \frac{\bar{\alpha}}{1-\bar{\alpha}} S \quad (\mathrm{m}^2) \tag{2-142}$$

如果房间吸收 A 为零，则 $R=0$；如果全部吸收而无反射，则 $R=\infty$，实际情况介于两者之间。

6. 室内声压级

由声源直接到接受者处的为直接声，由壁面反射到接受者的为反射声，而室内某点的声压级，则是两者的合成。在一般的封闭房间内，根据声压的变化可分为三个典型区：近场、远场平方反比例区和远场混响区。在靠近边界的这个混响区内，由于边界的反射波与入射波相叠加，使声场边界情况不同而有相当大的波动。对船舶来说，大多数封闭空间是半混响场，这使得舱室中的声级高于自由空间的声级。

7. 邻近舱室的噪声传播

噪声从一舱室向邻近舱室的传播，可以有以下几种途径：

(1)空气穿过隔壁、地板、天花板等结构传播到邻近舱室；

(2)由机械振动或冲击所引起的结构振动传到邻近舱室，再由邻室地板、墙等结构的二次振动作为二次声源而引起的声发射；

(3)完全通过空气，例如通过开着的门窗、舱盖或通风管道等直接以空气声传播。

当空气声入射到隔壁上时，通过隔壁的声传播是这样来实现的：首先，在壁面上将一部分入射声能反射回原来空间；其次通过隔板之间的孔道进行缝隙传递；再次，是一部分声能由于隔壁材料的吸声作用而被损耗；最后一部分是使隔壁振动的能量。反射回原来声场的声能的多寡，视隔板材料而异，对于硬的钢板，则绝大部分被反射。板壁的振动传声主要有如下几种形式：向原来声源一侧再辐射声能；向受传输的一侧辐射声能；由于振动而引起的能量损耗；通过隔壁和其他结构作固体传递的能量，其中的一部分则是成为通过其他面而再辐射的透射声。

8. 隔壁声传播的传递损耗与透射系数的概念

在空气中传播的声波遇到墙壁而受阻碍，若入射声强为 I_i(与声压 p_i^2 成比例)，穿透隔壁传到另一面的透射声强 I_t(与声压 p_t^2 成比例)，则透射系数

$$\tau = \frac{I_t}{I_i} = \frac{p_t^2}{p_i^2} \tag{2-143}$$

为了表示板壁的隔声性能，常用传递损耗 TL 来表示

$$TL = 10\lg \frac{1}{\tau} \quad (\mathrm{dB}) \tag{2-144}$$

TL 值越小，则板的传输作用越强；反之，则隔声性能越强。

9. 单层板的声传播特性

当简谐平面波入射到面积很大的单层匀质薄壁时，在薄壁两边，由于一侧入射的声压

与另一侧的声压不同，这种声压差会使隔壁产生振动，其振动频率与入射声波频率相同，这一点可以看做弹性体系统强迫振动。由于隔壁有无限个固有频率，当入射声波频率低于隔板基频时，隔板振动由刚度控制，当在共振区时，振动由隔板的阻尼控制，当声波频率较高时，振动由质量控制。

2.32 吸隔声材料及原理

本节所述吸声原理适用于空气与水噪声（声呐腔）的吸收与隔离。

2.32.1 吸声

材料的吸声性能可用吸声系数来表示。吸声系数定义为被材料吸收掉的声能与入射声能之比。即

$$\alpha = \frac{E_{吸收}}{E_{入射}} = \frac{E_{入射} - E_{反射}}{E_{入射}} \tag{2-145}$$

完全反射的材料，吸声系数 $\alpha = 0$；完全吸收的材料，吸声系数 $\alpha = 1$；一般材料的吸声系数都在 0 和 1 之间，即 $0 < \alpha < 1$。

吸声系数的大小，除了受材料本身性质的影响外，还和材料的安装方式（背后有无空气层、空气层的厚度以及固定方式等）、入射声的频率以及声波的入射角度有关。

吸声材料就其广泛的含义来说，是指一些可以有效地将声能转变为其他形式能的材料；而用声学术语来说，是指在 125，250，500，1 000，2 000，4 000 Hz六个倍频带的平均吸声系数 α 大于 0.2 的材料。

吸声材料经由不同的物理过程进行能量转换，因而具有不同的吸声机理。根据不同的吸声机理，可将吸声材料分为以下几类：

（1）多孔材料

多孔材料的构造特征是在材料中有许多微小的间隙和连续孔洞，具有一定的通气性能。当声波经过材料表面入射到内部时，就会引起孔隙中的空气运动，由于空气的黏滞性以及孔隙中的空气和孔壁与纤维之间的热传导而产生热损失，使相当一部分声能转变为热能而被消耗掉，这就是多孔材料的吸声原理。常用的多孔材料有玻璃棉、矿渣棉、岩棉、毛毡、木丝板和吸声砖等。

多孔材料的吸声性能与材料的厚度、容重、背后空气层的厚度以及入射声波的频率有关。多孔材料的吸声系数一般都随着频率的增加而增大，到一定的频率时大致达到固定值。

若将多孔材料装置在离刚性壁一段距离处，即在期间留有一定厚度的空气层，则它的吸声系数就会增大。当空气层的厚度近似等于入射波的 1/4 波长时，吸声系数最大；当其厚度等于 1/2 波长的整数倍时，则吸声系数最小。另外，温度和湿度的不同对多孔材料的吸声性能也有一定的影响。

（2）柔性材料

柔性材料是指内部具有许多微小独立气孔的材料以及泡沫塑料。柔性材料基本上没有通气性能，在一定程度上具有弹性。它的吸声机理是：当声波入射到材料表面时，很难透

入到材料的内部，而只是使材料作整体的振动，为了克服材料内部的摩擦而消耗了声能，引起声波的衰减。柔性材料的高频吸声系数很低，中低频吸声性能类似于共振吸收。

(3)板状(或膜状)材料

膜状材料是指像聚乙烯薄膜或几乎没有通气性能的帆布等类的材料，它本身的刚度很小，在受拉力处于张紧状态时具有一定的弹性。板状材料是在胶合板、硬质板、石膏板、石棉水泥板等板材的背后设置空气层，并把它们的周边固定在框架上的结构。在一定范围内，膜状材料和板状材料的吸声机理是一样的，即当入射声波的频率和材料的固有频率一致时，两种材料都会发生共振，通过内部摩擦而消耗声能。

由板状(或膜状)材料与其后设置的空气层组成的吸声结构，可用于吸收低频噪声，其共振频率(固有频率)f_0 为

$$f_0 = \frac{600}{\sqrt{mD}} \tag{2-146}$$

式中 f_0——共振频率，Hz；

m——板(膜)的面密度，kg/m^2；

D——板(膜)后的空气层厚度，cm。

(4)共振吸声结构

共振吸声结构主要有薄板共振吸声结构、单腔(亥姆霍兹共振腔)吸声结构以及穿孔板共振吸声结构等。

①薄板共振吸声结构是由薄板和板后空气层组成，它的吸声机理同板(膜)状材料。这种结构的主要特点是有较大的低频吸收，但单纯利用此结构，其吸声系数不高。如果在空气层中填充一些多孔材料，则可以使吸声系数显著提高。

②单腔共振吸声结构是由腔体 V 与颈口 d 组成的结构，腔体通过颈口与外部空气相通。当声波入射到单腔时，入射声能将激起孔洞处的空气分子往复运动，由于孔洞处的摩擦阻力而消耗声能，如图 2-71 所示。

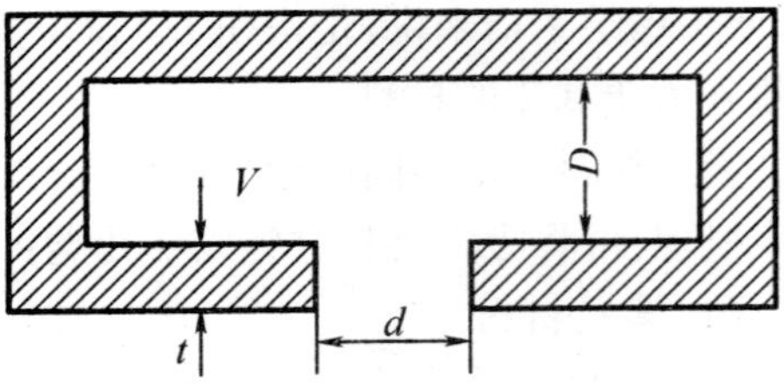

图 2-71 单腔吸声结构

如果入射声波的波长大于共振腔的尺寸，则其共振频率为

$$f_0 = \frac{c}{2\pi}\sqrt{\frac{S}{L_K V}} \tag{2-147}$$

式中 S——颈口面积，cm^2；

$L_K = t + \frac{\pi d}{4}$，($t$ 为颈长，d 为颈口直径，)cm；

V——空腔体积，cm^3；

C——声速，cm/s。

单腔体共振吸声结构的最大特点是吸收频带窄，因此可以用于消除具有明显音调的低频噪声。

如果要使在共振频率附近较宽的区域内有良好的吸声性能，可以在颈口处放置一些诸如玻璃棉之类的多孔材料，或贴一层薄布等，以增加颈口部分的摩擦阻力。

③穿孔板共振吸声结构 是由穿孔的板和板后空气层组成的,可以看作是由许多个单腔并联在一起。它的吸声机理实际上是具有薄板和单腔共振吸声结构二个方面的特点,它的最高吸声系数也出现在共振频率处,计算公式为

$$f_0 = \frac{C}{2\pi}\sqrt{\frac{R_{at}}{L_K D}} \tag{2-148}$$

式中 D——穿孔板后空气层的厚度,cm;

$L_K = t + 0.8d$ (t 为板厚,d 为孔径),cm;

R_{at}为穿孔率 $= \left(\dfrac{\text{穿孔面积}}{\text{总面积}}\right) \times 100\%$。

穿孔板共振吸声结构比单腔式的结构简单,而且能在比较宽的频率范围内得到令人满意的吸声效果,但在实际使用中,由于穿孔吸声结构的性能不易控制,因此常用作多孔材料的护面板。用作护面板的穿孔板,孔径一般为 3 ~ 10 mm,穿孔率大于 20%。

(5)微穿孔板的吸声结构

微穿孔板吸声结构是在厚度不大于 1 mm(一般为 0.2 ~ 1 mm)的薄板上,每平方米面积上穿以万计甚至几万计直径小于 1 mm 的孔(穿孔率一般为 1% ~ 3%),并与板后一定厚度的空气层组成的结构。它主要是利用声波传过时使空气在小孔中来回摩擦消耗声能,并利用腔的大小来控制吸声峰的共振频率,腔越大则共振频率越低。因此,可用中间留有空腔的双层微穿孔板吸声结构改善低频吸声效果,拓宽吸收频带。

微穿孔板吸声结构,是在普通穿孔板结构的基础上新发展的一种结构。这种结构把穿孔直径减小到 1 mm 以下,吸声系数有明显的提高,并且在高温和高湿条件下,吸声性能也不受影响。

(6)吸声体

空间吸声体是一种分散悬吊于天花板下方的高效吸声结构。使用空间吸声体对室内进行吸声降噪处理时,声波不仅可以被向着声源一面的吸声材料吸收,而且由于声波的绕射现象,有一部分还可以通过吸声结构之间的空隙绕射或反射到结构背面,使材料的另一面也吸收部分声能。空间吸声体可用于对空间区域的减噪处理,它的减噪量一般有 6 ~ 10 dB。

吸声体可做成板状、球状、圆柱状、棱锥状、多面体状和楔状等各种形状,其中以板状吸声体结构最简单,应用最广,根据不同的使用条件和实际吸声处理的需要,也可以做成其他形状的吸声体。

如果要在很宽的频率范围内,特别是包括低频在内都得到很大的吸声量,可以采用楔状的吸声尖劈,结构如图 2-72。

当声波从尖端入射时,由于吸声层逐渐过渡的性质,材料的声阻抗与空气的声阻抗能较好的匹配,使声波传入吸声体并被高效吸收。尖劈的尖部长度为 L_1,基部长度为 L_2,尖劈体的总长为 $L = L_1 + L_2$,尖劈底与刚性面间的空腔深度为 D。尖劈的吸声特性与 L,L_1/L_2,D 以及材料的密度(因而与流阻)等参量有关。L 越长,尖劈的低频吸声性能就越好。当尖劈的尺

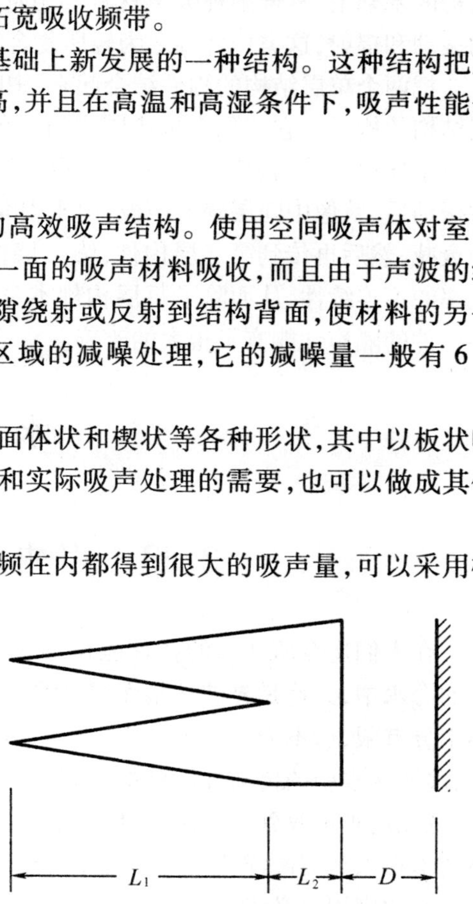

图 2-72　吸声尖劈的结构

寸固定时,改变材料的密度,可以得到一个最佳的吸声系数频率曲线。选定一个密度值后,改变 L_1/L_2 的比值,又可以找到一个最佳值。空腔与尖劈基部形成共振吸声,调节空腔深度 D,使共振频率位置恰当,可以有效地提高尖劈结构的低频吸声性能。但是这几个参量的变化都不是互相独立的,因此为了得到最好的吸声性能,必须进行大量测试实验。当尖劈的长度等于入射声波的 1/4 波长时,它的吸声系数可达 0.98 以上,即几乎可以吸收全部入射声能。

2.32.2 隔声

由于声源的复杂性和声波的绕射问题,以及由于材料、构造和尺寸等其他因素的限制,实际隔声效果并不是很容易满足具体工程要求的。隔声结构主要有单层构件组成的双层结构以及轻质复合结构等。

由 2.29 节关于单层板的声传播理论可知,在低于结构共振频率的范围内,单层结构的刚性越大,隔声量就越大。在共振区,板的阻尼越大,隔声量就越大。板的共振频率与板的大小和厚度有关,也与板材料的面密度、弹性模量和泊松比有关。在共振区以上的一段频率范围内是质量控制区,这时板的隔声能力主要取决于板的面密度,面密度越大其惯性阻力就越大,因而就越不容易振动,隔声就越好,同时频率越高隔声效果就越好。在单层轻质结构的基础上,复合某种吸声材料和阻尼材料,利用它们引起的衰减以减少单层轻质结构的振动和辐射,这类构件称之为轻质复合结构的构件。

把两个单层结构的构件结合起来,中间留有空气或填充矿棉一类的松散材料组成了双层结构的构件。它的隔声量比同样质量的单层结构要大;若要隔声量相同,则双层结构构件的质量比单层结构要减少一半。双层结构的隔声过程是这样的:当入射声波激起第一层构件振动后,就像中间层辐射声波,由于中间层的弹性作用和附加吸声作用,声波会产生较大的衰减,然后再传到第二层构件,第二层构件又向外界空气辐射声波。由于界面媒质声阻抗率的不连续性,从而除了每层构件本身的隔声因素外,还附加较大的能力衰减,因此,双层构件的隔声性能有了很大的改善。

水声原理

2.33 声呐系统的组成及构造

在人们迄今所熟知的各种能量形式中,在水中以声波的传播性能为最好。在浑浊、含盐的海水中,无论是光波还是无线电波,它们的传播衰减都非常大,因而在海水中的传播距离十分有限,远不能满足人类海洋活动如水下目标探测、通信、导航等方面的需要。相比之下,声波在水中的传播性能就好得多,例如,利用深海声道效应,人们甚至远在五千公里以外,也能清晰地收到了几磅 TNT 炸药爆炸时所辐射的声信号。正是由于上述原因,使得水声技术在人类的海洋活动中得到了广泛的应用,而且随着人类对海洋需要的日益增加,水声技术的应用也必将更加广泛。

“声呐”一词是 Sonar 的音译,它是英语 Sound Navigation and Ranging 的略语。目前,声

呐一词具有了更广泛的含义。凡是利用水下声信息进行探测、识别、定位、导航和通信的系统,都广义的称之为声呐系统。

按声呐的工作方式来区分,它通常又分为主动工作系统和被动工作系统,习惯上称为主动声呐和被动声呐。

主动声呐工作时,发射系统向海水介质中发射带有一定信息的声信号,此信号在海水中传播时如遇到障碍物,如潜艇、水雷、冰山、暗礁(通常称为声呐目标)等,就会产生"回声"信号。"回声"信号遵循传播规律在海水中传播,其中在某一特定方向上的"回声"信号传播到接收器处,并由接收换能器将其转换为相应的电信号,此电信号经处理器处理后传送到判别器,它依据预先确定的原则作出有无目标的判别,并在作出确认有目标的判别后,指示出目标的距离、方位、运动速度及其某些物理属性,最后显示器显示判别结果。这就是主动式声呐的完整信息流程,如图 2－73 所示。

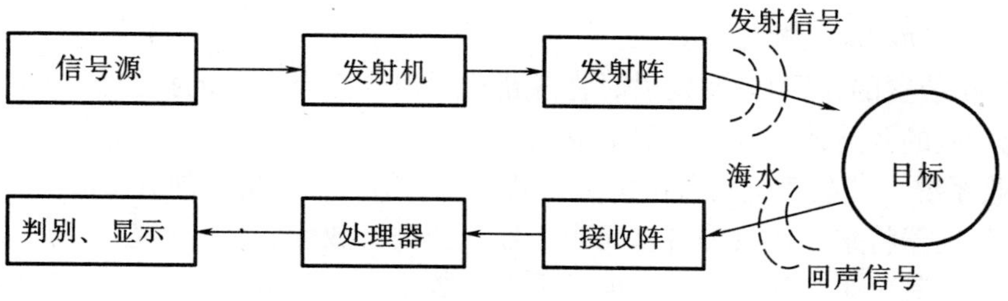

图 2－73　主动声呐信息流程图

图 2－74 所示是主动声呐的基本结构,它包括水下声阵、发射系统、接收系统和显示控制系统 4 大部分。

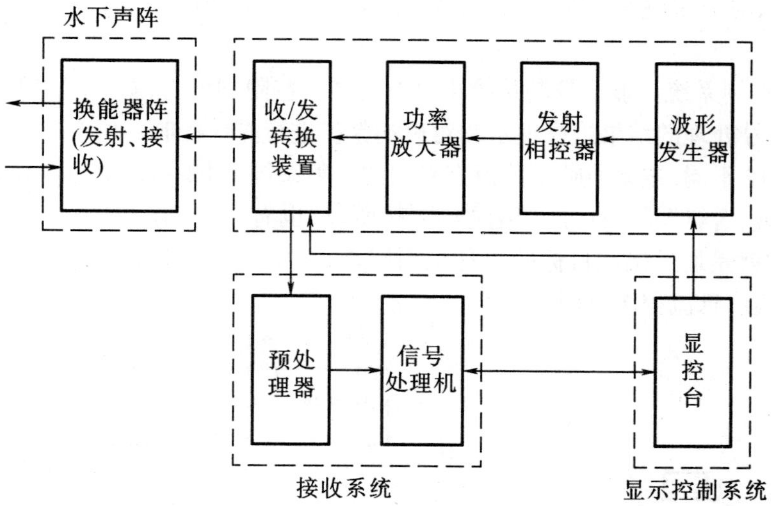

图 2－74　主动声呐结构示意图

(1)水下声阵。水下声阵的主要作用是形成指向性,获得空间增益。构成声阵的水声换能器可以是收/发共用的,也可以是收/发分开的。收发分开的阵有两个,一个作发射阵,另一个作接收阵。只作接收的阵也称水听器阵。

和单个水声换能器相比,声阵具有下述优点:第一,由于阵具有可控的指向性,因此作为接收阵它能够分辨从不同方向到达的声波,作为发射阵它能将能量集中发射到指定方向;第二,阵比单个换能器有更高的信号 - 噪声比(接收阵)和更高的声源强度(发射阵)。这是因为接收阵能从背景噪声中更多地提取指定方向的信号而拒绝接收或少接收其他方向的噪声,发射阵则实现了发射能量的集中,避免了能量的分散。

(2)发射系统。发射系统是向水声换能器提供高能电信号使之转换为声信号的电子设备。

波形发生器是产生发射波形的部件,可根据需要产生不同形状的(矩形或其他形状)调幅单频(CW)脉冲、调频(FM)脉冲、编码脉冲或其他形式的脉冲。

相控发射器的作用是将波形发生器产生的信号复制为 m 路(m 是参与发射的换能器基元数)信号,并对每一路信号进行相控。

主动声呐的功率放大器与相控发射器一一对应,也有 m 路,它们对经过相控的信号进行功率放大以驱动相应的换能器基元。

收/发转换装置的作用是:在发射时将各路功率信号接至相应的换能器基元,同时将接收显示系统对应的各路输入端与发射端隔离,保护各输入端使之不受损害。

(3)接收系统。接收系统大致由信号预处理器和信号处理机两部分组成。

信号预处理器将来自接收阵各基元的信号分别进行放大、滤波、增益控制、采样和模 - 数(A/D)转换。其中采样和模 - 数转换只适用于数字声呐,模拟信号处理的声呐没有这两个环节。

主动声呐的增益控制包括自动(或自动加手动)增益控制和时间增益控制,前者是适应背景幅度变化的需要,后者用以平滑混响干扰幅度随时间的变化。

信号处理机要完成下述几项任务:

波束形成;对波束输出进行匹配滤波、检波积分和空间归一化;目标跟踪处理;目标识别。

(4)显示控制系统。显示控制系统由显控台和一些附加设备(如耳机等)组成。显控台的作用是对信号处理的结果进行显示和对声呐整机进行操作控制。

与主动声呐不同,被动声呐系统没有专门的发射系统,图 2 - 65 中的声源部分系指被探测目标,如鱼雷、潜艇等航行中所辐射的噪声(所以,也有将被动声呐系统称为噪音声呐站的),被动声呐就是通过接收目标的这种辐射噪声,来实现水下目标探测,确定目标状态和性质等目的,其信息流程图见图 2 - 75。

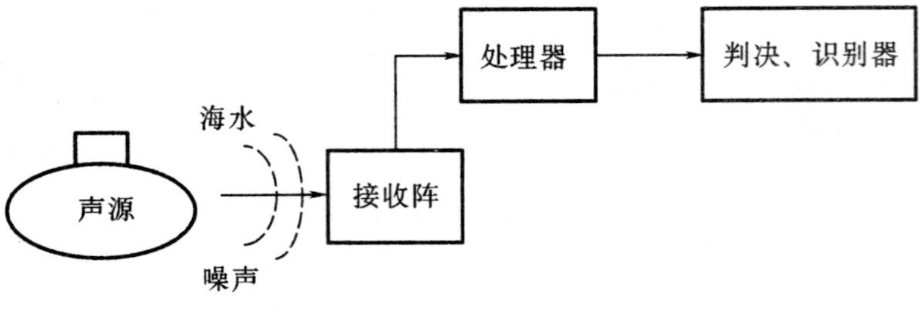

图 2 - 75　被动声呐信息流程图

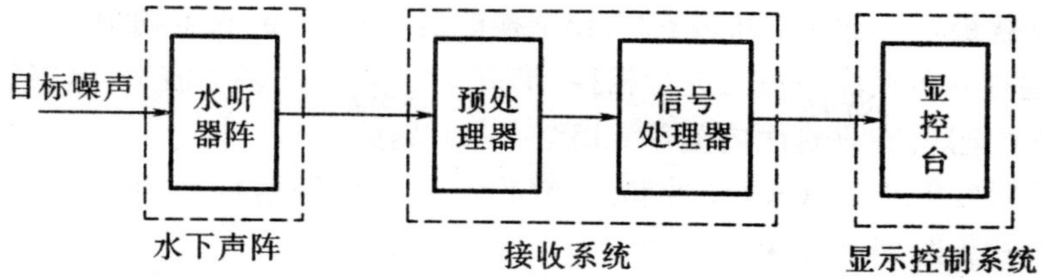

图 2－76　被动声呐结构示意图

图 2－76 所示是被动声呐的基本结构，它包括水听器阵、接收系统和显示控制系统 3 大部分。

(1)水听器阵。水听器阵是专门用于接收水中声信号的换能器阵，它和收发分开的主动声呐的接收阵相同。

(2)接收系统。被动声呐的接收系统结构与主动声呐大致相同，但也有些不同。主动声呐接收的目标回波信号是单频脉冲信号或有限带宽的调频脉冲等信号，因而主动声呐接收机的工作带宽大，其工作频率的上限与下限之比可达 8～100。

被动声呐的信号预处理器对来自各水听器(设有 m 个)的信号分别进行放大、滤波。被动声呐只有手动和(或)自动增益控制，没有时间增益控制。数字化被动声呐的信号预处理器还包括采样和摸－数转换两个部分。

(3)显示控制系统

潜艇综合声呐系统

潜艇一旦潜入水下，它所装备的雷达、无线电通信和无线电导航等设备均难以有效发挥作用。这时，潜艇主要依靠声呐来观察和听测周围的情况或进行水下通信。由于声呐对于潜艇具有特殊的重要性，潜艇设计者总是在艇上留出大量的安装空间和提供良好的安装条件来安装多种声呐，并保证它们能有效地发挥作用。

按承担任务划分，可将潜艇划分为攻击潜艇和弹道潜艇两大类，攻击潜艇的主要任务是攻击敌方水面舰艇和潜艇，同时还可担负护航及侦察任务，其主要武器是鱼雷和火箭助飞鱼雷。弹道导弹潜艇的主要任务是攻击敌方战略性设施，故又称为战略型潜艇，其主要武器是中、远程弹道导弹。

因两种潜艇的任务不同，所装备的声呐系统略有不同，下面分别加以说明。

1. 攻击潜艇的声呐系统

攻击潜艇为完成其使命任务，需要装备功能齐全的声呐系统。

(1)核动力攻击潜艇的声呐系统

全世界只有少数几个国家拥有核动力攻击潜艇。在这些潜艇上一般都装备了最优良的潜艇声呐系统。这里以美国海军核动力攻击潜艇装备的 AN/BQQ－5 声呐系统为例，具体说明潜艇声呐系统的实际概念。

AN/BQQ－5 声呐系统包括的主要声呐有：

①主动声呐

所装备的主动声呐为数字化声呐，其功能是以主动方式对水中目标进行探测、定位和跟踪，并将得到的目标数据传送给射击指挥系统以保证对鱼雷和火箭助飞鱼雷进行正确的射击指挥。

主动声呐的换能器阵为球形，直径 4.6 m，安装在潜艇的球形艏部以保证宽广的视界和受本艇噪声干扰最小。球阵上布放有1 245个换能器基元，阵的总重约 70 t。主动工作频率为 3.5 kHz，通过对各换能器基元进行相控，形成束宽为 2°的多个波束，这些波束在水平面内覆盖 0 ~360°全周，在垂直面内覆盖 +15° ~ −45°扇面。

主动方式可发射单频(CW)脉冲和调频(FW)脉冲两种信号，发射功率约 100 kW。主要信号处理方式为匹配滤波。

利用 3 种传播途径探测目标，主动方式能探测到第一会聚区(约 60 km)以内的目标。

它还具有被动方式，工作频率为 1 ~3 kHz，利用同一球阵实现水平和垂直观察，水平观察范围为 0° ~360°，垂直观察范围为 +36° ~ −52°。在被动方式下可同时进行宽带检测和窄带检测。本艇低速航行时，被动方式可探测到第一会聚区以内和第二会聚区(约 120 km)的目标，但这时在第一和第二会聚区之间为盲区。

②被动声呐

所装备的被动声呐的主要功能是被动警戒。由于它的工作频率低至 0.5 Hz ~1.4 kHz，故可得到更大的探测距离。

被动声呐的水听器阵为马蹄形，包覆于从艇首到两舷各 15 m 的艇壳上。在本艇低速航行时，被动声呐可探测多个会聚区内的目标。

③被动测距声呐

所装备的被动测距声呐能以被动方式测定目标的方位和距离，为反潜武器指挥仪提供数据，保证潜艇能对目标进行隐蔽攻击。

这一声呐在潜艇两舷分别有 3 个水听器阵，相邻两阵间距为 30 m，3 个阵跨越的距离为 60 m。声呐工作频率为 0.2 ~8 kHz。

被动测距声呐是通过估计目标噪声到达 3 个阵的时间差来测定目标距离的。它在 10 n mile距离内的测距精度基本上可满足射击指挥的要求，超过此距离则测距精度不满足要求。

由于主动声呐探测目标时要发射脉冲信号，而一旦发射信号就会把自己暴露给敌方，故主动声呐的使用在潜艇上是受到严格限制的。被动测距声呐则不受此限制。但是，因被动测距精度取决于被测目标的距离与测距水听器阵长度之比，当测距阵长度受限时，对远距离目标的测距精度很低，加之被动测距声呐不能对静止的或极低速运动的目标进行测距，故在潜艇上还不可能用被动声呐和被动测距声呐来完全代替主动声呐。

④拖曳线列阵声呐

由于拖曳线列阵声呐在工作时它的阵是被拖曳在离潜艇较远的距离上的，使阵的孔径不受艇长的限制，可以做得很大，因而可以工作在很低的频率，而且也使阵受本艇噪声干扰较小，同与艇壳上安装的声呐相比它可以有更大的探测距离。

装备战斗舰艇的拖曳线列阵声呐称为战术型拖曳线列阵声呐。先后有两种潜用战术型拖曳线列阵声呐被引入 AN/BQQ −5 声呐系统。

第一种拖曳线列阵声呐，阵长为 72 m，阵直径约 89 mm，内含 50 个水听器，由长 800 m、直径约 9 mm 的拖缆拖曳，它的功用是低频远程被动探测。第二种拖曳线列阵声呐，阵长为 760 m，阵直径约 28 mm，工作频率更低，用于更远程被动探测和被动测距。

⑤目标识别声呐

目标识别声呐是通过对目标辐射噪声特征或目标回波特征进行分析来对目标进行分

类识别的。目标识别声呐本身没有换能器阵,它的输入信号来自于主动声呐阵、被动声呐阵和拖曳线列阵声呐阵。

⑥通信声呐

通信声呐使用主动声呐的换能器阵以及两个专用换能器阵进行潜艇之间或潜艇与水面舰艇之间的水下通信。通信方式有密码电报和话音通信等。

⑦侦察声呐

侦察声呐的水听器阵包含 4 个水听器,安装在潜艇指挥塔围壳四周,观察范围为 0°~360°。这一声呐的功用是以被动方式侦察敌方主动声呐或鱼雷主动声自导头发出的信号,测定其方位、发射频率、发射脉冲宽度和脉冲重复频率,用以判别敌方声呐型别及载舰类型,并对来袭鱼雷实施报警。侦察声呐的工作频率范围较宽,低端为 1 kHz,高端达数十千赫兹。

⑧水雷规避声呐

水雷规避声呐使用潜艇指挥塔围壳前方的高频阵,承担水雷探测、规避和冰下导航任务。

声呐系统还包括本艇噪声监测仪,它用于测量和监视本艇各部位振动噪声源所辐射的噪声级,特别是监视螺旋桨空化噪声和动力机械激发的低频线谱。根据本艇噪声监测仪提供的数据,可对本艇各声呐性能以及本艇被敌方被动声呐发现的可能性进行评估,还可及时发现本艇噪声异常情况,并采取相应措施。

噪声监测仪在声呐换能器阵部位和动力部位等地方约安装了 10 个水听器,监测频率范围为 0~12 kHz。

上述几种声呐的波束形成、信号处理和后置处理均由分布式并行信号处理机完成,整个声呐系统由 3 个显控台进行综合显控。

2.34　声 呐 方 程

1. 声呐参数

虽然主、被动声呐的工作方式有所不同,但它们工作时的信息流程却是相同的,都由三个基本环节组成,这就是声信号赖以传播的海水介质、被探测目标和声呐设备本身。可以想见,这些基本环节的状态、特性和性能,将直接影响声呐信息的传送、处理和判别,也即影响声呐设备的工作质量。进一步的分析表明,上述三个基本环节中的每一个,又都包含了若干个影响声呐设备工作的因素,工程上将这些因素称为声呐参数。

(1)声源级 SL

声源级 SL 用来描述主动声呐所发射的信号的强弱,它定义为

$$SL = 10\lg\frac{I}{I_0}\bigg|_{r=1\ \mathrm{m}} \tag{2-149}$$

式中,I 是发射器(发射换能器或发射换能器阵)声轴方向上离声源声中心 1 m 处的声强,I_0 是参考声强。同样的 I 值,随着参考声强取值的不同,所得到的声源级也不同。

(2)传播损失 TL

海水介质是一种不均匀的非理想介质,由于截止本身的吸收、声传播过程中波阵面的扩展及海水中各种不均匀性的散射等原因,声波在传播过程中,声传播方向上的声强度将

会逐渐减弱，传播损失 TL 定量地描述了声波传播一定距离后声强度的衰减变化，它定义为

$$TL = 10\lg \frac{I_1}{I_r} \tag{2-150}$$

式中 I_1——离声源声中心 1 m 处的声强度；

I_r——距声源 r 处的声强度。式(2-134)定义的传播损失 TL 值总为正值。

(3)目标强度 TS

水声学中，目标一词是指潜艇、鱼雷、水雷、礁石等物体，它们或者是声波的反射体，或者是声波的散射体，或者两种作用兼而有之，当声波照射到这些物体的表面上时，就会产生回波信号，这种回波信号的产生，遵循着某种物理规律，是一种有规信号。

对于主动声呐而言，它是利用目标回波来实现检测的。目标回波的特性除和声波本身的特性如频率、波阵面形状等因素有关外，还与目标的特性如几何形状、组成材料等有关，也就是说，即使是在同样的入射波照射下，不同目标的回波也将是不一样的。这一现象反应了目标反射本领的差异。水声技术中，通常用目标强度 TS 定量描述目标反射本领的大小，它定义为

$$TS = 10\lg \frac{I_r}{I_i}\bigg|_{r=1} \tag{2-151}$$

式中 I_i——目标处入射声波的强度；

$I_r\big|_{r=1}$——在入射声波相反的方向上、离目标声中心 1 m 处的回波强度。

图 2-77 是对式(2-151)的直观解释，图中 QC 是入射方向；C 点是目标声学中心，它是一个假想的点，可位于目标外面，也可位于目标内部，从射线声学观点来看，回声即是由该点发出的；P 是接收点，它可以位于空间任何方位上，CP 是回声方向。通常，回声强度 Ir 是入射方向和回波方向的函数，只有在收发合置情况，接收点和声源位于同一处，回声则仅是入射方向的函数。因为这时回声方向与入射波方向恰好相反，所以习惯上称为反向反射或反向散射。

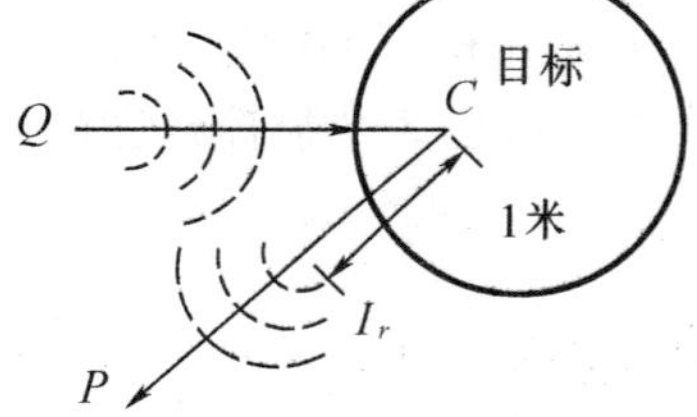

图 2-77 目标回声示意图

(4)海洋环境噪声级 NL

海水介质中，存在着大量的、各种各样的噪声源，它们各自发出的声波构成了海洋环境噪声。这种环境噪声，对声呐设备的工作无疑是一种干扰。环境噪声级 NL 就是用来度量环境噪声强弱的一个量，它定义为

$$NL = 10\lg \frac{I_N}{I_0} \tag{2-152}$$

式中 I_N——测量带宽内(或 1 Hz 频带内)的噪声强度；

I_0——参考声强。

(5)等效平面波混响级 RL

对于主动声呐来说，除了环境噪声是背景干扰外，混响也是一种背景干扰。关于海水混响的研究指出，混响不同于环境噪声，它不是平稳的，也不是各向同性的。为了定量描述混响干扰的强弱，引入声呐参数等效平面波混响级 RL。设有强度为 I 的平面波轴向入射到

水听器上，水听器输出某一电压值；如将次水听器移置于混响场中，使它的声轴指向目标，在混响声的作用下，水听器也输出一个电压。如果这两种情况下水听器的输出相等，那么，就用该平面波的声级来度量混响场的强弱，称为等效平面波混响级。

在很多情况下，混响是主要的背景干扰，是它限制了声呐设备的作用距离。混响是声源停止后，由于多次反射或散射而延续的声音，它是一种特殊形式的干扰，是伴随着声呐发射信号而产生的，所以它和发射信号本身的特性有着密切的关系，并且，它还和传播通道的特性有关，现在已经明了，混响是存在于海洋中的大量无规散射体对入射声信号产生的散射波信号在接收点叠加而形成的，所以，它是一个随机过程。

海洋中存在着大量的散射体，诸如大大小小的海洋生物、泥砂粒子、气泡，水中温度局部不均匀性所造成的冷热水团等。另外，不平整的海面和海底，既是声波的反射体，也是声波的散射体。所有这些散射体，构成了实际海洋中的不均匀性形成了介质物理特性的不连续性，因而，当声波投射到这种不均匀性介质上时，就会产生散射过程。这时，一部分入射声能继续按原来的方向传播，而另一部分声能则向四周散射，形成散射声场。海洋中的不均匀性是大量的，它们的散射波在接收点上的总合构成所谓的混响场。混响信号紧跟在发射信号之后，听起来，它像一阵长的，随时间衰减的颤动着的声响。这就是海水混响信号。

(6)接收指向性指数 *DI*

接收换能器的接收指向性指数的定义是

$$DI = 10\lg \frac{\text{无指向性水听器产生的噪声功率}}{\text{指向性水听器产生的噪声功率}} \tag{2-153}$$

指向性水听器的指向性指数，其实就是在各向同性噪声场中，无指向性水听器输出的均方电压和具有同样轴向灵敏度的指向性水听器输出的均方电压的比值，并用分贝表示。

(7)检测阈 *DT*

声呐设备的接收器工作在噪声环境中，既接收声呐信号，也接收背景噪声，相应地，其输出也由这两部分组成。因此这两部分比值的大小将直接影响设备的工作质量，即如果接收带宽内的信号功率(或均方电压)与1 Hz带宽内(或工作带宽内)的噪声功率(或均方电压)的比值较高，则设备就能正常工作，它作的“判别”也是可信的；反之，上述的信噪比值比较低时，设备就不能正常工作，它作出的“判别”也就不可信。在水声技术中，习惯上将设备刚好能正常工作所需的处理器输入端的信噪比值(用分贝表示)称作检测域，它定义为

$$DT = 10\lg \frac{\text{刚好完成某种职能时的信号功率}}{\text{水听器输出端上的噪声功率}} \tag{2-154}$$

由检测阈定义可知，对于完成同样职能的声呐来说，检测阈值较低的设备，其处理能力较强，其性能也较好。

2. 声呐方程

以上介绍的声呐参数，从能量的角度定量描述了海水介质、声呐目标和声呐设备所具有的特性和效应，如果我们从声呐信息流程出发，按照某种原则将它们组合在一起，那么，我们就得到一个将介质、目标和设备的作用综合在一起的关系式。它综合考虑了水声所特有的各种现象和效应对声呐设备的设计和应用所产生的影响。这个关系式就是所谓的声呐方程，它在声呐设计和声呐性能预报中是十分有用的。

基本考虑：

大家知道，声呐总是工作在背景干扰的环境中，工作时，既接收到有用的声呐信号，同

时也接收到背景干扰信号。如果接收信号级与背景干扰级之差刚好等于设备的检测阈,即

$$信号级 - 背景干扰级 = 检测阈 \quad (2-155)$$

(背景干扰级的含义:并非全部背景干扰都对设备的工作起干扰作用,只有设备工作带宽内的那部分背景噪声才起干扰作用),根据检测阈的定义可知,此时设备刚好能完成预定的职能。相反,若(2-155)式左端小于右端时,设备就不能正常工作。所以通常将(2-155)式作为组成声呐方程的基本原则。

(1)主动声呐方程

根据主动声呐信息流程及等式(2-155),我们可以方便地写出声呐方程。考虑一个收发合置的主动声呐,其辐射声源级为 SL,并设接收阵的接收指向性指数为 DI,由声源到目标的传播损失为 TL,目标的目标强度为 TS,时空处理器的检测阈为 DT,背景干扰为环境噪声,在设备的工作带宽内,其声级为 NL。由图 2-78 可知,由于声传播损失,声源级为 SL 的声信号到达目标时,其声级降为 $SL-TL$;由于目标的目标强度是 TS,由 TS 的定义可知,在返回方向上离目标声中心单位距离处的声级为 $SL-TL+TS$,此回声到达接收阵时的声级是 $SL-2TL+TS$。$SL-2TL+TS$ 通常称为回声信号级。另一方面,背景噪声也作用于接收换能器,但它为接收阵接收指向性指数所抑制,起干扰作用的噪声级是 $NL-DI$。这里我们指出,因为换能器的声轴总是指向目标的,所以,回声信号级不会被接收指向性指数压低。回声信号和噪声经换能器转换为电信号送至处理器,该电信号的信噪比(以分贝表示)就是

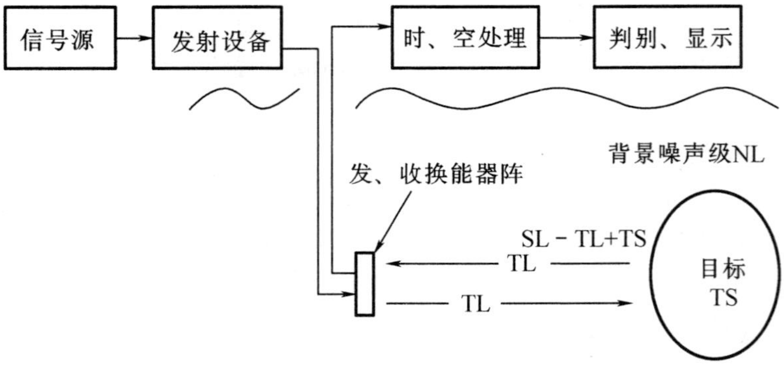

图 2-78 主动声呐信号强度变化示意图

$$(SL-2TL+TS)-(NL-DI) \quad (2-156)$$

根据式(2-155)所示的原则,就可得到如下形式的主动声呐方程

$$(SL-2TL+TS)-(NL-DI)=DT \quad (2-157)$$

我们称式(2-157)为主动声呐方程。

为了正确应用方程(2-157),指出以下两点是有意义的。其一,方程(2-157)适用于收、发合置型声呐。对于收、发换能器分开的声呐,声信号往返的传播损失一般是不相同的,所以,不能简单的用 $2TL$ 来表示往返传播损失。其二,方程(2-157)适用于背景干扰为各向同性的环境噪声情况。但是,对于主动声呐来说,混响也是它的背景干扰,而混响是非各向同性的,因而,当混响成为主要背景干扰时,就应使用等效平面波混响级 RL 替代各向同性背景干扰 $NL-DI$,方程(2-157)变为

$$SL-2TL+TS-RL=DT \quad (2-158)$$

(2)被动声呐方程

被动声呐的信息流程比主动声呐略为简单,主要表现在:首先噪声源发出的噪声不再需要往返程传播,而直接由噪声源传播至接收换能器(阵);其次噪声源发出的噪声不经目标反射,所以,目标强度级 TS 不再出现;最后,被动声呐的背景干扰一般总为环境噪声。考虑到以上的差异,基于被动声呐工作时的信息流程,我们可以得到被动声呐方程

$$SL - TL - (NL - DI) = DT \tag{2-159}$$

式中,SL 是噪声源辐射噪声的声源级,其余各参数的定义同主动声呐方程。

3. 海洋的声学特性

(1)海洋中的声速

海洋中最重要的声学参数是声传播速度,它是影响声在海洋中传播的最基本的物理参数。

在海洋中,平均声速近似等于 1 500 m/s。声速对温度、盐度和静压力的依赖关系通常用经验公式来表示。在精度要求不太高时,可以使用比较简单的经验公式。例如式(2-160)给出的乌德公式,即

$$c = 1\,450 + 4.21T - 0.037T^2 + 1.14(S - 35) + 0.175P \tag{2-160}$$

式中 T 是温度,S 是盐度,P 是静压力,单位是大气压,1 atm $= 1.013 \times 10^5$ N/m²。

由此可以看出,海水中的声速是温度、盐度和静压力的函数。

(2)海水中的声传播衰减

引起声强在介质中传播衰减的原因,可以归纳为以下三个方面:

①扩展损失。由于声波波阵面在传播过程中不断扩展而引起的声强衰减,也称为几何衰减;

②吸收损失。通常指在均匀介质中,由于介质黏滞、热传导以及其他弛豫过程引起的声强衰减;

③散射。在海洋介质中,存在泥沙、气泡、浮游生物等悬浮粒子以及介质不均匀性,引起声波散射和声波衰减。

海底结构、地形和沉积层、海面波浪和海洋内部的不均匀性也是影响声波传播的重要因素。(沉积层是指覆盖于大部分海底之上的比较松软的物质,它是处于液态和固态之间的海底沉积物。)

2.35　辐射噪声及自噪声理论

研究舰船辐射噪声,总结其特点和规律,有着重大的意义,这可从辐射噪声对舰船的危害看出。首先,辐射噪声破坏了舰船的隐蔽性,为对方的水声探测器材提供了搜索、探测和跟踪的信息。噪声危害对潜艇几乎是致命的;其次,舰船辐射噪声有可能引爆某些水中兵器,如装有声引信的水雷、鱼雷,对自身的安全形成巨大威胁;再次,舰船辐射的噪声对本舰的水声观通作业造成严重干扰,甚至使其无法工作,导致“耳目”失灵;而另一方面,声制导鱼雷则根据这种辐射噪声进行跟踪和实施攻击,可见,舰船噪声已经成了威胁舰船安全和影响其战斗力的一个重要因素。

2.35.1 舰船辐射噪声特性

舰船,特别是潜艇是由很多机电设备及管路系统构成的复杂水下运动结构,其机电设备运转时产生的振动通过船体和海水介质形成水下声场。对于被动声呐而言,这种水下辐射声场具有特殊重要性。舰船辐射噪声,是被动声呐系统探测、跟踪目标的信号,被动声呐方程中的声源级参数就是用来度量这种辐射噪声的。

直到目前为止,舰船辐射噪声比较准确的理论估算方法还未完全形成,这是因为舰船声源较多、集中、复杂、相互之间的关联,相互影响。研究者们往往把机械设备引起船体的振动辐射噪声、螺旋桨噪声、水动力噪声等分开进行研究,然后进行合成。由于对整个舰船的辐射噪声的准确估算往往比较困难,所以现今采用的通常方法往往是实验方法,即实船测试,通过实船测试、理论估算,找出并总结其规律和特点,以原舰船为母型,逐步提高舰船声隐身性能。

舰船在航行过程中,其推进器和各种机械都在工作,它们产生的振动通过船体向水中辐射声波,形成舰船辐射噪声。被动声呐方程中的声源级 *SL* 就是用来描述这种辐射噪声强弱的一个参数,定义为水听器声轴方向上距声源中心 1 m 处的声强与参考声强之比的分贝数。事实上,辐射噪声源级总是在离舰船 1 m 处测得的,使其具有远场辐射特性,在远场测得噪声级后,再修正其传播损失,归算到离声源中心 1 m 处,并计算出 1 Hz 带宽内的声强。

舰船辐射噪声是很多噪声源的综合效应,这些噪声源产生噪声的机理各不相同,因此辐射噪声的谱特性也很复杂。一般而言,辐射噪声谱有两种基本类型,一种是连续谱,噪声级是频率的连续函数;另一种为单频噪声,它的谱特性为线谱。然而对舰船辐射噪声而言,在很宽频率范围内,其谱特性为线谱和连续谱的叠加。

舰船辐射噪声源通常为机械噪声、螺旋桨噪声、水动力噪声,见表 2-7。

表 2-7 舰船辐射噪声源一览表

分类	内容
机械噪声	主机(主汽轮机、推进电机、减速器) 辅机(发电机、泵、空调设备)
螺旋桨噪声	螺旋桨上或其附近的空化 螺旋桨引起的船壳共振
水动力噪声	水流辐射噪声 空腔、板和附件的共振 在支柱和附件上的空化

机械噪声、螺旋桨噪声和水动力噪声的详细介绍参见其他专业相关章节。

2.35.2 舰船自噪声特性

1. 自噪声和辐射噪声的区别

虽然自噪声和辐射噪声的声源基本相同,但它们在声呐方程中所起的作用却是不一样的,辐射噪声是被动声呐系统的声源,在声呐方程中是参数 *SL* 项,自噪声是本船发出的、对本船上的声呐系统工作的一种特殊背景干扰,它在声呐方程中是参数 *NL*,它的测量水听器安装在产生噪声的艇体上,随着舰船自身航行,而不是固定海中离艇某一距离处。另外,和辐射噪声不同,自噪声到达水听器的路径很多,而且是可变的,这些路径对装在运动船体上的水听器所接收到的噪声的大小和种类起主要作用。再则,自噪声属于近场噪声,而辐射噪射是远场噪声,两者性质不同,特性也不同。

同辐射噪声一样,机械噪声、螺旋桨噪声和水动力噪声也是舰船自噪声的三种主要声源,每一种噪声源所产生的声和振动通过各种不同传声途径到达声呐水听器。

2. 自噪声的声源和路径

图 2-79 表示由水面舰船的螺旋桨和机舱产生的声通过艇上和海水中的声路径传到声呐水听器。由机器、螺旋桨轴和螺旋桨本身所产生的振动,完全通过艇体路径 *A* 到达前面的声呐阵列附近。振动可能由船体再辐射出去,或者更重要的是,引起导流罩壁及水听器阵列安装支架及基座的振动;*B* 是直接由本艇螺旋桨通过水中传到水听器的路径;通过路径 *C* 的是为海中散射体反向散射的螺旋桨噪声,这些散射体也引起体积混响。*D* 是海底反射或海底散射路径,螺旋桨噪声经过它到达水听器附近,此路径是在浅海航行的水面舰船上自噪声的主要来源。

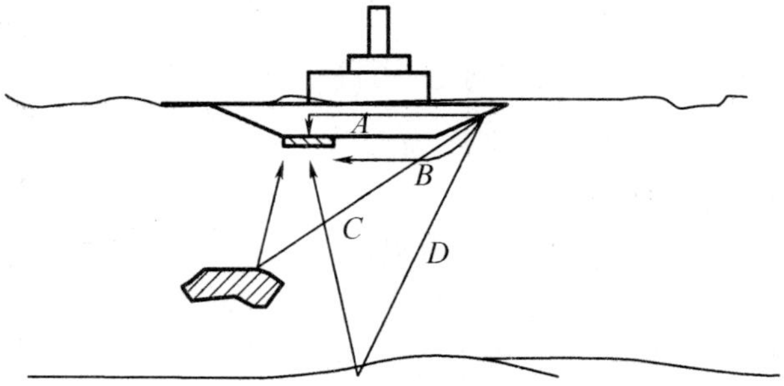

图 2-79　水面舰船自噪声的路径

机械噪声和螺旋桨噪声都是自噪声的主要来源。舰船机械产生的自噪声基本上是整个噪声低频段的单频分量。因为机械噪声多数是舰船的恒速辅机产生的,所以它和其他噪声不同,与航速几乎无关。因此,在低速时,其他类噪声强度低,舰船的辅机常常是讨厌的自噪声源。在较高航速、高频、浅海和艇尾方向的条件下,螺旋桨噪声变成了主要的自噪声源。在高速时,各种不同类型的水动力噪声则成为主要噪声源。

水动力噪声包括所有由水流流过水听器及其支座及艇体外部结构所构成的噪声源,即在水流的湍流附面层中水听器表面上产生的湍流压力,湍流引起的船壳振动,附件周围的空化,和远处流中漩涡辐射的噪声。因为水动力噪声的源距水听器很近,它随速度增长很快,所以在螺旋桨(它本身也是水动力噪声的一种形式)空化不大时,水动力噪声是在高速下的基本噪声源。

2.36 目标强度理论

在水声学中,目标一词是指潜艇、鱼雷、水雷、礁石等物体,它们或者是声波的反射体,或者是声波的散射体,或者两种作用兼而有之,当声波传播到这些物体的表面上时,就会产生回波信号,而声呐最常见的应用是探测水下目标。对主动声呐来说,它是根据来自目标的回波信号实现目标检测和目标识别的,因此,研究声呐目标的回波特性,对声呐设备的设计和应用有着重要的意义。我们将从目标强度这一参数出发,讨论常见声呐目标的目标强度值及其一般特性。

2.36.1 目标强度概念

主动声呐是通过接收来自目标的回声信号实现目标探测的,因而,被测目标的声学特性对目标检测有着十分重要的作用,因为它决定了回声信号的强弱和其他特性。参数目标强度从声强度的角度描述了目标声反射本领的大小。前面已经介绍过目标强度的定义,

$$TS = 10\lg \frac{I_r}{I_i}\bigg|_{r=1} \tag{2-161}$$

式中 I_i——目标处入射声波的强度;

$I_r\Big|_{r=1}$——在入射声波相反的方向上、离目标声中心 1 m 处的回波强度。

关于式(2-161),由于采用了一米作为参考距离,往往使许多水下物体具有正的目标强度值。应该说明,这并不表明回声强度高于入射声强度,而是选取了 1 m 作为参考距离的结果。如果将参考距离选得远些,如 10 m,甚至 50 m,物体的目标强度值就变成了负值。

1. 刚性大球的目标强度(见图 2-80)

作为例子,我们考察一个刚性大球的目标强度值。设有一个不动的光滑刚性球,其半径为 a,且 $ka \gg 1$,$k=\frac{2\pi}{\lambda}$是波数。对于这种大球,散射过程具有几何镜反射特性,反射声线服从局部平面镜反射定律。设有强度为 I_i 的平面波以角 θ_i 入射到球面上,则入射波在 θ_i 到 $\theta_i+\mathrm{d}\theta_i$ 范围内的功率 $\mathrm{d}W_i$ 应为

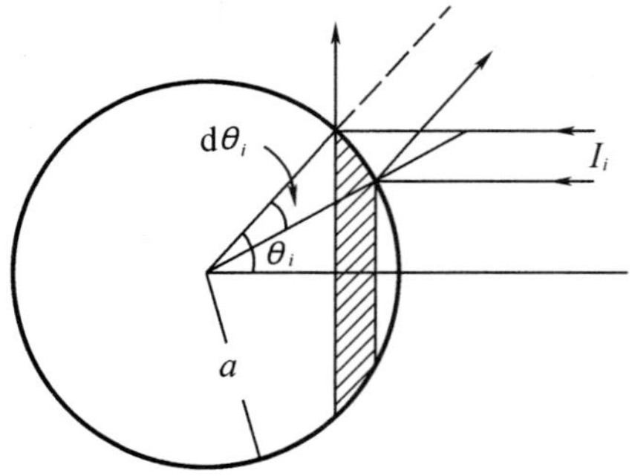

图 2-80 球面上的几何镜反射

$$\mathrm{d}W_i = I_i \mathrm{d}s\cos\theta_i \tag{2-162}$$

式中,$\mathrm{d}s$ 为图 2-70 中的阴影区面积,它等于

$$\mathrm{d}s = 2\pi a^2 \sin\theta_i \mathrm{d}\theta_i \tag{2-163}$$

因为球是刚性的,声能不会透入球体内部;又因为球是理想反射体,没有能量损耗,所以,入射声能将无损失地被球面所反射。由图 2-80 可知,在 θ_i 方向上,$\mathrm{d}\theta_i$ 内的声能经反射后分布在 $2\mathrm{d}\theta_i$ 范围内,因而,在距离为 r 处的散射声功率为

$$\mathrm{d}W_r = I_r \cdot 2\pi r^2 \cdot \sin(2\theta_i) \cdot 2\mathrm{d}\theta_i \tag{2-164}$$

式中,I_r 是离球心 r 处的反射声强度。因为反射过程没有能量损失,所以

$$dW_i = dW_r \tag{2-165}$$

于是得到

$$\frac{I_r}{I_i} = \frac{a^2}{4r^2} \tag{2-166}$$

由式(2－143)可直接得到该球的目标强度

$$TS = 10\lg \left| \frac{I_r}{I_i} \right|_{r=1} = 10\lg \frac{a^2}{4} \tag{2-167}$$

可见当 $ka \gg 1$ 时，刚性球的目标强度值与声波频率无关，只和球的半径 a 有关，半径为 2 m 时，它的目标强度值为零分贝。

2.36.2　常见声呐目标的目标强度的一般特征

由于军事上的需要，声呐目标诸如潜艇、水面舰艇、鱼雷、水雷等物体的目标强度，历来受到人们的关注，并为此进行了大量的研究工作，取得了很多成果。我们对常见声呐目标的目标强度特性作一般性的讨论。

1. 潜艇的目标强度

关于潜艇的目标强度，人们首先注意到测量值的明显离散性。这种离散性，不但表现在对不同型号潜艇，由不同操作人员在不同时间所测得的目标强度值具有很大的变化，而且还表现在对同一艘潜艇所进行的测量中，各次回声强度也有很大的变化。图 2－81 中的曲线 A 和 B 就是这种离散性的实例。曲线 A 是二次大战时用 24 kHz 的频率测得的，曲线上每隔 15°有一个实验点，它是 40 个单个回声的平均值。曲线 B 是战后测得的，每隔 5°有一个测量值，它是 5 个回声的平均值。由图可见，这两条曲线之间的平均差值约为 10 dB。

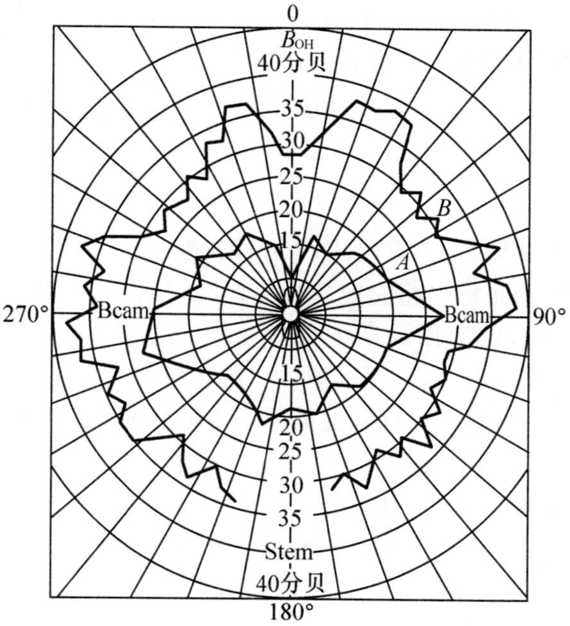

图 2－81　目标强度“蝴蝶图”

对于潜艇目标来说，人们在研究了不同频率下对不同潜艇所作的测量结果后发现，潜艇正横方向的目标强度值在(12～40)dB之间,平均值为25 dB。由图2－81中见,正横方向上的目标强度值分别为26 dB和37 dB。

潜艇目标强度的另一个显著特征是随方位的变化,图2－81中的曲线A和B就是这种变化的实例。应该说明,图2－81具有普遍的意义,不同型号潜艇的目标强度随方位的变化曲线都是和曲线A(或B)类似的,由此我们可以看出:

(1)在潜艇左右两舷侧的正横方向上,目标强度值最大,它是由艇壳的镜反射引起的;

(2)在艇首和艇尾方向,目标强度取极小值,这是由于艇壳和尾流的遮蔽效应引起的;

(3)在艇首和艇尾20度附近,比相邻区域高出(1－3)dB,估计是由潜艇的舱室结构的内反射产生的。

关于潜艇的目标强度,实验测量结果表明它还和测量距离有关,往往近处测量值小于远处测量值。这种现象的出现,有两方面的原因。其一,当使用指向性声呐在近处进行目标强度测量时,由于指向性的关系,声速不能照射到目标的全部,仅有部分表面对回声有贡献。其二是有些物体由于其几何形状比较复杂,其回声随距离衰减的规律不同于点源声场。事实上,对于一个长度为L的柱体来说,在近距离上,它的回声强度随距离的衰减服从柱面规律,即与距离的一次方成反比;在远距离上,回声随距离的平方而衰减,即服从球面衰减规律;两者的过渡距离是$\frac{L_2}{\lambda}$,这里λ是声波波长。如果测量分别是在近处和远处进行的,而归算到目标声中心一米处时都应用球面规律,则其结果必然是远处测得的目标强度值大于近处的测量值。潜艇目标强度值随测量距离变化的事实告诉人们,为了要得到稳定可靠的测量结果。测量应在远场进行,即测量距离要大于$\frac{L_2}{\lambda}$。

现在,我们来讨论脉冲长度对目标强度值的影响。设有脉冲长度为τ的平面波入射到长度为L的物体上,它们之间的夹角为θ,如图2－82所示。若要物体表面上的A点和B点所产生的回声在脉冲宽度τ内被同时接收到,则必有

$$\overline{BD}=\frac{\tau c}{2}$$

即

$$\overline{AB}\cdot\sin\theta=\frac{\tau c}{2} \qquad (2-168)$$

式中,c是声速。由式(2－152)可以看出,随着脉冲长度τ的增加,对回声有贡献的物体表面积也相应地变大,直到τ变得足够大,以至物体全部表面都能对回声产生贡献为止。由此可见,当脉冲长度由短逐渐变长时,目标强度值也由小逐渐变大,直到脉冲长度变为$2L\sin(\theta/c)$后,目标强度值就不再随脉冲长度而变化。

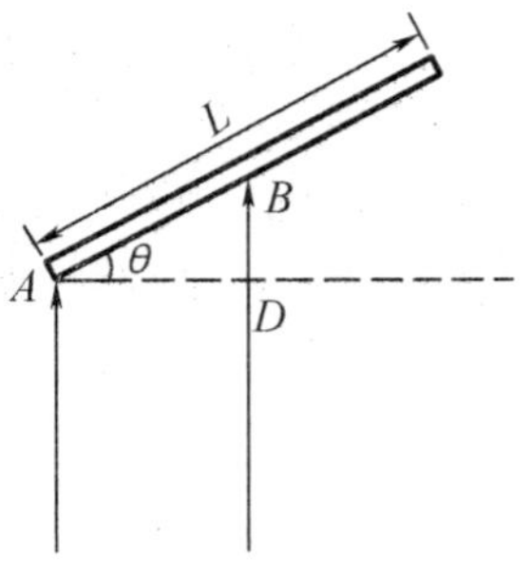

图2－82 目标强度与脉冲长度的关系

如果测量是在潜艇正横方向进行的,则由于目标沿入射方向上的长度比较小,且回声的形成主要是几何镜反射,所以,上述目标强度随脉冲长度变化的现象并不显著。

关于潜艇的目标强度值,人们还关注它与频率,潜艇航行深度等因素之间的关系。二次大战期间,曾用12,24和60千赫的频率进行潜艇目标强度的测量,试图确立它的频率响应,但测量结果表明:潜艇目标强

度不存在明显的频率效应，如果有的话，也被实测值的离散性所掩盖了。事实上，潜艇目标的结构和几何形状都十分复杂，产生回声的机理是多种多样的，因而，它的目标强度值没有明显的频率关系也是不奇怪的。至于潜艇航行深度的变化，除了尾流回声受其影响外，原则上目标强度值不应发生明显的变化。如果一定要说深度对目标强度值有影响，那并不是深度影响到产生回声的机理，而是深度变化后声传播也随之变化所引起的。

2. 鱼雷和水雷的目标强度

鱼雷和水雷的几何形状基本上都是带有平头或圆头的圆柱体，长度为1米至数米，直径为0.3 m～1 m左右，鱼雷的尾部安装有推进器，水雷的雷体上安装有翼及有凹凸不平处。对于这样的物体，可以想见，其正横方位上或头部会有较强的目标强度值，因这些方位上有强的镜反射；至于尾部和雷体上小的不规则部分，目标强度值较小。当然，如果声波入射到雷体上的某些不太小的平面上，由于镜反射较强，也会有较强的目标强度值。鱼雷、水雷目标强度值随频率、方位角、测量距离及脉冲宽度的变化，大体与潜艇的情况相类似。

3. 常见声呐目标的目标强度

关于各种常见声呐目标的目标强度值，人们已经进行了大量的实验测量，一般来说，所得到的结果具有较大的离散性，但即使如此，这些测量还是从统计的意义上给出了规律性的结果。表2-8所列是常见声呐目标的目标强度值，作为处理问题时的一般评估，这些结果是很有意义的。

表2-8　常见声呐目标的目标强度标准值

目标	方位角	TS/dB
潜艇	正横	+25
	艇首-尾	+10
	正横与首尾之间	+15
水面舰艇	正横	+25(高值不确定)
	非正横	+15(高值不确定)
水雷	正横	+10
	非正横	+10～-25
鱼雷	头	-20
长度为L时的鱼	背向	$-54+19\lg L$

4. 简单几何形状物体的目标强度

以上，我们给出了常见声呐目标的目标强度值，它们都是实验的测量结果，作为一种补充，下面我们给出一些简单几何形状物体目标强度值的理论计算公式，它们是从雷达技术中借用过来的。在雷达技术中，人们已经对几种表面形状可以用正交曲线坐标描述的简单集合形状物体的目标强度作了理论研究，得到了理想情况下的数学计算公式，作为一种参考，列于表2-9中。应该指出，声呐目标的内部结构一般比较复杂，往往不满足刚性条件。此外，声呐目标也很难做到固定不动。这些条件决定了声呐目标不满足刚性、不动的理想条件，所以用表2-9所列公式得到的值仅是一种近似值。然而，作为一种估计，这些公式在实际工作中是十分有用的，尤其是那些几何形状虽不规则，但又与表中所列的某种物体十分相似的物体，在估算其目标强度值时，可应用表中相应的公式进行计算。

表 2-9　简单形状物体的目标强度

形状		T(目标强度 = 10lg$T$)	符号	入射方向	条件
凸曲面		$\frac{a_1a_2}{4}$	a_1a_2 = 主曲率半径，r = 距离，$k=2\pi$/波长	垂直于表面	$ka_1, ka_2 \geqslant 1, r > a$
球体	大	$\frac{a^2}{4}$	a = 球半径	任意	$ka \gg 1, r > a$
球体	小	$61.7\frac{V^2}{\lambda^4}$	V = 球体积，λ = 波长	任意	$ka \ll 1, kr \gg 1$
柱体无限长	粗	$\frac{ar}{2}$	a = 柱半径	垂直于柱轴	$ka \gg 1, r > a$
柱体无限长	细	$9\pi^4a^4r/\lambda^2$	a = 柱半径	垂直于柱轴	$ka \ll 1$
有限长		$aL^2/2\lambda$	L = 柱长，a = 柱半径	垂直于柱轴	$a \gg 1, r > L^2/\lambda$
有限长		$aL^2/2\lambda(\sin\beta/\beta)^2\cos^2\theta$	a = 柱半径，$\beta = kL\sin\theta$	与法线成 θ 角	
平板	无限	r^2/r		垂直于平面	
平板	有限	A^2/λ	A = 平板面积，L = 平板的最大线度，l = 平板的最小线度	垂直于平板	$r > \frac{L^2}{\lambda}$
平板	矩形	$\left(\frac{ab}{\lambda}\right)^2\left(\frac{\sin\beta}{\beta}\right)^2\cos^2\theta$	a, b = 矩形的边长 $\beta = ka\sin\theta$	与含有 a 边的法线平面成 θ 角	$r > \frac{a^2}{\lambda}$
平板	圆板	$\left(\frac{\pi a^2}{\lambda}\right)^2\left(\frac{2J\beta}{\beta}\right)^2\cos^2\theta$	a = 圆板半径 $\beta = 2ka\sin\theta$	与法线成 θ 角	$r > \frac{a^2}{\lambda}$
圆锥体		$(bc/2a)^2$	a, b, c = 椭圆体的主半轴	平行于 a 轴	$ka, kb, kc \gg 1, r \gg a, b, c$
锥顶		$\left(\frac{\lambda}{8\pi}\right)^2\tan^4\varphi\left(1-\frac{\sin^2\theta}{\cos^2\varphi}\right)^{-3}$	φ = 锥体的半角	与锥轴成 θ 角	$\theta < \varphi$
圆盘		$a^2/8$	a = 圆盘半径	各个方向上取平均	$ka \gg 1, r > \frac{(2a)^2}{\lambda}$
光滑凸面体		$\frac{s}{16\pi}$	s = 物体的全部表面积	各个方向上取平均	各个线度与曲率半径都大于波长
三棱反射体		$\frac{L^4}{3\lambda^2}(1-0.000\,76\theta^2)$	L = 反射体棱边的长度	与对称轴成角度 θ	线度要大于波长

2.37　海洋中的声传播理论

在水声学中，经常使用两种方法来研究水声信号的传播问题，第一种方法是波动理论，研究声信号的振幅和相位在声场中的变化；第二种方法是射线理论，在高频情况下，可以把声波看成声射线束，通常研究声场中声强随射线束的变化。

所谓波动声学，就是求解满足定解条件的波动方程的解。原则上讲，波动理论可以精确地求解各种声场问题，但是实际上并非如此，往往只能求得一定近似条件下的形式解或数值解。从对简化的浅海模型的声场分析得出，波动声学计算繁冗，因此使用受到了限制。在工程中，经常使用的是射线声学的处理方法。

射线声学是一种近似处理方法，但是在许多情况下，都能十分有效和清晰地解决海洋中的声场问题。射线声学是把声波的传播看作是一束无数条垂直于等相位面的射线的传播，每一条射线与等相位面相垂直，称为声线。声线途经的距离代表波传播的路程，声线经历的时间为波传播的时间。声线束所携带的能量即为波传播的声能量。与几何光学相似，射线声学的描述方法给人直观的感觉，在一定条件下，射线声学的数学运算也比较简捷。

声场在受到海水声场不均匀分布影响的同时，还受到海面和海底的影响。从声速分布来区分，有声速均匀分布、表面正梯度分布、深海声道典型声速分布、声速负梯度分布以及声速跃变层等；也有既受海面又受海底影响的情况。下面我们应用射线声学讨论几种不同海洋条件下的声传播。

2.37.1　表面声道

由于海洋中湍流和风浪对于表面海水的搅拌作用，使得海表面下形成一层相当厚度的温度均匀层，此等温层也称混合层。在等温层内温度均匀，压力随深度增加，出现声速正梯度分布。声速的最小值点一直延伸到接近海表面，另一端声速增加可以与声速的主跃变层相接；浅海中也可能与浅海海底相接，呈现全部是正梯度分布。在混合层中，声线几乎被完全限制在表面层内传播。声线不断地受到海表面的反射，对于海面小掠射角的声线在混合层底部不断地发生反转（指声线不折射入深海中的情况），因而，形成声信号沿表面声道传播的现象。

图 2－83 中绘出表面声道中的声线图，左边是表面声道的声速分布，右图中虚声线是表面声道的临界声线，其声源处的掠射角等于 －1.76°。凡是声源掠射角在 －1.76°范围内的

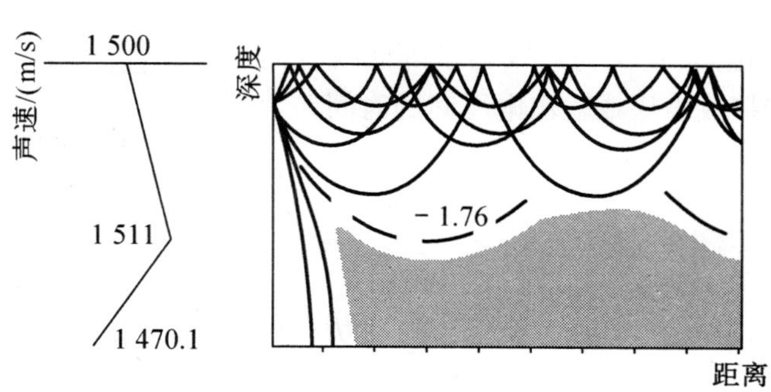

图 2－83　表面声道声线图

声线,均沿表面声道传播;掠射角超出 -1.76°以外的声线,将折射入深海中。声线无法到达的范围,为声影区。

2.37.2 深海声道

图2-84是一典型的深海声速剖面图,显示了深海温度沿垂直分布的"三层结构",且存在一个声速极小值水层。由折射定律可知,声线总是弯向声速极小值深度处,当声源位于声道轴附近时,在一定角度范围内出射的声线将被限制于声道内传播。这部分集中于声道的有限层内传播的声线,不经受海面散射和海底反射,声信号传播很远,尤其对于吸收小的低频声信号传播得更远。与表面声道相比,受季节变化的影响小,声道效应更加趋于稳定。

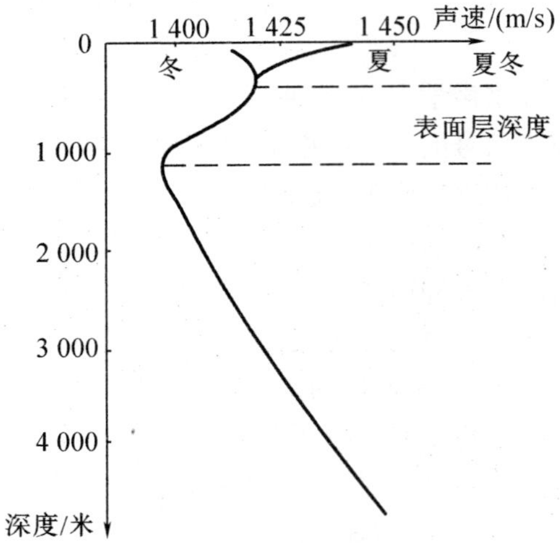

图 2-84 典型深海声速剖面图

2.38 声呐测向、测距原理

2.38.1 声呐系统定向方法

声呐系统的重要任务之一是测定目标的位置,目标在水平面内的位置由目标的方向角(或方位角)和距离决定。

测向方法与声学系统的结构有关。采用单个换能器,两个换能器或多个换能器阵元组成的系统,则可有不同的测向方法。然而不论采用何种具体方法测向,其本质上均有共同之处,都是利用声波到达水听器系统的声程差和相位差来进行。例如一个如图2-85所示的二元基阵,若其间距为 d,则平面波到达两阵元的声程差为:

$$\xi_a = d\sin\alpha \tag{2-169}$$

其中 α 为目标的方位角,定义为声线与基阵法线方向的夹角。两接收器接收声压或输出电压间的时间差为

$$\tau = \frac{\xi_\alpha}{c} = \frac{d}{c}\sin\alpha \tag{2-170}$$

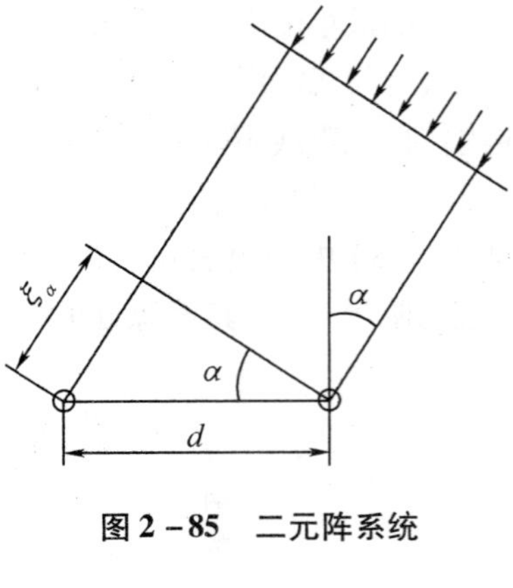

图 2-85 二元阵系统

相位差为

$$\Phi_\alpha = 2\pi f\tau = \frac{2\pi f\xi_\alpha}{c} = 2\pi f\frac{d}{c}\sin\alpha = 2\pi\frac{d}{\lambda}\sin\alpha \tag{2-171}$$

其中 $\alpha \in \left(0, \pm\frac{\pi}{2}\right)$。由(2-170)、(2-171)式可知,两基元信号的时间差和相差与目标的

方位角一一对应。可见,测量出反映声程差的时间差或相位差,就可测出目标方位。

2.38.2 声呐系统测距方法

声呐系统的主要任务之一是在测向的同时完成对目标距离的测定。在主动声呐中,测定目标的距离要利用目标的回波或应答信号,而在被动声呐中,目标距离的测定只能利用目标声源发出的信号或噪声。两类声呐对目标距离的测量方法有本质的不同,因而测距的精度也大不相同。然而,不论何种测距方法都是利用距离不同引起的信号的各种变化来进行间接测量。

(1)主动测距方法

主动测距有很多方法,主要有脉冲测距法、调频信号测距法和相位测距法。

脉冲测距是利用接收回波与发射脉冲信号间的时间差来测距的方法。在主动声呐系统中,广泛使用脉冲法测距,因为该法简单易行,且可对多个目标进行测距。此外它对固定的目标亦可进行测量。

调频信号测距法常用的有线性调频信号测距法;三角波调频测距法;阶跃调频测距法;双曲线调频测距法。利用调频信号来发现目标并测量目标的距离是近代声呐中常用的方法。其基本原理是发射调频信号,利用收发信号的频差来测量距离。采用调频信号测距的声呐往往采用连续发射信号的方式。调频测距方法的共同优点是测距精度较高。当直接采用测量收发频差时,由于对不同距离的目标,收发频差不同,可利用回波音调的变化用听觉进行判断。当采用匹配滤波器接收时,调频测距法则因其信号处理增益,更显出其检测性能的优越性。然而一般来说,调频测距法(对于直接测频)适用于近距离目标检测,而且不能进行多目标的检测。此外,通常采用周期性连续发射方式,致使收发换能器无法共用。发射对接收的干扰始终存在,必须采取措施抑制这种干扰。

相位测距法是利用收发信号之间的相位差进行测距的方法。相位测距法可以测量很小的目标距离,它取决于相位测量设备的最小相位分辨力。此外,它的测量精度高,与最大距离对应的相位差越大,测量精度越高。然而,相位测距法不能测量多个目标。如用连续波,则当发射功率增大时,由于漏功率的存在,使接收机难以接收远距离目标的弱回波,从而限制了作用距离。但采用脉冲发射方式可以克服上述困难。

下面简单介绍下脉冲测距法。若有一目标与换能器的距离为 R,则换能器发射声脉冲经目标反射后往返传播时间为

$$t = \frac{2R}{c} \tag{2-172}$$

由此,在已知声速 c 的情况下,可求得目标的距离为

$$R = \frac{1}{2}ct \tag{2-173}$$

因此,只要测得声脉冲往返的时间 t 便可求得目标距离。在用 A 式显示时,扫描线起始时刻与发射时刻同步。亦即在信号发射的同时,扫描器同时产生扫描电压(锯齿型),加到显示器水平偏转板上,光点自左至右扫描,扫描周期等于发射脉冲的周期 T,接收信号经检波后送到垂直偏转板上。在有回波信号时,屏上扫描线会出现相应的跳动,如图 2-86 所示。

设屏上光点移动的最大线速为 L_0,光亮移动速度为 v_0,则

$$v_0 = \frac{L_0}{T} = \frac{L}{t} \qquad (2-174)$$

其中 L 为出现目标信号时，光点移动的长度。因此由 (2－158)式可知，目标距离为

$$R = \frac{1}{2}ct = \frac{1}{2}c\frac{LT}{L_0} = KT \qquad (2-175)$$

式中

$$K = \frac{cT}{2L_0} \qquad (2-176)$$

K 是一个比例常数，它与显示器的灵敏度、水中声速、发射脉冲周期有关。若光点在屏上以匀速运动，则 R 与 L 的关系为线性关系，在屏上可以直接读出距离，亦可利用计数器来测出收发信号脉冲间的时间差，算出目标距离。

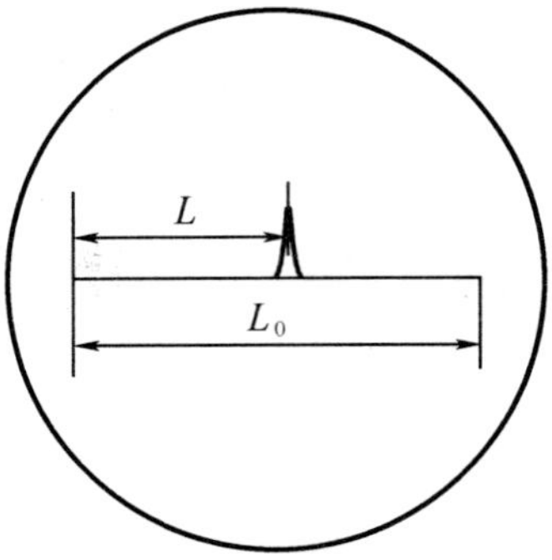

图 2－86 脉冲测距法在屏上的显示

利用脉冲法测距时，脉冲重复周期必须大于最大目标距离所对应的信号往返时间，否则会出现所谓的距离模糊。这是因为当信号往返时间大于脉冲重复周期时（例如 $t = T + \Delta t$），屏上的目标信号将会出现在第二个扫描周期内，声呐源将不能区分目标是在 $c(T + \Delta t)/2$，还是 $c\Delta t/2$ 的距离上。

脉冲测距法的距离分辨力与脉冲的宽度有关。距离分辨力是指在同一方向，声呐能分辨两个目标的最小距离差。设脉宽为 τ，若有两个目标，其回波到达时间分别为 t_1 和 t_2，如图 2－87 所示。

当 $t_2 \gg t_1$ 时，可以区分出两个目标。若 t_2 逐渐减小，从而使 $t_2 - t_1$ 逐渐减小，当 $t_2 - t_1 = \tau$ 时，第一回波与第二回波首尾正好相连，成为一个信号，此时很难区分为两个目标。因此能分辨两个目标的条件为

$$t_2 - t_1 \geqslant \tau \qquad (2-177)$$

由(2－173)式可得到能分辨的最小目标间距为

$$\Delta R = \frac{1}{2}c(t_2 - t_1) \geqslant \frac{1}{2}c\tau \qquad (2-178)$$

亦即距离分辨力为$\frac{1}{2}c\tau$。由此可见，要提高距离分辨力须使脉宽 τ 减小。实际使用中，由于屏上光点有一定宽度，且由于传播造成信号展宽，距离分辨力还要劣于(2－178)式的值。

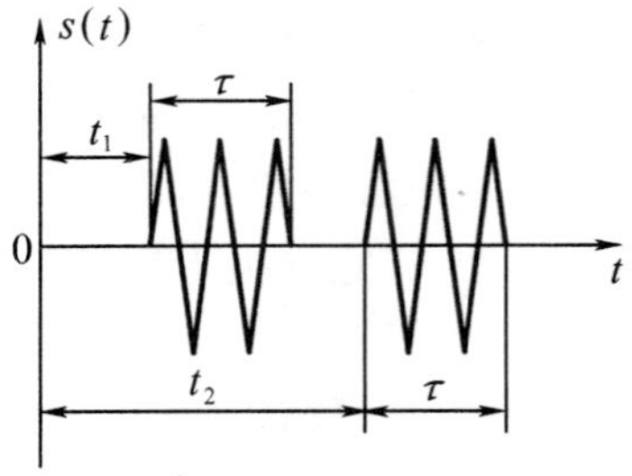

图 2－87 当有两个目标时的回波信号

由(2－173)式容易求得脉冲测距法的测距误差为

$$\Delta R = \frac{1}{2}(c\Delta t + t\Delta c) \qquad (2-179)$$

相对误差为

$$\frac{\Delta R}{R} = \frac{\Delta t}{t} + \frac{\Delta c}{c} \qquad (2-180)$$

可见测距误差由测时误差和声速误差引起。通常测时误差在脉冲测距法中不是主要因素，主要因素是声速测量误差。水中声速与水的温度、深度、盐度有关，且随时间而异，直接简单地使用 $c = 1\ 500$ m/s 则不合适。由于在垂直面内温度梯度引起的声速梯度使声线

弯曲,在此情况下根据信号往返时间测出的是单程传播的声程,而不是真正的距离。因此,要保证测距准确,应在现场获得声速。

(2)被动测距方法

一个水下航行的潜艇,为保证自身的隐蔽性,一般情况下不用主动声呐,只在对敌舰实施鱼雷攻击前才短时间使用,长时间处于工作状态下的声呐是被动声呐。然而一般被动声呐并不具备测距功能,因而利用被动声呐进行测距一直是水声工作者十分关心的课题。

被动测距方法分为方位法和时差法,其共同点是利用间距相当长的多个 2 个或 3 个子阵。子阵本身具有一定的指向性,可获得好的空间处理增益。

以被动方式测量目标声源的距离时,必须利用波阵面的弯曲现象。声波从声源发出后,通常是以球面波(或柱面波)形式向外扩展的。距离越大,波阵面的形状在有限的尺度内越接近于平面。尽管如此,从水平面上看,波阵面仍然是以距离为半径的圆。因此,只要使水听器的间距适当增大,由实际的曲面波阵面造成的各水听器信号的抵达程差就与平面波的情况不一样。于是,只要根据各水听器接收信号的实际的相互延时推算出波阵面的弯曲半径,便可得到目标的距离。被动测距的具体办法如图 2-88 所示,用具有较大间距的直线排列的 3 个水听器(或水听器子阵)接收目标声源的信号,分别计算左端水听器(水听器 1)相对中间水听器(水听器 2)的信号延时 τ_{12},以及中间水听器相对右端水听器(水听器 3)的信号延时 τ_{23},再算出两者之差 $\tau = \tau_{12} - \tau_{23}$,用以下公式计算目标距离

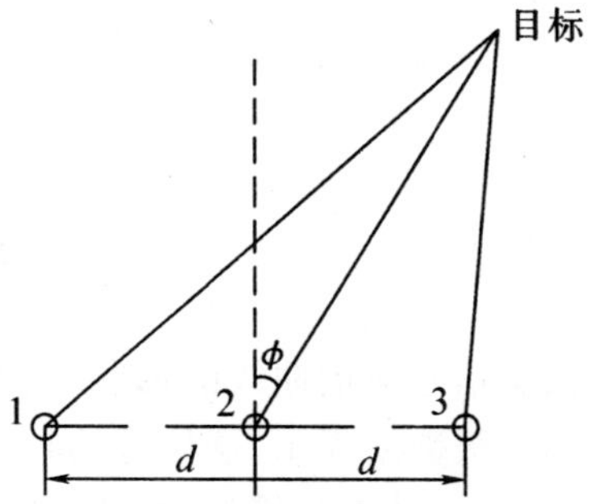

图 2-88　被动测距的几何示意图

$$d^2\cos\Phi/c\tau$$

$$\Phi = \arcsin[c(\tau_{12} + \tau_{23})/2d] \tag{2-181}$$

其中 d 为水听器间距,φ 为声源方向角(相对于阵的法线)。

显然,被动测距的精度主要取决于 d 的大小和延时的测量精度。实际上由于声呐装载平台尺度的限制,d 的增大是相当有限的,所以测距精度的提高主要在于延时的估计。输入信噪比越高,信号的频带越宽,信号积累的时间越长,就越有利于延时估计精度的提高,所以被动测距声呐一般都采用有较高空间增益的子阵代替单个水听器,尽可能使用宽的信号频带和长的积分时间。

2.39　噪声的频谱分析

噪声是一种随机过程,噪声和一般的信号不同,一般的信号可以用一个确定的时间函数来描述,而噪声却不能用一个预先确定的时间函数来描述,只能通过长时间的观测来得到它的随机变化规律,所以噪声是一个随机过程。在统计学中,通常用一个随机函数来描述这种随机过程。既然噪声是一种随机过程,相应地,噪声声压值或置于噪声场中的水听器输出的噪声电压相应地也是随机量。

对于一个确知信号,只要满足傅氏变换条件,总可以将此信号的时间函数通过傅氏变

换得到它的频谱密度函数，即由时域函数得到频域上的函数。时域函数给出信号波形，频域函数反映信号的频率特性，给出各频率分量的情况。由于以上原因，在确知信号的分析处理中，傅氏变换是一种重要的手段，对于噪声随机信号来说，噪声声压是一个随机量，与时间量之间不存在确定的关系，所以，噪声声压辐值的频谱分析是没有意义的，但是我们知道，随机过程的功率谱函数是一个确定的统计量，它反映了该过程的各频率分量的平均强度，本节所指的噪声频谱分析，就是这种意义上的噪声强度的频率特性。

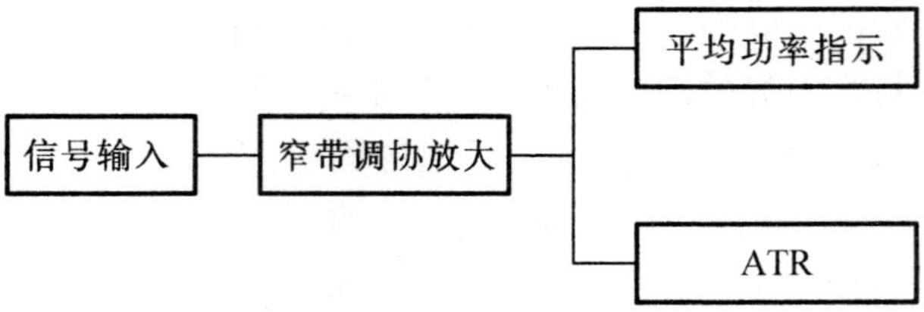

图 2-89　频谱测量系统示意图

根据信号频谱曲线的形状，可将它分为线谱和连续谱两类。从数学上看，一个信号若能用傅氏级数来表示，这信号的频谱就是线谱。相应地在物理上，如信号通过图 2-89 所示的测量系统，其中窄带放大器的谐振频率可在所需测量范围内调谐，并且它有平坦的特性，它的输出送至平均功率指示器和有效值电压指示器，若指示器上的结果如图 2-90 所示，那么，就说这信号是线谱信号，图中 f_1，f_2，…为频率，和 P_1，P_2，…是对应频率上的平均功率和相应的声压有效值。水声中经常遇到的周期信号或准周期信号就是线谱信号。在实际中，我们还能遇到另一类信号，它们的频谱分析是用傅式变换来表示的，其频谱曲线如图 2-91 中的曲线所示，它被称为连续谱线。

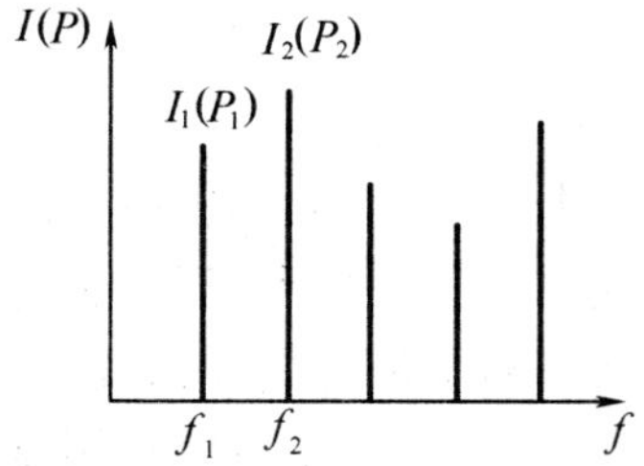

图 2-90　离散频谱图

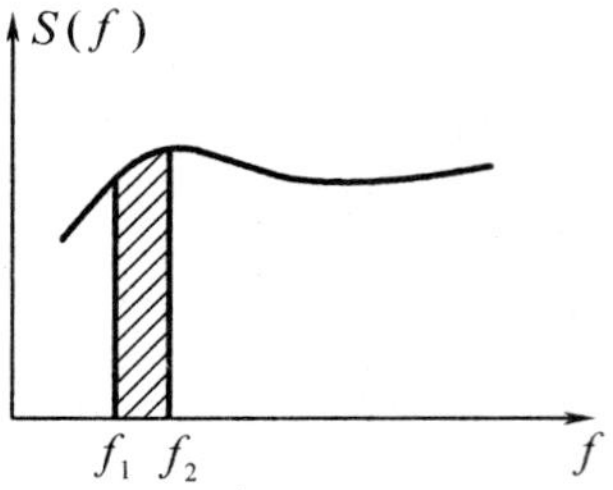

图 2-91　连续谱线图

信号的连续谱线具有如下特性：设在中心频率为 f_1，f_2，…，f_n 处取窄带 Δf_1，Δf_2，…，Δf_n，相应地测出各频带内的声压有效值 P_1，P_2，…P_n 和平均声强 ΔI_1，ΔI_2，…，ΔI_n，令

$$Z_1 = \frac{\Delta I_1}{\Delta f_1},\ Z_2 = \frac{\Delta I_2}{\Delta f_2}\cdots,\ Z_n = \frac{\Delta I_n}{\Delta f_n} \tag{2-182}$$

这里的 Z_1，Z_2，…Z_n 就是声强的平均频谱密度。我们将 $\Delta f \to 0$ 时的极限称为声强的频谱密度函数 $S(f)$。

$$S(f) = \lim_{\Delta f_i \to 0} \frac{\Delta I_i}{\Delta f_i} = \frac{\mathrm{d}I}{\mathrm{d}f} \tag{2-183}$$

由 $S(f)$ 可画出 $S \sim f$ 曲线，因为存在式(2-183)所示的极限，所以，这曲线必是连续的。实际中遇到的瞬态非周期信号的频谱就是这种连续谱。

由式(2-183)我们可以得到

$$I = \int_{f_1}^{f_2} S(f)\,\mathrm{d}f \tag{2-184}$$

这里的 f_2，f_1 是任取的两个频率，I 为带宽 $\Delta f = f_2 - f_1$ 内的总声强。由式(2-184)，如 $f_2 \to f_1$，则 $I \to 0$，可见连续谱中某一确定频率分量上的声强贡献是无限小的，但因连续谱的频率分量有无限多个，总的累加起来，就得到一个有限的声强值。

在建立声呐方程时，我们定义海洋环境噪声级 $NL = 10\lg \dfrac{I_N}{I_0}$，这里的 I_N 是水听器工作带宽内的噪声总声强，如假设在水听器工作带宽内噪声谱 $S(f)$ 和水听器响应都是均匀的，则由(2-184)式得

$$I_N = S \cdot \Delta f \tag{2-185}$$

上式中的 Δf 是水听器工作带宽。将(2-185)代入式 NL 的定义式，就得到

$$NL = 10\lg \Delta f + 10\lg \frac{S}{I_0} \tag{2-186}$$

以上，我们讨论了连续谱和线谱的特性，对于水下噪声来说，由于它是多种噪声源的综合效应，每种噪声源的噪声机理不尽相同，所以，实际的水下噪声可能是线谱，也可能是连续谱，甚至是这两种谱的叠加。

机械阻抗分析

2.40　机械阻抗基本概念

阻抗这个概念原先是在电路计算方面使用的。由于机械系统的振动与电气回路的振荡之间存在很好的相似性，因而也引用了这个概念。机械阻抗的应用不仅能使振动问题的求解由微分方程式的求解简化成复数的代数运算，把复杂的振动系统视为具有某种机械阻抗的“黑箱”。这样，在振动分析时，只要求得系统上感兴趣的某一点或少数几点处的机械阻抗，而勿需对系统作全面、详细的分析。事实上，要对复杂的系统作全面详细的振动分析是很困难的，而通过试验却能较方便地测得所需之机械阻抗。因此，机械阻抗法对于利用测试结果以分析和解决实际的振动问题是很有用的。

由单自由度系统振动分析可知，当系统受简谐干扰力作稳态振动时，系统中每一点均作简谐运动，而任何一个简谐量，无论力、位移、速度或加速度均可用一个复数来表示。

所谓机械阻抗，就是作用在系统上的干扰力与该力所引起的系统的速度之比。即

$$Z = \frac{p}{\dot{x}} \tag{2-187}$$

式中干扰力 p 与速度 $\dot{x}$ 均为复数。若速度 $\dot{x}$ 是力 p 作用点的速度，且 $\dot{x}$ 与 p 是在同一方向上，则称 Z 为作用点机械阻抗；若速度 $\dot{x}$ 不是力 p 作用点的速度，或虽是该点的速度但 $\dot{x}$ 与 p 是不在同一方向上，则称 Z 为传递机械阻抗。

$$Z_{AB} = \frac{p_A}{\dot{x}_B} \tag{2-188}$$

机械阻抗是评价结构声振特性的重要参数，它决定了输入到结构中振动能量的大小。机械阻抗越大，从激励源输入结构的能量越小，从而减少结构中传递的振动能量，增加机械阻抗，还可提高设备隔振装置的隔振效率。

机械阻抗的倒数称为机械导纳，它反映系统对输入激励的响应大小，即

$$M = \frac{1}{Z} = \frac{\dot{x}}{P} \tag{2-189}$$

有时采用机械导纳来表达和分析系统的振动可能比机械阻抗更加简便。

在对系统振动位移或动应力感兴趣的场合，可引用动刚度和动柔度的概念来代替机械阻抗和机械导纳。它们的定义如下：

动刚度：

$$R = \frac{p}{x} \tag{2-190}$$

动柔度：

$$\Gamma = \frac{1}{R} = \frac{x}{P} \tag{2-191}$$

式中 x 是振动位移，p 是干扰力，均用复数表示。若 x 不是力 p 作用点处与之相对应的位移，则称 R 为传递动刚度，Γ 为传递动柔度。

现讨论机械系统中三种基本的理想元件——弹簧、黏性阻尼器和质量的机械阻抗。

1. 弹簧（见图 2-92）

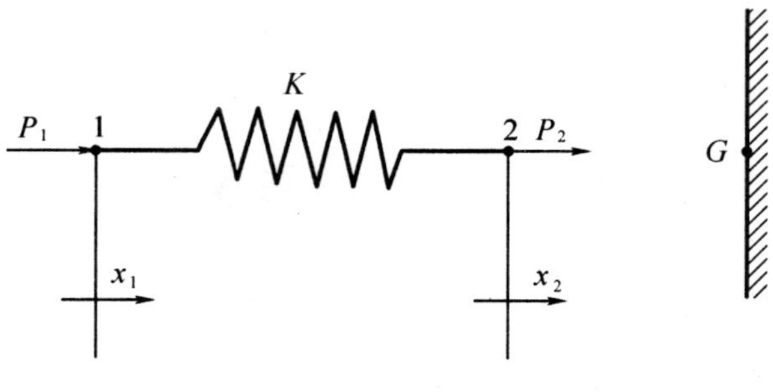

图 2-92 弹簧机械阻抗示意图

弹簧能够传递作用力，它两端的相对位移与作用力成正比，故有

$$x = x_1 - x_2 = \frac{P}{K} \quad P_1 = P_2 \tag{2-192}$$

式中 K——弹簧刚度；

X_1、X_2——对参考点 G（对地）的位移；

P_1、P_2——输入力和输出力。

设弹簧受复数力 $P_1 = P_0 e^{i\omega t}$ 作用，即 $P_1 = P_0(\cos\omega t + i\sin\omega t)$，则

$$X = \frac{P_0 e^{i\omega t}}{K} \qquad \dot{x} = i\omega \frac{P_0 e^{i\omega t}}{K} \tag{2-193}$$

故弹簧的机械阻抗与机械导纳分别为

$$Z = \frac{P_0 e^{i\omega t}}{i\omega \dfrac{P_0 e^{i\omega t}}{K}} = \frac{K}{\omega i} \tag{2-194}$$

$$M = \frac{1}{Z} = \frac{\omega}{K} i \tag{2-195}$$

弹簧的动刚度与动柔度分别为

$$R = \frac{p}{x} = \frac{P_0 e^{i\omega t}}{\dfrac{P_0 e^{i\omega t}}{K}} = K \tag{2-196}$$

$$\Gamma = \frac{1}{R} = \frac{1}{K} \tag{2-197}$$

2. 黏性阻尼器(见图 2－93)

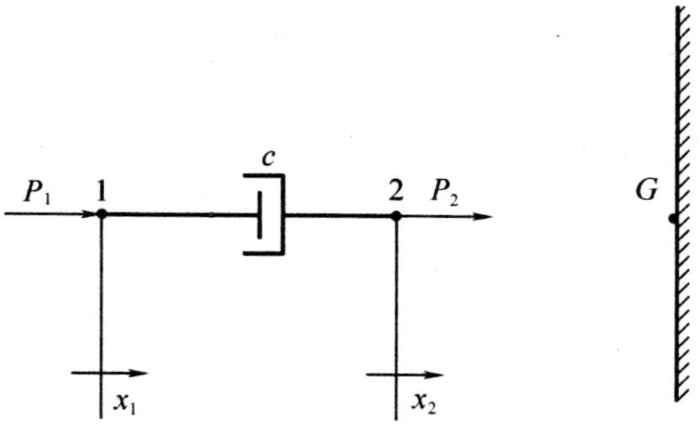

图 2－93　黏性阻尼器机械阻抗示意图

黏性阻尼器也能够传递作用力,它两端的相对速度与作用力成正比,故有

$$\dot{x} = \dot{x}_1 - \dot{x}_2 = \frac{P_1}{c} \quad P_1 = P_2 \quad x = \int_0^t \frac{P_0 e^{i\omega t}}{c} dt = \frac{P_0 e^{i\omega t}}{i\omega c} \tag{2-198}$$

式中　c——弹簧刚度;

$\dot{x}_1, \dot{x}_2$——对参考点 G(对地)的速度;

P_1, P_2——输入力和输出力。

故黏性阻尼器的机械阻抗与导纳分别为

$$Z = \frac{P_0 e^{i\omega t}}{\dfrac{P_0 e^{i\omega t}}{c}} = c \tag{2-199}$$

$$M = \frac{1}{Z} = \frac{1}{c} \tag{2-200}$$

黏性阻尼器的动刚度与动柔度分别为

$$R = \frac{p}{x} = \frac{P_0 e^{i\omega t}}{\dfrac{P_0 e^{i\omega t}}{i\omega c}} = i\omega c \tag{2-201}$$

$$\Gamma = \frac{1}{R} = -\frac{\mathrm{i}}{\omega c} \tag{2-202}$$

3. 质量的机械阻抗(见图 2-94)

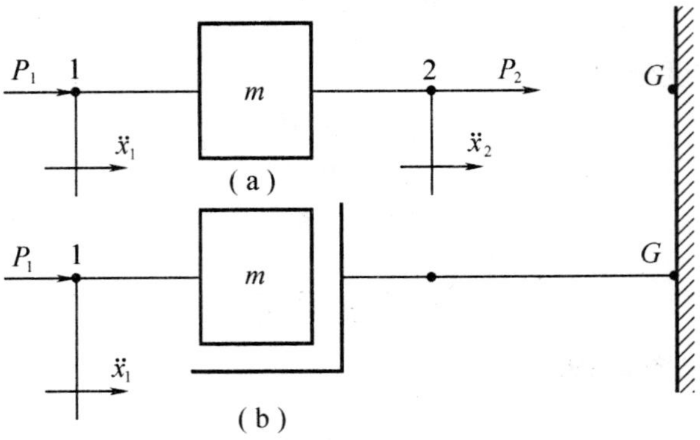

图 2-94　质量机械阻抗示意图

质量不传递力,它的加速度与作用力成正比,即

$$\ddot{x} = \frac{P_1}{m} \tag{2-203}$$

式中　m——物体质量;

P_1——输入力。

由于质量元件为绝对刚体,力输入端和输出端加速度 $\ddot{x}_1 = \ddot{x}_2$,输入力与惯性力平衡,故输出力为 0。质量元件不存在相对位移,故通常只需要一个对参考点 G 的位移来表示。

设质量 m 受复数力 $P_1 = P_0 \mathrm{e}^{\mathrm{i}\omega t}$ 作用,则

$$\ddot{x}_1 = \frac{P_0 \mathrm{e}^{\mathrm{i}\omega t}}{m} \quad \dot{x} = \int_0^t \frac{P_0 \mathrm{e}^{\mathrm{i}\omega t}}{m}\mathrm{d}t = \frac{P_0 \mathrm{e}^{\mathrm{i}\omega t}}{\mathrm{i}\omega m} \quad x = \int_0^t \frac{P_0 \mathrm{e}^{\mathrm{i}\omega t}}{\mathrm{i}m\omega}\mathrm{d}t = -\frac{P_0 \mathrm{e}^{\mathrm{i}\omega t}}{\omega^2 m} \tag{2-204}$$

故质量元件的机械阻抗与导纳分别为

$$Z = \frac{p}{\dot{x}} = \frac{P_0 \mathrm{e}^{\mathrm{i}\omega t}}{\dfrac{P_0 \mathrm{e}^{\mathrm{i}\omega t}}{\mathrm{i}\omega m}} = \mathrm{i}\omega m \tag{2-205}$$

$$M = \frac{1}{Z} = \frac{1}{\mathrm{i}\omega m} \tag{2-206}$$

质量元件的动刚度与动柔度分别为

$$R = \frac{p}{x} = \frac{P_0 \mathrm{e}^{\mathrm{i}\omega t}}{\dfrac{P_0 \mathrm{e}^{\mathrm{i}\omega t}}{\omega^2 m}} = -\omega^2 m \tag{2-207}$$

$$\Gamma = \frac{1}{R} = -\frac{1}{\omega^2 m} \tag{2-208}$$

2.41　并联、并串联系统机械阻抗分析

1. 并联系统

在学习了各种元件的机械阻抗以后，现在讨论由质量、弹簧和阻尼器所组成的简单的并联系统，如图 2－95，图中(a)是一个自由度系统的力学模型，(b)是该系统的机械阻抗分析模型，它们是等价的。

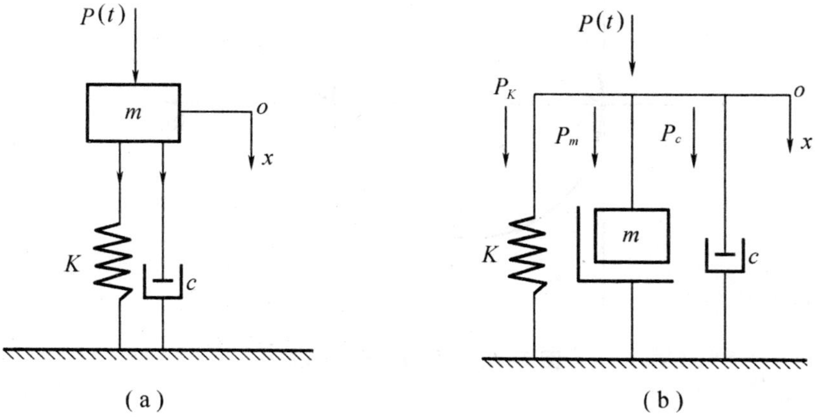

图 2－95　简单的并联系统

显然，作用于系统的外力等于作用于弹簧、阻尼器和质量上的力 P_K、P_C、P_m 之和。

$$P = P_K + P_C + P_m \tag{2-209}$$

由于质量元件为刚体，故力的作用点与弹簧、阻尼器对地速度相同，均等于 $\dot{x}$，故此系统的机械阻抗

$$Z = \frac{p}{\dot{x}} = \frac{P_K + P_C + P_m}{\dot{x}} = \frac{P_K}{\dot{x}} + \frac{P_C}{\dot{x}} + \frac{P_m}{\dot{x}} = Z_K + Z_C + Z_m \tag{2-210}$$

于是，由各元件的阻抗可知

$$Z = Z_K + Z_C + Z_m = \frac{K}{\omega \mathrm{i}} + c + \omega m \mathrm{i} = c + \mathrm{i}\left(\omega m - \frac{K}{\omega}\right) \tag{2-211}$$

现进一步用导纳来分析此系统的动态特性，其导纳为

$$M = \frac{1}{Z} = \frac{1}{c + \mathrm{i}\left(\omega m - \dfrac{K}{\omega}\right)} \tag{2-212}$$

由此可得导纳的模与相角分别为

$$|M| = \frac{\omega / k}{\sqrt{\left(1 - \dfrac{\omega^2}{\lambda^2}\right)^2 + \left(2\zeta \dfrac{\omega}{\lambda}\right)^2}} \qquad \theta = \tan^{-1}\left(\frac{1 - \omega^2/\lambda^2}{2\zeta \dfrac{\omega}{\lambda}}\right) \tag{2-213}$$

式中

$$\lambda = \sqrt{\frac{K}{m}} \quad \zeta = \frac{c}{2m\lambda}$$

在复平面上，此导纳 M 随频率 ω 的不同而形成的轨迹是一个圆（见图 2－96）。圆心在正实轴上，直径等于 $1/c$，当 $\omega=0$ 或 $\omega\to\infty$ 时导纳 $M=0$；当 $\omega=\lambda$ 时，即共振时，导纳是一个实数且等于 $1/c$。用实验的方法测出系统的导纳在复平面上的轨迹往往可帮助我们分析系统的动态特性，并能较精确的测定系统的黏性阻尼系数 C（或等效的黏性阻尼系数 C_e）。

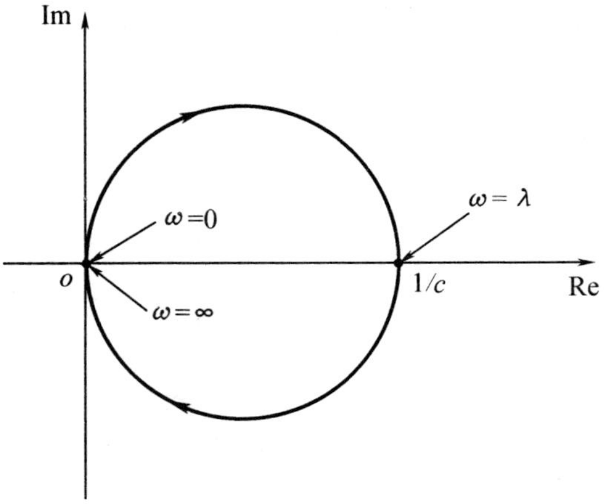

图 2－96　导纳和频率的关系

下面讨论此系统的导纳的幅频图和相频图（图 2－97）。由于幅频图采用了双对数坐标，曲线的绘制比较方便，且线条清晰，一目了然。绘制时可用基本元件的导纳值线作为基架，即图上的三根点划直线。在双对数坐标系统中，弹簧元件的导纳幅值与质量元件的导

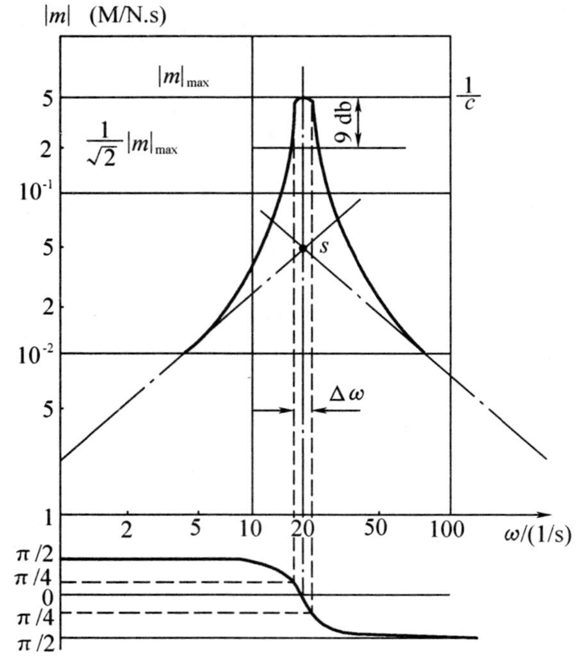

图 2－97　系统的导纳的幅频图和相频图

纳幅值和频率的关系斜率为 +1 和 −1 的直线。它们的交点 s 的横坐标只好是系统的固有频率 λ。黏性阻尼器是导纳模值是一条水平线，系统的导纳在 $\omega=\lambda$ 时达到最大值，并正好与此水平线相切。由图可见，当频率较小时，系统的导纳与弹簧的导纳相接近，此时系统的动态特性由弹簧控制。当频率较大时，系统的导纳与质量的导纳相接近，此时系统的动态特性由质量控制。在共振区域 $\omega=\lambda$ 时，阻尼起着决定性的作用，阻尼控制着系统的动态特性。

如果用实验的方法测得了系统的导纳曲线，则我们可很方便的从导纳曲线求得系统的质量 m、刚度 K 和黏阻系数 c 或无因次黏阻系数 ζ。

2. 并、串联系统

现在考察图 2−98 所示的并串联系统。一个弹簧元件 K 和一个黏性阻尼器 C 并联后与质量元件 m 相串联。讨论此系统的动柔度。

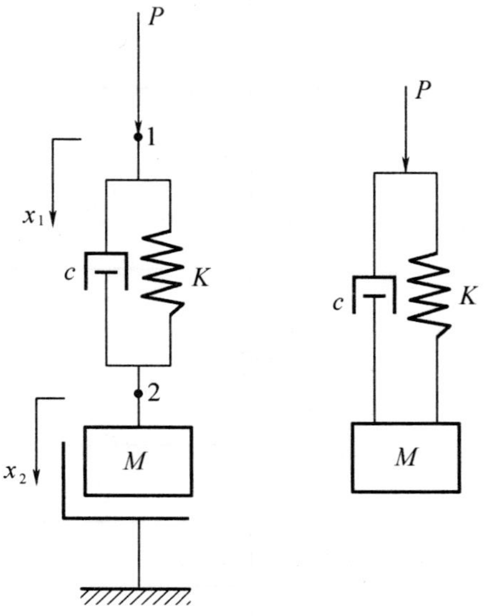

图 2−98　并、串联系统示意图

理想的弹簧元件 K 与阻尼器 c 并联后可视为一个复合元件，称之为阻尼弹簧，可用以模拟实际的弹性结构，因为弹性构件内存在着材料的或结构的非弹性的内阻尼。阻尼弹簧的动刚度 R_{kc} 可由弹簧的动刚度 R_k 和阻尼器的动刚度 R_c 相加得出，及其动柔度亦可得出：

$$R_{kc}=\frac{p}{x}=\frac{p_k+p_c}{x}=R_k+R_c=k+\mathrm{i}\omega c \quad \Gamma_{kc}=\frac{1}{R_{kc}}=\frac{1}{k+\mathrm{i}\omega c} \tag{2-214}$$

由于阻尼弹簧与质量相串联可将作用力 P 传递给质量。此阻尼弹簧的相对位移为

$$x_{kc}=x_1-x_1 \tag{2-215}$$

式中：x_1，x_2 为力作用点位移与质量元件位移。

故此系统在力作用点处的动柔度为

$$\Gamma_{kc}=\frac{x_1}{P}=\frac{x_{kc}-x_2}{P}=\Gamma_{kc}+\Gamma_M=\frac{1}{k+\mathrm{i}\omega c}-\frac{1}{\omega^2 M} \tag{2-216}$$

于是，可得动柔度的模与相角

$$|\Gamma|=\frac{1}{\omega_m^2}\sqrt{\frac{\left(1-\frac{\omega^2}{\lambda^2}\right)^2+\left(2\zeta\frac{\omega}{\lambda}\right)^2}{1+\left(2\zeta\frac{\omega}{\lambda}\right)^2}} \qquad \theta=\tan^{-1}\frac{\frac{\omega^2}{\lambda^2}\cdot 2\zeta\frac{\omega}{\lambda}}{\left(1-\frac{\omega^2}{\lambda^2}\right)^2+\left(2\zeta\frac{\omega}{\lambda}\right)^2} \tag{2-217}$$

式中

$$\lambda=\sqrt{\frac{K}{m}} \quad \zeta=\frac{c}{2m\lambda}$$

图 2−99 是动柔度的幅频、相频图，即系统之位移动力响应的幅频、相频图。

由动柔度的模函数可知，在低频段，$|\Gamma|\approx\frac{1}{\omega^2 m}$，系统呈惯性（质量）控制；在高频段，$|\Gamma|\approx\frac{1}{K}$，系统呈弹性（弹簧刚度）控制。因此，我们可利用质量元件的和弹簧元件的动柔

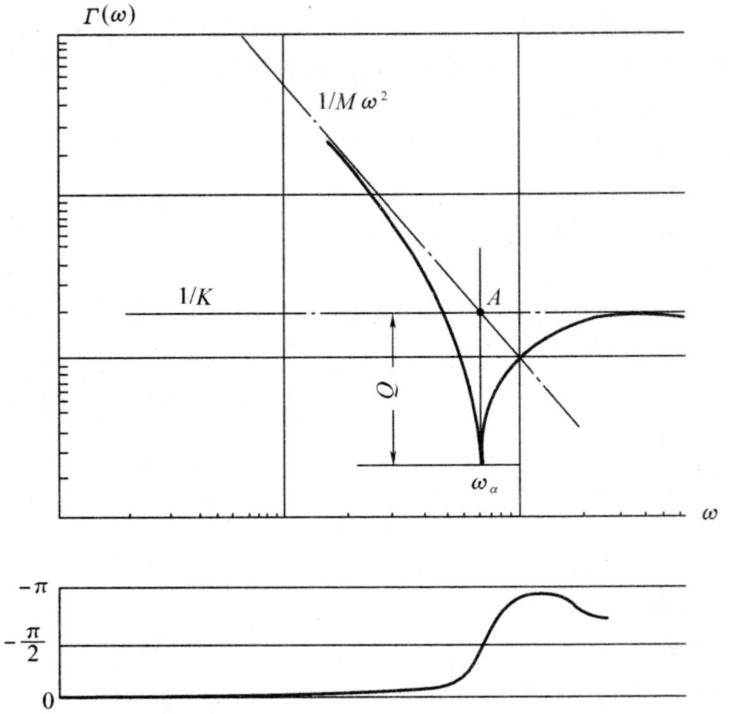

图 2-99 系统之位移动力响应的幅频、相频图

度线作为绘制系统动柔度曲线的基架线，即图 2-89 的两个点划线。此两根直线的交点 A 处的频率 ω_a 称为反共振频率。不难求得

$$\omega_a = \sqrt{\frac{K}{m}} \tag{2-218}$$

在此频率附近系统的动柔度有一个谷点。当不计阻尼时，此谷点就在处 ω_a，且此时动柔度幅值等于零。对于通常所遇到的小阻尼情况（$\zeta<0.1$），谷点的动柔度幅值可近似地取 ω_a 处的值。

$$|\Gamma|_{\min} \approx \frac{2\zeta}{\omega_a^2 m\sqrt{1+4\zeta^2}} \approx \frac{2\zeta}{\omega_a^2 m} \tag{2-219}$$

A 点的动柔度幅值为 $|\Gamma|_A=\frac{1}{K}=\frac{1}{\omega_a^2 m}$，它与 $|\Gamma|_{\min}$ 之比称为反共振谷深 Q。

$$Q=\frac{\frac{1}{K}}{\frac{2\zeta}{\omega_a^2 m}}=\frac{1}{2\zeta} \tag{2-220}$$

不难看出，此并串联系统的反共振频率 ω_a 在数值上与无阻尼并联系统的共振频率相等，两者均等于此系统的固有频率 λ。实际上这两个系统所表示的是一个机械系统。它们的差异只在于作用点的位置与所讨论的内容有所不同。显然，这对系统的固有特性是毫不相关的。事实上，这里所说的反共振谷是对干扰力的作用点讲的（图 2-98 中的 1 点）。如果再来看看质量 m（图 2-98 中的 2 点）位移，不难发现，在 $\omega=\omega_a$ 时将发生共振。因此，1

点处在反共振谷时,2 点则处在共振峰上。

机械阻抗法不仅可用来分析一个自由度系统的振动,而且可用于多自由度系统和复杂弹性体振动分析。在运用“黑箱”的概念后,我们可只对系统中最感兴趣的某一、两点或少数几点的力和运动进行分析,而无需对整个复杂的系统进行全面分析。即只需通过对少数若干点的阻抗或导纳的测试和分析就能较好地解决实际的振动问题。

第3章　舰船减振降噪实用技术

机械设备部分

3.1　主 机 安 装

3.1.1　主机减振器的安装原则

主机是舰船主动力航行时机械噪声的主要来源，本节从工厂实际施工操作的角度，重点介绍主汽轮齿轮机组（包括主减速器、高压汽轮机、低压汽轮机、主冷凝器、外置式汽水分离器、高低压汽轮机连通管、低压汽轮机横梁和支柱、主汽轮机组传动杠杆等）的减振器安装的一些原则，以供参考。

1. 安装前的准备

主机安装前必须按有关要求，做好建造期间的前期质量保证工作。同时要对设备以及用于安装的各种工具、装备、起吊设施、运输车辆、测量监测仪器仪表等应经过检验合格后，方可进行安装工作。

2. 在减振器的安装部位用平板涂色油的方法检查时，在 100 mm × 100 mm 的面积上不得少于 15 个接触点，且色油斑点的分布应均匀。

3. 基座支承面板加工后距基准面的高度尺寸公差应在下述范围之内：

减速器、高压汽轮机	+1 mm −2 mm
低压汽轮机	+2 mm

4. 对紧配螺栓和螺栓孔的要求

为保证机组在冲击状态下能正常工作，在安装橡胶减振器时，配置了一部分紧配螺栓。紧配螺栓孔的加工应是机脚、调整垫片和减振器，以及减振器和基座支承面板同时钻铰。尺寸公差等级为 H7，紧配螺栓孔表面粗糙度 R_a 应不大于 0.8 μm，圆柱度公差等级为 8 级。紧配螺栓的螺纹精度为 6h，配合部分尺寸公差等级按图纸要求。螺杆的表面粗糙度 R_a 应不大于 0.8 μm，圆柱度公差等级为 6 级。基座所有螺栓孔中心线距面板边缘的距离应大于螺孔直径的 1.5 倍。为防止螺母松动，所有螺栓的螺母应加止动件。

5. 减振器的安装原则

（1）减振器的选用：主汽轮机组采用的减振器为专用减振器，包括橡胶减振器、橡胶限制器、弹簧减振器、弹性支承。

（2）对橡胶减振器和橡胶限制器的要求：

①安装用的橡胶减振器与橡胶限制器应具有产品合格证，存放期不应超过规定的期限，安装前应进行详细的外观检查，所有的减振器和限制器不应有碰伤、裂纹、脱移等缺陷；

②橡胶减振器在安装前应做静刚度测试试验，并记录每个减振器的刚度值及其他相关数据，为安装提供必要的技术数据；

③橡胶减振器上下支承表面粗糙度 R_a 应不大于 1.6 μm，上下支撑面平行度的公差值不得大于 0.03 mm，橡胶限制器上下支撑表面粗糙度 R_a 应不大于 6.3 μm。

(3)橡胶减振器的布置：按图布置橡胶减振器，图内号码为减振器的位置号。

(4)橡胶减振器静刚度试验完毕后，按照每个减振器的静刚度值的大小由大至小顺序编号。安装橡胶减振器时，按顺序排列于相应位置。

(5)橡胶限制器的作用是限制机组的横向位移。安装橡胶限制器时，应使限制器不承受任何静载荷。

6. 对调整垫片的要求

橡胶减振器所用调整垫片，其长度和宽度尺寸公差为 ±3 mm，厚度公差为 ±0.02 mm。调整垫片上下支承面表面粗糙度 R_a 应不大于 1.6 μm，其余表面应不大于 12.5 μm。调整垫片应打上与橡胶减振器相同的钢印编号。

7. 外置式汽水分离器的弹簧减振器安装

(1)外置式汽水分离器处于工作状态时，在高度方向将产生约 7 mm 的热膨胀，为了减少由于热膨胀而产生的反力，外置式汽水分离器安装时应使其全部重力由高压汽轮机负担，弹簧减振器处于自由状态。

(2)外置式汽水分离器的弹簧减振器按施工图配置。弹簧减振器上下支承表面粗糙度 R_a 应不大于 6.3 μm，调整垫片上下支承表面粗糙度 R_a 应不大于 6.3 μm，其余表面粗糙度 R_a 应不大于 12.5 μm，厚度制造公差为 ±0.10 mm。

8. 主冷凝器的弹性支承安装

主冷凝器下面的弹性支承按施工图配置，刚性最大的弹性支承放在 1 号位置，刚性最小的弹性支承放在 4 号位置，其余两个放在 2、3 号位置上。

3.1.2　减振器的安装验收

1. 橡胶减振器与基座面板及调整垫片的贴合以及调整垫片与机脚的贴合用 0.05 mm 的塞尺检查不应通过。

2. 弹簧减振器与基座面板及调整垫片的贴合以及调整垫片与机脚的贴合用 0.20 mm 的塞尺检查不应通过。

3.2　辅机安装

3.2.1　辅机减振器的安装原则

本节主要介绍除主汽轮齿轮机组、汽轮发电机组、主泵、蒸汽发生器、稳压器等重大设备之外的机械设备，包括辅汽轮机组、电动泵、热交换器和抽气器等设备的减振器的安装。

1. 安装前的准备

安装前要做好建造期间的质量检查保证工作。对设备去油封并进行外观检查。减振器型号和数量应与被安装设备的安装施工图样相符，且具有产品合格证，并满足《减振元件使用技术要求》所规定的检验和测试要求。

2. 设备在橡胶减振器上安装时，基座支承面的加工应符合下列要求：基座支承面加工后用平板涂色油的方法检查时，在 25 mm × 25 mm 的面积上，不得少于 2 ~ 3 个接触点，且应均匀分布，设备安装结束后，设备与基座连接部位用 0.05 mm 塞尺不得插入。

3. 设备在减振器上的安装时，机加工支承面的验收要求：

(1) 在立式基座上安装机械时，机械与减振器的固定平面对基座平面的倾斜，每米不得超过 3 mm；

(2) 调整垫片应与减振器的支承套筒支承面及机械机脚平台紧密贴合，在紧固螺栓或螺柱后，用厚度 0.05 mm 的塞尺不应插入调整垫片圆周的 2/3；

(3) 减振器底板与基座支承面应贴合紧密，用 0.05 mm 的塞尺不应插入减振器底板周长的 2/3，且插入的部分应是分散的，且插入深度不应超过 15 mm。

4. 减振器上船安装前，应满足 CB/T352 规定的外观质量检查要求。将符合设备使用要求且满足测试要求的减振器按设备安装图样的规定安装布置。

5. 设备安装时应考虑其工作时可能产生的位移，并应符合下列要求：

(1) 减振器与减振设备外壳之间的间隙不小于 10 mm；

(2) 被减振设备的壳体或框架与周围刚性固定物的间隙，高度在 100 mm 内不小于 10 mm，高度为 100 mm ~ 300 mm 时不小于 15 mm，高度大于 300 mm 时，对应设备的间隙不小于 30 mm；

(3) 并排且分开减振的两台设备或仪器的间隙，对于仪器不小于 30 mm，对于设备不小于 60 mm。

6. 除一回路有特殊要求的设备外，与被减振设备连接的管路、电缆和其他连接件等均应采用挠性连接或弹性连接，且应在设备固定在减振器上一昼夜之后连接，在自由状态下固紧，不允许有强拉和歪斜现象。

7. 基座上固定减振器的螺孔，直接按设备机脚和减振器上的螺孔配钻，也允许按照设备机脚的减振器的样板进行划线钻孔。

8. 安装减振器时，首先将减振器固定在基座上，然后将设备与减振器固定。在固定时，不允许损伤减振器的橡胶块。

9. 当设备安装于不同平面的减振器上时，首先应安装承受主要载荷的支承减振器，隔一昼夜消除弹性变形后，再安装其他减振器，例如侧向止推减振器或限制器等。

10. 设备一般应选用高度公差相同或相接近的一组减振器进行安装。若减振器公差较大时，则应配制调整垫片。在基座支承面和减振器底板之间不允许采用调整垫片。

11. 用于减振器上的调整垫片，其制造应满足如下要求：

(1) 调整垫片的厚度不大于 15 mm，但最小厚度不小于 2 mm；

(2) 调整垫片的外径不小于紧固螺栓直径的 2 倍，或不小于减振器接触面的直径。垫片内径比螺栓直径大 0.5 mm ~ 1.0 mm；

(3) 调整垫片的表面粗糙度 R_a 应不大于 6.3 μm；

(4) 调整垫片的材料无特殊要求时，一般可采用 GB/T699 中 35 号钢或 GB/T700 中 Q235 – A 钢。

12. 固定设备到减振器上的螺栓或螺柱，应保证在旋入减振器后与减振器支承套筒下平面有 2 mm 左右的间隙，螺柱的另一端应伸出螺母 2 ~ 3 个螺距。

3.3　轴系及螺旋桨安装

螺旋桨噪声是潜艇辐射噪声的主要来源之一，对潜艇的声隐身性能影响极大。除了在螺旋桨设计方面采取措施以达到降低噪声效果外，正确的安装轴系和螺旋桨也可以在一定程度上降低潜艇的噪声辐射，以达到声隐身的目的。本节主要介绍轴系和螺旋桨的安装方法，以供参考。

3.3.1　轴系及螺旋桨安装原则

1. 安装前的准备工作

(1)艇体按规定妥善地设置在船台上，艇体基线应符合规定要求。

(2)轴系安装前必须具备设备、材料及泵压试验等各种有关合格证件。

(3)在轴系布置区域内压载铁应预先布置安装完毕，液舱均应经水密性试验并验收合格。

(4)轴系安装前必须完成轴系现场预装工艺规程及艉轴管定位及镗孔工艺规程所规定的各项工作，并经验收合格。

2. 基座加工

在基座加工后不得进行使之变形的焊接、切割和铲削等一切作业；基座支承面板加工后的厚度应符合图纸规定的要求，表面粗糙度 R_a 应不大于3.2 μm；不安装隔震器的设备基座平面应加工成向舷边呈1:200的倾斜度；

基座背面与螺栓头接触的平面需锪平，锪平圆的直径按GB152.4－88，深度小于1 mm，表面粗糙度 R_a 应不大于6.3 μm。

3. 对调整垫片的要求

调整垫片安装后，上表面与机脚之间以及下表面与基座之间的间隙用塞规检查，其间隙应小于0.05 mm。局部间隙允许为0.05 mm，但总宽度不得超过边长的20%。另外，每部分间隙的宽度不超过15 mm，深度不超过20 mm。

4. 对橡胶隔振器和橡胶限位器的要求

(1)安装用的橡胶隔振器和橡胶限位器，应具有产品合格证，存放期不应超过规定的期限，安装前应进行详细的外观检查。所有的隔振器和限位器不应有碰伤、裂纹、脱胶等缺陷。

(2)橡胶隔振器在安装前应按《减振元件使用技术要求》做静刚度测试试验，并记录每个隔振器的刚度值及其他相关数据，为安装提供必要的技术数据。

(3)橡胶隔振器上下表面粗糙度 R_a 应不大于1.6 μm，上下支承面平行度的公差值应不大于0.03 mm，橡胶限位器上下支撑表面粗糙度 R_a 应不大于6.3 μm。

5. 轴系安装程序

(1)轴系安装时，以中间轴为补偿轴，补偿余量放在中间轴后法兰上，安装并定位推力轴承。

(2)安装定位并连接大功率弹性离合器空气分配器轴承与轮胎离合器空气分配器轴承。用样杆测量推力轴承前法兰面至轮胎离合器空气分配器轴承后法兰面间距离为中间轴的加工尺寸。

(3)复验橡胶轴承与衬套内孔的贴合情况，检查橡胶轴承内径是否符合要求。根据艇上艉轴前轴承、艉轴后轴承、螺旋桨轴承轴毂镗孔所加工的实际尺寸，按装配公差 H8/h7，根据轴毂内孔加工衬套外圆。

(4)将艉轴前轴承、艉轴后轴承、螺旋桨轴承装入相应的轴毂后，用塞规检查固定轴承衬套的螺母与衬套法兰间的间隙应小于 0.10 mm。

(5)艉轴、螺旋桨轴和艉轴密封装置的安装：先穿艉轴后穿螺旋桨轴。艉轴和螺旋桨轴装入轴承后，用厚薄规检查轴与轴承的底部应接触良好。左右两侧间隙应大致相等，间隙差不大于 0.15 mm。艉轴密封装置安装在艉轴前轴毂前端凸缘上。凸缘端面与轴系中心线的垂直度应不大于 0.10 mm。

(6)推力轴承、中间轴、空气分配器轴的安装：推力轴承在内场装复和调整后，吊艇安装。推力轴承后法兰根据艉轴前半联轴节对中。测量两法兰之间的误差在所要求的公差范围以内后，测量垫片厚度，拂刮垫片后安装。

中间轴半联轴节和轮胎离合器空气分配器轴后法兰对中后，用螺栓连接，根据定位后的推力轴承前法兰对中中间轴后法兰，使其在所要求范围内。测量、拂刮空气分配器轴承垫片，安装空气分配器轴承。

在中间轴上安装中间轴半联轴节前，必须预先穿过推进电机电枢轴孔和轮胎离合器内，然后连接推进电机输出法兰和轮胎离合器内鼓轮，以及中间轴半联轴节和轮胎离合器外鼓轮。

(7)推进电机的安装：推进电机输出法兰和轮胎离合器内鼓轮连接后，通过主减速器盘车，用指针法测量轮胎离合器内外鼓轮的偏差，使其在要求的范围内定位后，拂刮调整垫片安装推进电机隔振器。

推进电机隔振器的布置按实测刚度进行排列，在隔振器布置图上横向对应位置的隔振器刚度大致相等。另外，由艏艉向中间按刚度递减排列。

推进电机放置减振器上 48 小时，实测其永久变形量。调整垫片的厚度应计入隔振器的变形量(即弹性变形量和永久变形量)。

推进电机隔振器安装后，上下表面与调整垫片及基座之间，以及调整垫片与推进电机机脚之间的间隙用厚薄规检查，其间隙应小于 0.05 mm。局部间隙允许为 0.05 mm，但宽度不超过边长的 20%。另外，每部分间隙的宽度不大于 15 mm，深度不超过 20 mm。

(8)隔舱密封装置的安装：隔舱密封装置的安装以相应舱壁理论线作为轴向定位基准，安装在填料箱围栏上，围栏端面与轴系中心线垂直度不大于 0.25 mm。

隔舱密封装置橡胶密封环与大功率弹性离合器的空气分配器轴凸肩端面接触后用厚薄规检查局部间隙不大于 0.50 mm。

(9)大功率弹性离合器的安装：大功率弹性离合器以主减速器二级大齿轮输出法兰为基准进行定位安装。安装时，先将大功率弹性离合器吊入主机舱内，放置在主机舱后隔壁左舷处，再吊入主减速器，当主汽轮机组对中找正定位安装后(见主汽轮机组安装工艺规程)，再安装大功率弹性离合器。

6. 螺旋桨的安装

(1)螺旋桨在吊运、研配、安装过程中要对桨叶，特别是叶梢进行包装保护，严禁碰撞。

(2)螺旋桨轴与螺旋桨壳孔的配合，应保证接触面在全长上均匀贴合，用涂色检查时，要求在25 mm×25 mm内不少于3点，接触点应均匀分布。螺旋桨壳孔与轴的配合大端，其接触情况应较小端硬些。

(3)对螺旋桨键的安装要求按CB228—86的规定。

3.3.2　轴系安装的验收指标

1. 刚性连接法兰：

偏移不大于0.10 mm；

偏斜不大于0.15 mm/m。

2. 大功率弹性离合器前后法兰：

偏移不大于0.30 mm；

偏斜不大于0.40 mm/m。

3. 轮胎离合器前后法兰

偏移不大于0.50 mm；

偏斜不大于0.50 mm/m。

4. 轴系安装验收

轴系的安装对中在船台提交检验验收，下水后应对推力轴承艉法兰与艉轴艏法兰的对中情况进行复验验收。

3.4　浮筏减振器安装

浮筏隔振装置是舰船多台机械设备振动隔离的重要技术手段，已经在舰船特别是潜艇上大量使用并取得理想的效果。本节主要对浮筏减振器的安装给予介绍，以供参考。

3.4.1　浮筏减振器的安装

1. 安装前的准备

必须按GJB845.7的要求，做好建造期间的质量保证工作，同时要检查设备、包括设备各接口；检查所有减振器和挠性接管外形尺寸是否符合图纸要求，表面不应有损伤，是否具备产品制造厂检验部门的合格证。否则不予安装使用；检查汽轮给水泵基座（减振器安装部位）是否符合下述要求：用着色法检查，要求着色点分布均匀，在25 mm×25 mm面积上着色点不少于2~3点，且安装后用0.05 mm塞尺不得插入；用于安装的各种工具、装备、起吊设施、运输车辆、测量监督仪器等应经过检验合格后，方可使用。

2. 安装步骤

(1)按相应图纸要求现场配制减振器垫片，垫片的厚度为：减振器安装部位基座上表面与筏架下表面实测距离，加上实际负荷下压缩量，再减去减振器的自由高度。此时垫片厚度应为10~15 mm。

(2)将下层减振器按联调试验后的编号安装于筏架下。

(3)将安装好的筏架和减振器按汽轮给水泵浮筏减振装置安装图给定的位置坐标吊放于基座上，并以此确定基座上减振器安装孔的位置。

(4)吊开筏架，在基座上钻减振器安装孔，从筏架上卸下下层减振器，并将其安放在基座上。确认其位置无误后,即用螺栓和弹簧垫圈将其固定在基座上。

(5)安装筏架和相应的垫片。

(6)将上层减振器连同对应的垫圈,按刚度大小排列安装在汽轮给水泵机脚下,刚度大的减振器布置在汽轮机端。将汽轮给水泵和上层减振器一起吊放于筏架上就位,并用螺栓和弹簧垫圈将减振器固定。将滑油泵板架、弹簧减振器和相应垫圈安装于筏架上。

(7)待下层减振器变形稳定后(不少于48小时),调节下层减振器的限位螺栓;并安装上层限位器。

(8)设备安装检验合格后,按《减振接管配置与安装技术要求》进行管路的挠性接管安装。

3.4.2 安装检查

1. 检查所有减振元件有无损伤,如有损坏需分析原因后予以更换。

2. 检查减振器变形是否均匀。同一型号减振器的高度相差不得大于4 mm。

3. 检查所有挠性接管安装是否正确,是否符合《减振接管配置与安装技术要求》的规定。

4. 注意事项

不可将给水泵与筏架整体向船上吊装。

3.5 双层减振器安装

相对于浮筏减振装置来讲,双层减振装置是舰船设备振动隔离的重要技术手段。本节通过结合工厂实际,介绍双层减振器的安装与检查。

3.5.1 双层减振器的安装

1. 安装前的准备

安装前要检查中间质量块有无损伤、变形、是否具备生产厂家的检验合格证。检查双层隔振装置基座上减振器安装表面是否符合基座图纸要求,尤其要确保表面粗糙度和平面度的要求,并去除基座表面污物。检查所有减振器、挠性接管外形尺寸是否符合图纸要求,表面不应有损伤,是否具备产品制造厂检验部门的合格证;否则不予安装使用,同时准备好相关的图纸。

2. 安装步骤

(1)按图纸要求进行中间质量块定位,并按要求为每一块减振器配置调整垫片或调整垫圈,并将调整垫片与对应减振器编号,编号后将下层减振器和调整垫片按照编号对应安装在中间质量块上。

(2)按图纸要求用中间质量块给基座配钻下层减振器安装孔。

(3)分别将上层减振器及调整垫圈按照编号装于设备的过渡框架上,并将设备吊于中间质量块上,用螺栓和垫圈将其固定。

(4)待中间质量块上设备装于质量块48小时后,检查中间质量块下面于基座安装之间的距离是否满足要求,且每一减振器之间的高度差是否满足要求,若不满足,则必须重新调整垫片厚度。

(5)检查设备机角安装面板的底面与中间质量块上表面之间的距离是否满足要求,且每一减振器之间的高度差是否满足要求;检查调整垫片、调整垫圈与设备机脚、中间质量块或基座以及减振器下面板下基座或中间质量块之间是否紧密贴合,其接触面局部间隙是否满足要求,与调整垫圈的接触面间的局部间隙是否满足要求;检查侧向限位器的间隙尺寸是否满足图纸要求。

(6)将侧向限位器安装在基座上,测量其底面与安装面间隙,确定垫片所需厚度,调整限位器垫块的厚度,并确定侧向基座安装孔位置;配钻限位器安装孔,并将侧向限位器及垫块装于基座上;检查限位器的限位间隙是否符合要求。

(7)设备安装检查合格后,按图要求将各挠性接管装于各机组的相应管口和管路上。

3.5.2　安装检查

1. 检查减振元件有无损伤,如有损伤需分析原因后予以更换。
2. 检查减振器变形是否均匀,如变形过大,应分析原因予以调整。
3. 检查减振器、调整垫片、调整垫圈与其相接面间的紧密程度是否满足相关要求。
4. 检查减振器和减振接管的安装是否符合相关的技术文件要求。
5. 检查限位器限位间隙是否符合要求。

3.6　减振器、减振管

3.6.1　橡胶金属减振器

在工程实践中,阻尼的形式是多种多样的,利用这些阻尼所设计的减振器也是多种多样的。根据阻尼和工作方式的不同,可分为阻尼减振器、摩擦减振器、动力减振器、气囊减振器、磁阻尼减振器、冲击减振器等。

最常用、最普通的阻尼减振器是橡胶金属阻尼减振器。

橡胶是一种种类繁多的高弹性材料,它具有在金属上粘附力强,能承受拉伸载荷、压缩载荷、剪切载荷的特点。与其他固体材料相比,橡胶在单位体积内储存能量的能力最大,且应力 - 应变之间的关系简单,是一种良好的抗冲击材料。此外橡胶具有足够的阻尼,使机械在起动和停车的过程中,其激励频率和减振系统的固有频率较接近,能够使响应振幅受到很大的抑制。

根据减振器的用途、安装位置和工作性质,在选用减振器的时候,要注意它的额定静载荷、额定载荷下的固有频率(表征其减振效率)、额定载荷下的最大下沉量、自由行程以及与使用性能和寿命特征有关的其他指标。选用减振器首先要注意下面几点:

1. 减振器在使用的过程中会产生很大的变形,导致减振器的零件发生位移,它的橡胶部件的尺寸和形状也会发生很大的变化,在选用时,需要考虑它的变形量,一般为 15% ~ 25%,即:

$$\Delta H=(0.15\sim0.25)H \text{ 或者 } H=(4\sim6.7)\Delta H$$

ΔH 为变形量,H 为减振器的高度减振器的承压面应采用方形或者圆形，其边长或直径应控制在：

$$4H \geqslant D \geqslant H$$

D 为减振器的边长或直径。

2. 在同一需要减振的装置中，尽可能的使用同一种规格型号的减振器。如果有特殊要求，需减振的装置两旁支撑用的减振器可以选择与支承减振器不同规格的减振器。

3. 减振器的布置方式要保证安装设备在舰船条件下的工作能力和基座的振动防护要求，主要原则如下：

（1）减振器的极限变形不能超过该结构和设备的允许变形值。

（2）当减振器需倾斜安装时，应采用在各向有很大不同平移刚度的减振器或倾斜布置得弹性元件。

（3）当不得不采用不同型号的减振器时，应使各减振器的支承点位移一致。

（4）减振器在数量上选择时应尽量分散布置。

（5）减振器的布置应对称于整个设备系统的主惯性轴，或布置在包含重心的平面内。

4. 减振器的安装技术要求：

（1）对减振器进行外观检查：橡胶减振元件的橡胶与金属之间应无脱胶、分层，橡胶表面无气泡、裂纹，内外表面不应有明显的压痕、划痕等机械损伤；金属减振器不应有机械损伤和变形等缺陷。

（2）大型机组的每块减振器入厂时均应具有静刚度（或额定负载下静变形）的测量数据，测量的值应满足相应图纸的技术要求。其他减振器应有抽样检测值。

（3）设备基座面板符合减振器的安装要求。

（4）安装减振器时，首先将减振器固定在基座上，然后将设备与减振器固定。在固定时，不允许损伤减振器。

（5）橡胶减振器应使用于机脚安装部位的温度不大于 70 ℃的设备，高于 70 ℃时可用过度板降温或选用金属弹簧减振器或钢丝绳减振器。

（6）减振器底板与基座支承面紧密贴合。

（7）当设备安装于不同平面的减振器上时，首先应该安装承受主要载荷的支承减振器，待支承减振器经预压并消除弹性变形后，再安装其他的减振器，例如：侧向止推减振器等。

（8）设备一般应选用高度公差相同或相接近的一组减振器进行安装。如果减振器公差相差较大时，则需要配置调整垫片。调整垫片的厚度处于 2 mm 到 15 mm 之间。

（9）被减振的设备的壳体或框架与周围固定物之间的间隙必须满足图纸要求。

（10）除有特殊要求的设备外，与被减振设备连接的管路、电缆和其他连接件等均应采用挠性连接或弹性连接，且应在设备固定在减振器上一昼夜后连接，在自由状态下紧固，不允许又强拉和歪斜现象。

（11）设备安装完成之后，对减振器的外观、变形、与连接面的紧密程度进行检查，如不符合要求，则更换减振器或者重新安装。

5. 减振器的防护要求：

（1）减振器在安装前应存放在空气温度 −5 ℃ ~30 ℃的无腐蚀气氛的通风、干燥、洁净的室内环境里，避免杂乱地方或与其他物品混放，以免损伤。

（2）橡胶减振器应防止日光直接照射，避免与酸碱、油类、漆类等有机溶剂接触，并离热源 1 米以上。

(3)减振器在使用过程中,应进行减振器的紧固件、减振器外表面的定期检查(减振接管每月检查一次,其余每三个月检查一次,并作记录),若发现紧固件松动应立即拧紧;若发现橡胶减振器表面损伤或金属减振器产生挠曲或较大变形时,应予以更换。

(4)在存放时尽量保持减振器能够以自由装态放置。

3.6.2　气囊减振器

近年来,国内的气囊减振技术取得了重要进展。气囊减振器具有承载力大(可达 15 t 以上)、结构尺寸小、固有频率低(≤5 Hz)等优点,能够显著降低噪声。并且,通过一套智能控制装置,能够精确控制各个气囊减振器的高度(误差 0.3 mm 以内)。

气囊减振器具有很大的极限位移量,又具有较高的减振效率。它是用压缩气体(一般是空气)来作为弹性元件(阻尼)的减振器。为了保持气体的压缩状态,可以采用充气系统,或者将压缩气体同周围的大气隔离开来(一般采用橡胶气囊)。气囊减振器与普通的橡胶减振器相比,有以下优点:

1. 固有频率低,并且能够调节,具有更好的减振性能;
2. 尺寸小、承载能力大;
3. 无驻波效应,高频减振性能优良;
4. 载荷可调范围大,适应性强;
5. 可以和控制系统集成,实现对减振装置的精确、智能控制;
6. 气囊的爆破压力很高,而工作压力相对于爆破压力来说较低,因而气囊减振器的安全系数很高;
7. 气囊减振器的高度、承载能力、减振器的常数都是独立的,可选择的范围大;
8. 气囊减振器的刚度可以通过改变空气的工作压力来变化,如增大气囊的容积;
9. 气囊减振器的刚度随着减振器的载荷而改变。在不同的载荷下,减振器的固有频率几乎保持不变,因而减振器的减振效果也几乎不变;
10. 通过高度控制系统,气囊减振器的高度在任何载荷下保持一定,方便安装;
11. 同一气囊减振器通过对工作气压的调节,可以具有不同的承载能力;
12. 气囊减振器对高、低频振动,冲击以及固体声均具有很好的减振效果。

因此,它可以作为大型减振装置的减振元件,有效解决大型减振装置载荷以及减振性能的问题。

船舶气囊减振器至少由一个橡胶囊和一套金属部件组成。减振器的金属部件一般分为上、下底座(如图 3-1 所示),根据气囊减振器的承载能力分为可调和不可调两种。承载能力不可调的减振器可以是单气室,也可以是双气室;承载能力可调的减振器是双气室的。

气囊减振器承载力的表达式为

$$F = PS_e \tag{3-1}$$

式中　P——气囊内气体的表压力;

S_e——气囊减振器的有效承载面积。

气囊减振器使用高度一定的情况下,其有效承载面积保持不变,因此承载力与气体的表压力成线性关系。

气囊减振器的垂向刚度的表达式为

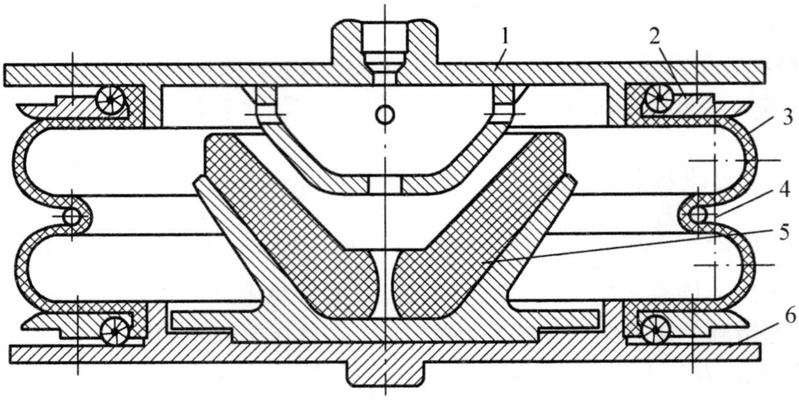

图 3 - 1　气囊减振器结构图

1—上盖板;2—压环;3—橡胶囊;4—腰环;5—橡胶垫;6—下盖板

$$K = m(p + p_a)\frac{S_e^2}{V} + p\frac{\mathrm{d}S_e}{\mathrm{d}z} \tag{3-2}$$

式中　p 和 p_a——分别表示气囊的表压和大气压;

V——气囊的容积;

m——气体多变指数;

z——气囊的垂向变形。

从上式可知,调整气囊容积的大小就可以调整气囊的垂向固有频率,通常使其在 3 ~5 Hz 之间。

3.6.3　钢丝绳减振器

钢丝绳减振器是以多股钢丝绞合线,经均匀的对称或者反对称方式,在耐蚀金属夹板上螺旋状缠绕后,用适当方式固联而成(见图 3 -2)。它的主要原理是利用螺旋环状多股钢丝绞合线在负荷作用下所具备的非线性弯曲刚度,以及多股钢丝间由于相对滑移而产生的非线性干摩擦滞后(库伦阻尼),大量吸收和耗散系统运动能量,改善系统运行的动态平衡

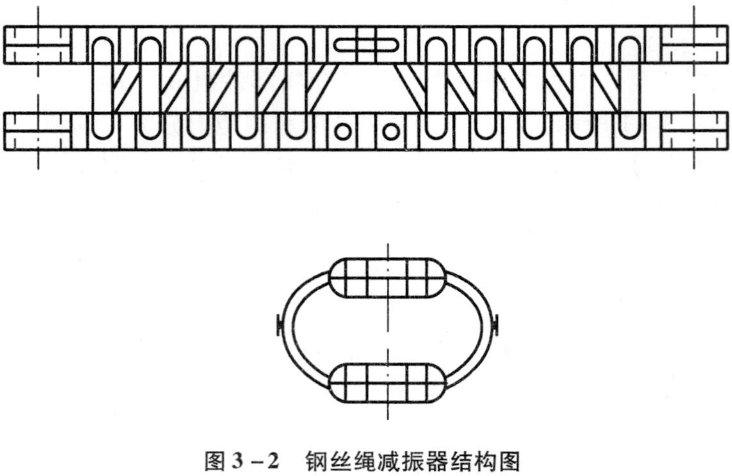

图 3 - 2　钢丝绳减振器结构图

性,从而起到减振的效果。

钢丝绳减振器具有以下特点:

1. 钢丝绳减振器具有变刚度性,当动载荷增加时,它的动刚度也随之增加,从而更好的抑制减振器的振幅,增加了隔离设备的稳定性;设备的瞬时超载对减振器的影响很小,具有很强的超载能力;并且它能够在比较宽的频率范围内维持基本不变的固定频率,同时它有较强的冲击保护作用,能吸收较大的振动能量。

2. 钢丝绳减振器具有较好的变阻尼特性。在高频低振幅时,阻尼较小,而低频大振幅时阻尼较大,从而可使得无论在共振区还是隔振区都能获得最小的传递率。

3. 从结构上看,钢丝绳减振器不但其圈数可多可少,而且还可长可短,制造安装都很方便。安装时可受压、斜置、剪切支承、吊支。

4. 钢丝绳减振器性能稳定,寿命长,环境适应性好,高低温时性能保持不变。

钢丝绳减振器可根据现场的实际情况来决定其安装方式,其主要的安装方式如表 3-1。

表 3-1　钢丝绳减振器的安装方式

安装方式	负载—变形特征	说　明
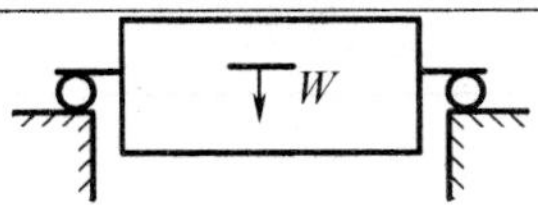	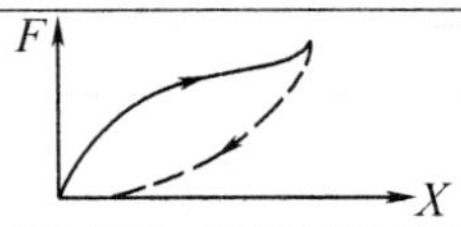	悬挂支承,支承点在参振质量中心水平上,无倾翻力矩,稳定性好,为常用形式
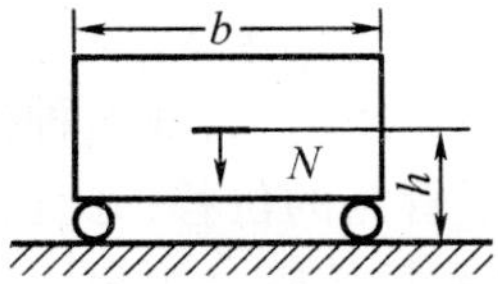		基圆支承,重心较高,常用于高宽比很小($h/b<0.5$)的情况下,当高宽比较大时,或者当干扰幅值较大时,将产生翻力矩,建议采用稳定元件附加支承
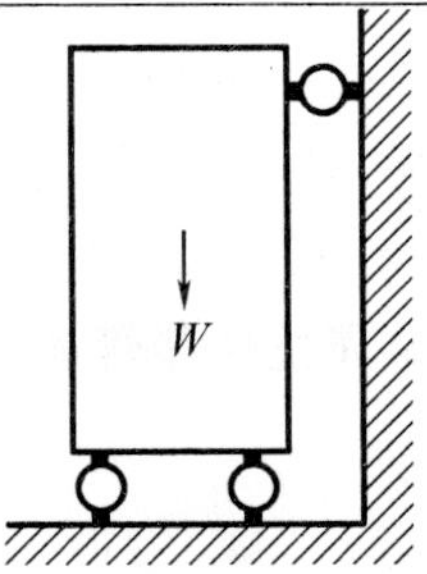		基础支承,侧装稳定元件(一般置于顶部),稳定性好,当高宽比 $h/b>1$ 时,常用此种安装形式
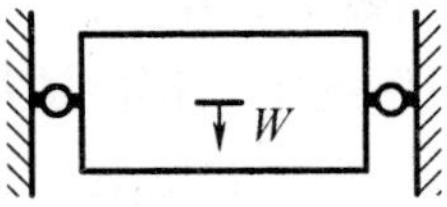	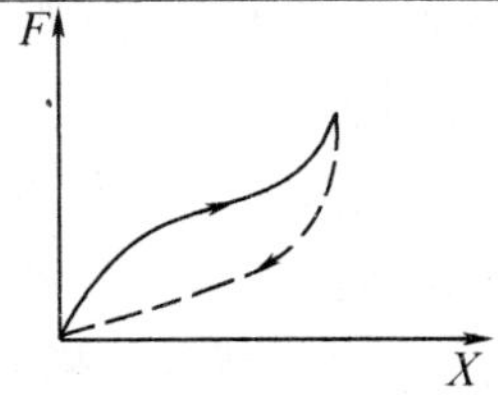	悬挂支承,可实现隔振系统较低的峰值频率,为常用形式,应注意安装的对称性
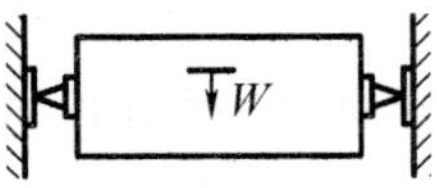	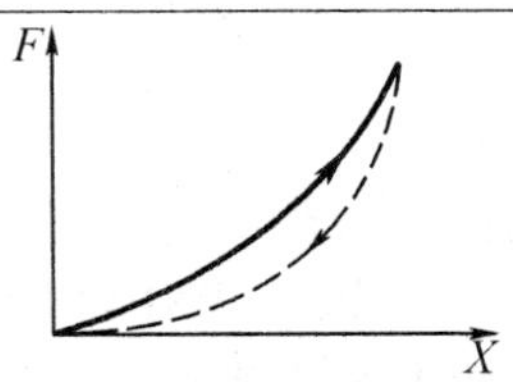	悬挂支承。注意安装的对称性

表 3－1(续)

安装方式	负载—变形特	说　　明
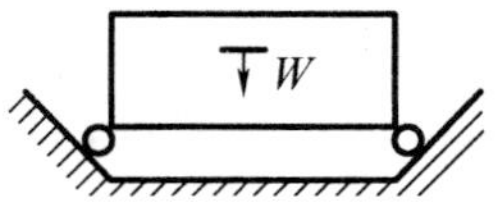	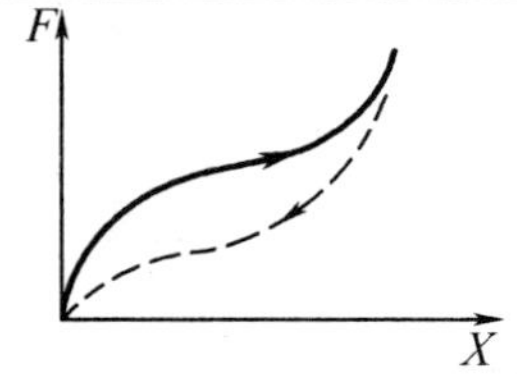	45°基础支承。其优点在于使系统同时在水平、垂直两方向上处于合理的受力状态，为常用形式
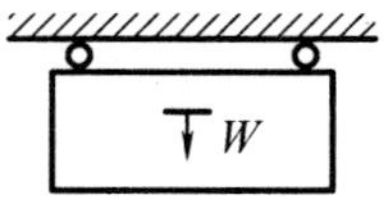	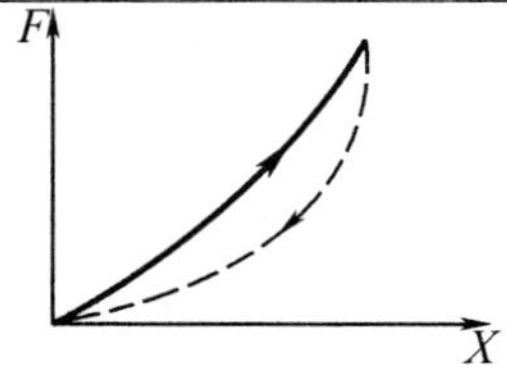	吊装。隔振元件呈拉伸变形状态，稳定性较好，但承载能力不大，尽量不要单独采用这种形式
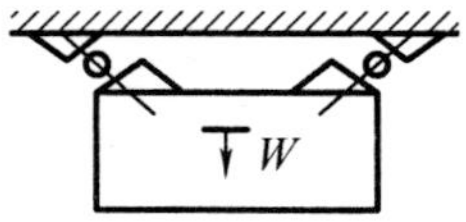		45°吊装。隔振元件呈拉伸变形状态，稳定性较好，有一定承载能力，尽量少单独采用这种形式

3.6.4　减振接管

在舰船设备工作时，所产生的振动会通过与该设备相连的管路传播出去，在这种情况下，我们需要在管路中加入挠性连接件，用于补偿被减振设备相对于管路的位移，并且将设备所产生的振动同管路隔离开来。起到此作用的挠性连接件就是减振接管。舰船用减振接管的基本要求为：

(1)具有高可靠性；

(2)具有大位移补偿能力；

(3)具有良好的减震性能。

减振接管是减振器的一种，在舰船上主要使用橡胶减振接管、金属挠性接管和金属软管等等。

3.6.4.1　橡胶减振接管

橡胶减振接管一般由橡胶护套和金属法兰等组成(如图 3－3 所示)，它主要用于补偿设备与设备之间的管段或两个管段之间的相对位移，具有良好的减振效果。在空间尺寸有限的情况下、在大直径管路、在无相应软管接头且工作介质压力大的系统中它都能适用，并且能够有良好的减振效果。同时橡胶减振接管能够满足各类管路系统得管径需要，具有耐高压、抗爆力大、弹性好、位移量大、吸振能力强、减振效果好、安装方便等特点，是舰船上使用最多的一种减振接管。

1. 橡胶减振接管的配置要求

(1)凡是与被减振机械相连的所有管道，都必须配置减振接管。对于 DN10 以下的管路，可以用管道本身做成补偿环；对于 DN32 以下、PN10 以上的管路可以用与管路实际压力相当的软管；PN6 以下的管路也可以采用夹布胶管。

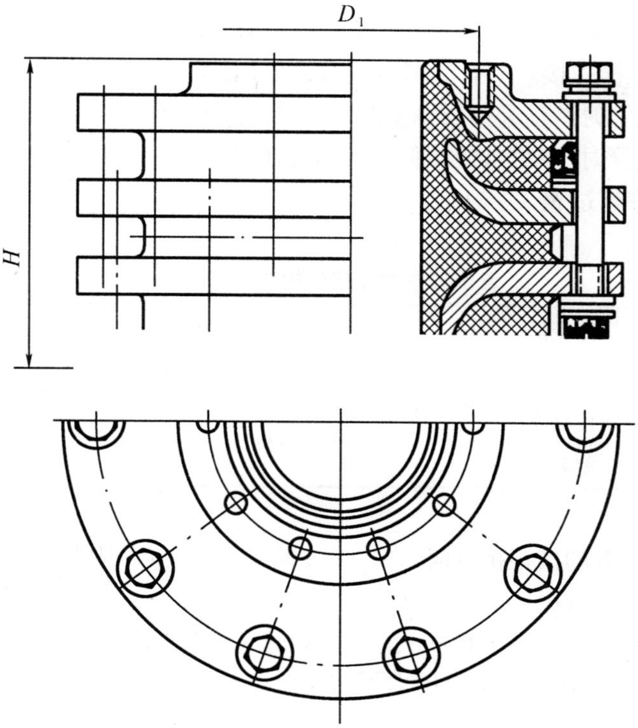

图3－3　橡胶减振接管示意图

(2)对于各种各样的管路需要选择合适的减振接管:它的公称压力必须大于或者等于管路的最大工作压力;根据管路内流通的介质以及介质温度选择相应的减振接管。

(3)减振接管的布置,应尽量靠近被减振的设备。一般要求它直接接在被减振设备所属系统的进出口法兰上,如果无法达到时,可以在设备和接管之间插入一段尽可能短的金属管段。

(4)减振接管后面的管路,必须用刚度足够的支架固定好。

(5)减振接管不能承担管路和管路附件的重力。

(6)装有减振接管的管道应尽可能的直。如果有拐弯,过渡要均匀,弯曲半径不允许小于管径的1.5倍;尽量避免在减振接管后面使用折角形式的阀件。

(7)减振接管的布置位置,必须便于维护保养。

(8)装在管路上的减振接管与附近管路或设备的距离保持在30 mm以上。

2. 橡胶减振接管的安装要求

(1)减振接管必须具有合格证,并且处于规定的使用有效期内,才能进行安装。

(2)安装前要对减振接管作外观检查,不允许出现橡胶与金属之间开裂、分层或其他机械损伤和缺陷。

(3)橡胶减振接管必须在被减振设备减振器安装完毕并经过48小时预压之后才能进行安装。

(4)为避免橡胶损伤和金属法兰面脱离,不允许将橡胶保护膜从法兰端面的密封面剥下。

(5)减振接管与管路法兰之间,应装上相应的密封垫片。

(6)在安装时,要将橡胶减振接管上的制造日期朝着便于观察的一面。

(7)减振接管与法兰用螺栓或螺柱连接。在使用限制器的情况下,安装限制器橡胶金属半环一端只能用螺栓连接。所有的螺栓或螺母下,必须安装弹簧垫圈或止动垫圈。

(8)安装减振接管时严禁采用强制安装的方法,避免接管产生变形。

(9)安装减振接管时,应尽量使减振接管承受压缩变形。当管路内无工作压力时,减振接管的变形值不允许超过表 3-2 的数值。

表 3-2 减振接管的变形值范围

拉伸变形	≤1 mm
压缩变形	≤2 mm
横向位移变形	≤2 mm
偏斜	≤2 mm

(10)安装带限制器的减振接管时,在检查安装变形后,进行限制器的安装、调整。

(11)不允许在橡胶减振接管上涂油漆。

(12)安装完最大偏移量小于 6 mm 的减振接管和管路固定支架后,应使管路上的固定支架,能够保证减振接管在最大工作压力下的变形值符合表 3-3 要求。

表 3-3 减振接管在最大工作压力下的变形值范围

轴向拉伸或压缩变形	≤2 mm
偏斜	≤3 mm

3. 橡胶减振接管的维护保养:

(1)应存放在温度为 -5 ~ +30 ℃的仓库中,避免杂乱堆放或与其他物品混放,以免损伤。

(2)减振接管应避免阳光直接照射,并距离热源和光源 1 m 以上。

(3)避免与油类、漆类及酸类等有机溶剂接触。

(4)在存放时应尽量让它保持自由状态。

(5)在使用过程中,应对减振接管的外表面和紧固件进行定期检查(每月检查一次)。若发现紧固件松动,应立即拧紧,如果发现减振接管表面损伤或有很大变形时,应予以更换。

3.6.4.2 金属挠性接管

金属挠性接管一般由法兰和波纹管等部分组成,它也是用于补偿被减振设备相对于管路的位移,同时具有减振的作用。金属挠性接管的实物及示意图见图 3-4、图 3-5。

1. 金属挠性接管的配置要求

(1)对于各种各样的管路需要选择合适的接管,一般对于管路内介质温度大于或等于 130 ℃时应选择金属挠性接管;

(2)金属挠性接管入厂时应具有 0 MPa 和 4 MPa 时的静刚度测量数据,静刚度值应符合技术规格书的要求;

(3)它的公称压力必须大于或者等于管路的最大工作压力;

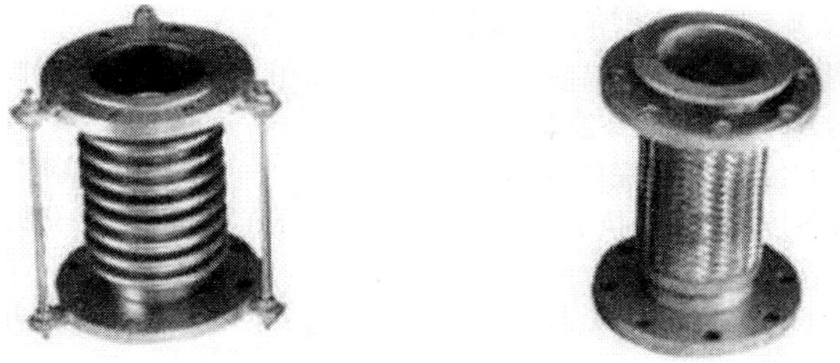

图 3-4　金属挠性接管实物图

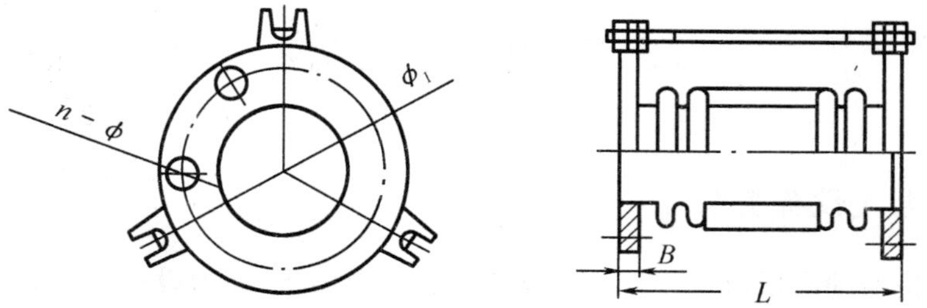

图 3-5　金属挠性接管结构示意图

（4）减振接管的布置，应尽量靠近振动的设备，一般要求它直接接在设备所属系统的进出口法兰上，如果无法达到时，可以在设备和接管之间插入一段尽可能短的金属管段；

（5）减振接管后面的管路，必须用刚度足够的支架固定好；

（6）减振接管不能承担管路和管路附件的重量；

（7）装有减振接管的管道应尽可能的直，如果有拐弯，过渡要均匀，弯曲半径不允许小于管径的 1.5 倍；尽量避免在减振接管后面使用折角形式的阀件；

（8）装在管路上的减振接管与附近管路或设备的距离保持在 30 mm 以上，并且布置位置必须便于维护保养。

2. 金属挠性接管的安装技术要求

（1）金属挠性接管必须具有合格证，并且处于规定的使用有效期内，才能进行安装；

（2）安装前要对金属挠性接管作外观检查，波纹管部位不允许有任何机械损伤，如有应将其更换；

（3）金属挠性接管必须在被减振设备减振器安装完毕并经过 48 小时预压之后才能进行安装；

（4）安装金属挠性接管，应保证其不得有扭转变形、偏斜、拉伸、压缩等静变形现象；

（5）金属挠性接管上的生产日期应朝向便于观看的一面；

（6）金属挠性接管法兰上所标志的介质流向，应与管路介质的实际流向相一致；

（7）弯管平衡式金属挠性接管装有保护罩和涂黄色漆的装运杆，在将其安装调整完毕前不允许拆除；

（8）弯管平衡式金属挠性接管在安装完毕并检查变形后，应对平衡螺栓进行调整；

(9)振动设备进汽口法兰和金属挠性接管工作端法兰以及管道端口法兰与挠性接管法兰的同轴度要求须按照有关挠性接管安装使用说明书执行；

(10)金属挠性接管垂直吊装时，吊具应挂在专用吊耳上，水平吊装时，吊具可挂在拉杆两端头，吊具不允许直接缠绕在波纹管上；

(11)金属挠性接管安装完毕，按顺序依次拆除保护罩、装运杆还应进行系统紧密性及压力试验，并按各接管的使用技术条件检查在最大工作压力情况下接管的变形是否满足接管的技术要求；

(12)安装时严禁采用强制安装的方法。

电气设备部分

3.7 电气安装

3.7.1 电气设备安装

电气设备按振动表现形式分为动力设备和非动力设备，动力设备主要是提供动力的主动设备，如电机、马达等；非动力设备主要指信号系统的设备、照明、控制箱等相对静止的设备。电气设备减振降噪包括对单台设备进行隔振，以及在隔振的基础上对设备和系统机械定向的布置和布局。电气设备的隔振布置方式主要有：单台设备的个别布置，此类设备往往是单个安装，设备机座采用减振器，减振器的安装型式如图 3 –6、图 3 –7；由 2 ~4 台设备组成的小型组装件，采取浮筏装置，安装型式如图 3 –8；由舱段内所有振动设备组成的大型组装体，采取整舱浮筏装置。采用必要的减振措施是减振降噪的重要手段，同时提高安装质量也对减振降噪有一定的作用。

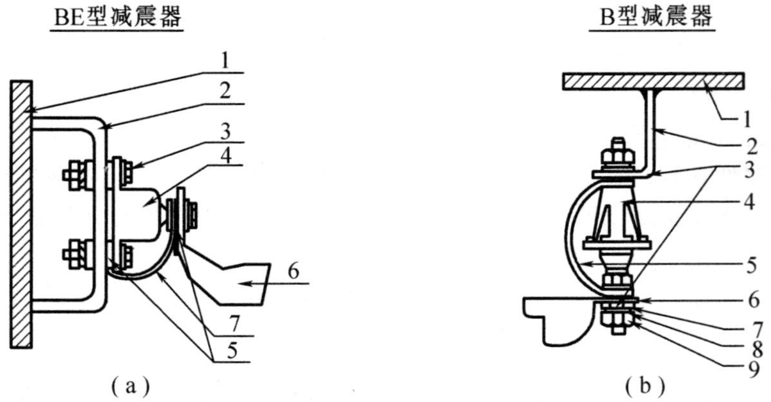

图 3 –6　设备减振器基本形式

(a)1—船体或金属构件；2—支架或基座；3—螺栓、螺母、平垫、弹簧垫；4—E、BE 型减振器；5—锡箔；6—设备底角；7—接地跨接片；(b)1—船体或金属构件；2—支架；3—锡箔；4—B 型减振器；5—接地跨接片；6—设备底角；7—平底；8—弹簧垫；9—螺母

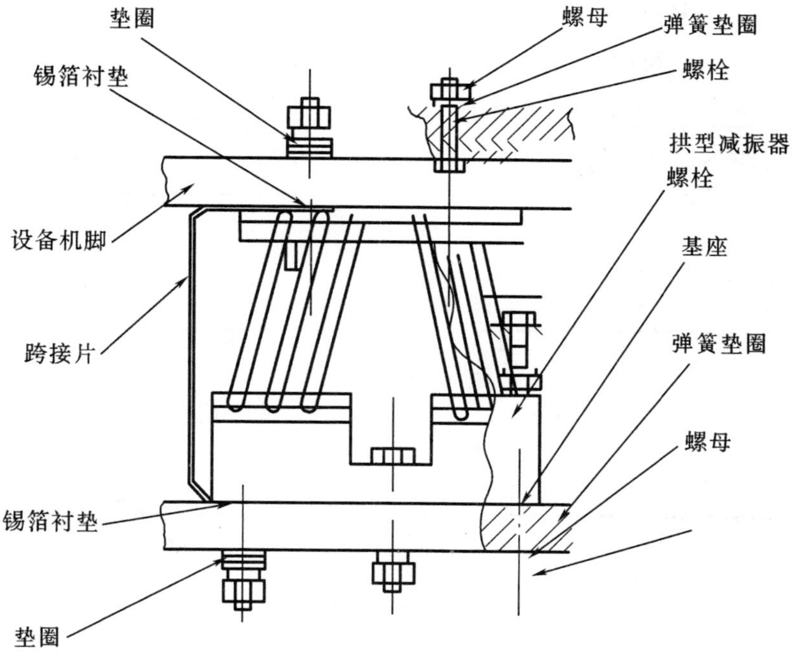

图 3-7　钢丝减振器

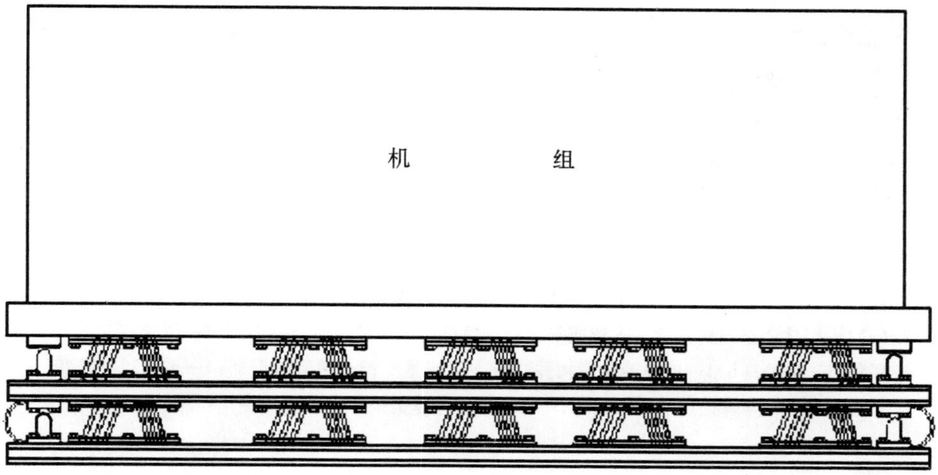

图 3-8　浮筏减振器

动力设备减振器安装形式见图 3-14：

静止的设备的安装：

静止设备主要包括信号设备、照明灯具、控制箱、启动器、控制屏、配电设备、分电箱、话盒等设备，对于较大的静止设备如配电板、控制屏等如图 3-14 所示采用动力设备减振器安装形式，较小的静止设备如信号盒、灯具、话盒、开关、插座等采用直接固定在支架上、安装弹簧减振器上如图 3-10 所示。

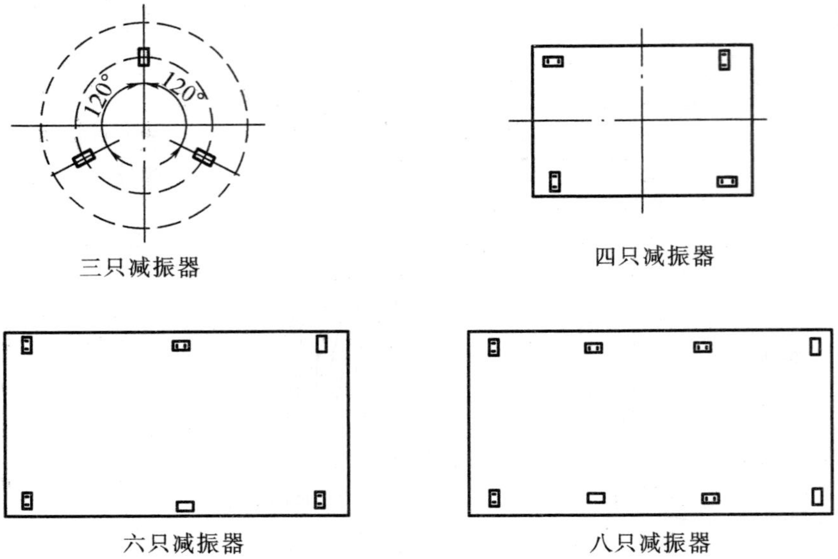

图 3－9　减振器安装形式

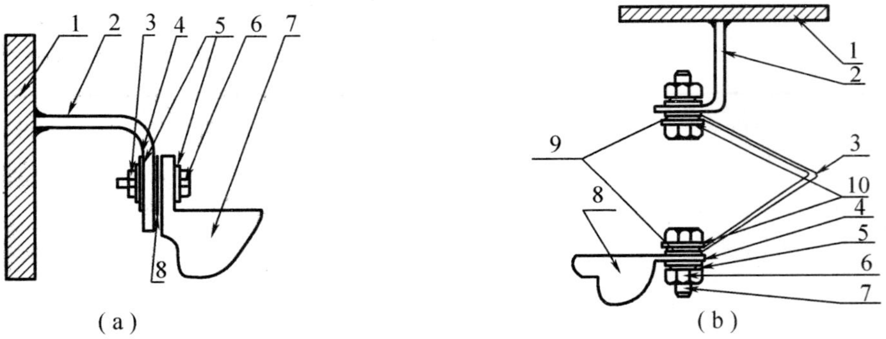

图 3－10　静止设备固定图示

(a)1—船体或金属构件;2—支架或基座;3—螺母;4—弹簧垫圈;5—平垫;6—螺栓;7—设备底角;8—锡箔;(b)1—船体或金属构件;2—支架或基座;3—弹簧减振器;4—平垫;5—弹簧垫;6—螺母;7—螺栓;8—设备底角;9—锡箔;10—球型垫片

电气设备安装的要求:

(1)检查设备的固定支架是否符合要求,焊接应牢固;

(2)校对设备的固定支架孔间尺寸,应与设备底角孔距相符;

(3)安装在减振器上的设备不许依靠减振器的弹性变形强行对孔安装;

(4)弯曲半径不小于电缆外径的四倍(图 3－11)。

紧固件安装要求:

(1)设备安装紧固件除安装图中特别标明外应按国家标准选用;

(2)紧固件表面处理应符合图样规定;

(3)紧固件螺栓的直径,无明确要求者按设备底角和减振器孔径选配,间隙过大者应加

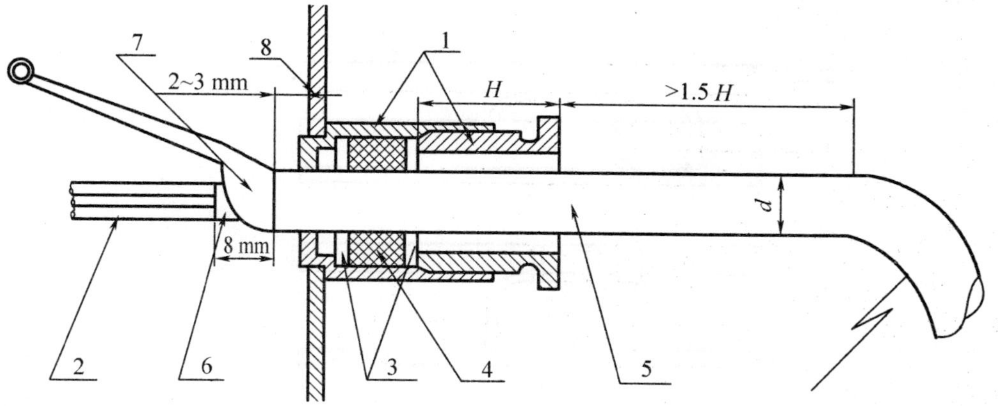

图 3-11　弯曲半径示意图

1—填料函；2—电缆芯线；3—平垫；4—填料；5—电缆；6—橡皮护套；7—屏蔽网；8—设备壁

衬套；

(4)螺栓长度应选择螺母紧固后最短露出 2 ~ 3 牙螺纹，最长不超过螺栓直径；

(5)紧固件应有防松动措施。

3.7.2　电缆敷设

由于电缆本身较软，具有一定的弹性，在设备运行过程中，由于电缆本身不产生振动，只需减少电缆振动的传递，即完成了电缆的减振降噪工作。在减少电缆传递振动过程中主要的措施是使电缆留有适当弯曲，以便起到振动缓冲的作用，成束电缆的基本安装形式如图 3-12 所示。

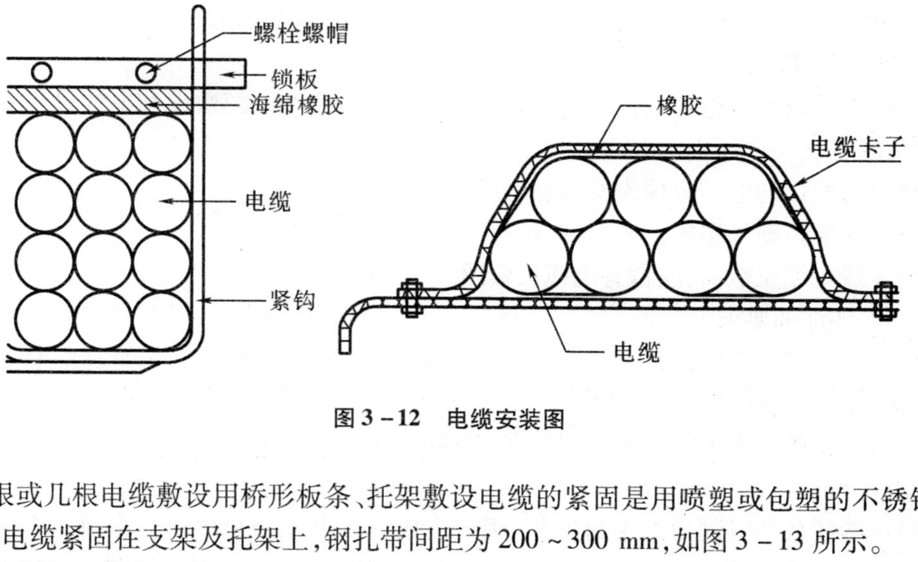

图 3-12　电缆安装图

单根或几根电缆敷设用桥形板条、托架敷设电缆的紧固是用喷塑或包塑的不锈钢电缆扎带，将电缆紧固在支架及托架上，钢扎带间距为 200 ~ 300 mm，如图 3-13 所示。

电缆附件安装要求：

(1)电缆管、支架应焊接牢固，舷外紧固件应安装止动垫圈或双螺母锁紧；

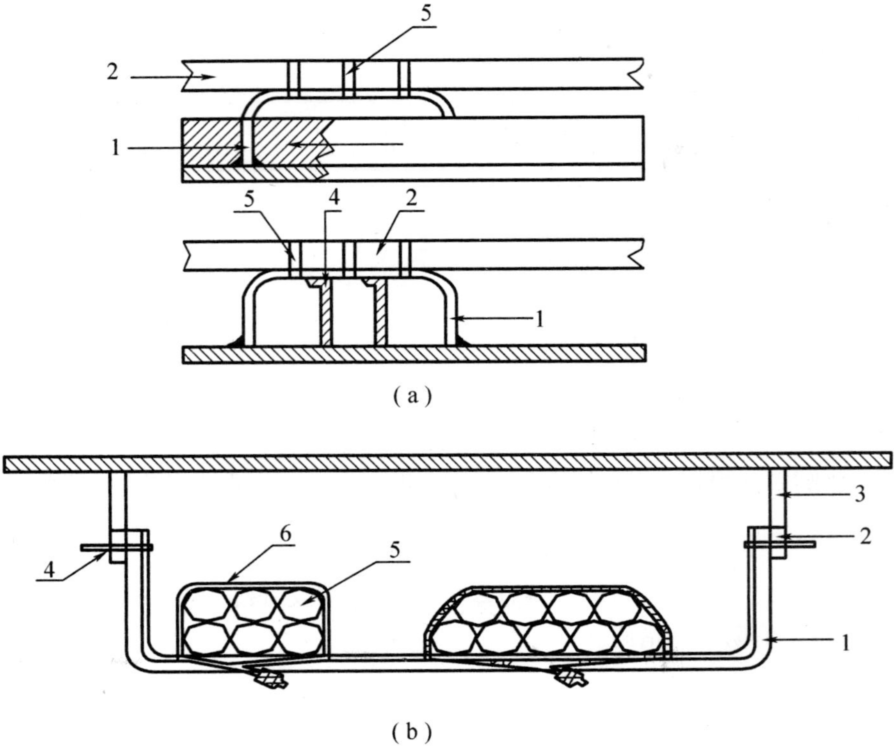

图 3-13 单根或几根电缆敷设示意图

(a)1—支架;2—电缆;3—绝缘;4—型材;5—扎带;

(b)1—托架;2—扁钢或角钢;3—支脚;4—螺栓螺母;5—电缆;6—扎带

(2)电缆管支架设置距离适当,直管段一般为 1~2 米/个;

(3)管支架的夹环不应将电缆管夹得过紧,以免影响减振效果。

电缆安装一般要求:

(1)电缆敷设安装附件应符合 CB3667.1~6-95≪船舶电缆敷设和电气设备安装附件≫中有关规定;

(2)穿管敷设的电缆应预先安装好电缆管;

(3)耐压船体绝缘层施工完,才能拉敷电缆;

(4)干线电缆拉敷前,应备有电缆拉敷图。

电缆安装详细要求:

(1)熟悉电缆敷设图纸及电缆册和其他相关文件,并根据艇上施工情况编制电缆拉敷清册,供电缆配套和拉敷电缆使用;

(2)电缆拉敷工作要在电缆工艺配套工作结束的基础上进行,电缆配套工艺要求见《电缆配套工艺》;

(3)电缆拉敷前,按《电缆密封工艺》规定完成耐压电缆密封填料盒和耐压壳板上的焊接垫套及电缆杯型管节的配套工作并预装无误。在各电缆盒附近挂该电缆盒的穿孔图板;

(4)电缆穿过围壁和铺板不要求密封处要焊接好电缆框,电缆框的大小要使电缆束占去电缆框窗口面积的 2/3 左右为宜,要求密封的地方要焊接电缆盒或填料函;

（5）检查电缆固定件如紧钩、桥形板、托架、桥形板条、附座等的焊接情况，应符合要求，并与管路及设备进行平衡；

（6）检查艇上各敷设电缆处的屏蔽、绝缘和油漆等工作是否已经完成。

电缆固定件安装要求：

（1）电缆紧固件的类型和规格及走向参照电缆敷设图进行，电缆束的走向要尽量保持水平或垂直。宽度小于90 mm的紧钩单面焊，宽度大于90 mm的紧钩双面焊，桥形板及桥形板条均可采用单面焊，电缆托架采用双面焊，焊接要求按《固定件焊接工艺规程》执行；

（2）电缆固定要保证电缆敷好后，电缆束的垂直段平直而转弯部分的弯曲半径应满足GJB13A—97《舰船电气规范》；

（3）电缆束应尽量远离蒸汽管；

（4）电缆束一般不应在油舱、油柜外表通过，非通过不可时要保证电缆束距油舱，油柜表面不小于50 mm。电缆固定件焊接时要加复板焊接；

（5）电缆固定件的高度，要保证电缆束离隔热绝缘层有一定距离，一般在20 mm以上；

（6）电缆紧固件一般情况下应采用紧钩、托架和桥形板条，需要时也可采用桥板、附座等其他紧固件；

（7）紧钩、托架、桥形板条和桥形板等固定件的间距应保证电缆敷好后，两固定件之间电缆束无明显下垂，两固定件的间隔一般应为300 mm左右；

（8）距磁罗经1米以内范围的固定件必须用低磁钢、铜或不锈钢等非磁性材料制成。

3.8　声呐系统安装

3.8.1　通信声呐换能器安装

1. 安装准备及安装前检查工作

安装前准备相关的图纸文件，按安装图明细表配全通信声呐换能器安装用的设备自带配件、船厂提供的各种安装件、紧固件；全向换能器安装前，其安装基座及导流罩底座已交工验收完毕；定向换能器安装前，其基座已交工验收；检查换能器所带电缆外表，如发现损伤，则应更换；通信声呐艏阵导流罩与艇体基座安装前，必须将侦察声呐艏阵水听器及其导流罩安装在通信声呐导流罩顶板上。

2. 换能器安装

（1）指挥台围壳定向换能器安装

在指挥台围壳相应位置切割镶嵌玻璃钢导流罩透声窗开口，四周应平整、无毛刺，孔大小应与玻璃钢导流罩透声窗尺寸相吻合，缝隙尽量小。按有关图纸用设备安装样板在基座面板上配钻换能器安装孔和电缆孔。将玻璃钢透声窗、橡胶垫框与指挥台围壳现场配钻安装孔，并用紧固件固定。声腔侧壁板、声腔前壁板和后壁板现场配钻安装孔，并用紧固件固定。按图要求安装换能器，敷设电缆。

将围壳内声腔（由声腔前后壁、底面板和声腔侧护罩组成）外表面除锈，然后涂漆以防锈。声腔内表面应先打磨光洁，然后用胶将尖劈及胶板粘牢。

（2）艏端鱼雷发射下平台定向换能器安装

按设备安装样板配钻换能器安装孔和电缆孔，按图要求安装换能器，敷设电缆。

(3)全向换能器安装

根据艇提供的艄艉标志线，利用拉钢丝、吊重锤等方法，在全向换能器底座安装部位标出艄艉标志。

按图要求用设备安装样板配钻安装孔。导流罩的安装要求其艄艉标志与艇上的安装基座平面艄艉线重合，角偏移不大于20′。

按图上明细表提供的紧固件安装全向换能器、玻璃钢导流罩。按图要求敷设电缆。

艇下水之前，应检查换能器等水下分机完整性与完好性。

3.8.2 侦察声呐设备安装

1. 安装准备及安装前检查工作

安装前准备相应的图纸文件，按侦察声呐艄阵安装图、左右水听器安装图上明细表要求配全安装用的设备自带配件、船厂提供的紧固件。按图施工的导流罩底座已交工验收。通信声呐全向换能器安装准备工作完毕，并达到有关要求。检测绝缘电阻，剔除不合格产品。用精密电容测试仪测量各换能器容量，剔除不合格产品。检查水听器引出电缆是否有损伤现象，如有则应更换。

2. 水听器安装

(1)艄阵水听器安装

侦察声呐艄阵水听器安装要求以通信声呐导流罩顶板为水平面，测量其水平度，水平度偏差不大于1.2°。

在通信声呐导流罩与艇体基座安装之前，将艄阵水听器导流罩安装在通信声呐导流罩顶板上，具体步骤按图纸要求。

按电缆敷设图要求敷设电缆，水听器根部电缆的弯曲半径应符合有关文件要求，保证电缆不受损伤。

(2)左、右阵水听器安装

侦察声呐的三个水听器呈等腰三角形，1号水听器安装在艇艏，2号水听器安装在围壳左舷相应肋骨间，3号水听器安装在围壳右舷相应肋骨间。安装要求为：围壳左、右水听器中心线均应突出围壳表面11.5 mm，。水听器轴线与艇的基准面垂直，偏差小于1°；围壳左、右水听器安装高度应一致，偏差小于±5 mm，与艇艏水听器之间距离之差小于20 mm。

(3)安装安装板

安装板上的安装孔与安装壁板之间的定位孔用安装样板现场配钻，配钻时应注意垂直配钻，不应倾斜，安装板安装应使安装板的水听器安装面与船体水平面平行，偏差小于1°。安装板的底部配钻孔要求与导流罩开孔下边缘距39 mm，保证水听器与导流罩之间不发生碰撞。

(4)安装水听器

水听器内部安装见设备相关技术文件，并由设备厂完成。船厂负责将装有水听器的水听器安装框架与安装板通过紧固件(包含衬套、螺栓、螺母、垫圈)装于艇上固紧。

水听器安装完毕后，应测量艄阵水听器至左、右阵水听器的距离并作记录备查。

以固定框、普通工业橡胶板和不锈钢垫块与导流罩配钻安装孔。导流罩外边缘应与围壳平齐，流线一致。垫框和固定框在导流罩配钻定位后在围壳内壁沿框门的外边均匀地作些H61点焊加固。焊接中应采取措施保护好导流罩不受损伤。

3. 吸声罩的安装

按吸声罩的安装样板对围壁和侦察声呐左右水听器基座图中面板(件1)配钻安装孔。

以设备自带配件按图要求安装吸声罩。安装吸声罩螺钉孔处应在外侧面用环氧树脂涂敷后磨平。焊接过程中应切实采取措施保护好导流罩不受损伤。

按电缆敷设图要求敷设电缆。水听器根部电缆的弯曲半径应符合有关文件技术要求，保证电缆不受损伤。

注意事项:左、右舷水听器导流罩上有“左舷”、“右舷”标志,应对号入座进行安装。

艇下水之前,应检查水听器等水下分机完整性与完好性。

3.8.3　噪声测量水听器(含振动传感器)安装

1. 安装准备及安装前检查工作

安装前准备相应的图纸文件,根据水听器安装图、基座图、耐压接线盒支架图、电缆敷设图测量水听器自带电缆长度,对号入座,确定安装部位水听器号数。检查水听器引出电缆是否有损伤现象,如有则应更换。根据水听器安装图、基座图、耐压接线盒支架图检查其安装支架正确性,并按其明细表配全相应的紧固件。

2. 水听器安装与电缆敷设

(1)水听器安装

按水听器基座图、安装图焊接水听器安装支架。根据水听器安装部位和电缆敷设情况,在施工人员不能到达部位,经过与设计单位专业人员协商可以在艇非耐压壳体相应部位临时开施工工艺孔,施工结束后予以复原。按图纸要求安装水听器。

水听器安装完成后应采取适当保护措施将水听器保护好,避免损伤,作好记录,并在下水前去掉保护措施,以保证水听器和传感器正常工作。

(2)电缆敷设

电缆一般要求穿钢管敷设,按电缆敷设图敷设电缆。由于电缆数量多,布置难度大,单根穿管困难,允许多根电缆敷设在同一钢管内,钢管在艇上的固定采用角钢或其他紧固件。钢管与电缆角钢或其他紧固件之间应按减振降噪有关要求垫橡胶皮或其他减振材料。

没有套钢管的电缆部分在艇上用A型桥形板固定,两桥形板之间距离约0.3m,并用不锈钢卡子紧固电缆。

电缆的走向可根据现场情况进行适当调整,凡在水舱内的电缆,一般应贴近耐压壳体敷设。在电缆容易受到损坏的地方,应加电缆罩予以保护。

电缆敷设中在耐压接线盒附近分别留有1~1.5 m余量,以防止电缆振动,并将多余的电缆在其周围盘圈。

为确保水舱密封不漏水,穿过水舱填料函的电缆按耐压电缆密封工艺施工。

3.8.4　声呐耐压水密接线盒安装

1. 安装用工具和材料及安装前准备工作

安装前备好所需的工具和材料,并熟悉声呐耐压水密接线盒安装图、相关电缆敷设图、声呐设备及耐压水密接线盒接线图;熟悉声呐耐压水密接线盒密封工艺规程。用相应的仪器测量水听器和换能器的一些基本参数,均应满足设备规定要求。检查进入耐压接线盒的有关电缆外皮,不应有破损现象。检查过程中如发现水听器及其引出电缆是否有损伤现象,如有则应更换。

2. 填料函的密封

填料函有两种密封方式(施工前预先将橡胶密封圈表面擦滑石粉使之表面光滑)。

(1)填料函用橡胶密封圈密封

依次将压紧螺帽、压紧垫圈、橡胶密封圈、压紧垫圈穿在水听器棒带的电缆或转接电缆上,并把两个半圆卡在硫化铜套中间的凹槽内,然后把电缆连同半圆卡环、压紧垫圈、橡皮密封圈一起从填料函穿入耐压接线盒(或转接盒),拧紧螺帽,予以密封;再将穿入耐压接线盒内的电缆也按压紧垫圈、橡胶密封圈、压紧垫圈、压紧螺帽的次序穿在电缆上,推入填料函,予以密封。耐压接线盒内除缺少半圆卡环外,其他同上。参见图3-14。

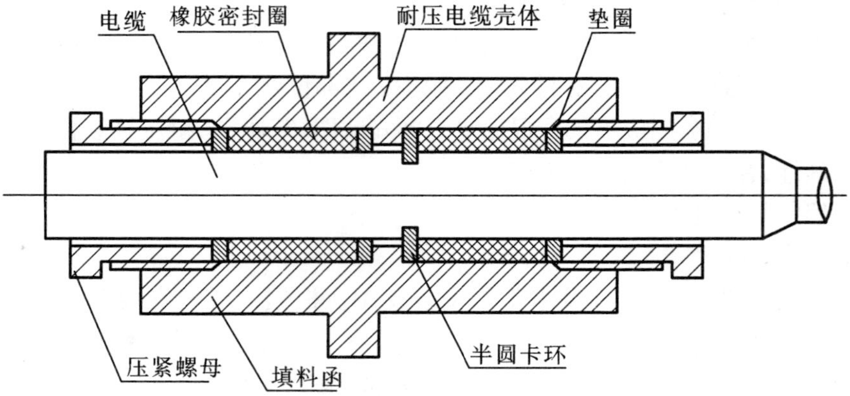

图3-14 填料函用橡胶密封圈密封

(2)填料函用601填料密封

先将压紧螺帽、两个压紧垫圈穿在水听器棒带的电缆或转接电缆上,再将电缆从填料函穿入耐压盒,推进一个压紧垫圈,垫一层浸601填料的石棉绳,石棉绳经编织后再绕电缆约1~2周,以601填料进行密封填充,再垫一层浸601填料的石棉绳,再将石棉绳经编织后绕电缆约1~2周,推入另一个压紧垫圈,拧紧压紧螺帽,予以密封.耐压接线盒内另一端电缆密封工作同上,见图3-15。

(3)综合声呐耐压接线盒的密封

把换能器上的水密插头及耐压接线盒上固定插座的护套去掉,检查是否清洁,如不清洁,用酒精擦洗干净,然后用电吹风分别将插头及插座吹干,以防湿气滞留在插头座腔体内。

将插头上的两只密封圈涂上4号真空密封脂(或涂在固定插座与密封圈相配合的孔上)。

将插头对准插座,顺时针或逆时针旋转插头,听到咔嗒声,说明插头的键已进入插座的键槽,用手或搬手旋紧插头的锁紧螺母。

(4)噪声监测仪耐压接线盒的密封

噪声监测仪水听器进入耐压接线盒的电缆密封程序如下:

依次将设备自带的压紧螺帽、五个压紧垫圈和四个密封橡胶圈分别穿在测量水听器自

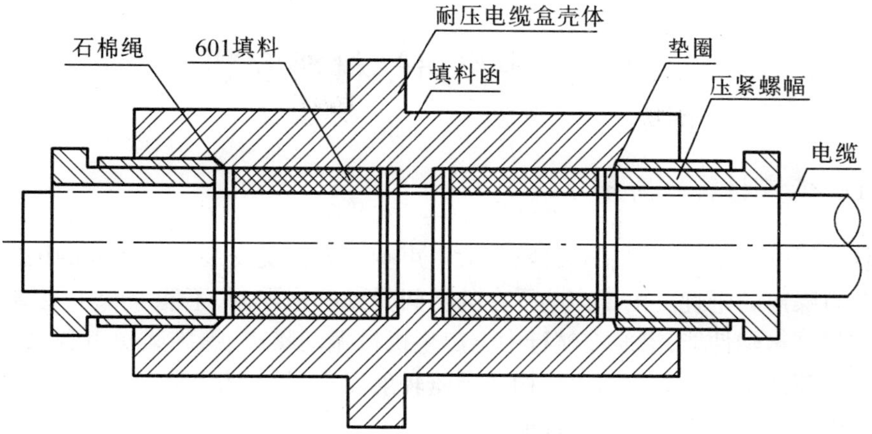

图3-15 填料函用601填料密封

带电缆上,再将电缆连同五个压紧垫圈、四个密封橡胶圈一起从填料函穿入耐压接线盒,拧紧螺帽,予以密封。然后将穿入耐压接线盒的电缆按照以上规则穿密封件和密封紧固件,予以密封,见图3-16。

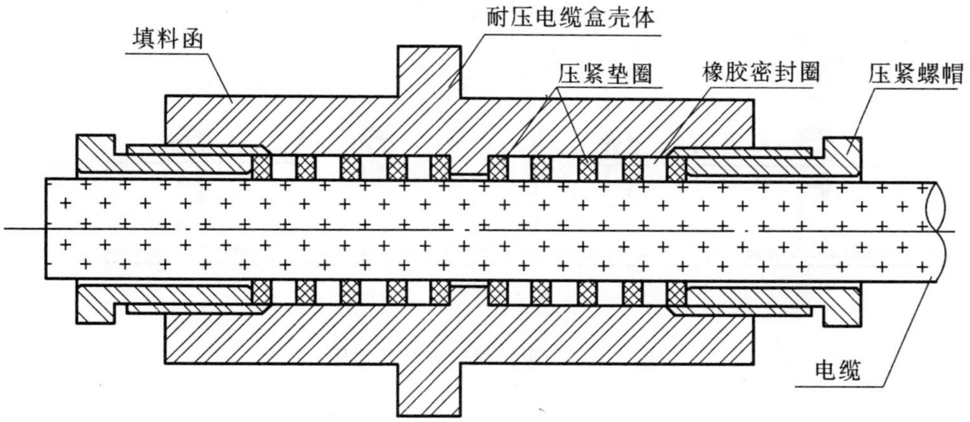

图3-16 噪声监测仪填料函用橡胶密封圈密封

(5)耐压接线盒接线

按技术要求,对水听器、换能器性能进行复测。处理芯线,按耐压接线盒接线图进行接线,烘烤与盖盒,待盒内温度恢复至略高于周围温度时可予以盖盒密封。检查盒盖的"O"形密封圈,不合格的需更换。

(6)耐压水密接线密性试验

有试气压要求的耐压盒要进行密性试验。

(7)其他要求

过一个月左右,检查压紧螺帽的松紧程序,艇下水前再检查一次,不符合紧固要求的应进一步紧固。

注水前,检查耐压盒上紧固件的完整性。

电缆引入填料函应保持一定的直线段，其长度为填料函压紧螺帽高度的 1 ~1.5 倍。

3.9 声呐腔声学材料安装

3.9.1 吸声材料的简介

声呐性能受安装平台的限制和影响较大。声呐一方面受安装平台尺寸的限制，同时又受安装平台自噪声的干扰。由于声呐平台的空间受到严格限制，不能一味指望增大换能器阵的尺寸来提高声呐性能，潜艇在航行中会产生机械振动噪声、螺旋桨噪声和水动力噪声，这些噪声一方面通过水媒质传播出去构成潜艇辐射噪声，另一方面也作为自噪声成为潜艇声呐的背景干扰而影响声呐的探测性能。

因此，为提高声呐的性能，降低声呐平台的干扰噪声，常在声呐腔内敷设安装性能良好的吸声材料来提高声呐的探测能力，发挥声呐的作用。图 3 – 17 为吸声材料的安装示意图。

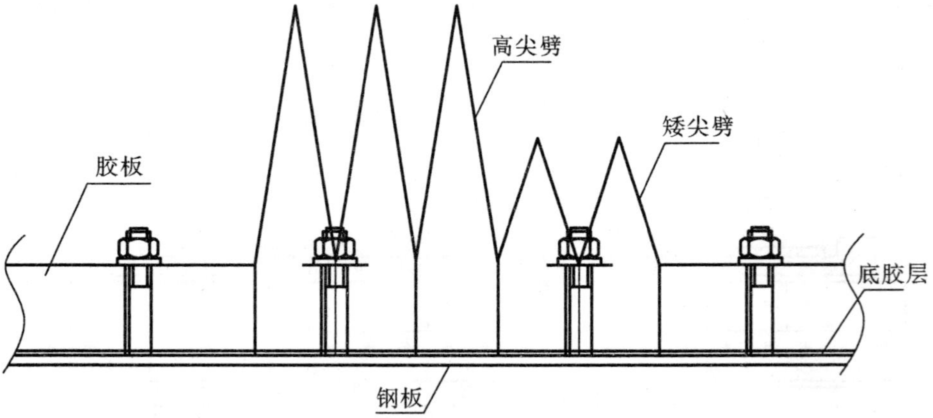

图 3 –17　吸声材料安装示意图

吸声体可作成板状、球状、圆柱状、棱锥状、多面体状和楔状等各种形状，其中以板状吸声体结构最简单，应用最广，根据不同的使用条件和实际吸声处理需要，也可以做成其他形状的吸声体。

如果要在很宽的频率范围内，特别是包括低频在内部得到很大的吸声量，可以采用楔状的吸声尖劈。当声波从尖端入射时，由于吸声层的逐渐过渡性质，材料的声阻抗与空气的声阻抗能较好的匹配，使声波传入吸声体并被高效吸收。尖劈的尖部长度为 L_1，基部长度为 L_2，尖劈体的总长为 $L = L_1 + L_2$，尖劈底与刚性面间的空腔深度为 D。尖劈的吸声特性与 $L, L_1/L_2, D$ 以及材料的密度（因而与流阻）等参量有关。L 越长，尖劈的低频吸声性能就越好。当尖劈的尺寸固定时，改变材料的密度，可以得到一个最佳的吸声系数频率曲线。选定一个密度值后，改变 L_1/L_2 的比值，又可以找到一个最佳值。空腔与尖劈基部形成共振吸声，调节空腔深度 D，使共振频率位置恰当，可以有效地提高尖劈结构的低频吸声性能。但是这几个参量的变化都不是互相独立的，因此为了得到最好的吸声性能，必须进行大量测试实验。

当尖劈的长度等于入射声波的 1/4 波长时，它的吸声系数可达 0.98 以上，即几乎可以吸收全部入射声能。

目前在潜艇上的声呐腔体降噪材料多使用不同规格型号的阻尼吸声尖劈材料和阻尼谐振吸声复合板，经实际使用和试验，收到良好的降噪效果。

3.9.2　吸声材料的敷设

3.9.2.1　贴敷前的准备和现场条件

(1)声腔内噪声测量水听器、振动传感器、耐压接线盒及其他电缆穿舱所用的焊接件焊接工作全部结束；声腔内声基阵的安装校准工作应基本结束，声基阵基座的精确定位垫片安装完毕，声基阵的安装孔配钻完毕。

(2)耐压接线盒支架及噪声测量水听器、振动传感器的安装支架及其他焊接工作应全部结束。根据电缆的实际走向和图纸要求焊好所有的电缆紧固件，如有防腐锌块也应焊好。

(3)根据各种型号的吸声尖劈和阻尼谐振吸声胶板的规格尺寸，按照施工设计图纸要求，做好焊接单头螺柱的焊接施工样板。将需要贴敷声学材料的各个壁面不平坦的地方打平。

(4)在贴敷部位，按照贴敷方案和施工设计图纸要求严格画线，画线时应注意由于贴敷不同型号尺寸的吸声尖劈而引起的尺寸变化。一般情况下贴敷吸声尖劈的部位，邻近行(或列)采用交错贴敷两种不同型号的吸声尖劈，但在有些部位，为减少切割，尽量整块贴敷，也允许根据现场实际情况有所改变，但总的原则是贴敷声学材料后尽量造成高低不平。为减少吸声尖劈间与阻尼谐振吸声复合板间的缝隙，画线时，安装样板之间的缝隙不得大于2 mm，并将不同规格尺寸的单头螺柱焊在相对应的位置上。注意由于高尖劈尺寸不对称，它的固定孔不在中心，它的十字固定架也应是不对称的。

(5)声腔内的各个壁面、耐压艇体及所有需要焊接电缆紧固件及固定吸声尖劈和胶板用的单头螺柱的烧焊工作全部结束，并应清除声呐平台上的废焊条，铁块和其他杂物。

(6)当所有焊接工作完成后，应对焊接部位补漆。

(7)若船体上有油污或油脂，应用棉纱蘸丙酮擦拭粘接表面，清除附着在它上面的油污和油脂，但溶剂量要严格控制，以防损坏底漆。

(8)施工现场应有良好的通风条件和照明条件。照明灯泡严加防护防止碰破后产生明火。

(9)配制黏合剂所用的胶料及化学品，一定是由有认证资格的厂家生产，保证产品合格。

3.9.2.2　吸声尖劈贴敷注意事项

(1)贴敷吸声尖劈前应进行预装配，使吸声尖劈与单头螺柱吻合，并应将吸声尖劈、单头螺柱及固定十字架顺序对应编号，以便实际安装；

(2)黏合剂的配制，要随用随配，用多少配多少；

(3)吸声尖劈贴敷应在室温下进行，贴敷后应压紧并用木尖棒逐个打尖劈槽，待压紧后将固定十字架和垫片装入，并用螺母适度固紧。

3.9.2.3　阻尼谐振吸声胶板贴敷注意事项

(1)贴敷 SDR 胶板前应进行预装配，使胶板与单头螺柱吻合，并应将胶板、单头螺柱顺

序对应编号,以便实际安装;

(2)黏合剂的配制,要随用随配,用多少配多少;

(3)施工时将阻尼谐振吸声胶板尽可能避免弯曲地在预定位置上粘贴,先从中间压紧,把空气向两边挤出,并用木锤或橡皮锤等敲打工具敲打压紧,并用垫片和螺母适度固紧。在条件允许的地方,应用压铁块或木撑板辅助加压粘贴部位,在室温下至少经过8小时后再拆除,以使贴敷的阻尼谐振吸声胶板贴牢。

3.9.2.4 贴敷施工环境条件及防护措施

(1)贴敷操作环境条件:贴敷操作应在室温高于10 ℃,湿度小于80%的无雨天气中进行,施工现场应无飞扬的尘土。

(2)施工现场应有良好的通风条件和照明条件,在涂刷黏接剂的操作时间内,必须有通风机通风,操作部位严禁烟火,应具有消防器材,若可能,应配置消防车;声腔内通风量要足够,由于黏合剂有气味,通风十分重要,工厂在安排声呐平台施工任务时应使导流罩的安装放在声腔内各种施工完成后进行。

(3)施工时必须对声呐基阵采取有效的保护措施,避免因贴敷声学材料引起安装精度误差。

(4)施工时应记录每天温度和湿度,并应记录每天上艇的吸声尖劈及阻尼谐振吸声胶板的数量,及每天从艇上拿下来的边角余料重量。施工完毕后,统计尖劈和复合胶板使用总量,并将数据提交总体。

(5)贴敷工作完成后,要清洁现场,捡出杂物,用清水冲除胶沫,以防止入水后影响声波传递。

管 系 部 分

3.10 管系生产设计

针对管系噪声的产生及传播规律,为了降低管路系统的噪声辐射与传递,必须从管路系统的设计与计算、系统参数的选择、元器件的低噪声设计、管路布置、管路制作、管路安装、管支架的隔振、管路噪声检测等多个环节进行低噪声化要求,以期达到预想的管路噪声目标。

3.10.1 管路系统减振措施

针对管路系统的噪声特点,为了降低管路噪声,应采取以下几点措施:

1.振源控制。控制振动源的振动幅度,首先要降低振动噪声源的振幅,减小振动源的扰动。治标先治本,治理管路噪声应先从噪声源入手,降低噪声源的振动噪声,振动的主要来源是振动源本身的不平衡力和力矩引起的对设备的激励。减少或消除振动源本身的不平衡力和力矩,改进振动设备的设计和提高制造加工精度,减少振动源的扰动,这是控制管路振动的最有效的方法。然后在设备噪声一定的情况下,降低管路系统自身产生的噪声,就要但是研发新型低噪声管系附件,克服现有的管系附件满足功能性而高噪声的缺点。针对系统各部分的部件配置,根据管路系统的压头及流量,合理选择泵的流量与压头等参数,一般情况下，由于考虑到系统压阻计算的误差以及污底和阻塞等引起的阻力等，系统都采用较大的压力储备，但是从声学观点出发，这是较大压力的储备是非常有害的，因此为了避免过高的振动和噪声，合理选择管路系统的管径，减小系统压力储备是非常重要的。再有就是要防止管系的共振，通过增加支承点和敷设阻尼等方法改变管路系统的固有频率，防止和减少管路系统的共振响应。

2. 隔振及阻尼技术。目前针对管路噪声采用最广泛的方法就是隔振及阻尼技术。其基本原理就是通过改变振源设备和管路及其支架之间的连接阻抗，通过阻抗的突然变化或失配达到阻止振动传递的目的。其基本形式有减振接管、液压阻尼器、消音器、减振降噪型管支架、管路表面敷设阻尼等。这些方法都是振动噪声的被动控制方法。

减振接管的安装工艺要求精度很高，常常因为不规范的安装工艺，致使减振接管的减振效果大受影响，使用寿命也大大减小，因此在减振接管的安装过程中要求减振接管在安装前，与安装后都要处于自由对按状态。避免安装后减振接管产生拉伸、挤压、剪切的情况。

3. 主动控制技术。针对被动噪声控制技术的很多缺点，如消音器可控制的频率范围很窄；液压阻尼器的质量很大，并且需要精确地设计阻尼参数。近代提出了主动控制方法，该方法是在基础与振源的接触部采用主动式反馈控制系统以减小振动传递。主动控制系统主要由敏感元件、动力补偿器和控制器组成。主动控制隔振不需要柔软的弹簧和精确的阻尼，它可以对受管路构成刚性支承。但是目前由于主动控制系统较复杂，成本较高，所以在管路系统噪声控制中尚未使用。

管路系统的施工设计在我厂称为生产设计，它是为了保证总体设计的各项指标在实际生产中得到实现，在管系的总体设计中融入了工厂的生产加工信息后，根据施工现场的实际情况，考虑到现场施工的可操作性、可维修性、适居性之后，连接管系总体设计与实际建造的一个中间过程设计。生产设计由于与现场的实际情况相联系，所以设计者的自主性非常大，不同的设计者设计结果是完全不一样的。由于潜艇舱内设备、系统非常多，管子长度可达二万余米，可利用空间狭小，所以以往的管系放样都是从满足系统功能性出发，考虑到操作性与维修性，同时要求兼顾美观。这些标准对于艇员的操作及维修，视觉效果是有利的，但是从管路设计的低噪声指标来考虑，这往往是不适宜的，因此管系生产设计的结果就是管路低噪声指标与其他技术指标相协调的交叉点，往往这几种指标是不可兼得的。从低噪声设计指标出发，所有区域的生产设计都应遵循以下几个设计原则：

(1) 从声学要求出发，合理布置系统装置及管子位置，降低管路系统的自噪声水平，应在管路布置时采用低噪声附件，铺设管路应考虑缩减其长度，并尽可能的平直布置，减少膨胀弯的数量。布置中应尽量减少弯头及附件的数量；

(2) 在减振接管与设备之间严禁设计管路支架，同时防止管路支架设计在减振浮筏及隔振设施上，防止“声短路”的发生；

(3) 减小压力脉动：在管系布置时储液容器要尽量靠近泵源设备，泵源设备应尽可能的减少弯头，这有利于脉动压力的减少；

(4) 增加管路阻尼：管路系统的阻尼可使这些波在传播过程中损耗，阻尼越大，波的损耗就越大。管路系统自身的阻尼很小，为了控制管路的结构噪声，必须对管路进行阻尼处理；

(5) 降低声辐射效率：对管路系统的通海口进行优化设计，合理确定通海口的结构型式、方向、流速、材料等，因为管系中有很大一部分低频噪声都是通过通海管口向水中辐射的；

(6)避免管系共振：铺设管路应考虑缩减其长度，还应考虑支架和吊架的最终配置。管子支吊架的型式与位置、数量应合理选择；

(7)减小管系的声传递：合理确定调节装置及消声器的布置位置，消声器最好设计在水动力噪声发生的源头位置，从而阻止其沿系统传播；

(8)合理布置管路支架，避免在靠近大挠度的地方布置管路支架，管支架应设计成具有阻尼隔振的减振降噪型管路支架，在管路上每隔1米设计1个管路支架。

3.11 管件的制作

管件的制作应考虑管件中管子及其元件对管内流体的阻力作用，管子的弯曲半径和弯曲角度、管路元件的选用、支管的形式、管子制作质量等都是影响流体噪声大小的因素。下面就对管件制作提出一些具体要求：

3.11.1 管子切割

管子切割前，应对管材内、外表面质量进行检查，核对管子材料、规格是否符合图纸要求。有色金属管和外径小于32 mm的钢管，应使用机械切割或等离子切割；对外径超过32 mm的钢管，允许使用气割方法切割。管子切割后切口必须修整光顺，氧化渣和毛刺必须全部清理干净，被清除的表面区域应无不利于焊接的锈蚀和杂质等。管端被清理的长度，从切割端起，不得小于50 mm。管子切割后，管子端面和外表面的垂直度要求见表3－4：

表3－4 管子端面和管子外表面的垂直度 单位：mm

公称通径	垂直度
DN≤100	≤1
100＜DN≤200	≤2
DN＞200	≤3

3.11.2 管子弯曲

管子的弯曲尽量采用冷弯的方法，弯曲半径尽量不小于3倍管子外径，弯曲角度尽量不大于90°。对有芯弯管机管子的内壁与塞芯工作部位，应涂适量润滑油。管子弯曲后，弯曲处的管子圆度率、管壁减薄率及管子皱折要求如下。

(1)管子弯曲处的圆度要求见表3－5：

表3－5 管子弯曲圆度

弯曲半径	$R \leq 2D_W$	$2D_W < R \leq 3D_W$	$3D_W < R \leq 4D_W$	$R > 4D_W$
圆度 E(%)	≤10	≤9	≤7	≤5

注：D_W 代表管子实际外径

管子圆度率 E 按下式计算：

$$E = (D_{max} - D_{min})/D_W \times 100 \qquad (3-3)$$

式中　E——管子圆度率的数值，单位为百分比(%)；

D_{max}——弯曲处截面最大外径的数值，单位为毫米(mm)；

D_{min}——弯曲处截面最小外径的数值，单位为毫米(mm)；

D_W——管子实际外径的数值，单位为毫米(mm)。

(2)管壁减薄率要求：

$$F < 1/2.5 \times D_W/R \times 100$$

$$F = (t - t_1)/t \times 100 \qquad (3-4)$$

式中　F——弯曲处管壁减薄率，%；

D_W——管子实际外径的数值，单位为毫米(mm)；

R——弯曲半径，单位为毫米(mm)；

t——弯曲前的管壁实际平均厚度，单位为毫米(mm)；

t_1——弯曲后的管壁最薄处的厚度，单位为毫米(mm)。

(3)管子皱折要求：

$$h_0 \leqslant D_W \times 2\% \qquad (3-5)$$

式中　h_0——皱折高度的数值，单位为毫米(mm)；

D_W——管子实际外径的数值，单位为毫米(mm)。

3.11.3　管子装配

管子装配尺寸公差见表 3-6：

表 3-6　管子装配尺寸公差　　单位：mm

项目		适用范围	允许极限	简图
切断长度	ΔL	所有直径	±3	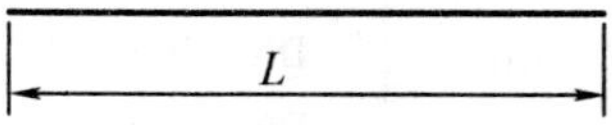
直管	ΔL	$L \geqslant 6000$ DN≤300 DN≥350	±4 ±5 ±6 ±8	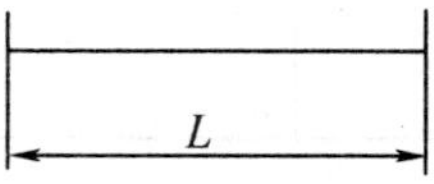
弯管	ΔL_1 ΔL_2 ΔL_3 ΔL_4	$L \geqslant 6000$ DN≤300 DN≥350	±4 ±5	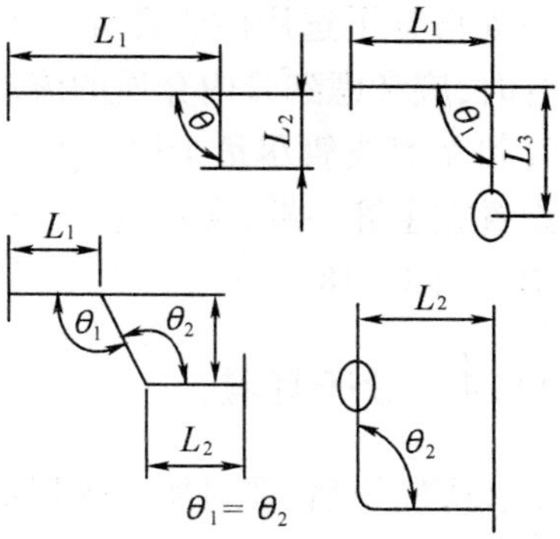
		$L \geqslant 6000$ DN≤300 DN≥350	±6 ±8	
	$\Delta\theta$	所有直径	±0.5°	

表 3-6(续)

项 目		适用范围	允许极限	简 图
支管	ΔL Δa Δh $\Delta \theta$	所有直径	±4 ±4 ±4 ±1	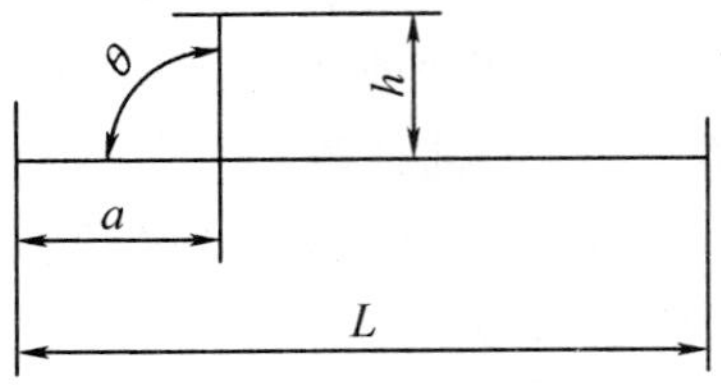
法兰面垂直度	θ θ θ	DN > 300 200 ≤ DN ≤ 300 DN < 200	≤10′ ≤20′ ≤30′	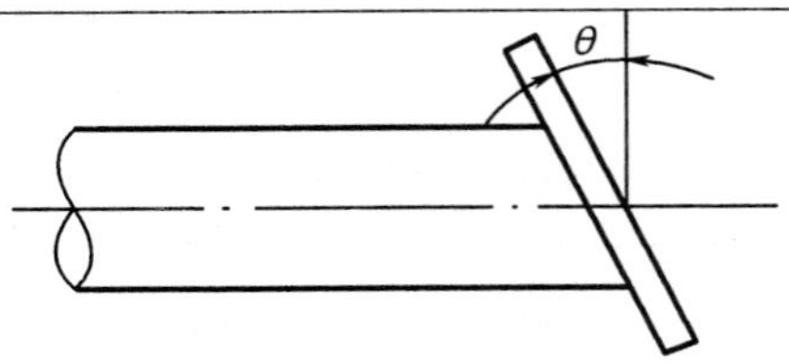
法兰螺孔	α	DN ≥ 100 DN < 100	< 1.0° ≤0.5°	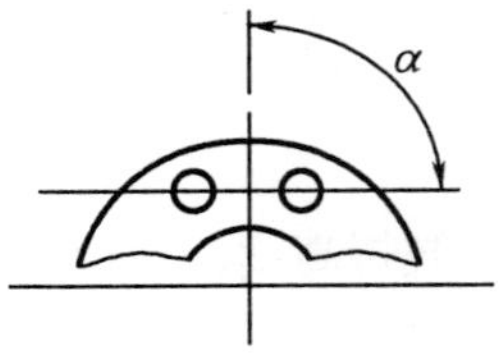
管子挠度	Δf	DN ≥ 40	$\leqslant \frac{1.5}{1\ 000}$	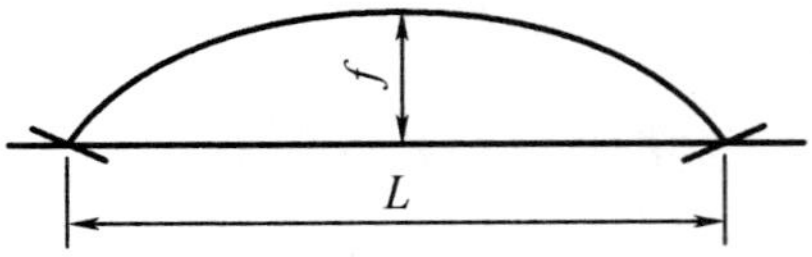
焊接后法兰面的翘曲	α α α	DN ≥ 500 DN ≥ 200 DN < 200	≤1.5° ≤1.0° ≤0.5°	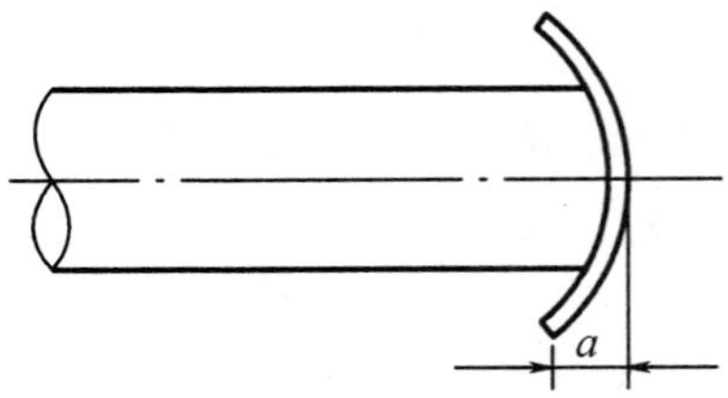

同一规格管子选用的管路元件内径要求尽量统一，管子对口焊内表面要光顺，总管上布置支管时，应考虑到管内介质的流动方向是否顺畅，支管形式尽量采用斜式或直式连接，角尺支管和 Y 型支管尽量少用。支管不允许插入主管中，支管、主管的马鞍口应很好吻合，支管宜设置在主管一端，支管定位后应能看到同时也能摸到总管内孔，以便打磨清理焊渣。支管结构见图 3-18。

3.11.4 管子焊接

管子装焊完毕后，要对所有焊接部位进行打磨清理焊渣，保证焊缝光滑。

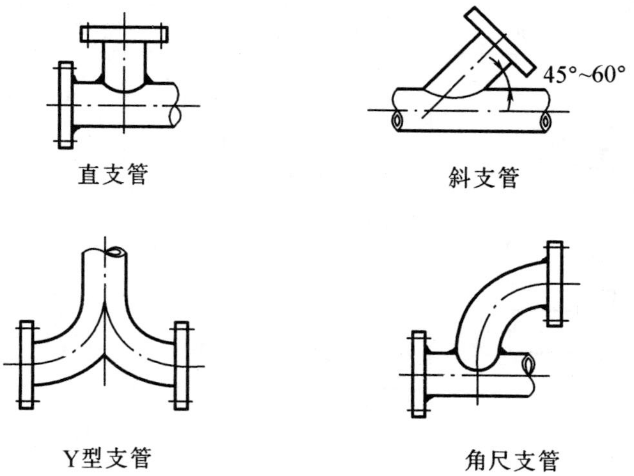

图 3－18　支管结构图

3.12　管路安装

在制订管路的安装方案时，应从使用的要求和声学的要求来确定系统装置(设备)的布置位置；修正管路布置及其尺度；在振动源(泵、节流装置等)至艇体结构的振动传递途径，选择噪声控制措施；避免在靠近大挠度的地方即管路外动力发生之处安装吊架。

3.12.1　管路布置注意事项

管系布置应尽可能地平直，成组成束排列，避免不必要的迂回和斜交，尽量缩减其长度，尽量减少弯曲数量；并行管或交叉管及邻近两根管子(包括管子附件)，间距应在 20 mm 以上，对于需要包扎绝缘的管子，在包好绝缘后，其法兰边缘距相邻管子边缘距离不小于 30 mm，同时距管系附件或船体结构间距应在 50 mm 以上。各种管子应尽量沿着船体结构或箱柜立柱、围壁的附近敷设，以便于管子的固定，减少其振动，避免声短路现象的发生。液舱内注入管、溢流管、回流管不要直接接入舱底，应在舱内设置导管，将流入舱内的液体喷落到舱壁上，顺舱壁流下，以减小噪声。

3.12.2　管路安装注意事项

安装管子时，两根管子末端应自由对准，不能采用杠杆和夹具强行对中，避免管路系统存在内应力。对多根连续相接管子的安装，不能每装一根就把紧一根，应先装上法兰螺栓，待调整好管子安装坐标尺寸后，在统一拧紧各组法兰螺栓，以消除由于安装不当而造成的应力。法兰面及螺孔的安装偏差按表 3－7 控制。

表 3-7　法兰面及螺孔的安装偏差

序号	项　　目			标准范围	允许极限	备注
1	法兰对中 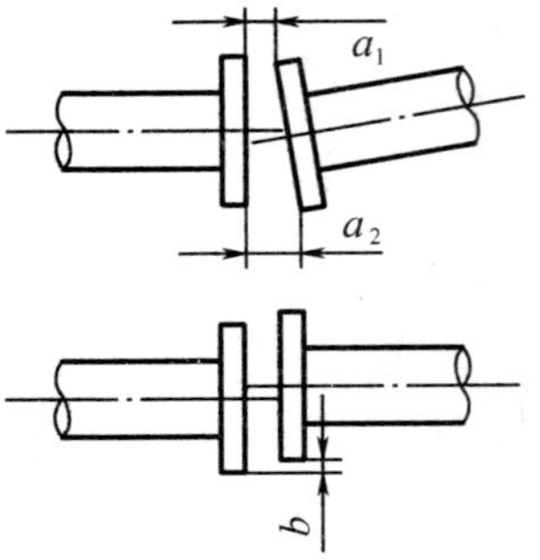	曲折 a	DN≤100	≤1.5	——	
			100＜DN≤200	≤2.0	——	
			200＜DN≤400	≤3.0	——	
			DN＞400	≤4.0	——	
		偏移 b		≤1.5	不作规定	
2	法兰螺栓孔偏移 a 			＜1	不作规定	

3.13　管路支吊架安装

减振降噪型管路支吊架是在总结以前管路支吊架经验的基础上开发的新型管路支吊架,具有鲜明的减振降噪特性:一是所有的管路支吊架都具有减振阻尼材料,针对不同的应用区域和管路系统,所用的阻尼材料不同;二是最常用的管路支吊架都设计了紧固限位螺栓,以免在紧固管子的过程中,发生将减振阻尼损坏的情况;三是对支架的金属及非金属材料零件表面进行了加工精度约束,要求金属零件表面应平整、光洁、无毛刺和飞边,非金属件成形后表面应光滑、无裂纹、无划痕等缺陷。

3.13.1　管路支吊架的阻尼材料分类

(1)聚四氟乙烯。无毒,容易成形,耐腐蚀能力强,具有一定强度和隔振阻尼功能。应用范围主要是防爆型管支架。广泛应用于液舱、上层建筑区域及蒸汽管道。

(2)D-803-Y 无毒橡胶。无毒、耐高温、抗老化、阻尼系统大,是良好的阻尼材料,应用范围主要是减振降噪型管支架。适用于舱内海水、空气、燃油、液压、淡水及特种流体管系。目前应用最广泛的管支架阻尼材料,主要由天然橡胶以及聚氯丁之类的合成橡胶等材料组成。由于天然橡胶具有固有的阻尼作用,所以主要用来把机械设备与比较高的干扰频率隔离开来。另外天然橡胶也是目前最为经济的隔振器。橡胶按硬度数分类,用作管支架的橡胶一般是硬度为 80 的硬橡胶,阻尼比为 $\zeta=0.05$。

(3)玻璃丝带。耐高温、抗辐射老化。适用于堆舱内高能管路以外的其他管路系统。

(4)金属材料。弹性强、支承力强。适用于主蒸汽管道的弹性吊架减振。

3.13.2　减振降噪型管支架形式及使用范围

表 3－8 详细介绍了减振降噪型管支架形式及使用范围，供参考和选用。

3.13.3　管路支吊架布置注意事项

(1)支架布置应以通舱件、设备接口和管系附件为安装起点。

(2)支架可设置在艇体结构上，不能设置在设备及减振装置上。

(3)在油、水舱以及房间围壁上布置管子支架时，如果支架点不落在结构上，需加垫板，垫板边缘距支架脚边缘不得小于 25 mm，其厚度为 8～12 mm。

(4)支管的支架尽可能设置在主管的附近，且应选择在不影响主管伸缩的地方。

(5)支架的支承型式在选用时要考虑支承强度，超出选用范围时，需另绘制专用图。

(6)支架的设置应能防止管路振动和保证管路的牢固性，并应能避免由于温度的变化或船体变形所产生的负荷使管路受到损坏或作用到相连的设备上。

(7)每隔适当的距离应设置管支架，支架的固定应尽量靠近法兰或接头处。

(8)管路在有阀件、附件的情况下，要考虑阀件、附件的质量。

(9)支架底脚应采用包角双面焊。

(10)在泵附近的附件应安装管路支架使泵及附件的接头不致承受过重的载荷。

(11)支架在舷外布置时，支架上的紧固件应安装止动垫圈。

(12)支架的夹环不应将管子夹得过紧，以免影响减振缓冲层的减振效果。

表 3－8　减振降噪型管支架形式示意图及适用范围

支架型式	类别	图　示	使　用　范　围
Ta		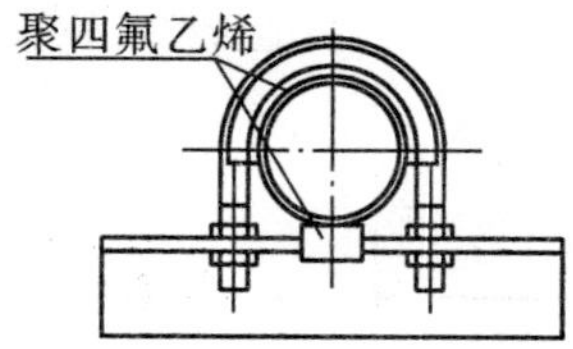	1. 适用于蒸汽管系 2. 舷间液舱管 3. 内部液舱管 4. 上层建筑区域管系
	M	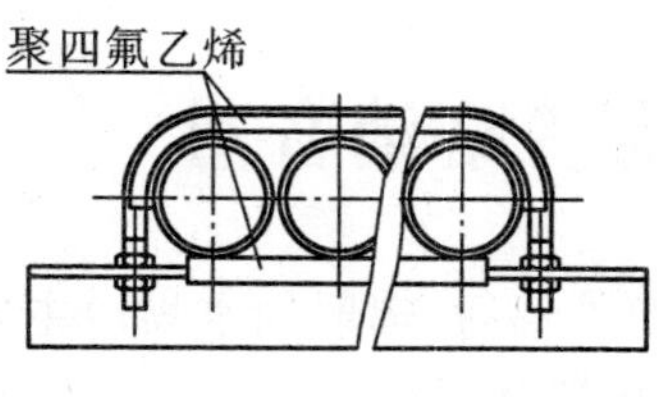	适用于 DN≤50 的同径排管 1. 适用于蒸汽管系 2. 舷间液舱管 3. 内部液舱管 4. 上层建筑区域管系
Tc		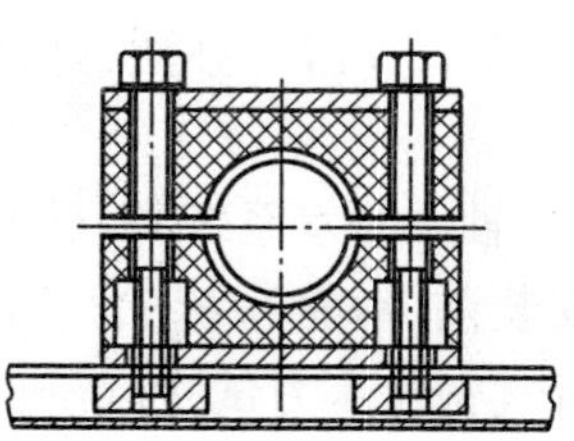	8≤DN≤32 使用温度不能超过 200 ℃特种流体管系及 $\phi\leq38$ mm 的海水管、空气管、滑油管、淡水管、燃油管、液压管路均可适用

表 3 – 8(续)

支架型式	类别	图　　示	使　用　范　围
Td		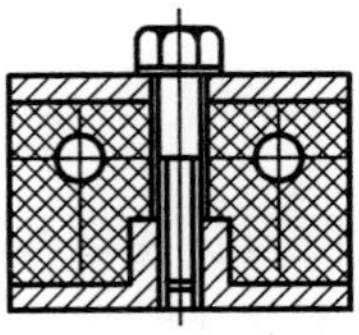	DN≤10 mm 使用温度不能超过 200 ℃压力表管特种流体管系及 $\phi \leq 10$ mm 的海水管、空气管、滑油管、燃油管、液压管路均可适用
Te		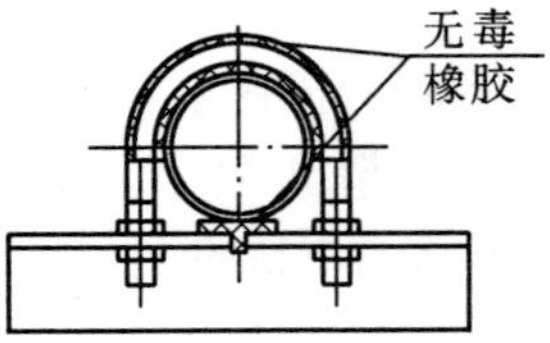	适用于舱内海水管系、空气管系、燃油管系、滑油管系、液压管系、淡水管系特种流体管系
	Q	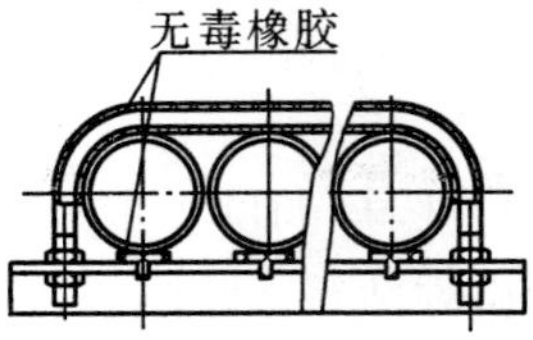	适用于 DN≥32 的同径排管。适用于舱内海水管系、空气管系、燃油管系、滑油管系、液压管系、淡水管系特种流体管系
D		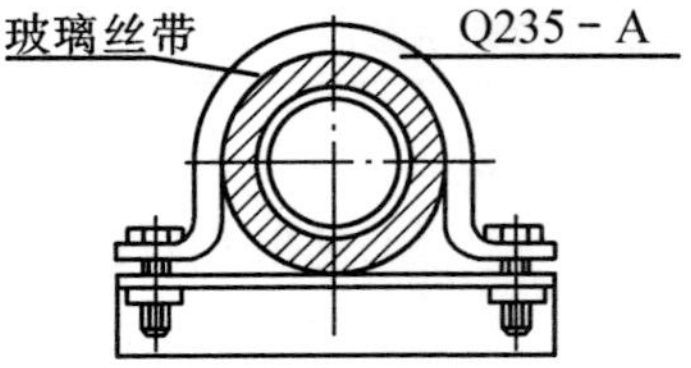	内衬玻璃丝带,厚度 5 mm,适用于堆舱内高能管路以外的其他管路。

3.14　通海管路消音器

管路系统的水噪声经过通海口直接向艇外辐射,辐射的水噪声主要表现为管路系统中的压力脉动、湍流噪声及空泡噪声,为了控制管路通海口水噪声,必须采取减小压力脉动,降低声辐射效率的措施,通常采用通海管路安装消音器的办法,降低管路噪声向艇外水中辐射。安装见图 3 – 19 所示。

舰船上一般在大口径海水系统(如二回路、轴系海水系统等)进口或出口安装通海管路消音器,其安装见下图,对潜艇来说,消音器安装前,海水系统(含管段 1)须打压完毕,消音器安装后,整个舷间管路与压载水舱一起进行气密及压力试验。

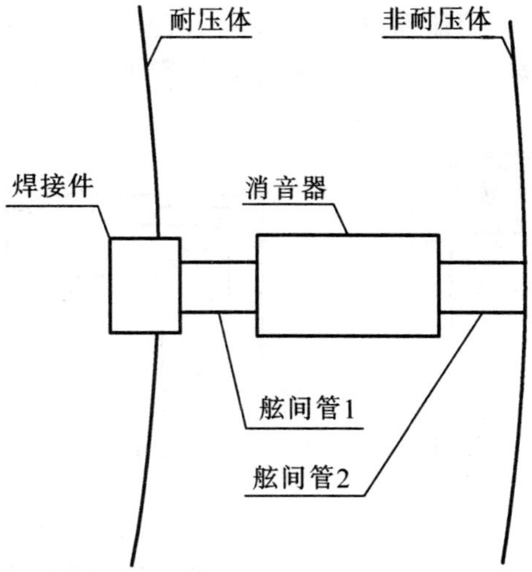

图 3-19　通海管路消音器安装示意图

通风管路部分

3.15　通风管路生产设计

3.15.1　风管噪声特性

风管包括通风、空调、净化、再生系统空气管路。

风管振动噪声主要由机械振动噪声和空气动力性噪声两部分组成,机械振动噪声主要是由于风机的振动传递到风管管路中,引起风管振动产生的噪声,而空气动力性噪声主要是由于气流在管路内流动引起风管振动产生噪声,气流噪声主要与气流速度、管路特性有关。

风管管路系统设计中对振动噪声的控制一般采用的措施有:

(1)风管在与风机接口处采用加装减振接管的方式,降低风机振动对管路的影响;

(2)风管与通隔舱通舱管件、通风蝶阀之间采用减振接管连接,以降低风管振动对船体的影响;

(3)对风速较高的主管路风管包敷阻尼材料;

(4)通风主管路中加装管路消音器;

(5)适用于整个风管管路系统设计的风管支吊架;

(6)管段之间采用软性(橡胶垫)连接。

3.15.2　风管路生产设计原则

(1)在生产设计过程中,整个管路布置应按有利于气流流动的原则进行设计。

(2)与电缆、管系协调,进行计算机三维干涉检查,避免风管与其他设备、电缆、管系相碰，导致其他设备振动噪声直接传递到管路上。

（3）管路布置应有利于气流流动，尽量减少弯管，避免正直角三通管。

（4）在大冷却器进、出口处及引起局部气流不畅的管件内要设导流板，如图 3－20 所示。

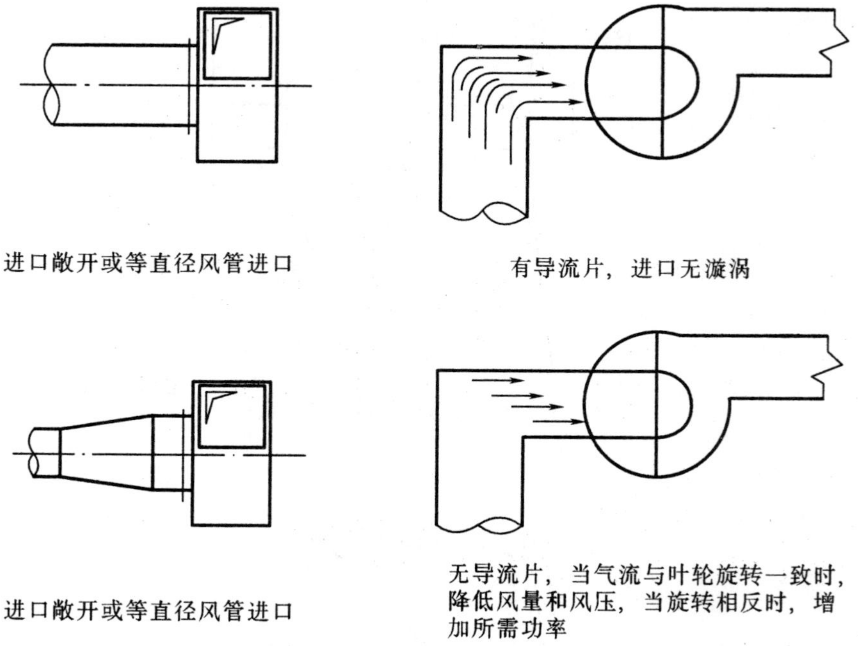

图 3－20　导流板的设置

（5）变径管设计要有足够的长度，避免出现气流突变引起的管路噪声。图 3－21 为方形变径管典型图。

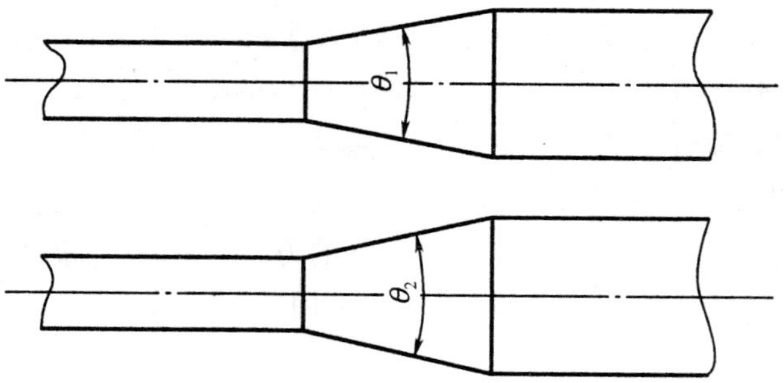

图 3－21　方形变径管典型图

（6）对大通径风管及大风箱采用增加板厚的方式来增加管路的抗冲击能力。

3.15.3　风管特殊部件设计要求

（1）弯头：圆形弯头弯曲半径不得小于 1.5 倍的风管直径，弯头转角不得大于 90°；矩形弯头弯曲半径不得小于 1.5 倍的风管高度，弯头转角不得大于 90°，当由于空间位置限制，风管转弯半径小于 1.5 倍的风管高度时，必须采用导流叶片的弯头，无特殊情况，风管转弯半径不得小于 0.7 倍的风管高度。

(2)圆形风管合流三通管:采用 Y 型三通管形式,分为直通、锥形、Y 型,合流三通管夹角一般不大于 45°,锥形合流三通管变径长度 L 应不小于合流管径 D。图 3 - 22 为圆形风管合流三通管设计图。

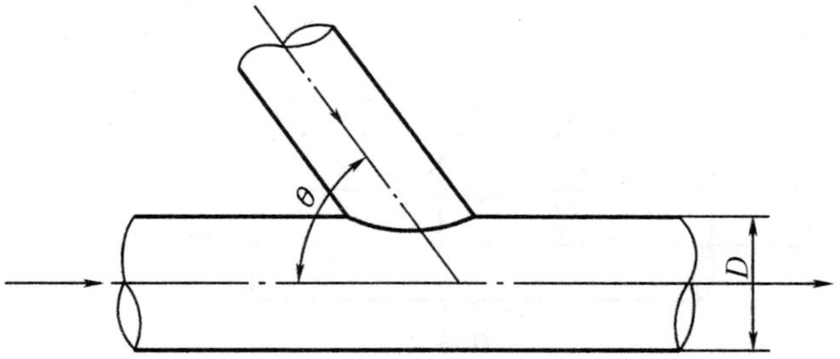

$\theta \leqslant 45°$

圆形风管直通Y型合流三通管典型图

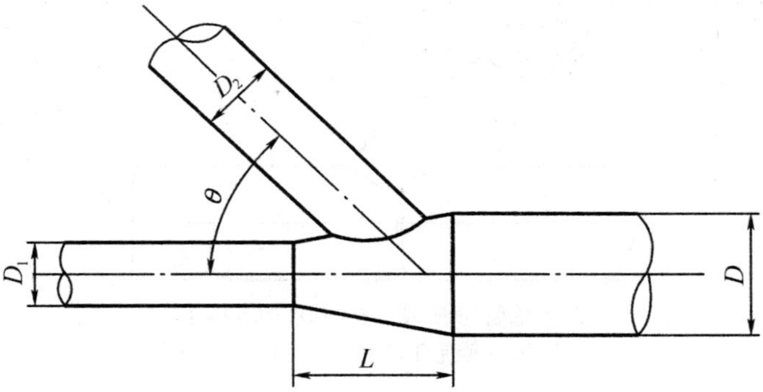

$\theta \leqslant 45°$　$D_2 \leqslant D_1$　$L/D \geqslant 1$

圆形风管锥形Y型合流三通管典型图

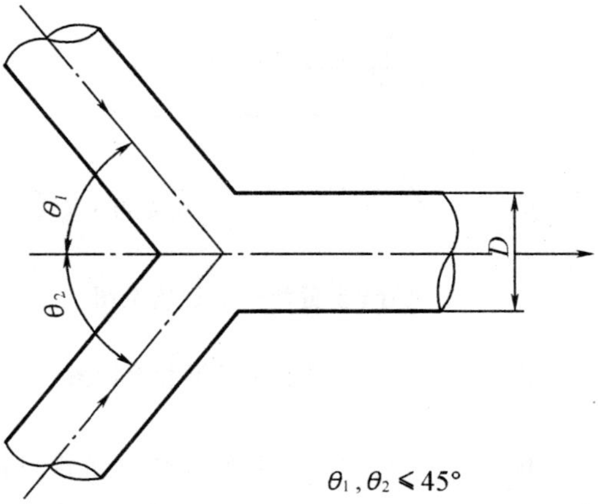

$\theta_1, \theta_2 \leqslant 45°$

圆形风管Y型合流三通管典型图

图 3 - 22　圆形风管合流三通管设计图

(3)圆形风管分流三通管:分为 Y 型、T 型三种形式,当用于系统总管分流时分流夹角应不大于 60°;当直通通道进出通径一致时,应优先选用 T 型锥形分流三通管,如图 3 - 23 所示。

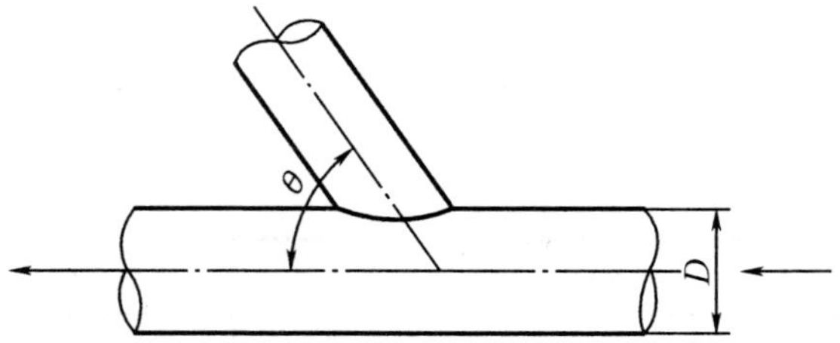

θ≤60°
圆形风管斜Y型分流三通管典型图

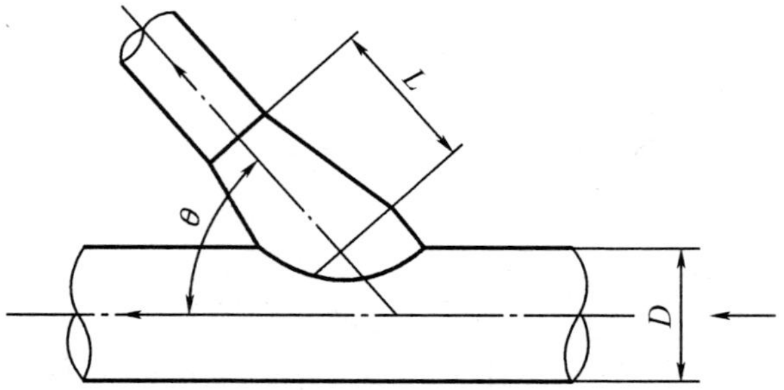

用于总管分流时, θ≤60° L/D≥1
圆形风管锥形T型分流三通管典型图

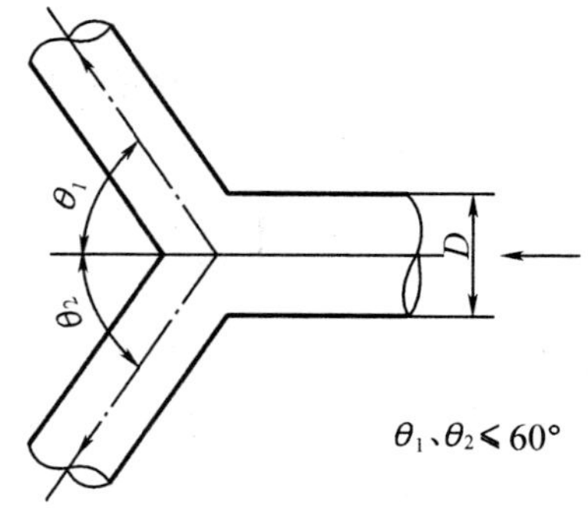

圆形风管Y型分流三通管典型图

图 3 - 23 圆形风管分流三通管设计图

(4)矩形三通管:分为 Y 型、T 型三种形式,其中 T 型三通管只可使用于风管末段。

(5)矩形 - 圆形三通管:一般采用 T 型锥形三通管,如图 3 - 24 所示。

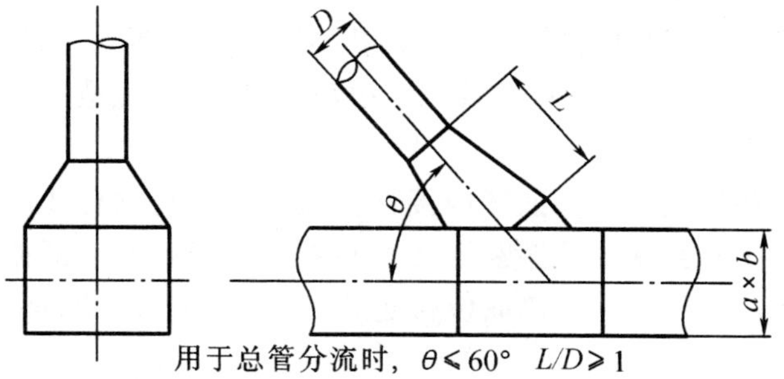

图3－24　矩形－圆形三通管设计图

3.16　通风管路制作

通风管路制作要求如下：

(1)风管制作应严格按风管生产设计加工图样执行；

(2)圆形风管弯头的制作要求：圆形风管弯头可采用圆弧形弯头或分段式弯头形式，当采用分段式弯头形式时，分段的节数根据风管弯头角度和转弯半径确定；

(3)风管导流叶片制作要求：导流叶片为单层结构，导流叶片厚度按风管厚度选取；

(4)风管的局部变形(凹凸不平)，在风管直线段上的凸起和凹陷数量每米不得超过三个，其面积总和不得超过该表面积10%(一米长内风管表面积)；

(5)风管焊接完后，表面不应有裂口、裂缝或毛刺。焊缝处不允许存在未焊透、烧穿、未填充的缺口、金属渗漏、针状小孔等缺陷。如发现有上述缺陷，应进行消除；

(6)法兰的平面应与风管的中心线垂直，垂直度公差不应超过下列数值：DN50 mm～DN150 mm(包括截面与其相等的矩形风管)的风管不超过1 mm；DN150 mm～DN350 mm(包括截面与其相等的矩形风管)的风管不超过2 mm；DN350 mm～DN700 mm(包括截面与其相等的矩形风管)的风管不超过3 mm。

3.17　通风管路安装

3.17.1　风管安装要求如下

(1)风管及附件在舱室的敷设应按生产设计图执行。

(2)铝质圆形风管一般采用松套法兰连接(弹舱弹筒空调系统空气管路圆形风管采用焊接法兰)。矩形风管采用焊接法兰。法兰间的垫片采用丁晴橡胶，法兰连接处密封垫片不能深入风道内。

(3)风管安装时，连接处接口法兰应自然对正，不得强制安装。

(4)对需包敷阻尼材料的管段，需在阻尼材料包敷完毕后安装。

减振接管安装要求：

(1)减振接管安装时不应承担设备和管路及附件的任何重力，在连接减振接管的管路法兰附近应设置管路支吊架。

(2)安装减振接管时,当减振接管上法兰螺孔与风管法兰螺孔在自由状态下不重合时,严禁采用强制安装的方法而造成减振接管产生扭转现象,此时应适当调整风管法兰螺孔使之与减振接管的螺孔重合。

(3)安装减振接管时,应尽量保证减振接管在轴向和径向没有变形,若实在难以做到,应尽量保证使减振接管承受微小压缩变形,不允许拉伸、扭转变形,减振接管安装变形值应符合下面的要求:压缩变形≤2 mm;横向位移变形≤2 mm;偏斜≤2 mm。

3.17.2　风管吊架安装要求

风管吊架的形式见图 3-25。

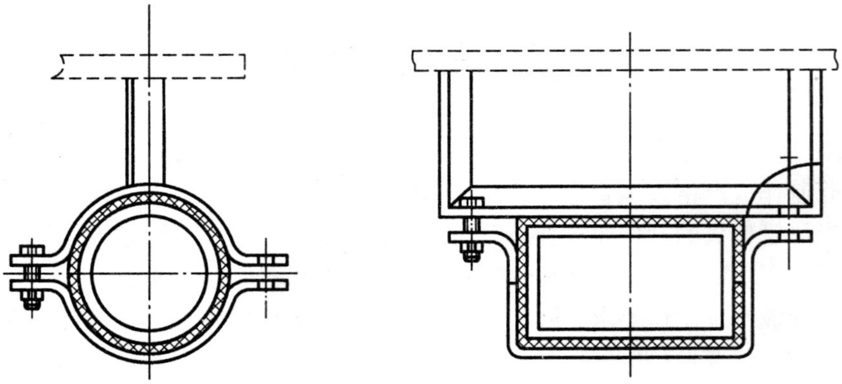

图 3-25　风管吊架型式

(1)风管一般每隔 1.5 m 左右安置一个吊架,在风管管路打弯处、始端、末端一般应安装管路吊架。

(2)风管吊架马脚应焊在船体支架上,严禁风管马脚直接焊在振动设备减振浮筏上,导致设备振动噪声直接传递到管路上。

3.18　通风管路消声器安装

3.18.1　基本原理

消声器是控制气体动力性噪声的一种装置。消声器的主要评价指标为消声量 dB(A)、消声频率范围(主要为消声量峰值的频率范围)及阻力损失(mmH_2O, Pa);此外,消声器还应具有好的结构刚性,防止受激振面辐射再生噪声,尺寸适宜、便于安装等。

消声器主要包括的类型有:阻性消声器;抗性消声器;阻抗复合式消声器;微穿孔板消声器;喷注耗散型消声器;喷雾消声器;引射掺冷消声器;电子消声器(有源消声器)。类型见图 3-26。

我厂目前船上安装的通风系统管道消声器采用阻性环形(直管型)结构(如图 3-27 所示),用聚氨脂泡沫塑料,具有压力损失小,消声效果好,结构简单,装拆方便等优点。具有

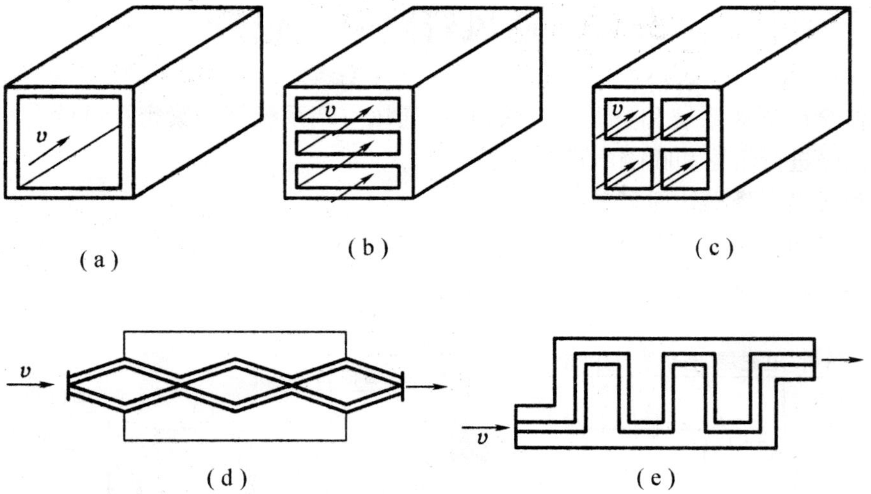

图 3-26　消声器类型

高、中频的消声性能，消声阻力损失≤3.27 mmH_2O，Pa。在配用消声器后可获得插入损失>5 dB(A)的消声效果。

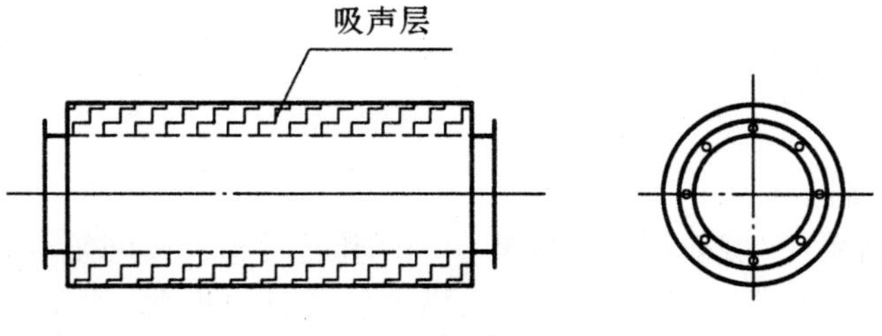

图 3-27　管道消声器

3.18.2　安装技术要求

(1)安装前应检查消声器内部应无异物；检查连接法兰应平整，无磕碰损伤、变形。

(2)消声器应尽量安装于靠近通风机的管路上。具体安装应按施工图及辅机安装要求安装定位。

(3)与消声器连接的通风管段应自然对中，无安装应力。

(4)消声器与通风管路连接法兰处应采用橡胶垫进行气密、隔振处理。

3.18.3　维护要求

消声器使用、运输、储存过程中应避免雨水、油污、水蒸气等直接进入消声器，并应避免大量含尘气体或腐蚀气体进入消声器，以延长使用寿命。

3.19 通风管路阻尼包敷

为降低全船通风系统和空调系统噪声,在通风空调系统管路紧密性试验合格后,对风管和风机涡壳进行阻尼和吸隔声降噪处理。

阻尼和吸隔声降噪处理范围:

进行阻尼和吸隔声降噪处理的通风管路主要是居住舱室,其余舱室按照不同区域进行不同的处理形式。具体包敷结构见图 3 - 28。

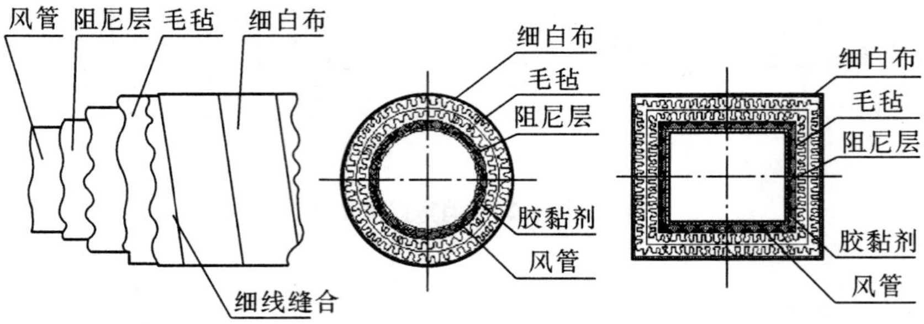

图 3 - 28 具体包敷结构

3.19.1 材料特性

(1)阻尼和胶黏剂

管道用阻尼材料系用"舰船用阻尼涂料"中的阻尼层和金属网复合浇注而成的一种成型阻尼材料。该材料具有良好的阻尼性能和隔声性能且厚度薄、便于施工,适合于管道阻尼应用,通风系统和空调系统,对风管和风机涡壳进行阻尼处理。

(2)工业毛毡、细白布、苎麻线、泡沫革

工业毛毡容重大于 350 kg/m^3,规格为 800 mm × 800 mm × 15 mm,工业毛毡一般敷设在阻尼外侧,一般敷设 2 层,即 30 mm 厚,工业毛毡有较好的隔声、吸声作用,敷设在风管和风机外侧能够减弱风管和风机的辐射噪声及空气噪音,而且具有优良的保温隔热作用,在毛毡外部包敷细白布,起到了外表整洁美观作用。

3.19.2 施工前准备

(1)核对施工图,确定施工面积,安排施工顺序和阻尼涂层道数,估算各种材料用量,并检查现场通风、照明等情况。

(2)表面清洁,用棉纱蘸少量溶剂清除风管及风机表面水、油污、漆皮等杂物,对底漆损坏的部位,按油漆清单进行补涂;

(3)对靠近施工部位的设备、仪表进行适当的遮盖保护,以防在施工时粘污。

3.19.3 施工注意事项

(1)施工温度应大于 5 ℃,相对湿度小于 85%,材料粘贴面在施工过程中不能接触水、胺类和醇类物质；

(2)阻尼切割应边缘整齐、无毛刺；

(3)胶黏剂在15～35 ℃温度范围内，配制好后使用寿命是4～5小时，超过适用期的胶不得使用；

(4)涂胶时应用刮板将胶均匀涂刷，胶膜应厚度一致，粘贴时应对齐一边或一角，后顺着一个方向粘贴，便于排除气泡，随后使用橡胶锤对粘贴部位进行敲击，保证材料粘贴紧密；

(5)阻尼材料施工后应避免该区域的电焊、气割作业，如必须进行，则应先将阻尼层彻底去除，待作业后按相同工艺再次施工。

(6)工业毛毡、细白布、苎麻线、泡沫革包敷应严密，无可见的缝隙；缠绕工业毛毡用的细白布带的重叠度应不小于50%；

(7)风机蜗壳包隔声套连接处缝制应整齐美观，应严密无缝隙。

船 体 部 分

3.20　船体外板线型控制

为确保船体流线型光顺，减小水动力噪声，船体外板必须严格按型线加工，确保表面光顺。但是，因船体外板为薄板，焊接应力与结构变形不可避免，因此，如何控制薄板装配变形、焊接变形、变形后如何矫正是船体线型控制的重点和难点。

3.20.1　船体外板焊接难点

(1)对装配间隙的要求高，当装配间隙稍有超差时，容易烧穿并产生变形。

(2)对接缝的清理要求高。当接缝清理不干净或较潮湿时，极易产生气孔。

(3)对焊接参数的稳定性要求高。容易产生焊缝形状和尺寸不符合要求、焊瘤、咬边、烧穿、夹渣、气孔、焊接裂纹等缺陷。

(4)焊接变形大。如不采取措施，甚至会因焊件的变形而使焊接无法继续进行施工。

(5)切割方法、切割质量、及装配施工工艺等都会对变形产生较大影响。

(6)焊接速度、焊接热输入、焊接方法、焊接工艺和焊接程序对变形影响很大。

3.20.2　船体外板焊接变形形式

薄板焊接变形具有复杂性、多元性，从而严重影响了焊接质量，是国内外薄板焊接制造的一个技术难题。

具体变形形式包括：

(1)一根根肋骨构架及船体外板的“瘦马现象”；

(2)在纵向呈较大面积高低不平的“波浪变形”；

(3)在板格范围内局部高低不平的“凹凸变形”；

(4)由火工矫正和敲打造成的“橘子皮效应”。

3.20.3 板缝布置要求

在设计图纸上,板缝的布置是根据船舶结构设计和板材的规格来决定的。实际采购的板材规格往往与设计的规格有所不同,需要重新布置板缝;同时设计图纸中的板缝布置往往对工艺性考虑不周,容易引起焊接变形。所以开工前必须仔细分析板缝布置情况,将实际的数据进行优化排列,以减少焊接引起的弯曲变形。

(1)尽量把焊缝布置成与中心轴相对称;

(2)在满足规范的前提下,把板缝设置在结构件附近,借助结构件的刚性来减少焊缝变形;

(3)在多板组成的壁板和平台上尽量使用大板,减少焊缝数量和尺寸。多一条焊缝就多一处内应力源,而过大的焊缝尺寸,使焊接受热区加大,引起残余应力与变形量增大;

(4)在焊缝相交中尽量布置成"十"字接头,避免"T"字接头的出现,并采用刚性较小的接头形式;

(5)避免焊缝过分集中,焊缝间应保持足够的距离。焊缝过分集中不仅使应力分布更不均匀,而且可能出现双向或三向复杂的应力状态。

3.20.4 船体外板加工要求

(1)平钢板在装配前、切割后需消除应力并保证钢板平直;型材切割、加工后需保证所需外形尺寸;

(2)钢板边缘尽可能采用剪床及刨边机加工,以提高钢板的边缘质量。采用气割加工时,应选用小的割嘴和较快的切割速度,以缩小热影响区。切口应均匀,切割时应避免重复加热。

3.20.5 船体外板装配焊接要求

(1)所有平板在装配前切割后上滚床消除应力并保证钢板平直。

(2)钢板边缘尽可能采用剪床及刨边机加工,以提高钢板的边缘质量。采用气割加工时,应选用小的割嘴和较快的切割速度,以缩小热影响区。切口应均匀,切割时应避免重复加热。

(3)所有平直加强筋、加强梁保证垂直度。

(4)所有带线形的肋骨、加强梁、曲面外板必须保证线型。

(5)钢板拼接的边缘应用钢丝轮或砂轮打磨干净,并应保持干燥。采用埋弧自动焊时,原则上应在装配好的当天焊完。

(6)定位焊间距不应过大,并不得有气孔、夹渣、烧穿等缺陷。

(7)埋弧自动焊时,尽可能在钢板平台上进行,不宜在空心平台上进行焊接。

(8)为保证一定的空载电压和电弧的稳定性,应选用直流反极性的焊接电源。

(9)埋弧自动焊时应选用颗粒度较细的焊剂,必要时应经筛选,焊剂使用前应进行烘干,以保证干燥。焊丝应选用细丝,但过细的焊丝会因钢度不够而影响焊缝成型。通常选用直径为2毫米或1.6毫米的焊丝。

(10)多使用二氧化碳气体保护焊,提高薄板焊接质量及生产效率。

(11)严格控制装配间隙及施工工序,严禁强行装配。

3.20.6　船体外板变形矫正措施

船体焊接变形是一个相当复杂的问题,即使焊前采取各种预防措施,往往仍难达到满意的结果。因此变形后的矫正技术也是尤为重要的。矫正变形的方法很多,如辊、压矫正,锤击矫正,火工矫正等。其中火工矫正较为普遍,效果比较明显。

火工矫正法是利用氧气、乙炔火焰将钢板局部加热,随即用循环水冷却,使之收缩,以达到消除变形的目的。火工矫正是薄板防变形技术的最后一道措施,但火工矫正是一理论性强、技术复杂的工作,用得不好反而给薄板带来新变形和新问题。

1. 火工矫正要求

(1)下料和构件组装所产生的变形必须矫正后再上分段焊接安装;

(2)在分段建造完成后只对骨材吊装接口边缘的变形进行火工矫正,减少火工加热次数;

(3)在矫正施工中要严格执行规定的工作程序和选定的火工参数,特别是要严格控制加热温度不得随意更改;

(4)绝对禁止用铁锤敲击,必须锤击时只能用木锤和塑料锤;

(5)钢板温度在 200 ℃ ~350 ℃区间为兰脆区,在该温度内禁止任何形式的锤击,以免产生微裂纹;

(6)对板的局部凹凸变形采用小火圈加热形式,火圈直径为 20 毫米,从外到内,火圈疏密视情况而定;

(7)板的纵向波浪加强材两侧边缘,条形加热火路距离构架 5 毫米,采用隔档加热的办法控制总体变形;

(8)构架变形可采用加外力和烧火结合的办法,用外力帮助矫正变形;

(9)板缝角变形用条形加热法;

(10)同一部位加热次数不得超过 3 次。

2. 薄板焊缝和焊接接头缺陷及防止措施

(1)焊缝形状和尺寸不符合要求。即焊缝宽度沿长度方向宽窄不齐、焊缝截面不丰满或增强高过高。防止措施:选择合理的坡口角度(45°为宜)和均匀的装配间隙(1 -2 mm 为宜),保持正确的运条角度匀速运条,根据装配间隙变化,随时调整焊速及焊条角度,视钢板厚度正确选择焊接工艺参数。

(2)焊瘤。焊接过程中溶化金属流淌到焊缝之外未溶化的母材上所形成的金属瘤。防止措施:尽量采用短弧焊接(弧长≤焊条直径),适当加快焊速使溶池温度不致过高,选择合适的焊接电流,保持正确的运条角度(与焊件夹角 45°为宜)。

(3)咬边。沿焊趾的母材部位产生的沟槽和凹陷。防止措施:选择合适的焊接电流和焊接速度,电弧不应过长,选用正确的焊条角度和运条方法。

(4)烧穿。薄板焊接时,在焊缝上形成穿孔。防止措施:正确选择焊接电流和焊接速度,严格控制焊件的装配间隙并保持均匀一致,电弧在焊缝接头处不能长时间停留,要匀速运条。

(5)未焊透。焊接时接头根部未完全熔透的现象。防止措施:正确选定坡口形式和装配间隙,认真清除坡口边缘两侧污物。选择合适的焊接电流,运条时随时注意调整焊条角度，使熔敷金属和母材之间充分均匀地加热和熔化，合为一体。

(6)夹渣。焊后残留在金属中的熔渣，是焊缝中常见的缺陷。防止措施：清除焊道上的杂质、污物，尤其是焊接坡口要保持清洁干燥。正确选用电焊条，根据钢板厚度、环境温度，选用适宜的焊接电流和坡口形式。

(7)气孔。焊接时，熔池中的气体在金属凝固时未能逸出而形成的空穴。气孔是常见的一种焊接缺陷，露在焊缝表面的称表面气孔，位于焊缝内部的叫做内部气孔。防止措施：施焊前将坡口表面两侧清理干净。焊前应将电焊条按说明书中规定的温度和时间烘培，并应保温防潮。焊接电流要适中，碱性焊条应采用短弧焊接。

(8)裂纹。防止措施：防止产生热裂纹应选用适宜的焊接材料，严格控制有害杂质碳、硫、磷的含量。严格控制焊缝截面形状，避免突高，扁平圆弧过渡，适当提高焊缝形状系数。确定合理的焊接工艺参数，一般 6 mm 左右厚的板对接焊，焊接坡口各搭接 2 ~ 3 mm，焊缝宽度以 12 mm 左右为宜，焊缝增强高 1 ~ 2 mm 为宜，不应超过 3 mm。施焊后暂缓清除焊渣，减缓焊缝的冷却速度，以减小焊接应力。

3.21 船体外板开孔

对船体开孔来讲，目前国外船只都尽量减少船体水下开孔数量，以减少由于水流流经开孔时的湍流引起水动力噪声，在必不可少的开孔处增加导流板也可对噪声起到降低的作用，安装导流板时，导流板应线型光顺。对船体外板上的孔、穴及舾装件来说安装时应满足以下要求：

(1)船体建造时原则上禁止另行开孔，若必须开设工艺孔时，使用完毕应补焊完整并将焊缝磨平；

(2)外壳上的所有孔、穴，均应光顺、无卷边和毛刺；

(3)外壳上安装的本艇自噪声监测水听器和结构振动传感器必须安装牢固，水听器部位的透声不锈钢板与船体外板之间的焊缝应光顺无毛刺；

(4)所有门窗盖均应安装隔振橡胶垫，其锁紧装置应可靠；

(5)通海管口格栅必须焊接牢固，外表面焊缝必须打磨光顺。

3.22 船体附体安装

潜艇附体主要包括舵，稳定翼及指挥台。

核潜艇的噪声来源，在船体方面的噪声主要来自于船舶运动时所引起的水动力噪声，对于船舶附体来说，设计时应尽量减小由船舶附体引起的流体阻力，以减少引起的水动力噪声，例如舵，可尽量采用流线型、小面积来减少阻力；安装时则应严格参照施工工艺执行，以避免因施工不当而引起的噪声；船舶附体大都板材较薄，为保证附体型线光顺，焊接时应严格按要求施焊，按照对称原则施焊，焊角高度不能过大，以减小线形改变而引起的水动力噪声。

围壳所有附体必须焊接牢固，不得出现松动现象，其外表面及焊缝，必须清除焊渣及飞溅物，同时应保证光顺，确保围壳的线型与图纸要求相符。

3.22.1　舵装置的噪声控制方法

(1)舵型的选择

平衡型舵可大大减小传动装置的功率及其质量－尺寸特性,因而按照降低传动装置脉冲噪声辐射的设想,采用平衡舵是合理的。

平衡舵的缺点是提前引起颤振现象和另一性质的自振,特别是在支座和液压传动的连接中尚未调整间隙时。平衡舵可用在大排水量的潜艇上。在必要的情况下,无论是在采用低速颤振预报方法的设计阶段,还是在潜艇声学详细研究阶段,防颤振措施的研究及其实现是平衡舵成功应用的条件。舵和稳定翼之间的间隙大小和结构形式对艉平衡舵的振动有影响。此外,液体流过间隙,降低了操纵面工作上的有效性。允许的间隙值大体上应不超过舵舷长的1%。

在小排水量的潜艇上,可以采用不平衡舵。为了操纵小面积的舵,传动装置不需要大的功率,因此在这种情况下,脉冲噪声辐射不大。

分段形式的舵可减小舵对螺旋桨噪声辐射的影响,特别是对空泡性质辐射的影响。除此之外,自身带有低功率传动装置的小舵还具有小的振动活动性;对潜艇在定常直线运动状态,为了补偿偏航不要求舵上用很大的力量。

除了在低噪声状态使用外,小的水平舵在有危险的高航速时也是有益的,这时,如用大舵工作,潜艇有可能越出允许的潜深值界限(由于舵手的错误或舵的突然卡住)。

变几何的舵(带襟翼)在相同的舵叶面积时具有较高的操纵有效性,它比不平衡舵传动装置要求的功率小得多,由于襟翼有不可避免的结构和工艺间隙,设计时不仅要考虑水动力问题,而且还要考虑发生低速颤振的问题。

(2)操纵面的组成方案

在选择操纵面的原则方案时,必须注意潜艇在机动状态的噪声。对螺旋桨盘面处水流的不均匀性和不定常性进行专门的试验测量,并在此基础上进行推进器噪声特性的声学评估。

最常采用的是十字形稳定翼和舵的布置。十字形操纵面有时因受进坞等的限制(舵叶不应超出基线),下弦叶面积不得不分为两部分;或者,采用其他的布局方案。

X形操纵面具有机动性方面的优点,因为水平或垂直面中的任何机动可以在同时操纵4个舵时完成。因而操纵面上的侧向力增大了40%。舵叶X形布置的操纵面还有声呐目标反射方面的优点。传动装置的复杂性以及完全依靠自控系统的可靠性限制了这种操纵面方案的推广。

十字形和X形方案在几何上都是规则的轴对称的叶栅。如采用奇数叶片的多叶螺旋桨,轴对称叶栅后的水动尾迹实际上对辐射噪声中叶频的分量并不作出贡献。

操纵面外形尺寸的限制迫使设计师将稳定面要求的总面积分为几部分,将垂直操纵面的部件布置在水平稳定翼的悬臂上。这将使操纵面的频率和形状的预报复杂化。

舵和稳定翼的固有频率不应与螺旋桨叶频及其谐波相重。在设计时,考虑自由度振动的相关性,合理地完成艉舵和稳定翼固有频率的计算。为此,可利用潜艇舵低速颤振预报方法进行计算。在舵的固有频率计算的基础上,可在其吊架方案中作改变(例如,减小支座间的跨距,或安装附加支座等)。

在建造潜艇的过程中可修正操纵面的共振频率。其中,可采用静力试验的方法来确定舵叶的实际刚性。此外,固有频率也可用激振器的方法来确定(在进坞的条件下或在舾装码头旁系泊试验时)。

舵的随边应削尖以避免周期性的漩涡对舵的激励。舵叶随边的削尖角不应超过30°。

(3)舵装置的低速颤振和自激振动的控制

颤振现象的发生决定于以下3个点的相互位置:

(1)压力中心(翼的前焦点);

(2)旋转中心(舵杆轴);

(3)质量中心。

由于附加质量对总的质量中心位置的影响,对潜艇的舵来说,可通过采取设计措施来调整压力中心和旋转轴的相互位置。

旋转轴的位置应控制在压力中心之前。此时,舵叶在结构间隙范围内随流来回转动,而且扭矩对扭转角的导数是正的。压力中心的位置应仔细地根据水洞中的试验来确定。

舵角结构间隙过大。将发生各种性质的自激振动,其中也包括颤振现象的发生。

为了减少振动能量传递到耐压艇体,将舵机液压系统与艇体弹性隔离。

3.23 船体基座设计安装

3.23.1 潜艇上基座类型

(1)安装在耐压艇体上的局部基座,其长度约为一肋骨间距,如图3-29所示;

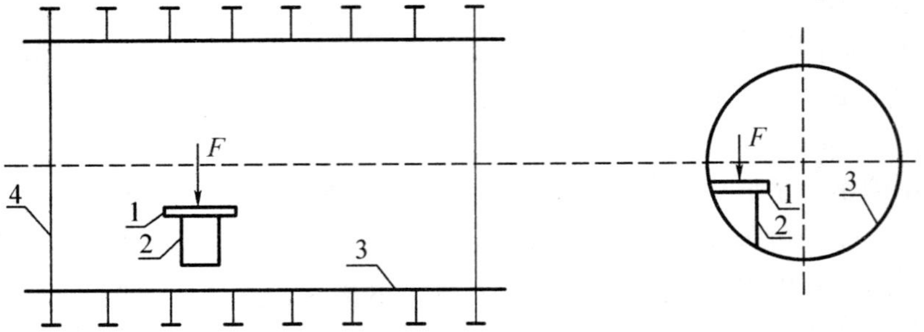

图3-29 局部基座示意图

1—基座的支承板;2—主要构件(腹板);3—耐压艇体;4—舱壁

(2)很长的基座,安装在耐压艇体上,其长度为整个隔舱的长度,固定在隔壁壁上或者没有这种接触,如图3-30所示;

(3)安装在内部艇体结构上的台式基座,如图3-31所示;

(4)安装在内部艇体结构上的加固基座,它是两块平等的支承板,如图3-32所示;

(5)安装在内部艇体结构上的框架式基座,如图3-33所示;

(6)安装在垂直的内部艇体结构上的悬臂梁式基座,如管系或电缆的固定支架等。如图3-34所示。

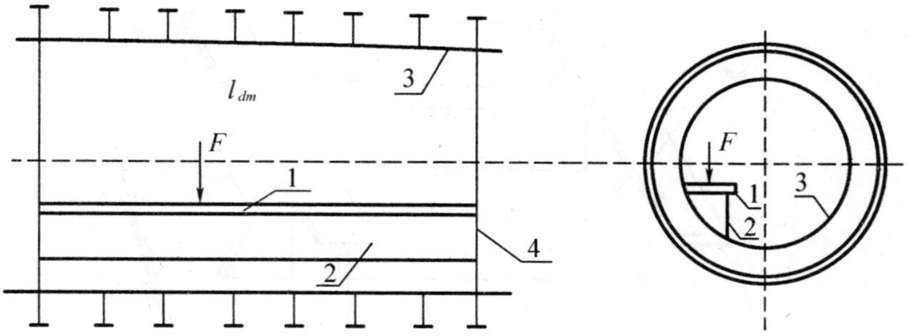

图3-30　长基座示意图

1—基座的支承板;2—主要构件(腹板);3—耐压艇体;4—舱壁

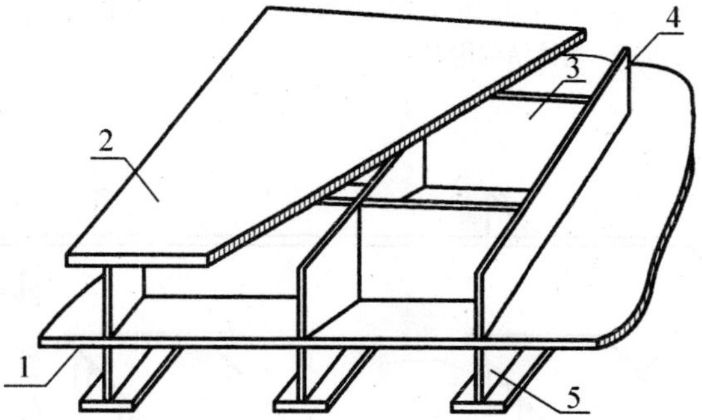

图3-31　典型台式基座结构

1—安装船体结构;2—基座的支承板;3—基座的主要构件(腹板);
4—基座的肘板;5—船体结构构架

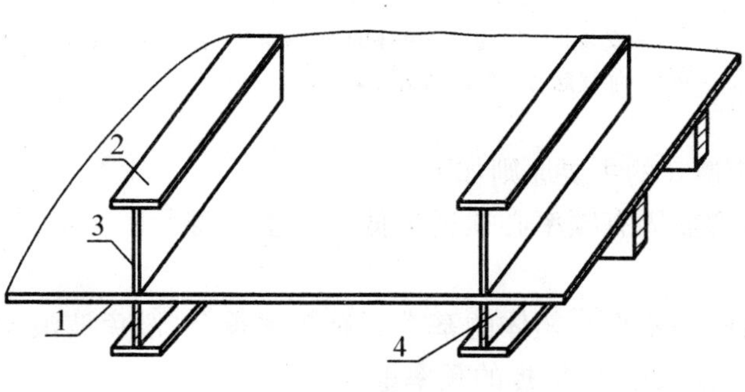

图3-32　加固基座示意图

1—安装艇体结构;2—基座的支承板;
3—基座的主要构件(腹板);4—艇体结构构架

3.23.2　基座减振降噪设计原则

舰船基座作为被动传递结构声振动的构件,其声学设计也十分重要。设备隔振装置的隔振效果与基座结构存在密切关系,隔振系统固有频率越低,基座阻抗越大,则振动衰减越

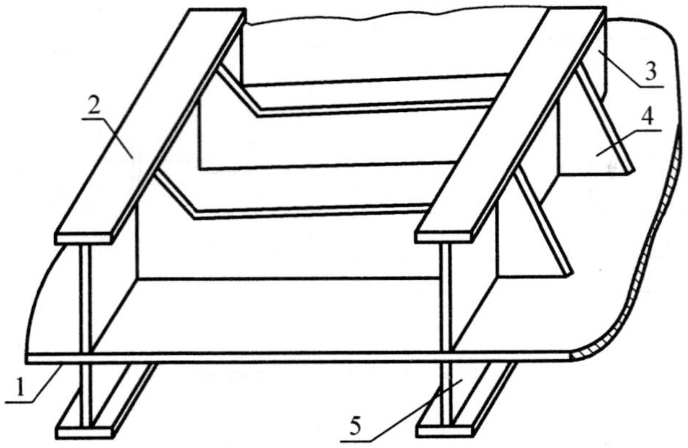

图 3-33 框架式基座示意图

1—安装艇体结构；2—底座的支承板；3—基座的主要构件（腹板）；
4—肘板；5—艇体结构构架

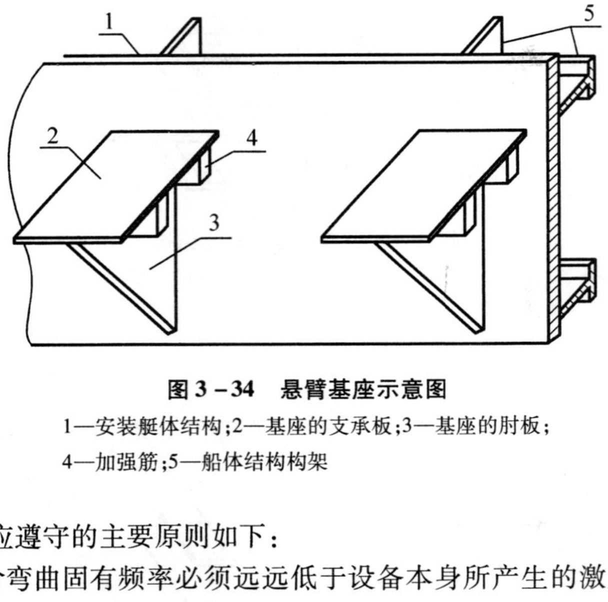

图 3-34 悬臂基座示意图

1—安装艇体结构；2—基座的支承板；3—基座的肘板；
4—加强筋；5—船体结构构架

大。基座声学设计应遵守的主要原则如下：

（1）基座的首阶弯曲固有频率必须远远低于设备本身所产生的激励频率，错开率应为20%～30%；

（2）基座的固有频率不得与船体的基本固有频率重合，避免波浪激励引起船体的谐振冲击，也不能与船体结构如中层甲板的频率重合；

（3）基座安装平板的厚度应尽可能大，用加强肘板有效地固紧基座安装平板的自由边缘；

（4）安装平板之加强肋板间的距离应尽可能小，这时隔振器或机械的机脚固定在肋板附近；

（5）在安装基座处板架的静弯曲刚度比减振器或机械机脚固定处安装平板的静弯曲刚度至少应当大三倍，如果这一点达不到，则增加基座的惯性阻抗；

（6）在频率低于板架弯曲振动第一阶共振频率时，为了降低传递到板架上的声振动，将基座最好布置在安装板架的边缘附近；

(7)悬臂型基座应直接安装在加强安装板架的垂直加强筋上；加强筋的阻抗至少比基座安装平板的输入阻抗大三倍。

3.23.3　基座振动控制

基座结构作为设备振动从设备到艇体结构传递的最重要通道，其声学设计包含以下两个方面：第一增大基座结构的输入机械阻抗，减小设备振动能量传递到基座结构上；第二增大基座结构的阻尼，加装阻振结构，避免基座结构共振，增大基座振动的传递损失和耗散，减小传递到艇体的振动能量。

研究表明，在频率较高的频段，基座结构的输入机械阻抗主要取决于其面板厚度；在低频段弱结构阻尼的基座阻抗与其共振响应有密切的联系。因此基座结构的设计有两个基本原则，其一，避免机械设备激励与基座的振动模态发生共振；其二，在满足设备安装和总体布置要求的前提下，基座面板应尽量增厚。

3.24　内部围壁弹性安装

轻隔壁（围壁）与耐压体的弹性连接（见图 3－35）是一种引进的新型结构减振方法，其中“U”形构件是作为减振器来使用的，通过对围壁振动的分析，设计适当尺寸的“U”形结构弹性系数 k，最大程度的减小机械振动通过围壁向耐压体传递，同时，也将外界振动和围壁内的舱室隔离开来，保证船员的休息及生活。其结构简图如下：

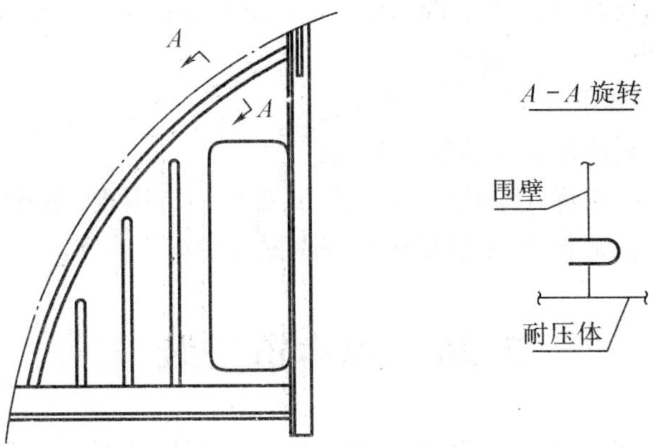

图 3－35　围壁弹性连接示意图

“U”形构件一般采用和围壁厚度相同的 D 级钢，其制作可采用凹模冷压法，或是热弯法，冷加工后如存在冷作硬化现象，还需退火，以保证弹性。“U”形构件与围壁的焊接应尽量采用小电流，减小变形。

船上其他结构，如电缆、管系支架等，不应与围壁及“U”形构件焊接，以免造成声短路。

3.25 阻振质量块安装

舰船设备振动可通过船体结构(主要是基座)的传播向水下辐射噪声,因而,对这些基座结构的振动控制具有重要意义。阻振质量块就是为了防止振动能量传播到艇体上而设计的一种补救措施。阻振质量块是具有矩形剖面或方形剖面的重梁,一般采用铸钢材料(如607A),结构简图如图3-36所示:

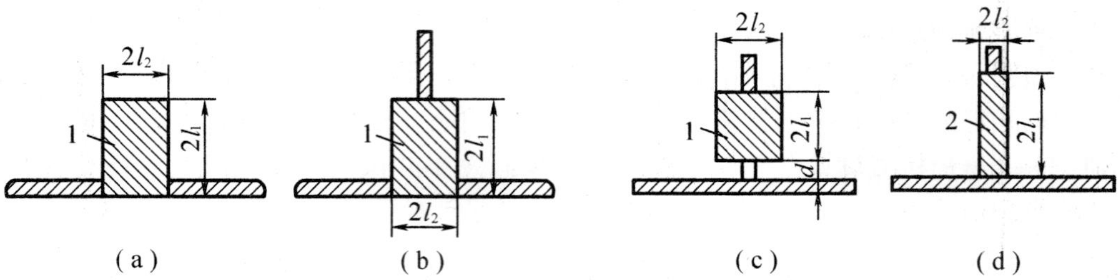

图3-36 阻振质量块结构简图

(a)板的直线接头中的阻振质量;(b)板的T形接头中的阻振质量;

(c)有增大截面惯性半径的阻振质量;(d)增厚的围板

1—阻振质量;2—围板

阻振质量块的布置要求如下:

(1)阻振质量块最好沿舱壁或铺板边界布置;

(2)阻振质量块须环绕布置在设备基座上,即必须沿着安装有振动源的船舶结构的整个周界布置阻振质量块。

阻振质量块的安装要求如下:

(1)阻振质量块不允许用螺栓或螺钉紧固;

(2)阻振质量块最好嵌焊在结构中(如上图),如安装有困难,亦可将阻振质量块与基座立板进行角焊,但这种情况下,阻振质量块高频隔振度变坏。

3.26 隔声罩安装

一般把用来阻隔机器向外辐射噪声或用来防止外界噪声透入的罩子称为隔声罩。隔声罩可以是完全封闭的,也可以设置必要的观察窗或隔声门。隔声罩通常具有隔声、吸声、隔振、阻尼以及通风、消声等多种综合功能。罩的主要结构一般是外层采用0.5~3 mm厚的钢板或铝板,在罩内侧涂敷阻尼层。阻尼层常用沥青浸麻袋片、玻璃布、毡类或石棉绒以及特制的阻尼浆等材料,其厚度应为金属板厚的2~3倍。阻尼层内侧黏附30~100 mm厚的多孔吸声材料,用来吸收声波减弱罩内噪声。吸声材料外包纤维布,并在其上覆盖一层穿孔率大于20%的护面穿孔板。在罩和机器、罩和基础、机器和基础之间,应该采用隔振元件,以防止振动的传播。为了满足散热通风的需要,可在隔声罩上开设通风口并安装消声器。

对隔声量要求较高的隔声罩,宜采用双层薄金属板的罩壁结构,内层较外层薄一些,总厚度应大于 50 mm，双层之间填充多孔材料，罩内壁应设置隔声层和护面穿孔板。

隔声罩外壳也可以用木板、石膏板或塑料板等非金属制作，此时可以不设内壁涂敷层，但仍要设置隔声层和护面穿孔板。

隔声板设计时，应在罩壁和机械之间留有较大的空间（通常要留设备体积的 1/3 空间），以防止罩的壳体振动和空间耦合振动。

在罩上开孔或留有孔隙时，罩的隔声度会显著下降。隔声罩上的孔隙漏声，不仅与空隙的大小有关，而且还和它的位置以及噪声的频率有关。一般来说，在棱角上的孔隙比罩壁中心处的漏声大 1 ~4 倍；低频噪声比高频噪声泄漏的更为严重。因此，在隔声罩上应尽量减小孔隙，特别对于低频噪声源的隔声罩，更要注意漏声问题。在需要开口时最好采取消声措施，并对罩体接缝处作密封处理。

3.27　生活区吸声材料（泡沫铝板）

舰船舱室的内表面，一般是由平整坚硬的钢板构成，当室内声源发出噪声时，人们除了可以听到由声源直达声以外，还会听到由室内各个表面多次反射而形成的反射声，使在室内工作的人们受到更大的噪声影响。如果我们在舱室围壁上饰以某种吸声材料或悬挂适当的空间吸声体，就可以吸收舱内的一部分反射声，减弱舱内总的噪声。

泡沫铝（安装形式见图 3 - 37）是一种在金属铝基体中分布有无数气泡的多孔质材料。气泡的不规则性及其立体均布性赋予泡沫铝许多优良的特性，诸如吸能缓冲、电磁屏蔽、机械阻尼等，尤其是优良的吸声特性。常用的玻璃棉、泡沫石棉等多孔吸声材料，在高频区一般都有较好的吸声性能，而在低频区却普遍较差。泡沫铝不仅在高频区保持了良好的吸声性能，而且在中频、低频区也具有较好的吸声性能，是一种性能优异的吸声材料。泡沫铝与常用的玻璃棉、石棉等材料相比还具有抗老化性好、耐热性好、适宜的强度、遇火不挥发有毒或有害气体、不吸湿等特点。

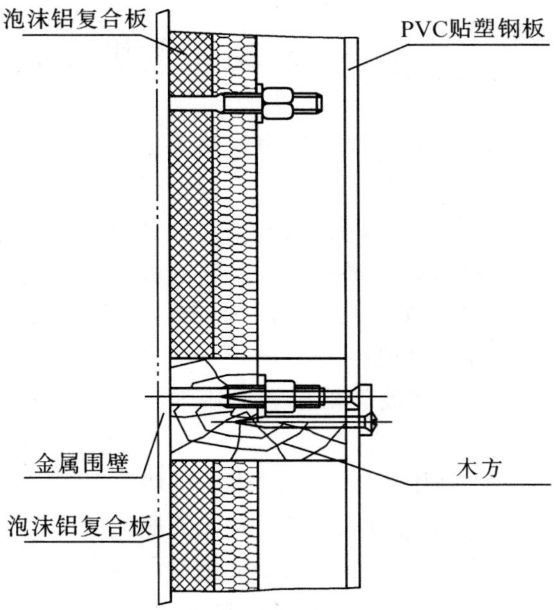

图 3 - 37　泡沫铝复合板安装形式

对于不同频率的噪声来说，随着泡沫铝厚度的增加，较低频率区的吸声系数有所提高，而高频区的变化不大，当厚度超过某个值后，在整个频率范围内平均吸声系数变化不大（图 3 - 38）。泡沫铝的吸声性能随孔隙率的增大而提高。压缩加工可明显提高吸声性能，压缩率为 40% 时吸声性能最佳。空腔可使最大吸声系数向低频带移动，最大吸声系数在空腔厚度不大时有所减小，厚度大时略有增大。

敷设注意事项：

（1）敷设泡沫铝复合板前应完成围壁上一切焊接和油漆工作，在设备安装及室内装修尚未开始之前进行，施工前须进行环境清理，以确保施工质量；

（2）安装前使用事先准备好的“施工样板”，在泡沫铝复合板上钻孔，使泡沫铝复合板上安装孔与已经焊接好的焊接螺柱位置相吻合，并依次编号，便于在实际安装泡沫铝复合板时对号进行；

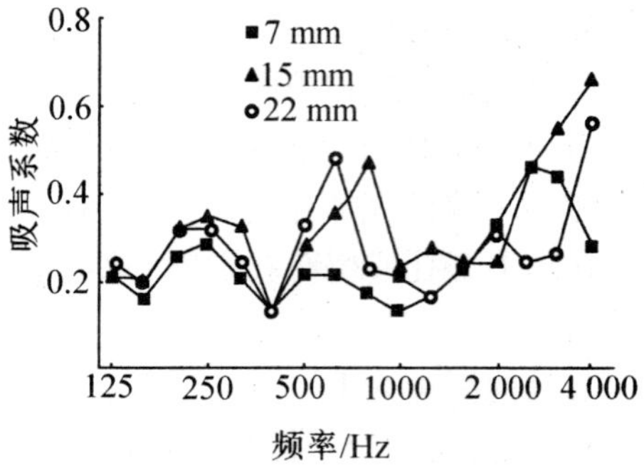

图 3－38　泡沫铝厚度与吸声性能的关系

（3）泡沫铝复合板表面的 PVC 贴塑钢板按施工图纸要求规格进行剪裁，并按安装顺序编号；

（4）粘贴时所采用的胶须随配随用，配好后最多存放 2～3 h（夏季适当缩短存放时间）；

（5）泡沫铝复合板安装时先从中间压紧，将空气向两边挤出后，用木质或橡胶块垫在复合板表面，用木锤或橡皮锤轻轻敲打，使其压紧；

（6）泡沫铝复合板安装后周边不应翘起，中间不得有气团存在，泡沫铝复合板的侧面与其他构件、泡沫铝复合板之间缝隙不应大于 4 mm；

（7）PVC 贴塑钢板安装后注意保持外表干净整洁。

3.28　主机控制室吸声材料

艇上集控室采用的吸声材料为玻璃棉板，玻璃棉板属于多孔吸声材料，保证玻璃棉板吸声性能的首要条件是保证材料表面具有良好的透声性能。它的吸声机理见第 2 章，安装形式见图 3－39。

施工注意事项：

（1）不要在玻璃棉板表面刷油漆或涂料

有时工程中由于施工时将矿棉吸声板表面污损，为了美化，将板的表面刷涂一层油漆或涂料，这样做将板面的空洞封死，使声波无法进入到吸声材料的内部，严重地影响了材料的吸声性能。正确的方法是在安装玻璃棉板吸声板时应尽量保持板表面的清洁，在安装好后不再作处理。

（2）不要由于刷胶等工序破坏饰面材料的透声性

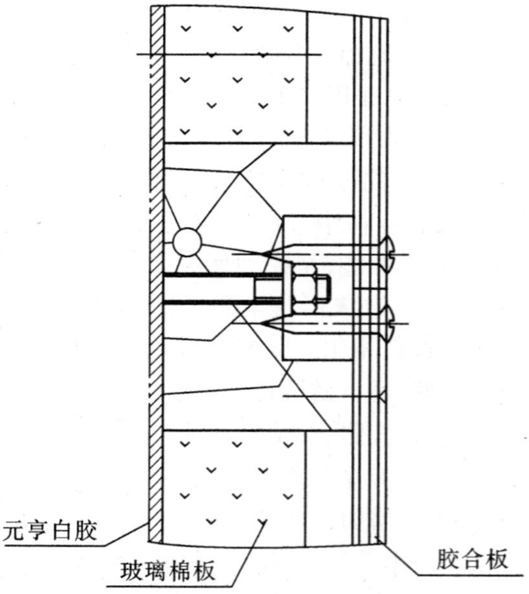

图 3－39　玻璃棉板的安装形式

玻璃棉板在实际使用中是经常需要在材料外面安装透声的饰面材料,比较典型的构造是玻璃棉板表面罩一层玻璃丝布或无纺布,外面再安装金属网或穿孔板。有时在施工时在玻璃丝布上刷胶以便将玻璃丝布、无纺布和金属网或穿孔板粘牢,也有时将构造安装好后再在金属网或穿孔板表面刮腻子刷漆,或喷刷涂料。这些做法都会破坏饰面材料的透声性能,使得声波无法接触到吸声材料,从而破坏了构造的吸声性能。正确的方法是粘接玻璃丝布或无纺布时采用点粘的方法,不要在布上大面积刷胶,而金属网或多孔板应该先刷好油漆或涂料后再安装,以保证饰面材料具有良好的透声性。

(3)误认为穿孔板都有良好的低频吸声性能

穿孔板组合共振吸声构造必须有两个必要的条件,一是面板必须有一定的穿孔率,二是板后必须有一定厚度的空腔,二者缺一不可。有些工程中将穿孔板贴实在墙面或其他材料上,板后没有空腔,这种情况是起不到低频共振吸声作用的。还有的工程使用半穿孔板,使声波无法通过空洞进入空腔内,同样也起不到共振吸声的作用。另外,用于以吸收低频为主的穿孔板组合吸声构造的穿孔板的穿孔率不能太大,一般不宜大于8%,穿孔率较大的穿孔板一般作为透声的饰面材料使用,其低频共振吸声的作用较弱。

化 工 部 分

3.29　消声瓦敷设

消声瓦技术是提高潜艇安静性、降低声目标强度、降低辐射噪声、提高潜艇生命力的关键性技术。艇体外表面敷设消声瓦的主要作用是吸收对方主动声呐发射的探测声波,而且可以抑制艇壳振动,隔离艇内噪声向外辐射。敷设消声瓦可以大大提高潜艇的隐蔽性,改善声呐的作用环境,提高其作用距离。

消声瓦是以黏弹性材料为基底在其中加入声学结构的吸声阻尼层。消声瓦的工作原理是将黏弹体内传播的拉伸—压缩声波在空气腔的自由表面上变换为切变波,与在水中传播的声波相比,这种波形的传播速度低、吸声性能强。这些特点使消声瓦在厚度不大时取得良好的声学效果。

消声瓦分预制型和浇注型两种。预制型消声瓦带有声腔结构的橡胶块,浇注型消声瓦是以聚氨酯浇注料注模固化成型的无声腔结构的橡胶块。消声瓦敷设示意图见图3-40。

3.29.1　材料要求

所使用的消声瓦及配套材料必须持有产品出厂合格证书。

3.29.2　消声瓦敷设施工技术要求

(1)施工环境:消声瓦敷设需在温度≥15 ℃,相对湿度≤85%的环境下施工。若环境温度低于15 ℃时,可采取局部升温措施,即保证敷设过程中及固化期间敷设表面温度不低于15 ℃。

(2)施工作业场所必须有较好的通风、照明条件。施工现场严禁烟火。

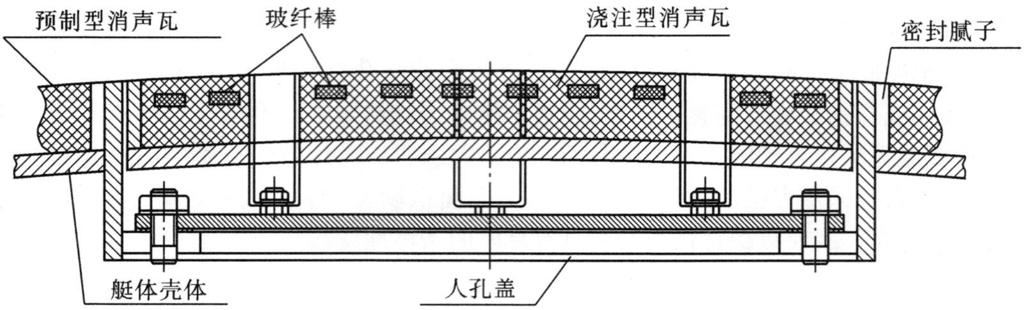

图 3-40 消声瓦敷设示意图

3.29.3 预制型消声瓦敷设施工要求及注意事项

预制型消声瓦的基本原理为阻抗匹配、波形转换和材料损耗。在声腔结构的作用下，发生波形转换。材料在声波作用下，分子链发生高弹形变，引起弛豫反应，使得部分声能转换为热能而损耗。预制型消声瓦在敷设施工中的要求及注意事项为：

（1）钢材表面处理：待敷设的艇体外表面进行喷砂处理，喷砂前必须进行钢板脱脂处理，喷砂除锈处理后除锈等级要求达到 Sa2.5 级；对局部喷砂处理困难的区域可采用手工除锈，除锈等级要求达到 St3 级；

（2）钢材表面处理合格后，即可涂刷底层涂料。涂刷前需用干燥的压缩空气吹除艇体表面灰尘，并用丙酮清洁表面油渍、污渍。涂刷底层涂料 24 小时后方可敷设消声瓦，60 天内应完成敷设任务；

（3）消声瓦按样板进行剪裁，剪裁后的消声瓦与样板在各方向上的误差以不影响其周边瓦缝宽度为准，消声瓦在敷设前需在 60 ℃烘箱中烘干 4 小时，然后放置至室温；

（4）粘贴前，用 80#砂布打磨底层涂料表面并清除“浮层”，然后用干净白布蘸丙酮将消声瓦及艇体敷设粘贴面擦洗干净，晾 5～10 分钟后方可涂胶；

（5）搅拌均匀的黏合剂用刮刀均匀刮涂到艇体表面，消声瓦的粘结面也薄薄滚涂一层黏合剂。根据预先设置的敷瓦位置，采用机械式压紧工装压紧，施加的压力为（0.02～0.06）MPa，对消声瓦施压时，应保证消声瓦周边的黏合剂连续挤出。若不连续，需取下消声瓦，补刮黏合剂，重新粘贴压紧；

（6）消声瓦加压固化时间：施工温度小于 25 ℃时，加压时间需大于 48 小时；施工温度大于 25 ℃时，加压时间需大于 24 小时。

3.29.4 浇注型消声瓦敷设施工技术要求及注意事项

浇注型消声瓦的基本原理为阻抗和材料损耗，当声波进入材料后，会引起高分子链发生高弹性形变，表现为弛豫反应，使得形变变化落后于应力的变化。在声波作用下，材料进行交替的压缩伸张形变时，使得部分声能转变为热能而损耗。浇注型消声瓦在敷设施工中的技术要求及注意事项为：

（1）浇注型消声瓦敷设部位包括指挥室围壳尾端、围壳与上层建筑交接处、上层建筑转角处、甲板舾装件相关部位等；

(2)内场浇注:在制作好的模具中先浇约 10 mm 厚不含玻纤棒的浇注料,待稍固化后,将玻纤棒均匀布入再次浇注形成约 25 mm 厚的预制件;

(3)钢板表面处理:待浇区域钢板表面除锈,要求达到 Sa2.5 级;局部手工除锈要求达到 St3 级;

(4)上艇二次浇注:在浇注部位焊螺钉。清除待浇区域表面油污、污物与灰尘。在浇注部位的钢板表面(包括焊接的螺钉表面)涂底胶,要求均匀、无漏涂。底胶干燥后方能进行浇注,且浇注施工必须在涂刷底胶后 6 小时内完成。根据艇体曲线制作的样板对预制件边框进行修剪,使预制件的边框与艇体能较好的弥合,同时保证边框的总高度。完成常规准备工序后,将预制件就位,并安装好浇、冒口。注意在合理地方设置浇、冒口,浇口应设置在浇注区域的最高位置。用丙酮清洁需密封的相关表面,用密封胶及胶带纸进行密封,用工装压紧,然后进行浇注;

(5)完全固化时间:环境温度 15 ~ 25 ℃为 7 天,25 ℃以上为 4 天。浇注完毕 48 小时后,方可拆除模板、模框。如环境温度较低,应适当延长脱模时间。浇注完毕 72 小时后可用电刨修平,然后打磨光顺。

3.29.5　消声瓦封口胶涂刷及密封腻子充填施工要求及注意事项

消声瓦敷设完成后,要对消声瓦之间及消声瓦与钢围栏之间的缝隙进行封口胶涂刷及密封腻子充填。

(1)在涂刷封口胶之前用干燥的压缩空气清除缝隙和开孔处的灰尘和杂质。同时,用白棉布蘸丙酮对涂刷部位进行清洁,晾 5 ~ 10 分钟后方可涂刷。采用 8 ~ 10 mm 宽的扁平刷,手工进行封口胶的涂刷。涂刷时沿消声瓦底部进行(向上高度为 15 mm 以内),涂刷均匀,无漏涂,避免封口胶涂到消声瓦的周边上。涂刷两道,第一道为黑色,第二道为红色,两次涂刷间隔时间为 1 小时。

(2)封口胶涂刷 24 小时后方可进行密封腻子的充填。充填密封腻子前,在消声瓦的对口上表面粘贴 2 mm 的纸板,防止腻子固化期间收缩凹陷。然后用干燥的压缩空气吹除消声瓦接缝处和开孔处的灰尘及杂质,用白布蘸丙酮对已涂刷封口胶的接缝底部及已打毛的消声瓦边缘进行清洁,晾 5 ~ 10 分钟后方可充填。充填时,将填充工装的喷枪口深入到消声瓦接缝的底部,先里后外,要边充填边用刮刀将密封腻子压实、刮平。施工后,应在密封腻子的适用期内立即将施工部位多余的密封腻子用刮刀除掉。

(3)密封腻子完全固化时间为 3 ~ 7 天, 7 天后方可承压。密封腻子完全固化后进行打磨,打磨后密封腻子的高度应略高于消声瓦表面。

3.29.6　消声瓦表面保护涂料施工要求及注意事项

(1)消声瓦施工的最后一道工序是对消声瓦表面保护涂料的涂刷。涂装对环境要求为:温度 −20 ~ 50 ℃,相对湿度≤90%;

(2)消声瓦表面处理,将消声瓦表面的油渍、污渍以及其他污物用二甲苯或丙酮擦洗干净,用风动砂轮机(砂纸片 20 ~ 40 目)对消声瓦表面进行拉毛处理,使其表面呈均匀无光状态即可。用淡水将消声瓦表面冲洗(或擦洗)干净,使其 pH≈7(用 pH 试纸检测),晾干。然后涂刷船壳漆或防污漆;

(3)船壳漆涂装于艇体的设计水线以上部分。防污漆涂装于艇体的设计水线以下部分,防污漆最后一度涂装应在艇下水前3天内完成,否则将影响其防污性能。

3.29.7 施工检验

(1)底层涂料涂层厚度均匀,无流挂、无露底;干膜厚度70±10 μm;

(2)消声瓦粘贴固化72小时后,以ϕ50拔塞拉断力大于140 kg为合格;每块实心消声瓦有效黏合面积大于85%,每块空心消声瓦有效黏合面积大于90%;距消声瓦周边100 mm范围不允许脱胶;

(3)用敲击法检测浇注消声瓦有无空洞;用目测法检验浇注型消声瓦表面成型光顺、平整;

(4)封口胶涂刷要求均匀,无漏刷;涂刷高度由消声瓦底部向上15 mm以内。涂刷总厚度为1 mm以上;

(5)用目测法检验腻子填充高度。用钝倒圆直径为ϕ7 mm的探棒用力压固化后的腻子,以无明显塌陷为合格(腻子表面以下不得有空洞);

(6)消声瓦表面保护涂料湿膜厚度检测可采用湿膜测厚仪进行测量,测量时不可用力过大,以免将消声瓦压陷,影响测量准确度;干膜厚度检测可采用与涂装消声瓦同样工艺过程的标准涂装钢板,测其干膜厚度,标定消声瓦表面涂料的干膜厚度;漆膜外观应无流挂、裂纹和漏涂等缺陷。

3.30 基座、铺板、壳板阻尼敷设

3.30.1 概述

舰船上阻尼技术的应用主要是为了降低低频和中频范围内的舰船结构的共振振动级,以及高频范围内结构中传递的结构声振动能量。阻尼减振技术是通过提高材料或结构的损耗因数,将振动能量转化为其他形式的能量而达到减振的目的。因此,阻尼技术在舰船结构噪声控制中有着十分重要的地位。

阻尼就是利用高分子材料的黏弹性将一个自由振动固体的振动能转化为热能来耗散掉,工厂在基座、铺板和艉艇体壳板部位的阻尼主要采用T型约束阻尼结构和GT型约束阻尼结构。

T型约束阻尼敷设于基座或船体结构(舱壁、铺板、艇体)被减振的构件一面,其结构是在自由阻尼材料的表面再粘贴一层黏弹性材料作为约束层,约束层的厚度约为被减振的板厚的1.5~2倍。当底材振动产生形变时,阻尼材料将振动能转化为热能耗散掉。

GT型约束阻尼敷设于基座被减振的构件一面,其结构是在自由阻尼材料的表面再粘贴一层高模量的材料作为约束材料(通常用金属薄板),当底材振动产生形变时,阻尼材料将振动能转化为热能耗散掉。

下面分别就基座阻尼、铺板阻尼和艉艇体壳板阻尼进行说明。

基座阻尼就是在设备基座的面板和腹板上,敷设阻尼材料,其阻尼结构通常采用T型约束阻尼和GT型钢板约束阻尼两种形式。

铺板阻尼是在人住舱、餐厅、洗衣间、集控室、会议室等舱室的铺板上敷设阻尼材料，其阻尼结构通常采用 T54/T60 型约束阻尼结构。

艉艇体壳板阻尼，是在艉部抗沉水舱和非水密区域敷设阻尼材料，其阻尼结构通常采用 T 型约束阻尼结构。

所选用的阻尼涂料必须持有产品出厂合格证书及阻尼涂料性能指标抽样检查报告。

3.30.2　阻尼施工技术要求

T 型阻尼的施工部位为设备基座、舱室铺板、艇体艉部抗沉水舱、非水密部位、舷侧阵、指挥台围壳等。GT 型阻尼的施工部位为设备基座。

1. 施工阶段及施工条件

(1)阻尼的施工宜安排在主要构架及焊接件已焊好，底漆施工固化后，设备安装及内部装修尚未开始之前进行；

(2)阻尼的施工环境为：相对湿度≤85%，舱内型施工温度≥10 ℃，舱外型施工温度≥5 ℃；

(3)施工作业场所必须有较好的通风、照明条件，施工现场严禁烟火。

2. 施工要求

T 型约束阻尼(施工示意图如图 3-41)：

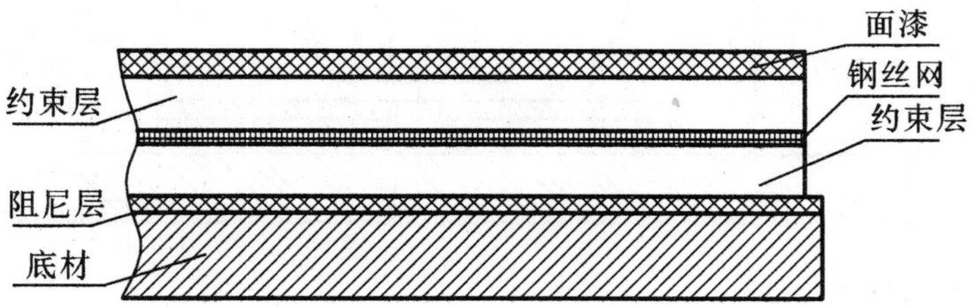

图 3-41　T 型约束阻尼施工示意图

阻尼层：

(1)阻尼层为双组分涂料，按照涂料说明书的要求，按比例进行阻尼层的配制；

(2)阻尼层涂料为反应自干型涂料，当气温在 10 ℃~30 ℃时，配制好后的涂料施工寿命约为 1 小时，因此应根据现场需要，现配现用；

(3)阻尼层的施工采用刮刀刮涂，刮涂过程中用力要均匀，施工周边应比图纸尺寸多出 20~25 mm，厚度达到相关图样要求；

(4)在施工中若发现涂料黏度较大或开始增稠难以施工时，可加入涂料重量 1%~3% 的溶剂(不能含醇，如丁醇、酒精等)兑稀，调节施工黏度；

(5)施工时采用“量积定重法控制涂层厚度”(每平方米面积涂 1 mm 厚，需要涂料量为 1.1 kg；

(6)阻尼层的施工间隔为 6~12 小时；

(7)在进行下一道约束层施工之前，应保证已固化的阻尼层表面无油污、粉尘、水等杂物。

约束层：

(1)约束层为双组分涂料,按照涂料说明书的要求,按比例进行约束层的配制;

(2)约束层的施工采用刮刀刮涂,施工面积略小于阻尼层,厚度达到相关图样要求;

(3)约束层施工达到一定的厚度后,待黏度增大时,再将已剪好的钢丝网压入涂层内;

(4)施工时采用"量积定重法控制涂层厚度"(每平方米面积涂 1 mm 厚,需要涂料量为 1.5 kg;

(5)为保证层间厚度均匀,采用涂料中加红色和黑色颜料的方法交替施工。最后一道约束层刮涂均匀后,不再加钢丝网,并用工具蘸丙酮将表面抹平;

(6)约束层施工间隔为 6 - 24 小时。

GT 型约束阻尼(施工示意图如图 3 - 42)。

(1)约束板的粘贴可选用 400 mm × 400 mm 为基本单元,在粘贴中不足的面由现场确定;

(2)以约束钢板为底材,将阻尼层涂敷在约束钢板上。然后将阻尼板按照螺柱的对应位置粘贴到基座基板上;

(3)使用橡胶锤敲打约束钢板表面,用力要均匀。然后用螺母及垫圈适当压紧,直到阻尼涂料从钢板边缘溢出为止,用刮刀将溢出的物料清除干净。

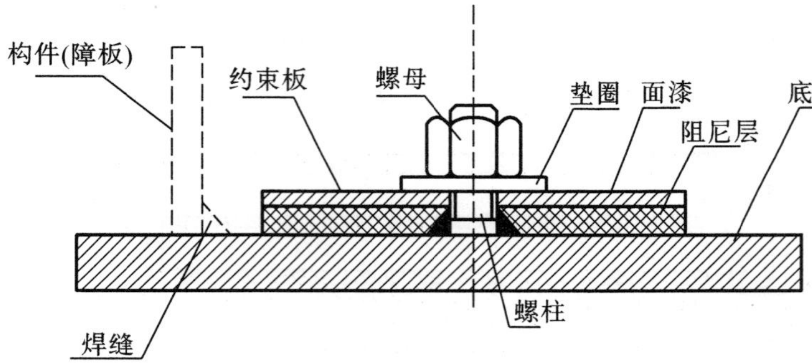

图 3 - 42 GT 型约束阻尼施工示意图

3. 注意事项

(1)T 型阻尼系约束阻尼结构,施工时必须先涂阻尼层再涂约束层,二者决不可调换次序。同时要防止漏涂胶层,厚薄要均匀,不得产生流挂、露底、皱皮和气泡等现象;

(2)阻尼层配料过程中绝对不能接触水、胺类和醇类物质;

(3)约束层不得与底材及构件直接粘连,发现粘连,必须铲除干净。钢丝网在压入约束层之前应尽量保持平整;

(4)在阻尼施工过程中或完成后,应尽量避免在其表面上及施工区域附近进行焊接、气割等火工操作,若必须进行,则火工后应将阻尼涂敷层铲去,再按工艺要求重新补涂。

4. 施工检验

(1)阻尼层施工完毕后,涂层厚度均匀,无流挂、无漏涂、与底材附着良好,涂料固化情况正常;

(2)约束层施工完毕后,涂层厚度均匀,无流挂、无漏涂、没有和底材及相邻构件粘连,将钢丝网完全盖住,涂料固化情况正常;

(3)约束板敷设后其表面应平整,安装牢固,约束板与约束板之间应留有 3 mm 左右的空隙。

3.31　动力舱段耐压体壳板阻尼敷设

动力舱阻尼隔声复合板为多层复合结构，内层具有一定的孔型、孔径的谐振吸声腔，通过声学阻抗的特殊设计，该板在低频高水压下具有优异的隔声性能，兼具有阻尼、吸声、耐水、耐油、耐老化、质量轻等特点，对降低潜艇的自噪音和声目标强度起到了重要作用。示意图见图 3 - 43，其降噪机理，可简述如下：

(1)吸收、隔离舱室空气声，防止噪声向艇体外辐射；

(2)损耗振动能量，抑制结构振动，减小辐射噪声。

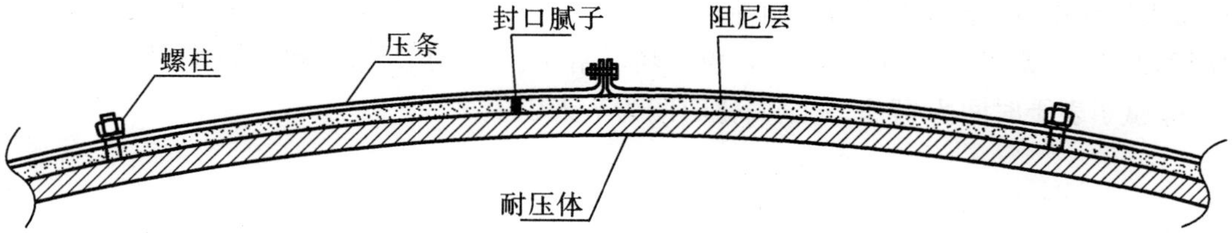

图 3 - 43　耐压体阻尼层敷设示意图

一、阻尼隔声复合板敷设技术要求

辅机舱耐压体壳板敷设减振降噪材料有两种，一种为 3 型阻尼隔声复合板，主要敷设部位是耐压体壳板；另一种为 2 型阻尼隔声复合板，主要敷设部位是舱壁板、压载水舱横舱壁等平板部位。敷设阻尼隔声复合板采用粘接工艺方法，板与板之间留有 12 ± 2 mm 的缝隙，3 型阻尼隔声复合板之间的缝隙用密封腻子进行填充。

1. 环境要求

(1)阻尼隔声复合胶板敷设须在 5 ℃ ~ 40 ℃之间，相对湿度≤85% 的环境下施工。如果环境温度不在上述区间，可采取局部升温或降温措施；

(2)施工现场严禁吸烟，严禁进行明火高温作业；

(3)阻尼隔声复合板敷设区域必须设有无尘保证措施，且具有良好的通风和照明条件；

(4)不允许在敷设阻尼隔声材料的钢板上进行焊接、氧割等高温作业。

2. 阻尼隔声复合板的敷设

(1)船体钢板粘贴面的处理

在粘贴胶板之前，首先要对船体钢板粘贴表面进行处理。用棉纱蘸丙酮对船体钢板粘贴面的油漆表面进行除油和脱脂处理；若油漆表面太光滑，必须用纱布适当打毛，以增加粘贴面的粗糙度，提高黏结强度。

(2)复合胶板的处理及粘贴

①胶板的剪裁：按下料样板剪裁胶板，要求剪裁的胶板各边缘光顺无毛刺，其在各个方向上与下料样板的尺寸偏差不大于 2 mm。

②胶板的预处理

a. 粘贴复合板前，应根据复合板敷设部位，用模板进行定位，对复合板进行打孔、裁剪或开槽，并对复合板进行编号。

b. 粘贴前，用打磨机均匀打磨胶板粘贴面（无孔面）及四周边缘。

③胶板的粘贴

根据施工部位的不同，分别使用不同的胶黏剂。

a. 胶板的粘贴要根据画线由上向下进行，并根据焊接螺柱的位置，将涂好胶黏剂的胶板按其编号敷贴到壳板相应位置上，用橡胶锤均匀敲实，勿使错位或滑脱。

b. 使用胶黏剂进行粘贴的部位，根据周边结构的不同采用不同的加压工装加压；要求用力均匀一致，勿使周边和板内翘曲或隆起，且胶板周边有胶黏剂连续挤出；若不连续，需揭下胶板，补刮胶黏剂，重新敷贴并加压。

④密封腻子的充填

a. 充填腻子可采用充填工装和手工相结合的方法，将配制好的腻子装入特制的料桶内，通入压缩空气（空压机压力控制在 0.3 ~ 0.4 MPa），使腻子从喷嘴挤出，填入缝隙中，然后用刮刀压实、刮平；舱壁板上的复合板两侧可用腻子填充成坡状，无需大面积填充。

b. 腻子表干时间为 48 h，完全固化时间为 7 天以上。

第 4 章　舰船噪声测量

本节主要介绍水面舰船及潜艇航海试验过程中的机械振动、船体振动、辐射噪声、自噪声、空气噪声及目标强度的测量条件及方法，由于水面舰船及潜艇声学测量程序有同有异，因此，本章将以水面舰船为基础，作重点介绍，当出现"水下"、"潜深"字样时，即为在潜艇测量所需的补充说明。

4.1　机械振动测量

机械振动是船上设备运转所产生的振动和加速度，机械振动可以通过减振器、基座传递到舰船的壳体、激励壳体振动并向水中辐射，也可以通过各种管路传递到壳体引起水下声辐射，有些管路则直接从水中辐射噪声。

机械振动测量按阶段可分为设备台架试验和码头系泊试验以及航行试验三个主要阶段。设备台架试验一般在设备出厂前在设备厂进行，如果厂家有专门设备和专业人员可由厂家自己进行检测，也可请专业测试单位进行，台架试验阶段因为可以在单独的测试场地进行，没有环境噪声干扰，也没有其他设备噪声干扰，所测试出来的结果能比较准确反映出单机状态下的设备振动状况。系泊试验阶段是在设备装船调试好之后，在航行试验之前进行的，设备装船后，测试环境变得极其复杂，测试的同时会有其他设备运转，会影响到测试结果的准确性，在进行数据分析时应充分考虑到测试环境因素，并与台架试验以及航行试验的测试结果进行对比。

机械振动测量主要是靠安装在设备和设备基座上的传感器来测量和记录，主要测量设备振动烈度和振动加速度，其测量和辐射噪声同期进行。机械振动测量的系统框图见图 4－1。

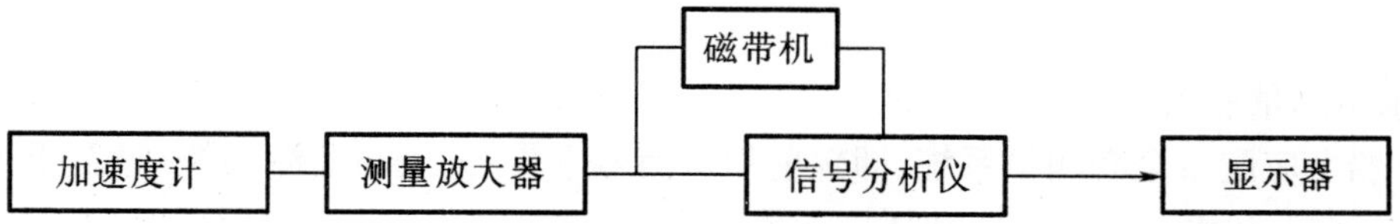

图 4－1　机械振动测量的系统框图

加速度计是一种振动传感器，测量时紧附在振动体上，一般采取强力胶粘贴，各种类型的加速度传感器中使用最多的是压电式加速度计，压电加速度计是基于某些物质的压电效应制成的惯性式传感器。加速度计的结构原理图见图 4－2。

4.1.1　在进行实船的机械振动测量时，需要满足的一些条件

1. 试验海区条件：

(1) 试验海区水深约 60 米，泥沙底质，流速小于 1.5 kn；

(2) 试验海区不允许有任何与本试验无关的船舶停泊或通过，试验海区的大小应能保

证艇的安全航行和充足的机动范围；

(3)在辐射噪声试验时海况不应超过3级，在目标强度测量时，海况约为2～3级。

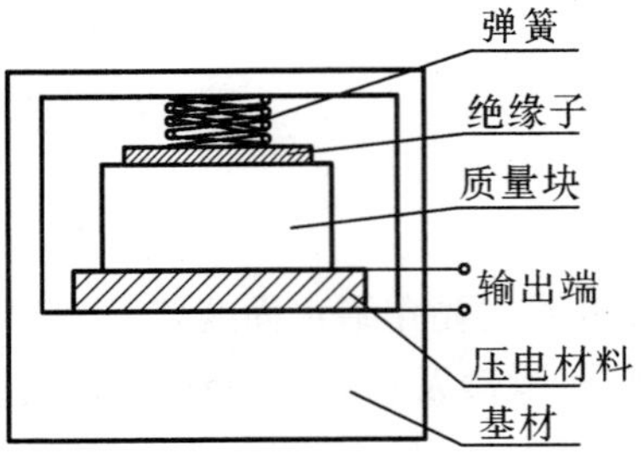

图4－2　加速度计的结构原理图

2. 被测潜艇条件：

(1)被测船机电设备处于良好工作状态，并能按规定工况运行；

(2)水面、水下观通设备均工作正常，在测量辐射噪声和目标强度时，本艇综合声呐投入测量工作；

(3)在辐射噪声和空气噪声测量过程中，被测艇按规定要求开启机械设备，不能随意改变机械状态，并停止其他影响测量的一切无关活动；

(4)按规定航行路线航行，舵角偏差不大于0.2°，水下航行穿越水声测量装置时，距水声测量装置的深度偏差应不大于0.5米；

(5)在出航前，需完成艇上加装的测量仪器设备及其固定工装。安装加速度传感器前应首先将设备基脚或基座面板的测试部位清洁干净，打磨掉漆膜后进行表面研磨，在达到规定的表面光洁度后粘贴加速度传感器，因传感器较为贵重，在测试期间应注意保护，在测试后应及时拆除，参见图4－3。

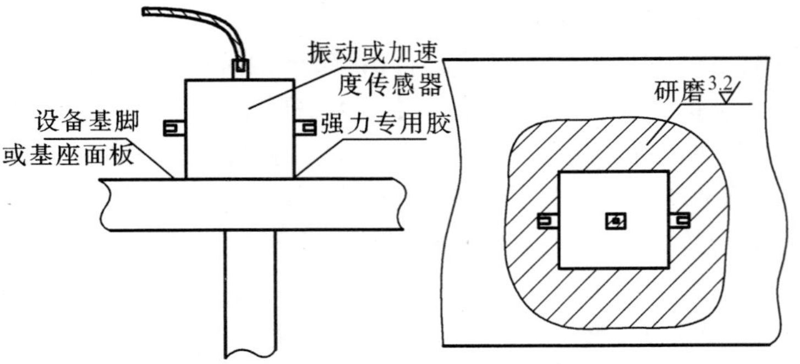

图4－3　加速度传感器的安装

3. 水声测量船条件：

(1)船上应配备全套测量系统，即辐射噪声信号采集、记录与监测系统、测距定位系统、导航系统、水上和水下通讯系统和环境参数监测系统；

(2)船上具备功率5 kW以上50 Hz、220 V交流低噪声供电系统；

(3)测量船按顺流向在就位点抛前后锚，停机，布放测试基阵；

(4)在测量期间，船上停止影响噪声测量的一切活动；

(5)在艇和测量船到达预定测量海区时，分别进行水上和水下的通信联系。在测量辐射噪声和目标强度时，测量船应随时向潜艇报告水听器的大地坐标，以及水听器连线的指向。

4. 测量仪器条件：

(1)各测量单位使用的测量记录仪器必须在计量的有效期内，并在使用前进行校准，测量仪器系统必须可靠工作，关键仪器留有备份；

(2)装艇的自噪声水听器和振动传感器工作正常。

5. 机械设备振动测点选择：

（1）机组振动烈度测量——按照测试设备清单分别在大型设备（如主汽轮齿轮机组）机身、轴承和机脚上各取 2 个测点，分别测其各点的垂、纵、横三个方向的振动速度，求取机组振动烈度及其频谱特性；

（2）机组振动传递特性测量——分别对大型设备（如主汽轮齿轮机组）的机脚、基座面板、基座立板中部和附近船体或铺板测量结构振动加速度、速度及 1/3 倍频程谱级和低频线谱级，每一机组测 3 ~ 4 条路径，路径尽量均布，测量时每条路径上的测点做到同时、同记录仪记录；

（3）机械设备支承结构振动测量——分别在大型设备（如主汽轮齿轮机组）等主要设备上各选择一块振动大的减振器（浮筏选择下层减振器），测其减振器下表面支撑结构的振动加速度的线谱、1/3 倍频程谱及总振动级值，测试信号与艇外自噪声、辐射噪声以及艇体振动作同时同步记录。

4.1.2　测量程序

（1）测量工作由专门从事辐射噪声测量并取得相应资格的单位进行，每次测量时均应记录测量日期、海区、水声测量船的就位经纬度、海深、海况、海面和海底、海水温度以及海洋背景噪声；机械振动测量试验前应编制测试计划和所需测量的设备清单，可与辐射噪声试验计划共同编制。每一测试工况，艇在测量航线上往返航行一个来回以上；

（2）机械振动测量应与艇上本艇自噪声、艇体结构振动和辐射噪声测试同时、同步进行，由测量人员按照试验进度听从口令，在所要求测试的每一单程开启测量记录设备，待测得有效数据后及时关闭记录设备，准备好下一单程的测试；测量数据应进行现场初步分析，若有异常应重新测试；

（3）测试时传感器布置安装、导线连接以及记录设备安装等参见图 4 - 4。

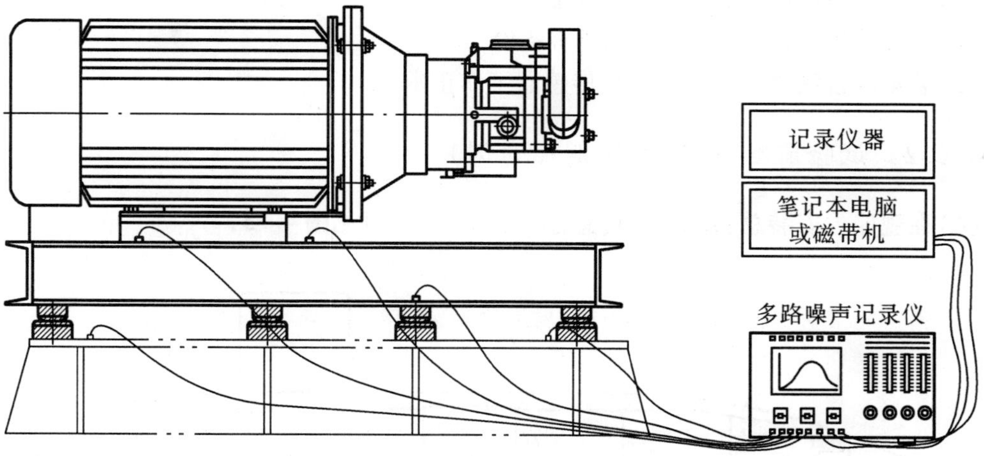

图 4 - 4　传感器布置安装、导线连接以及记录设备安装示意图

4.2 结构振动测量

通过对船体振动测量，可以得出船体总振动振幅的定量数值和共振的频率范围，为确定航行车速（避开船体共振）提供试验依据；对艉部艇体振动及螺旋桨引起的艇体艉部脉动压力场测量，可以评价船体在螺旋桨机械不平衡力、伴流场轴承力、主机干扰力作用下的响应水平，为螺旋桨引起的脉动压力值的确定提供试验依据。

4.2.1 结构振动测量需满足的条件

1. 海区条件：

（1）试验海区水深约60 m，泥沙底质，流速小于1.5 kn；

（2）试验海区不允许有任何与本试验无关的船舶停泊或通过，试验海区的大小应能保证艇的安全航行和充足的机动范围；

（3）在辐射噪声试验时海况不应超过3级，在目标强度测量时，海况约为2~3级。

2. 被测舰船条件：

（1）被测舰船机电设备处于良好工作状态，并能按规定工况运行；

（2）在测量过程中，被测舰船应开启隔舱壁水密门，以便测量导线通过，在紧急情况下可剪断测量导线关闭水密门。测量时不能随意改变机械状态，并停止影响测量的一切无关活动；

（3）在同一工况，要求主机转速稳定，变化不得大于1 rpm；航向稳定，偏差不得大于1°；深度稳定，变化不得大于0.5m；纵倾角不大于0.5°；为了保持稳定的航向和深度而操纵的舵角应尽量小；不允许急剧操舵。

3. 测量仪器条件：

（1）各测量单位使用的测量记录仪器必须在计量的有效期内，并在使用前进行校准；测量仪器系统必须可靠工作，关键仪器留有备份；

（2）装艇的自噪声水听器和振动传感器工作正常。

4.2.2 试验前准备（以水下舰船为例）

（1）在舰船内安装总振动测点传感器，安装位置示意见图4-5；

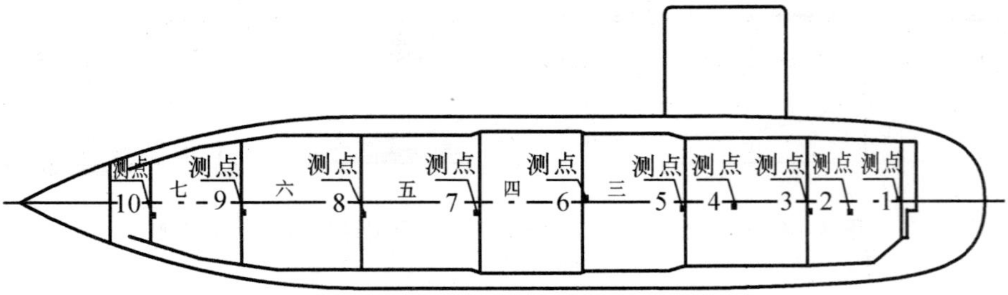

图4-5 振动测点传感器支座安装示意图

(2)安装船外传感器水密盒,安装位置示意见图 4-6;

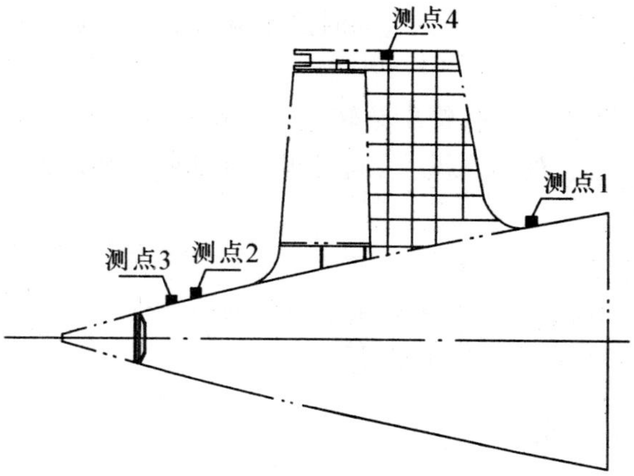

图 4-6 传感器水密盒安装示意图

(3)安装压力传感器支架 5 个,安装位置示意见图 4-7;

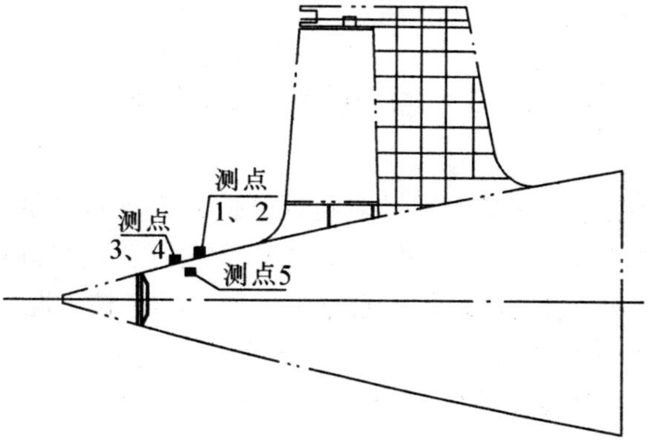

图 4-7 压力传感器支架安装示意图

(4)安装电缆水密盒,安装区域在艉部上层建筑位置;

(5)电缆布线——舷外传感器导线共汇总为 2 根电缆进舱,在上层建筑上安装水密电缆及固定电缆用线排、线卡,电缆用线卡固定并汇总到舱内;

(6)所有水密电缆及接线盒安装完后需进行密封及试气工作。

4.2.3 试验程序

第一阶段:水平方向总振动测量

(1)被测舰船水面直线航行时,螺旋桨转速以 5 rpm 的增量逐步上升,每档转速需稳定 10~15 min,形成航行工况。每一工况下,测量舱内测点处的水平方向振幅;

(2)被测舰船水下直线航行时,螺旋桨转速以 5 rpm 的增量逐步上升,每档转速需稳定 10~15 min,形成航行工况;每一工况下,测量舱内测点处的水平方向振幅。

第二阶段:艉部艇体振动及螺旋桨脉动压力场测量

(1)被测舰船水面直线航行时,螺旋桨转速以 5 rpm 的增量逐步上升,每档转速需稳定10～15 min,形成航行工况;每一工况下,同时测量艉部艇体测点处的水平方向和垂直方向振幅及螺旋桨的脉动压力;

(2)被测舰船水下直线航行时,螺旋桨转速以 5 rpm 的增量逐步上升,每档转速需稳定10～15 min,形成航行工况。每一工况下,同时测量艉部艇体测点处的水平方向和垂直方向振幅及螺旋桨的脉动压力。

第三阶段:垂直方向总振动测量

(1)将舱内的低频加速度传感器均调至垂直方向布置;

(2)重复各工况的各项测量(垂直方向振幅)。

4.2.4 试验测量要求

(1)在达到航行工况要求的各转速时,操纵人员应及时通知测量单位进行测量。测量完毕后,测量单位应及时通知操纵人员转入下一工况航行。当被测舰船受海区长度等因素限制需转向时及恢复直线航行达到航行工况时,操纵人员应及时通知测量单位。

(2)在以上航行工况的船体共振点转速附近,螺旋桨转速以 1～2 rpm 的增量上升,每档转速稳定 1～3 min。为测得精确共振转速,共振点转速附近工况需重复一遍。

4.3 辐射噪声测量

辐射噪声测量是舰船噪声测量内容最多同时也是最重要的测量项目,是舰船性能的重要指标,一般在总体规格书和综合说明书中都会规定辐射噪声的具体考核指标。辐射噪声测量试验工况较多,试验趟次也很多,舰船规格书中要求的考核工况一般要测量取的 8 个有效趟次,对于一般舰船的整个测量过程需要 100 多个有效趟次。

辐射噪声测量系统原理:典型的水声场测量系统框图见图 4－8。

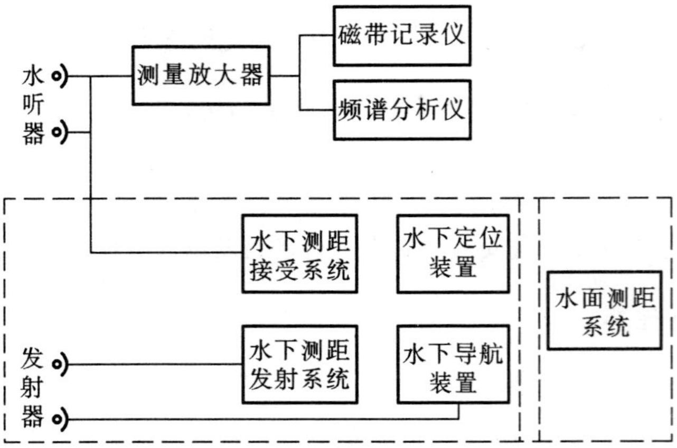

图 4－8 典型的水声场测量系统框图

4.3.1　辐射噪声测量的条件

(1)试验海区条件:同振动噪声测量相同。

(2)被测舰船条件:

①被测舰船机电设备处于良好工作状态,并能按规定工况运行;

②水面、水下观通设备均工作正常。在测量辐射噪声时,本艇综合声呐投入测量工作;

③按规定航行路线航行,舵角偏差不大于 0.2°。水下航行穿越水声测量装置时,距水声测量装置的深度偏差应不大于 0.5 米;

④在辐射噪声测量过程中,被测艇按规定要求开启机械设备,不能随意改变机械状态,并停止其他影响测量的一切无关活动。

(3)水声测量船条件:同振动噪声测量相同。

(4)测量仪器条件:同振动噪声测量相同。

(5)水听器布放方式:

①水面辐射噪声测量水下声系统的布放方式如图 4 -9;

②水下辐射噪声测量水下声系统的布放方式如图 4 -10;

③水下辐射噪声测量装置布放与潜艇机动方式如图 4 -11。

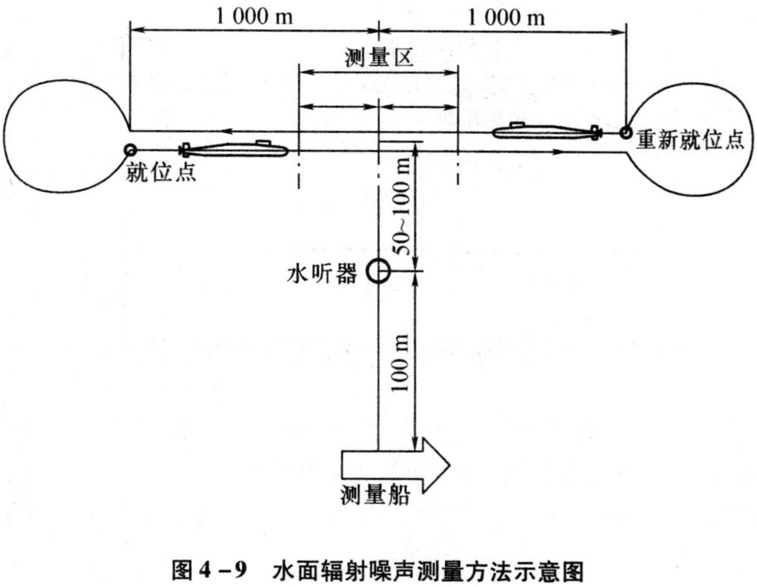

图 4 -9　水面辐射噪声测量方法示意图

4.3.2　艇辐射噪声测量程序

(1)测量工作由专门从事辐射噪声测量并取得相应资格的单位进行,主要测量记录工作由专用噪声测量船完成;

(2)每次测量时均应记录测量日期、海区、水声测量船的就位经纬度、海深、海况、海面和海底、海水温度以及海洋背景噪声;

(3)每一测试工况,艇在测量航线上往返航行一个来回以上。水声测量船进行辐射噪

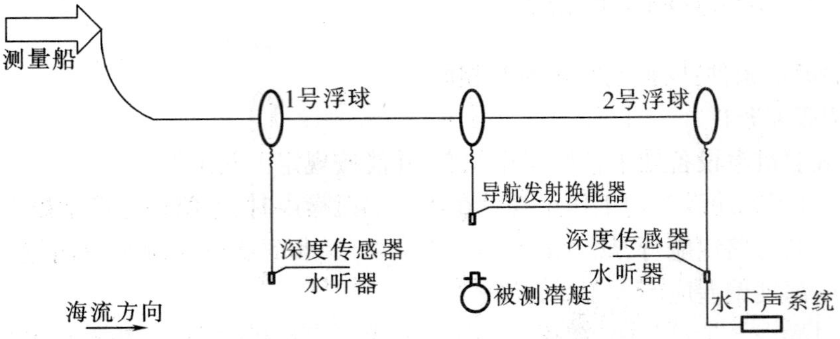

图 4-10　水下辐射噪声测量方法示意图

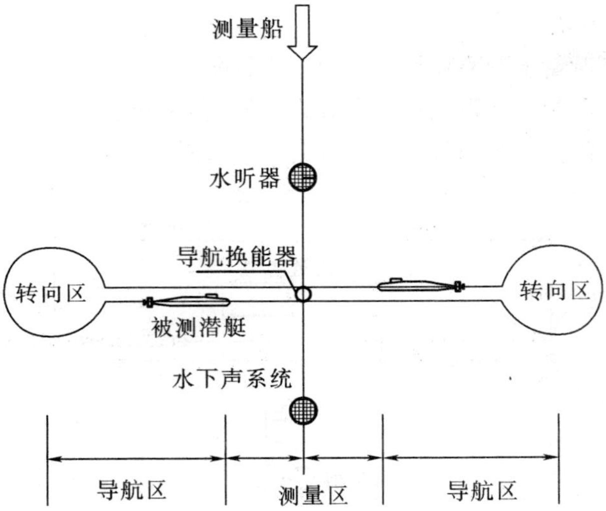

图 4-11　水下辐射噪声测量水听器布放与潜艇机动方式示意图

声信号采集时,应与船上自噪声、船体结构振动和舱内设备支承结构振动测试同时、同步进行。测量数据应进行现场初步分析,若有异常应重新测试;

(4)测量船提前到达测量海区就位,到达就位点之后,布放水下测量声系统,进行背景噪声测量。

(5)水上辐射噪声测试

①在水听器的外侧,距离水听器外侧 50 ~ 100 m 左右处匀速直线通过测量区,航行至 700 m 左右后开始转向,重新按规定航态对准水听器外侧 50 ~ 100 m 左右处航行,进行下一个单程测量;

②被测舰船在水面航行测试的信噪比大于 6 dB 为有效航行单程,同一工况应测得两个有效航行单程。

(6)水下辐射噪声测试

被测舰船在两个水下测量装置(水听器和水下声系统)的中垂线上,离测量装置约 1 000 m就位,并开始下潜,调整航向,并对准导航信号的方向航行。距离测量水听器 300 m

时，停发导航信号，被测舰船保持原航向，匀速、直线航行，保证在两个测量装置之间通过测量区。

被测舰船远离测量装置300 m以后，重新开启导航信号，被测舰船可以进行下一个航行单程的机动，机动方式有两种：

①当通过测量区后，潜艇能够很好地收到导航信号时，可航行到离开测量装置约700 m时，开始转向，对准导航信号的方向，开始下一个单程的测量，同样保证在两个测量装置之间穿越。

②完成一个测量单程之后，潜艇上浮到潜望状态，与测量船联系，确认测量工况有效性，进行下一个单程的机动，重新就位。

每一种工况，应至少保证有两个有效航行单程，信噪比大于6 dB。特殊情况下，低噪声工况大于3 dB。有效性判断由测量单位负责，并及时通知试验指挥组。

说明：在水下声系统布放和潜艇机动方式中，两个测量装置是布放在测量船艉部方向，实际上，由于受风力和海流的影响，一般都偏离该方向，而在测量船侧方或斜后方。此时，被测舰船就位方向仍需在两个测量装置连线的垂直线方向。水下穿越两个测量装置时，则应保证在两个测量装置之间穿越。

4.4　自噪声测量

自噪声是在舰船航行时产生的。舰船本身安装的水听器受到的水噪声，主要包括水动力噪声、机械噪声和螺旋桨噪声等，自噪声的监测对舰船重要的振动和噪声源进行实时监控，为本船的战斗决策提供重要的技术参数，对船上某些特殊的噪声进行专门的测量分析，为噪声源的识别提供依据。自噪声测量主要由本船安装的721噪声监测仪进行测量和记录，试验安排可与辐射噪声测量一同进行。

4.4.1　自噪声测量的条件

(1)试验海区条件：与振动噪声测量相同。

(2)被测潜艇条件：与振动噪声测量相同。

(3)水声测量船条件：自噪声测量不需要测量船。

(4)测量仪器条件：

①各测量单位使用的测量记录仪器必须在计量的有效期内，并在使用前进行校准。测量仪器系统必须可靠工作，关键仪器留有备份；

②装船的本船噪声监测仪、本船振动传感器以及全船的水听器工作正常；

③本船录音机或临时安装的录音存储设备工作正常。

4.4.2　自噪声测量程序

(1)自噪声测量与辐射噪声测量同时进行，试验工况、试验趟次也同样按照辐射噪声试验随同进行，在开始录音记录的同时记录设备开启情况和试验趟次等情况；

(2)每一种工况，应至少保证有两个有效航行单程，信噪比大于6 dB，特殊情况下，低噪声工况大于3 dB。有效性判断由测量单位负责，并及时通知试验指挥组。

4.5 空气噪声测量

舱室空气噪声测量结合在噪声振动测量同时进行，其测量条件与噪声振动测量相同，测量工况及设备开启数量可参考噪声振动测量并在记录表格上做出记录，测量设备为固定式传声器或便携式空气噪声测量仪，现在航行试验空气噪声测量多采用便携式空气噪声测量仪。

4.5.1 空气噪声测量的条件

(1)试验海区条件：同振动噪声测量相同。

(2)被测潜艇条件：

①被测潜艇机电设备处于良好工作状态，并能按规定工况运行；

②在辐射噪声和空气噪声测量过程中，被测艇按规定要求开启机械设备，不能随意改变机械状态，并停止其他影响测量的一切无关活动；

③在测量舱室空气噪声时，舱室的门及舱口盖应按使用要求处于开启或关闭状态，若无特殊要求则需要处于关闭状态，同时在测量人员就位开始测量时，要求被测部位所在的其他人员不得随意讲话及其他活动。

(3)水声测量船条件：与振动噪声测量相同。

(4)测量仪器条件：与振动噪声测量相同。

4.5.2 测点布置要求、测点位置及测量方法

4.5.2.1 测点位置

测点应满足评定全船各舱室、站位噪声级测量要求，每个舱室应至少有一个测点，对于指挥部位和公共场所(如指挥中心、会议室、厨房和餐厅等)，测点设在舱室中央或站位处。舱室较大时，两个相邻测点间距不小于2 m，且不大于7 m，若在多点测量的舱室内发现各点的声级差别较大，则应增加附加测点。在动力舱或辅机舱测量时，测点应距离设备约1 m，若舱室内条件所限，允许距离小于0.5 m。在多测点的舱室，尽可能考虑测点对称布置。

4.5.2.2 测量方法

(1)固定传声器测量方法：

①在指定的测点处，将传声器置于离地板高度约1.5 m处，距离周围反射面至少为0.5 m。传声器方向一般指向声源，对于不明声源场所，传声器应向上。在测量进排气管口、通风口、空调系统送出风口的噪声时，传声器与管口边连线同管道中心线成30°角，见图4－12所示，传声器上应加防风罩或防风锥；

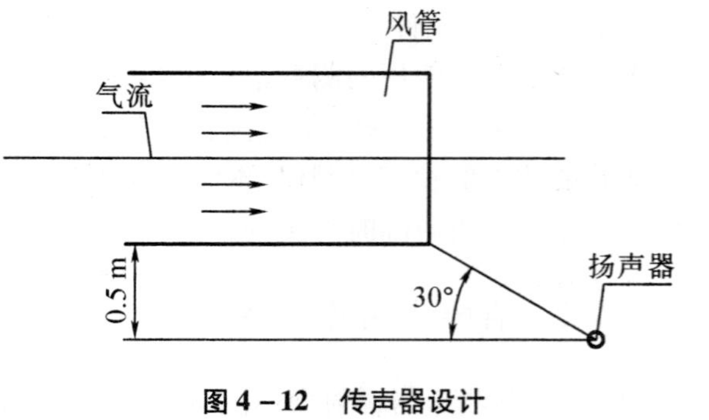

图4－12 传声器设计

②测量时按照试验计划，并在统一指挥口令下记录数据；

③在测量站位噪声时，传声器应置于工作人员头部位置进行测量，若测量现场的测量

位置受环境影响无法正确执行时,可根据现场条件确定测点位置,并在测量记录中注明;

④测量时,可将若干传声器接线至噪声测量设备,测量噪声数据并存储,以便后续整理,固定传声器方式可节省人力,但实时记录数据量较大,操作不灵活,实时性较差。

(2)便携式空气噪声测量仪测量方法:

①便携式空气噪声测量仪测量方法和固定传声器方法的测点基本相同,由测量人员携带测量仪器到测点进行测量,在到达测点后开启设备,将探头举置高度 1.5 米位置,实时记录测量数据,测量时应注意干扰噪音的影响,如门窗的启闭,处所人员的吵杂声以及测量人员脚步声,应选取外界杂音较小的时间段进行测量。采用便携式测量仪测量,优点是灵活方便,实时性强,但需要较多的人力,需要测量人员多次在各测量点间往返;

②测量时按照试验计划,并在统一指挥口令下到测量位置开启测量仪记录数据。

4.5.2.3 舱室噪声测量的测点布置主要考虑以下几点:

(1)应满足评定全舰各舱室、战位噪声级测量要求;

(2)每个舱室至少有一个测点,并设在舱室中央或战位处,舱室较大时,两个相邻测点间距不小于2 m,但不大于7 m,若在多点测量的舱室内发现各点的声级相差较大时,应增加测点;

(3)在动力舱或辅机舱测量时测点应距设备 1 m。

4.6 声目标强度测量

声目标强度是目标反射声呐波的能力,是能否被敌方舰船声呐探测到的难易程度,是舰船作战性能的重要指标。声目标强度测量可以与振动噪声测量同期进行,但因测量趟次较多应单独安排一个航次。

4.6.1 声目标强度测量的条件

(1)试验海区条件:与振动噪声测量相同。

(2)水声测量船条件:与振动噪声测量相同。

(3)测量仪器条件:与振动噪声测量相同。

(4)被测潜艇条件:

①被测潜艇机电设备处于良好工作状态,并能按规定工况运行;

②水面、水下观通设备均工作正常,在测量辐射噪声和目标强度时,本艇综合声呐投入测量工作;

③在测量目标强度时,只要求艇按规定的航速和航迹航行,对艇上开启的机械设备没有特殊要求;

④按规定航行路线航行,舵角偏差不大于 0.2°。

4.6.2 被测舰船仪器准备

(1)安装支架——共在船上安装若干个支架,以便安装测距和应答换能器,支架位置见图 4-13,根据现场位置可以适当调整距离;

(2)电缆走线——支架固定的仪器共分为若干根电缆进舱。在船体上沿电缆进舱方向

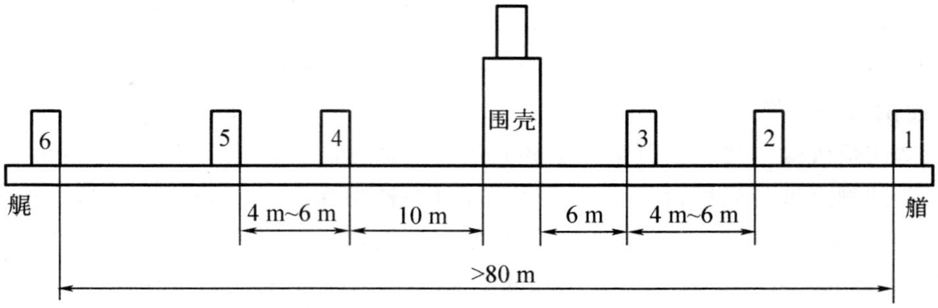

图 4－13 支架安装示意图

上焊接线卡，电缆固定在线卡上并汇总，从临时盖板进舱；

（3）测试记录仪器调试——在换能器及电缆安装好后，连接在舱内测试记录仪器上，并进行仪器的初步调试，调试合格后方可进行目标强度测量。

测试内容及趟次安排见表 4－1：

表 4－1 测试内容及趟次安排

序号	车令	趟次	备注
1	水下电力推进前进一 3 kHz 频点	12	
2	水下电力推进前进一 5 kHz 频点	12	
3	水下电力推进前进一 10 kHz 频点	12	
4	潜望状态电力推进前进一 30 kHz 频点	12	

4.6.3 测量实施方法

（1）测量工作主要由噪声测量船实施完成，同时在被测舰船上需有 5 ~ 6 人进行目标强度测量配合工作；

（2）测量船准备：测试期间测量船顺流向在就位点抛前后锚，布放测试基阵，停机并同时启动噪声电源。开启声发射系统；

（3）低频声目标强度测试，测量时目标舰船航行轨迹和测量船就位图见图 4－14，被测舰船以水下 25 m 电力推进前进速度航行。

被测舰船在试验船左前方就位，用噪声站测量声线入射角，调整航向，在潜望状态下航行至就位点。此后进入水下状态航行，并不断修正航向，进入测试区。保持航向，以电力推进前进一航速，匀速直线航行。此后向右转向，平行于测量船（或流向）以电力推进前进一航速匀速直线航行。完成直线段后向右转向，以与起始航向对称的方向航行，完成第一单程的测试。

此后从左后方开始，与第一单程相对称，完成第二单程的测试。在逆流航行时，如果可能，舰船还可降低航速。

测试期间潜艇开启噪声站监视并记录入射声线方位。低频 3 个频率，每个频率进行 12

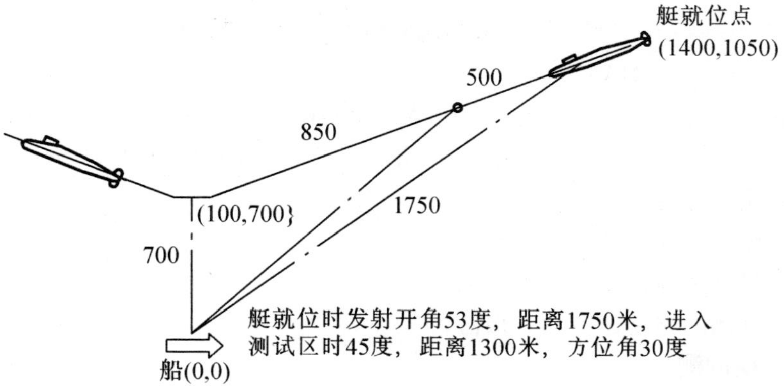

图 4－14　声目标强度测试舰船航行轨迹和测量船就位图

个有效单程的测试。

(4)高频回波亮点测试

测量时目标舰船航行轨迹和测量船就位图见图 4－15。目标舰船进入潜望状态，均衡后，在左正横若干米处的平行线一端就位。试验开始后，按指令平行测量船保持无纵倾匀速直线航行，潜望状态电力推进前进一航速航行，有效航段 1 000 m。

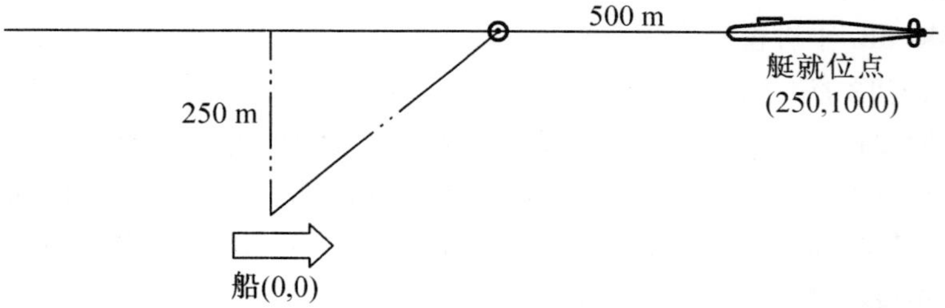

图 4－15　高频回波亮点测试艇航行轨迹示意图

每航行一个单程后，上浮、转向，按测量船指令修正航向，待命进入下一单程的测量。高频段共进行 12 个有效单程。

4.6.4　测试有效性判据

每个频率测量 12 个有效单程，测试期间测量船的测试系统实时显示潜艇航迹、方位角、距离和回波数据，若测试数据无效则本单程无效。有效性判断由测量单位负责，并及时通知试验指挥组。

测试数据有效性判断根据：

测试距离满足：700 m $< r <$ 1 300 m；在 30°～150°间隔 10°的方位角内有 10 个以上回波数据；信噪比大于 6 dB。

艇辐射噪声的测量数据应进行现场初步分析，若有异常应重新测试。每一个阶段测量完毕后，应提供现场初步分析结果，并提交试航组。

4.7 辅机振动烈度测量

（1）采用整机的当量振动烈度作为机器振动的评定量值，振动烈度可表示为：

$$V_s = [(\Sigma V_x/N_x)^2 + (\Sigma V_y/N_y)^2 + (\Sigma V_z/N_z)^2]^{1/2}$$

式中 V_s——振动烈度；

V_x——轴向的振动速度均方根值；

V_y——横向的振动速度均方根值；

V_z——垂向的振动速度均方根值；

N_x——横的测点数；

N_z——垂向的测点数。

（2）测量仪表

①测量仪表系统

测量仪表系统一般由传感器，前置放大器，指示器或记录器组成，如下图所示：

②测量频率范围和系统误差

振动测量频率范围为 10 Hz 到 1 000 Hz。

如果被测机组振动的基频在 10 Hz 以下，则测量系统的频率范围应选择在 2 Hz 到 1 000 Hz；

测量系统的系统误差应小于 ±10%，从上限和下限截止频率处的衰减速率应不小于 12 dB/倍频程或 40 dB/十进位；

③测量仪表和系统的标定

测量仪表应经国家认可的计量部门标定，并具有合格证书；

测量系统标定时，传感器应用正弦振动激励。其振动方向与传感器的灵敏度方向偏差不大于 ±5 ℃。激励的振动速度总的谐波失真应小于 5%，在整个测量频率范围内激励的振动速度不确定度小于 ±3%。

④振动传感器的安装和电缆连接

振动传感器应采用加速度计或速度计；

传感器可采用粘结剂、磁铁或螺栓等方式安装在被测物上，其安装共振频率不允许出现在测量系统的工作频带上；

传感器的质量不能影响被测部位的振动特性，质量应尽可能的小；

传感器的安装部位必须清楚油迹，污垢和其他影响测试的一切杂质。安装表面要平整；

传感器的固定要牢靠，连接电缆与被测物之间不能有相对移动；

传感器和连接电缆应在允许的工作环境（如温度、湿度、磁场、防腐、盐雾等）下工作。

⑤前置放大器

前置放大器应采用电荷放大器或电压放大器；

前置放大器必须与传感器的输出阻抗相匹配。增益开关各档之间的误差应小于 0.3 dB。

⑥指示器

指示器可用指针式仪器，图像显示器或数字式显示器；

指示器应能指示出实际振动速度均方根值,校正误差小于满刻度值的±2.5%;

指针式仪器的指示值应在满刻度值的20%到80%之间读出。

(3)测点的布置和测量方向

①测点布置

测点应选择在能代表机器整体运动的刚性较强的机器表面、顶部、轴承盖和机座上。不得安装在刚性较差、局部振动过大的部位。

每台机器一般选择4到8个测点。

②测量方向

在同一侧点分别按相互垂直的三个方向进行振动测量。

与机器安装表面垂直的方向称为“垂向”,用 x 标记;

沿机器轴线方向称“轴向”,用 y 标记;

垂直于 x、y 平面的方向称“横向”,用 z 标记。

(4)测点标注

测点用阿拉伯数字加英文字母表示,如 $1x$,$1y$,$1z$ 表示在第一个测点 x,y,z 方向上测量值。

(5)测量条件

当设备达到正常运转状态时(例如:额定电压、电流、压力、功率和负荷等),才能进行测量;

航行测量应在海况小于3级,船舶匀速航行时进行;

航行测量时,应考虑环境振动的影响;

机器在额定工况运转状态时进行振动测量;

对变工况的机器,应在所有工况点的额定状态下进行振动测量。

(6)测量程序

①每次测量前和测量后都应进行测量系统的标定和校验。

②选择测点,安装传感器和布置连接电缆。

③当设备处于有振动的环境条件下,应测量和记录环境振动数据。

④测量和记录振动数据。

(7)振动的烈度的分类和评级

①机舱辅机按功率和转动方式分成五种类型:

第一类——功率小于15 kW的旋转机器;

第二类——功率为15~75 kW的旋转机器,功率小于15 kW的风机;

第三类——功率大于75可 *Wde* 旋转机器;

第四类——功率不大于75 kW的往复式机器;

第五类——功率大于75 kW的往复式机器。

②机舱辅机的振动烈度的评价分成四个等级:

A级——优良工作状态;

B级——良好工作状态;

C级——可接受的工作状态;

D级——难以接受的工作状态。

③船舶机舱各类辅机的振动烈度等级评定和判别:

船舶机舱辅机在弹性支承安装方式下的振动烈度等级的判别按表 4－2。

船舶机舱辅机在刚性支承安装方式下的振动烈度等级的判别按表 4－3。

表 4－2

<table>
<tr><th colspan="2">振动烈度/(mm/s)</th><th colspan="5">机舱辅机类型</th></tr>
<tr><th>量程
/(mm/s)</th><th>在该量程极限上的
速度均方根值/(mm/s)</th><th>第一类</th><th>第二类</th><th>第三类</th><th>第四类</th><th>第五类</th></tr>
<tr><td>0.28</td><td>0.28</td><td rowspan="4">A</td><td rowspan="5">A</td><td rowspan="6">A</td><td rowspan="7">A</td><td rowspan="8">A</td></tr>
<tr><td>0.45</td><td>0.45</td></tr>
<tr><td>0.71</td><td>0.71</td></tr>
<tr><td>1.12</td><td>1.12</td></tr>
<tr><td>1.8</td><td>1.8</td><td rowspan="2">B</td></tr>
<tr><td>2.8</td><td>2.8</td><td rowspan="2">B</td></tr>
<tr><td>4.5</td><td>4.5</td><td rowspan="2">C</td><td rowspan="2">B</td></tr>
<tr><td>7.1</td><td>7.1</td><td rowspan="2">C</td><td rowspan="2">B</td></tr>
<tr><td>11.2</td><td>11.2</td><td rowspan="6">D</td><td rowspan="2">C</td><td rowspan="2">B</td></tr>
<tr><td>18</td><td>18</td><td rowspan="5">D</td><td rowspan="2">C</td></tr>
<tr><td>28</td><td>28</td><td rowspan="4">D</td><td rowspan="2">C</td></tr>
<tr><td>45</td><td>45</td><td rowspan="3">D</td></tr>
<tr><td>71</td><td>71</td><td rowspan="2">D</td></tr>
<tr><td></td><td></td></tr>
</table>

表 4－3

<table>
<tr><th colspan="2">振动烈度/(mm/s)</th><th colspan="5">机舱辅机类型</th></tr>
<tr><th>量程
/(mm/s)</th><th>在该量程极限上的
速度均方根值/(mm/s)</th><th>第一类</th><th>第二类</th><th>第三类</th><th>第四类</th><th>第五类</th></tr>
<tr><td>0.28</td><td>0.28</td><td rowspan="3">A</td><td rowspan="4">A</td><td rowspan="5">A</td><td rowspan="6">A</td><td rowspan="7">A</td></tr>
<tr><td>0.45</td><td>0.45</td></tr>
<tr><td>0.71</td><td>0.71</td></tr>
<tr><td>1.12</td><td>1.12</td><td rowspan="2">B</td></tr>
<tr><td>1.8</td><td>1.8</td><td rowspan="2">B</td></tr>
<tr><td>2.8</td><td>2.8</td><td rowspan="2">C</td><td rowspan="2">B</td></tr>
<tr><td>4.5</td><td>4.5</td><td rowspan="2">C</td><td rowspan="2">B</td></tr>
<tr><td>7.1</td><td>7.1</td><td rowspan="7">D</td><td rowspan="2">C</td><td rowspan="2">B</td></tr>
<tr><td>11.2</td><td>11.2</td><td rowspan="6">D</td><td rowspan="2">C</td></tr>
<tr><td>18</td><td>18</td><td rowspan="5">D</td><td rowspan="2">C</td></tr>
<tr><td>28</td><td>28</td><td rowspan="4">D</td></tr>
<tr><td>45</td><td>45</td><td rowspan="3">D</td></tr>
<tr><td>71</td><td>71</td></tr>
<tr><td></td><td></td></tr>
</table>

4.8　减振器机械阻抗的测定

静态性能测试

4.8.1　静态性能包含：

(1)额定载荷静变形；
(2)额定载荷静刚度；
(3)静载荷与静变形的关系曲线。

4.8.2　测试程序

(1)在减振器承载方向上重复进行两次预加载、卸载试验，载荷范围从零至额定载荷的1.25倍，隔振器变形应均匀，其速度不应大于8 mm/min。

(2)第三次从零逐步加载至1.25倍额定载荷后保持30 s，再逐步卸载至零，每级加载或卸载之间须保持一定的时间间隔，一般以0.5 min左右为宜。同时应记录各点(最少5点)加、卸载荷时的变形值(其中含0.9倍、1倍及1.1倍额定载荷)。取其平均变形值(即同一载荷时加、卸载荷的变形值的平均值)为静变形量。

4.8.3　测试结果

(1)减振器额定载荷静刚度 K_s，按式(1)计算。

$$K_s = \frac{\Delta P}{\Delta X} = \frac{1.1P_0 - 0.9P_0}{X_{1.1} - X_{0.9}}$$

式中　P_0——减振器额定静载荷，N；
ΔP——减振器额定静载荷，N；
ΔX——静载荷增量，m；
$X_{1.1}$——在1.1倍额定载荷时减振器的静变形值，m；
$X_{0.9}$——在0.9倍额定载荷时减振器的静变形值，m。

(2)根据4.1.1.3测得的减振器各点静载荷 P_i 及加、卸载荷时的平均静变形 X_i，绘制静载荷－静变形曲线。

动态性能测试

4.8.4　减振器动态性能包含

(1)在额定载荷下主要承载方向的固有频率；
(2)阻尼比；
(3)机械阻抗。

减振器的固有频率和阻尼特性通过力锤激励方法测量获得，如图4－16所示。

4.8.5　力锤激励系统测试试验程序

将减振器固定于刚性基础上，在减振器上加上减振器额定载荷的质量块(加载重量等

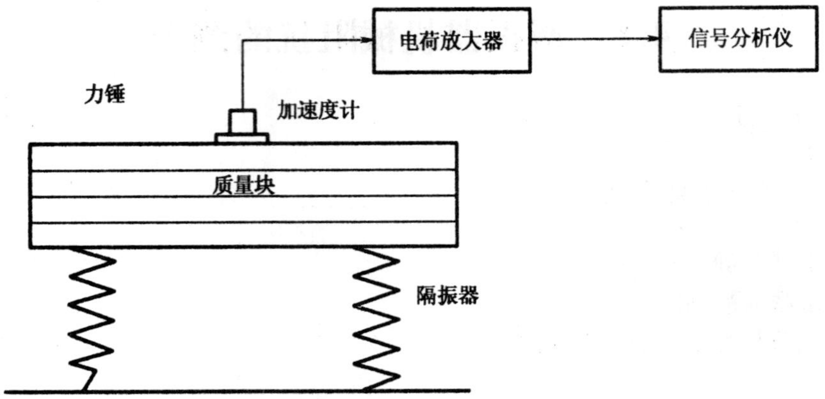

图 4-16 隔振器的力锤激励法试验框图

于单个减振器的额定载荷×减振器只数)、利用力锤对质量块进行敲击,测量系统的加速度响应(或速度、位移响应),从响应曲线(频谱或时域曲线)中获取系统的共振频率 f_0 和阻尼比 ξ。

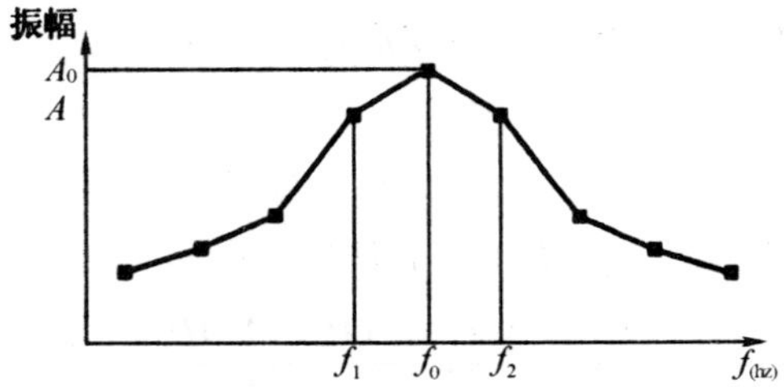

阻尼比 ξ 的计算方法:

$$\xi = \frac{\Delta f}{2f_0}$$

式中 $\Delta f = f_2 - f_1$ Hz;

f_0——系统共振频率;

f_2, f_1——振幅为系统共振频率振幅的 0.707 倍处的频率;

$A = 0.707A_c$。

4.8.6 机械阻抗的测定

(1)测量系统框图如图 4-17,4-18 所示。

为了测量减振器的端点输入阻抗,需要测量减振器与所连接点处的力 F_1 与加速度 a_1,然后根据 $Z_{11} = \frac{F_1}{a_1}, Z_{12} = \frac{F_1}{z_2}$ 计算出减振器的端点输入阻抗和跨点传递阻抗。

(2)试验方法及数据处理

将质量块施加在隔振器主承载方向上,激振器通过挠性杆将激励力作用于载荷的重心线上。机械阻抗特性试验时,信号发生器产生的 2 Hz~20 kHz 白噪声信号,通过 1/3 倍频程带通滤波器滤波后,再经功率放大器放大输出到激振器,对试件进行激励。

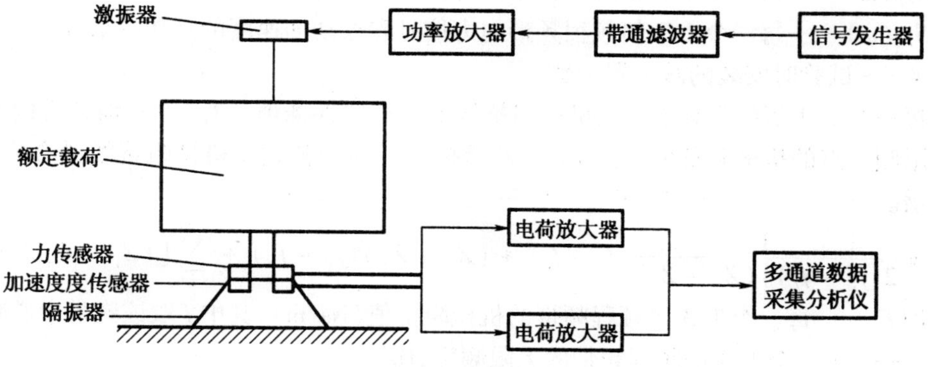

图 4－17　隔振器阻抗特性试验原理图

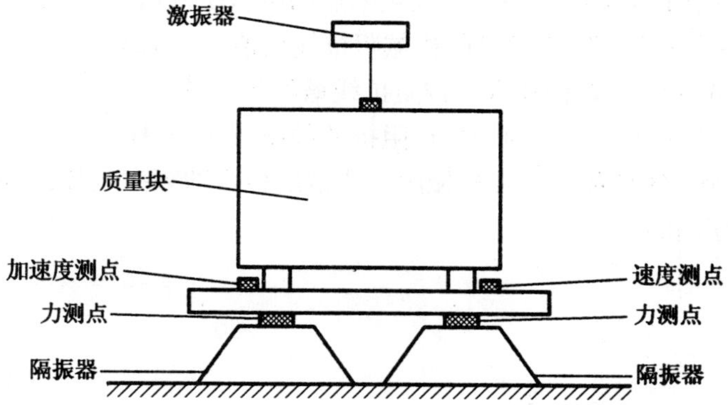

图 4－18　减振器机械阻抗测点布置图

按照 1/3 倍频程一次调节带通滤波器，通过多通道数据采集分析仪分别记录从中心频率 5 Hz 到 2 kHz 共 27 个 1/3 倍频程频带内的力信号和加速度信号。

在数据采集时，根据频带宽设置了不同的采样频率，以确保在每一个频带内至少有 5 个线谱数据，即

$$\frac{f_s}{N} \leqslant \frac{f_H - f_L}{5}$$

式中　f_s——采样频率，Hz；

N——采样点数；

f_H——每一个 1/3 倍频程频带的上限频率，Hz；

f_L——每一个 1/3 倍频程频带的下限频率，Hz。

在每一个 1/3 倍频程频带内，将 F_1 和 F_2 的输出信号进行时域平均后作为施加在减振器上的力信号；将 A_1 和 A_2 的输出信号进行时域平均后作为减振器的振动响应。按照下面的公式计算每一频带内减振器的机械阻抗线谱

$$Z(\omega) = \frac{1}{N} \frac{S_{FF}(\omega)}{S_{FA}(\omega)}$$

式中　$Z(\omega)$——每一个 1/3 倍频程频带内减振器的机械阻抗线谱，Ns/m；

$S_{FF}(\omega)$——每一个 1/3 倍频程频带内力信号的自功率谱，N^2；

$S_{FA}(\omega)$——每一个 1/3 倍频程频带内力信号和振动加速度的互功率谱，Nm/s；

N——试验时安装的减振器个数。

对每一个 1/3 倍频程频带内的机械阻抗线谱进行线性插值计算，得到该频带内上限频率和下限频率点的机械阻抗值 Z_H 和 Z_L，然后按照下面的公式将机械阻抗线谱合成为 1/3 倍频程谱。

$$\bar{Z}(f) = \frac{1}{2(f_H - f_L)\{(Z_L - Z_1)}(f_1 - f_L) + (Z_N + Z_H)(f_H - f_N) + \sum_{i=1}^{n=1}[(Z_i + Z_{i+1}) \cdot \Delta f]$$

式中 $\bar{Z}(f)$——每一个 1/3 倍频程频带的机械阻抗值(Ns/m)，其中 f 取该频带中心频率；

f_H——每一个 1/3 倍频程频带的上限频率，Hz；

f_L——每一个 1/3 倍频程频带的下限频率，Hz；

Z_H——每一个 1/3 倍频程频带上限频率点的机械阻抗值，Ns/m；

Z_L——每一个 1/3 倍频程频带下限频率点的机械阻抗值，Ns/m；

Z_i——每一个 1/3 倍频程频带的机械阻抗线谱值，Ns/m；

f_i——每一个 1/3 倍频程频带机械阻抗线谱的频率，Hz；

Δf——每一个 1/3 倍频程频带机械阻抗的频率分辨力，Hz；

n——每一个 1/3 倍频程频带机械阻抗线谱所包含的频率点数，不包括插值计算后得到的 f_H 和 f_L。

参 考 文 献

[1] 朱英富,张国良.舰船隐身技术[M].哈尔滨:哈尔滨工程大学出版社,2005.

[2] 赵玫,周海亭.机械振动与噪声学[M].北京:科学出版社,2005.

[3] 陆鑫森,金咸定,刘涌康.船体振动学[M].北京:国防工业出版社,1980.

[4] 刘伯胜,雷家煜.水声学原理[M].哈尔滨:哈尔滨工程大学出版社,2002.

[5] Waite A D.实用声呐工程(第三版)[M].王德石译.北京:电子工业出版社,2004.

[6] 张培元.舰船科学技术(潜艇声隐身技术专辑)[J].现代舰船杂志社,2006(215):46~48.

[7] 徐灏.机械设计手册[M].北京:机械工业出版社,2006.

[8] 戴德沛.阻尼减振降噪技术[M].西安:西安交通大学出版社,1986.

[9] 何祚镛.结构振动与声辐射[M].哈尔滨:哈尔滨工程大学出版社,2001.

[10] 张阿丹,姚起航.振动控制工程[M].北京:航空工业出版社,1989.

[11] 叶平贤,龚沈光.舰船物理场[M].北京:兵器工业出版社,1989.

[12] 赵松龄.噪声的降低与隔离[M].上海:同济大学出版社,1989.

[13] 蒋淦清.船舶噪声控制[M].北京:人民交通出版社,1985.

[14] 何祚镛.声学理论基础[M].北京:国防工业出版社,1981.

[15] 徐敏.船舶动力机械的振动、冲击与测量[M].北京:国防工业出版社,1981.